第三届“费孝通田野调查奖”获奖文集

当代中国田野观察

（2019）

Field Observation on Contemporary China

（2019）

国务院参事室社会调查中心 ／ 编

社会科学文献出版社
SOCIAL SCIENCES ACADEMIC PRESS (CHINA)

前 言

习近平总书记提出“人民对美好生活的向往，就是我们的奋斗目标”，而“民之所望，施政所向”则是政府决策的根据。党的十九大指出，中国特色社会主义进入新时代，我国社会主要矛盾已经发生变化，社会发展也面临许多新情况、新问题。及时准确把握社情民意，以新问题为导向，深入基层，了解人民群众的期待和诉求，对党和政府科学决策具有重要意义。同时，从各个角度记录和呈现当代社会的全景和细节，既有助于认识社会、认识中国，在学术研究和史料留存上也有重要意义。

国务院参事室社会调查中心的宗旨是围绕党和政府的中心工作，收集和反映社情民意，征求人民群众的意见建议，就人民群众普遍关心的热点难点问题向决策层反映情况，提出建议。为践行费孝通先生的民本思想和学术精神，倡导和推动社会各界人士关注民众、关注社会、关注中国，国务院参事室社会调查中心会同有关单位于2016年共同发起了“费孝通田野调查奖”征文活动，每年举办一届。

第三届“费孝通田野调查奖”征文活动由国务院参事室社会调查中心联合新华网、腾讯网、华侨城创新研究院共同发起。此次活动倡导和推动社会各界人士，到现实生活中去，到人民群众中去，发现和描述社会的发展变化，反映人民群众的意见和建议。本次征文活动面向社会各界人士，征集作者近期经过田野调查所写的“亲身经历、亲眼所见、亲耳聆听”的“三亲”文章，描述我国各地区、各行业人们的生活、工作情况以及所思所想，体现作者的观察和思考。

此次活动得到社会各界的广泛响应和积极参与，各界人士踊跃投稿，我们共收到征文4000余篇。经过初筛、特聘专家小组审评、专家委员会审定以及学术原创性检测和社会公示，第三届“费孝通田野调查奖”共产生一等奖4篇，二等奖6篇，三等奖16篇，优秀奖14篇。

相比往届，本届征文来稿突破了一般田野调查的选题与区域限制，真正实现了视野覆盖城乡、议题涵盖民生热点与国家战略。有的关注城市快递小哥、外卖骑手、互联网知识劳工、城郊代耕菜农、家政工、废品回收者、网约车司机、非正式就业的新生代农民工群体、农村老年贫困户等社会群体，有的研究居家智慧养老、器官捐献移植、婚姻彩礼、HPV疫苗消费等社会行为，有的研究城镇化、乡村振兴、乡村治理、乡村债务、古城古村保护开发、非物质文化遗产、扶贫、上访等体制机制问题。征文来稿涉及面广、时效性强，真实反映了当前城乡人民群众的生活状况和改革中的热点、难点问题，总结了一批鲜活的经验做法，提供了不少有价值的观点及建议。我们现将获奖文章编辑成册，出版发行，以飨读者。

作为国务院参事室的一个动员组织社会力量调研国情、倾听民声、汇聚众智的公共政策众创平台，我们决定将“费孝通田野调查奖”征文活动延续下去，每年举办一届，不断总结经验、完善组织和评奖方式，使活动有更广泛的影响力和更高的质量。

国务院参事室社会调查中心

二〇二〇年十月

目 录

一等奖

二等奖

三等奖

优秀奖

一等奖

唯有群众路线能让基层乡村振兴工作不抛弃小农

谭同学*

党的十九大以来，让小农户和现代农业的发展有机衔接，已成为乡村振兴战略的重要组成部分。但在不少地方的基层实践中，不乏对项目贪大求全，实施主体严重依赖能人、大户、公司而排斥小农的现象。为弄清其缘由和进行对策思考，2019年1月笔者以南方某省G市C区所辖的枫林镇为重点，开展了一次调查。笔者的发现和对策建议如下。

一　在层级检查和资金下乡的双重压力下，基层负担较重

C区和枫林镇的不少干部提及，乡村振兴是“一项政治性很强的工作”。C区实施乡村振兴战略的领导小组成员单位多达52个，不少人同时兼任了十多个乃至几十个领导小组的成员。负责实际工作的机构主要是农业局，但农业局的工作人员还有大量其他工作需要做，以至于日常主要负责该项工作的只有1位科长及其所属的3位办公室科员（他们还需负责一些其他工作）。这4人得落实区领导决策，负责各类文件的文字工作，再加上督促下辖的镇（街道办）开展工作，经常要加夜班且没有周末休息。各级部门对会议及其他各项工作要求的材料、表格、数据日益细致和翔实，更是加重了他们的工作负担。

无奈之下，农业局只好找其所属企事业单位（如农产品质量监督管理所、

* 作者简介：谭同学，云南大学民族学与社会学学院教授，博士生导师。

育苗基地等）以及各镇农技站借调工作人员。农业局共有40名编制人员，但长期维持着100余人日常在岗工作的局面。有时区纪委检查工作时强调不能借调太多人，农业局只好撤掉借调的工作人员办公桌上的铭牌，统一摆上“跟班学习”的牌子。一位科长称：“我们的工作是典型的‘5+2’‘白+黑’（星期一至星期五上班、星期六和星期日两天加班，白天上班、晚上加班），这个没怨言，吃了这碗饭，不干也得干。问题是，真的干不完啊。”这位干部所言非虚，C区仅针对乡村振兴中的“人居环境整治”专项工作，每半个月就得巡查镇（街道办）一次，另外每两个月还有一次集中进村“互看、互学、互比”的现场督导活动，要求通过“比、学、赶、超”实现“层层传导、压实责任”。

2018年，C区在上年度“三农”财政预算资金安排不变的基础上，新增10亿元用于乡村振兴工作。其中，3亿元用于人居环境整治，提升村容村貌，建设美丽乡村；5亿元用于支持土地流转，保障产业项目发展用地；2亿元用于设立乡村振兴发展基金，以政府资金、社会资本1∶1.5的比例，吸引和配套社会投资，共筹得5亿元。土地流转补贴又分为两部分，3亿元用于补贴产业项目，2亿元用于补贴农户，但由于不少农户不愿流转土地，或流转了也达不到政府限定的各种要求，补贴支出只用了900多万元。农业局干部感叹：“工作真难做，连发（补贴）钱给农民，竟然都发不出去。”

二　为省事和“好看”，基层倾向于依赖大户、排斥小农

C区的土地流转补贴发不出去，与其政策有关。如补贴办法规定：凡经过镇（街道办）三资交易平台交易，连片100亩以上的耕地流转给农户，合同时长达到或超过5年的，政府给转出土地的农户补贴每亩每年300元；流转给企业的，每亩每年补贴500元。单从补贴额度看，至少就枫林镇这样中等发展地区的土地价值而言，已不算低。该镇的耕地流转费用，价格低者每年每亩600~800元，一般为1000~1200元，近水源和路边等处的耕地，便于改为鱼塘的价格约为2000元。但该镇绝大部分村民的耕地流转或因地形所限，或因部分农户不愿流转，很难达到连片流转100亩以上的标准。而且，不少农户在市场不稳定、未来预期不甚确定的情况下，更倾向于流转给亲朋好友，不愿通过镇（街道办）三资交易平台转给陌生人或公司。如该镇坳村共有1620余亩耕地，分散在

11 平方公里的范围内，最大的地块面积还不到 10 亩。土地流转在当地其实是普遍存在的现象，甚至不缺乏能人带头建立的经济组织（挂农业合作社的牌子，实为 1 户主导，外加 3 位亲属），其流转土地规模虽达到了 280 亩（流转未经过镇三资交易平台），但也达不到申请政府补贴的标准。

政府在制定补贴政策时，为何设置此类条件呢？一位参与过 G 市土地流转补贴政策制定的农业局干部表示，如此设置的原因是：小农经营在现代市场经济中是没有效益的，只有规模化、现代化经营才有效益；银行、农业技术服务人员，也更愿意与大户打交道。同时，为了工作成绩“好看”，一旦有领导前来检查乡村振兴工作或是有记者前来考察，C 区农业局就会尽量引导其前往大户或公司所经营的样板工程参观（工作术语为“打造亮点”）。

由于基层乡村振兴工作的政策制定者想到的依靠对象无外乎是大户和公司，具体执行者当然就更倾向于此。其实，这是一种错误的认识。因为就高度竞争的现代农业而言，无论是小农还是大户，种养环节的利润都不高，真正有些利润的是“上游”和“下游”，如化肥、种苗和农药市场，以及产后运输、干果加工、批发销售环节。大户和公司拥有较多资本，且容易从银行贷到款项，不仅可以进入“上游”和“下游”环节，而且可以在局部地区形成一定程度的垄断，总利润才相对较高。在包括日、韩和我国台湾地区在内的东亚，因农业人口规模庞大，从总体上看，必须鼓励小农与大市场衔接（这不代表只是由小农直接与大市场对接，而往往是在自愿、适度合作的基础上与大市场对接），“一二三产”融合、“产供销加”一体化，才能实现普通小农户收入的提高。

三　只有发动小农参与，乡村振兴工作方能收到实效

C 区 2018 年乡村振兴工作总结报告写道：“我区农村供排水、厕所、教育、卫生、文化等基础设施建设欠账较大，长效机制还不健全。基层干部、群众主体力量没充分发动起来，存在‘干部在干，群众在看’的现象；村民思想观念没有彻底转变，缺少主人翁精神和自觉意识，对农村‘脏、乱、差’现象熟视无睹，监管整治难度大，整治效果时有反弹。”然而，同样在这份报告中，开出来的“药方”却似乎与“症状”关系不大，依然是漠视普通小农户主体性的老思路。它提出的“下一步工作措施”，诸如加强督查、干部划片包干、现代农

业园区建设、打造龙头企业、增加村级保洁员、典型带动等，几乎无一针对转变“村民思想观念”，树立“主人翁精神”。

有些工作，从群众的角度看，属于密不可分的“同一个”问题，但在行政专业分工中，属于多个“不同”部门的问题，由此这些问题被推诿而解决不当。如在C区人居环境整治工作中，有一项重要的内容是“厕所革命”。枫林镇绝大部分居民家中确实已经建起了卫生厕所，但排污问题却并未很好地得到解决。负责牵头搞人居环境整治工作的农业局干部认为，建卫生厕所是农业局、卫生局的事情，而如何处理排污是水务部门的事情；水务部门则认为，有限的资金首先得考虑人畜安全饮水，暂无法满足标准化集中处理排污的需要（其实，乡村生活污水也并非只能与城镇一样采用管网收集、集中无害化处理）。

有些工作，则属于未深入群众做调研，打乱了民间利益格局，损害了部分农民的利益，致使其不理解、不支持。如枫林镇在执行人居环境整治政策时，遇到最大的阻力即拆除村民的“危旧房”。调研中发现，当地农民对于“危旧房”“违章建筑”等概念，与地方政府有不相同的理解。在村民看来，“危房”和“旧房”完全不能混为一谈，“旧房”未必是“危房”。相当一部分农用房因修建之时政府尚无城乡规划制度，未获得产权证书，现若全部算作“违章”进行拆除，村民无法接受。还有部分房屋确属危房，村民却也反对政府将之拆除，究其缘由，是因为当地宅基地很紧张，村民担心危房被拆后连宅基地也不被承认了（G市近年出台过只允许拆旧房、不允许新建农村住房的政策）。

与C区形成对照的是，同在G市的H区，当地由区政府为村民的危旧房颁发证书进行“固化”，证明其面积及宅基地所属，承诺虽然拆除了这些建筑，但将来若进行改造、征地涉及补偿，以此次拆除的面积为准。村民在得到此种承诺后，绝大部分予以了积极配合。这说明，只有尊重农民的主体性，发动小农参与，而不是只注重依靠大户打造的少数“亮点”，才能让乡村振兴工作真正收到实效。

四　以群众路线引领和创新群众工作、小农社工，实现乡村共振

在基层乡村振兴工作中存在排斥小农的现象，如果笼统地说是因为基层干部官僚主义严重，甚至认为他们根本就没想把工作搞好，显然不是事实。但从

客观角度看，如果不改进工作方法，在基层乡村振兴工作中，小农确实有被抛弃的风险。改进工作方法，关键的问题在于如何发动群众，而这就要求我们要研究和懂得群众作为小农的基本特点。

乡村振兴工作本是为农民好，不少农民却不愿积极参与，用“常理”似乎难以说通。究其缘由，乃是因为农民的行为逻辑并不遵循此“理”——他们认为这是“公事”，而不是“自己家的私事”。要改变农民群众这种“公私”观念，不是一纸行政命令可办到的。动员农民，首先得教育农民。教育，不是板起脸来说教，更非简单地刷标语、播领导讲话。历史证明，这是一项系统改造、团结小农的社会工作。近代中国的梁漱溟、晏阳初等在倡导和开展乡村建设的过程中，也都曾遇到此问题，最后是“号称乡村运动而乡村不动”。真正将农民动员起来，对乡村进行根本性改造的，还是中国共产党通过走群众路线才得以实现的。

当然，时代在变，群众路线的具体走法，不仅可以而且必须变。革命时期“群众”是与“敌人”相对的，群众工作主要是保护其整体利益；当代的群众利益和价值观日益多样化，群众工作在很大程度上是要协调群众之间的利益，共同谋发展。因此，群众工作要创新方式方法，才能适应新时代的需求。面对多元的社会利益格局，加入现代社会工作和协商治理的理念，不失为必要。依托专业社会组织开展社会工作，可以弥补政府直接参与行动的某些不足（现有的高校社会工作人才培养主要是面向城市社区，亟待调整和大力推进面向农村的社工人才培养）。无论是基层乡村振兴方案的制定还是执行，不同农民群众的利益、想法如果能通过村民自治、村民代表和人大代表等机制得到及时有效的表达，农民在其中的角色就不至于被动，乡村振兴工作的成本与收益也势必更合算。

如此形成自治、法治与德治相结合，政府、社会组织和村民多方参与的共同治理格局，最大限度地动员一切力量，共同致力于乡村振兴工作，效果势必优于地方政府的“独角戏”或基层干部与大户的“唱双簧”。像C区落实乡村振兴战略工作总结这般，将被动局面简单归因于农民缺少主人翁精神，显然并非应有的思维方式。我们不能奢望有现成的、思想观念已经高度符合工作需要的、一呼百应的群众，而只能是“从群众中来，到群众中去”，既了解其利益、习惯和想法，也做他们的思想工作，共同为乡村振兴工作发力。因此，本文认为，基层乡村振兴工作，应与践行群众路线的学习活动相配套；抓基层党建、抓群众路线，是实施乡村振兴战略必不可少的有效方法。

悬停城乡间的“蜂鸟”

——城市快递小哥群体调研报告

对外经济贸易大学廉思教授课题组*

快递业属于劳动密集型产业，其社会覆盖面广、牵涉群体多、连接民生紧、就业贡献大。为进一步做好新时代党的青年群众工作，受共青团北京市委员会委托，在共青团中央和国家邮政总局的支持下，对外经济贸易大学廉思教授带领课题组成员对快递小哥群体进行了深入调研。

此次调研对象为16～35周岁（即1983年1月1日至2002年1月1日出生①）在北京市范围内从事快件/外卖揽收、分拣、封发、转运、投送的青年快递/外卖服务人员（不包括站长及其他管理人员）。由于人们在日常生活中习惯将从事快递/外卖行业的人员统称为“快递小哥”，并不刻意区分快递与外卖的行业差别以及性别，因此，本研究将研究对象统称为“快递小哥”。课题组按照行业性质和企业类型进行划分，将行业分为传统行业与新兴行业，将企业分为国有和民营企业（见表1）②，并根据每一类别的快递员数量占该类企业总人数的比例进行分层抽样，使受访样本尽量来源广泛，可以涵盖当前中国主要的快递公司。

---

* 课题组成员：廉思，对外经济贸易大学教授，博士生导师；黄小东，全国总工会信息中心副研究员；冯丹，北京市经济与社会发展研究所副研究员；周宇香，中国青少年研究中心助理研究员；王艺璇，清华大学社会科学学院博士后；等等。

① 指2018年调查时为16～35岁，相对应的出生年龄区间为1983年1月1日至2002年1月1日。

② 本文的快递业指物流单位或即时配送平台通过自身的独立网络或以联营合作的方式，将用户委托的任何货物，快捷而安全地从发件人送达收件人的物流运输行业。根据配送类型，本研究将其分为传统快递业和新兴快递业，新兴快递业区别于传统快递业的特点为“即时配”，即无须经过仓储和中转，直接配送的即时性送达服务。

表 1　快递的类型划分

传统国有企业	传统民营企业	新兴国有企业	新兴民营企业
EMS、中铁快运等	顺丰、“三通一达”、京东、百世、德邦、优速、蜂鸟、安能、苏宁快递、天天、丰巢/永嘉服务站等	未介入	饿了么、美团、盒马鲜生配送、点我达、大大、承诺达、闪送、每日优鲜、肯德基宅急送、近邻宝等

调查自 2018 年 8 月启动，共发放问卷 1710 份，经筛选甄别后，得到有效问卷 1692 份，有效率为 98.95%。从样本结构来看，传统国有企业快递小哥占比为 10.17%，传统民营企业快递小哥占比为 73.17%，新兴民营企业快递小哥占比为 16.66%。课题组同时选取了样本中典型性较强的 62 个快递小哥进行了一对一深访，拍摄了 217 张快递小哥工作的照片，并召开了快递小哥座谈会、管理层座谈会和基层站长座谈会 10 场，深入快递小哥工作生活的重要场景进行研究观察，对城市快递小哥群体形成了一些认识与研判。

一　快递小哥呈现的人群特质

快递小哥究竟是什么样的群体？具有怎样的人群特质？此次调研有如下发现。

（一）在人群构成上，以环京流入乡镇男青年为主，家庭化[①]趋势初现

调查显示，92.32% 的快递小哥为非京籍，户籍所在地主要为河北（36.82%）、河南（14.54%）、山西（8.10%）、山东（7.92%）、黑龙江（4.73%）五个劳动力输出大省。其中，更是有超过八成（83.33%）的快递小哥出生于乡镇地区，带有明显的城乡流动人口特征。

在性别方面，此次调查对象中男性占总样本的 89.54%，与女性（10.46%）相比占绝对优势，这与快递一线业务工作强度大、体力劳动多等职业特性有密切联系。从家庭生命周期的角度看，虽然快递小哥的平均年龄为 27.62 岁，但 57.27% 的快递小哥处于已婚状态，55.67% 的快递小哥都已育至少一个孩子，

① 本文在血缘和婚姻的基础上对流动人口家庭化进行定义，把具有婚姻和血缘关系的家庭成员一次性或分批次流入同一城市，在同一城市工作、生活的过程称为流动人口家庭化。

已婚育群体超过半数。已婚比例高带来的是快递小哥群体初显的家庭化流动趋势，调查显示，在和快递小哥一同来京的人员中，有29.08%的人为快递小哥的配偶，有7.51%的为父母/岳父母/公婆，有5.2%的为子女，有4.73%的为兄弟姐妹。上述数据说明在京打拼的快递小哥不仅是个体化群像，而且是家庭化群像，个体的背后是一个需要奋斗支撑的家庭。家庭化趋势中蕴含了个体的奋斗动力和恒心源泉，表面上看是个体的流入，实则是为“家”的打拼。

（二）在收入保障上，计件制拉大了群内异质性，游牧化①的生存方式凸显

快递小哥的工资计算方式以计件工资为主。调查显示，38.53%的快递小哥的工资计算方式为无底薪计件工资，32.33%的为有底薪计件工资。计件制的工资计算方式虽然在一定程度上保证了劳动者的工作自由，也有利于企业的成本控制，但无底薪计件制这类“游牧式”的工资收入在无形中加大了快递小哥的工作压力，其需要通过更多的工作量来提升工资收入。同时，无底薪计件工资这类“游牧式”的工资收入并不利于快递小哥及其家人医疗、教育、养老、住房资源的积累，因为城镇职工的社会保障一般与底薪制或固定工资收入挂钩。

调查显示，快递小哥的收入总体水平并不高，月收入集中在3000～8000元（占比84.11%）；月收入超过1万元的个体并不常见，所占比例仅有3.09%；快递小哥的月工资平均为6000元。可见，快递小哥的实际收入水平并非如媒体宣传之高，而是处于整体偏低的水平，高工资只存在于个别快递小哥身上。

（三）在职业发展上，学历限制了就业范围，内卷化②属性显现

快递小哥职业稳定性不高，从业时间短且工作更换频繁。调查显示，74.29%的快递小哥累计在快递行业的工作年限不超过3年，累计从业时间的峰值组出现在1年左右。就目前本份快递工作的从业时间而言，34.1%的快递小哥的从业时间不超过1年，67.14%的快递小哥不超过3年。

---

① 游牧与农耕的生产方式对应，是指在干旱草原地区通过移动放牧获取生活资料的生产方式，这一方式的特点是行动灵活、收益和风险的不确定性强。本文使用“游牧”一词来描述快递小哥计件制的工作方式，即工作无固定场所、收入无固定额度、工时无固定期限。

② 本文将“内卷化”这一概念用于描述快递小哥的职业选择，指的是快递小哥在职业发展过程中出现惰性，职业选择范围出现凝固化和水平流动的趋势。

与快递从业年限短这一状况相对应的是频繁的工作更换，62.41%的快递小哥表示换过工作。在换过工作的快递小哥中，换过2次以上工作的快递小哥占61.18%。虽然快递小哥工作更换频繁，但其职业半径集中，以围绕快递行业及其周边行业择业者居多。从换过工作的快递小哥的工作经历看，26.04%的人曾在快递公司工作，其他职业经历也主要集中于货运、保安、餐馆服务员等类型。职业内卷化是快递小哥职业发展的显著特征，这一特征与其受教育水平及快递行业的就业特性有着紧密联系。一方面，快递小哥的受教育水平普遍偏低，集中在中学水平，受教育水平为高中（中专）及以下的快递小哥占比为81.02%，偏低的受教育水平限制了快递小哥更多的职业选择；另一方面，每月平均27天、每天平均11个小时的高强度工作极大降低了快递小哥在其他行业探索或深造学习的时间和机会。

（四）在生活方式上，群体性合住但独立性休闲，伴居化[①]特征突出

为节省居住成本，快递小哥多生活在“群居”环境中。从居住房屋类型来看，72.10%的快递小哥处于与其他非家属人员共享居住空间的“群居”状态，“群居”类型包括员工宿舍（42.55%）、平房合租（12.06%）、楼房合租（11.58%）、租住地下室（3.25%）、借住他人房屋（2.66%）等，26.94%的快递小哥则处于独居或与家人居住的状态，包括平房独租（18.26%）、楼房独租（5.85%）、自购商品房（2.30%）或自购经济适用房（0.53%）。在这种“群居”环境中，快递小哥与其他同居者在职业、年龄等方面可能具备相类似的特征，特别是居住在员工宿舍中的快递小哥基本在同一家快递公司共事，处于熟人网络的可能性极高。

虽然快递小哥多居住在“群居”环境之中，但其业余生活以独立性休闲活动为主，主要被睡觉、家务等室内活动占据。调查显示，58.75%的快递小哥表示业余时间用于“睡觉”，24.7%的快递小哥用于“看电视或电影”，把业余时间用于“上网”和“收拾家务”的快递小哥所占比例分别为20.74%和20.51%，而用于“朋友聚会”的比例则相对较低（16.55%）。可见快递小哥的业余生活以个体性的室内活动为主，这些活动主要围绕室内、线上展开，户

① 伴居指的是快递小哥与同居室友共同居住，但相互并无过多交往的状态。

外、线下的社交活动较少。

（五）在融入心态上，来而不留与融而难入并存，浮萍化[①]心态显著

快递小哥对北京的热爱强烈而显著，但“我爱北京但北京不爱我”这一融而难入的心态明显。调查显示，70.86%的快递小哥同意“我喜欢北京”，69.04%的同意“我关注北京的变化”，63.89%的同意“我很愿意融入北京人当中，成为其中一员”，63.94%的认为“自己为北京发展做了贡献”，可见快递小哥对快递行业于北京贡献的认可度较高；但不少快递小哥也反映了融入北京生活的困难，仅有48.23%的快递小哥同意“我觉得北京人愿意接受我成为其中一员”，53.79%的同意“我感觉北京人看不起外地人”，只有26.83%的认同“北京离不开我”，25.47%的认为“自己已经是北京人了”。这一群体渴望融入但难以融入的状态十分明显。

快递小哥一方面是对北京的热爱和对融入的期待，另一方面却是“来而不留”的“候鸟式”迁徙。调查显示，流入北京的快递小哥中，75.75%的人在北京的时间不超过5年，而打算未来离开北京的快递小哥中，66.84%的人将在5年内离开。北京的生活成本高是快递小哥选择未来离开北京的主要原因。36.25%的快递小哥表示会因北京生活成本过高而选择离京，在所有离京原因中占比最高。过高的落户门槛和居住成本使得快递小哥难以真正扎根北京，最终选择离开北京另谋出路。

二　快递小哥承受的风险压力

作为快递物流网络的神经末梢，快递小哥群体是连接“货”与“人”的关键节点，与此相伴，快递物流网中内生的诸多风险也会随之传导至他们。

（一）投诉、歧视高发，引发不公平感积聚

职业歧视与恶意投诉是快递小哥的核心痛点。调查显示，38.24%的快递小

① 浮萍常见于水田、池沼或其他静水水域，是密布水面的漂浮群落，特点是无根、随波逐流。本文借用“浮萍”这一形象的植物来形容快递小哥的漂浮心态，即他们难以真正扎根大城市，流动的不确定性高，对未来去留难以抉择。

哥表示“在过去一年中遭受过职业方面的歧视”，在快递小哥遭受的社会歧视类型中排名第一；同时，有42.43%的快递小哥认为本工作的难点是“用户不理解，投诉压力大”，在所有工作难点中排名第一。此外，81.33%的快递小哥表示自己曾遭遇“客户态度不好”的情况，71.33%的快递小哥表示自己曾遭遇“客户投诉”的情况。

当前我国物流行业竞争已经进入白热化阶段，行业利润持续“摊薄”进入“微利化”时代，大部分快递企业实施“以价换量”的发展模式，压低快递员的工资，导致服务质量变差、客户投诉增多，客户与快递员之间形成了互相抱怨、互相投诉的恶性循环，进而增加了快递小哥受到的职业歧视。社会的歧视也使得快递小哥群体内部对自身职业的负面认识在加深，一位快递小哥在深访中就表示：“我永远也不会告诉我儿子，他的爸爸送过外卖。”

（二）超时压力传导，酝酿交通安全隐患

快递员作为物流环节的“最后一公里”，前序所有环节的延时风险都存在向其传递乃至叠加的可能性，一旦前序超时，那么必须在最后环节完成补位补时，以确保总时间的相对效率。在这样的大背景下，快递小哥在日常的交通运输途中“抢时间”心态明显，甚至不惜交通违规，加之其运输工具的安全隐患属性，交通安全问题成为困扰快递小哥的又一“痛点”。调查显示，快递小哥主要通过三轮车和两轮车进行投递、揽件作业，其中70.21%的快递小哥使用的交通工具是三轮车（含电动），17.43%使用的是两轮车（含电动），4.55%使用的是轻型货车，而使用其他方式的不超过8%。

更值得担忧的是，仅有32.98%的快递小哥有公司提供的意外险，另有16.31%的快递小哥自行参保了意外险，也就是说合计只有不到50%的快递小哥获得了保险保障。而在实际的交通事故案例中，高达60.09%的快递小哥选择通过“与对方协商解决”来处理交通事故问题，18.83%的人会“联系公司，公司有专人解决交通事故”，仅有11.30%和7.38%的人会选择“找交警解决”及“联系保险公司解决”。这凸显了大多数快递小哥实际上在完全依赖自身去承担潜在的交通安全风险，而一旦遭遇严重事故，则很可能会面临身体与财务的双重打击。

（三）计件激励异化，被动承载过劳风险

虽然计件工作能够更好地体现按劳分配原则，但也刺激劳动者只从物质利

益上关心自己的成果，导致快递员片面地追求“件”的数量，体现在形式上就是关注“接单总量”。有快递小哥表示：“最忙的时候自然是 11 点到 14 点的午饭时间以及 16 点到 20 点的晚饭时间，当然也会在下午不那么忙时找个地方睡一小会儿。晚上的接单量不定，忙的时候可能 23 点才下班。周末一般不休息，赚钱嘛，少跑一天少一天的钱，而且你不跑公司还要扣。”

长时间的高强度工作对快递小哥的身心健康造成一定的负面影响。46.10% 的快递小哥表示工作压力大，46.22% 的人觉得压力一般，只有 7.68% 的人觉得工作压力小或完全没压力，凸显过劳工作带来的心理不适。而在身体健康层面，饮食不规律引发的胃病、重体力劳动导致的腰肌劳损、送货途中无暇如厕的憋尿等都是困扰快递小哥的健康问题。

（四）赔付风险转嫁，遭受纠纷次生损失

现代社区为保障居民隐私和安全而设置的出入门禁系统，增加了快递小哥派送的难度，从而使派件超时、货品破损、货物丢失等现象时有发生，而这些风险却由快递小哥自行承担。由于快递小哥较公司处于相对弱势地位，往往会为了保住工作选择“私了”，自行协商赔付以应对复杂纠纷。调查显示，59.87% 的快递小哥表示遭遇过“自行赔付非本人原因造成的损失”的情况；同时，有 57.44% 的快递小哥表示遇到过“因揽送环节存在漏洞被某些客户钻空子”的情况。值得关注的是，除了不法分子本身的原因外，公司未提供及时的法律援助并“不愿主动承担相应的责任”也是造成这一情况的重要原因。很多快递小哥表示：“无论是谁的责任，如果自己不赔偿，让公司赔，那肯定被开除。”

从本质上看，遭遇纠纷后由快递员自行与客户协商赔付的做法实则是一种物流风险从公司层面向职工个体层面风险转嫁的过程。这种转嫁对于公司经营而言是规避了风险、降低了成本，但对于快递小哥而言，则是会引发各种次生损失的“不能承受之重”。由于工作本身的收入有限，一旦遭遇恶意纠纷，快递小哥在自行协商赔付后，为了缓解短时间内激增的工作压力，在“计件制”工资分配的激励下会自发更多、更快地送件，进而又加大了交通安全隐患与过劳风险，陷入风险叠加的“螺旋”。

（五）劳动关系复杂，员工权益难以保障

调查显示，传统国有企业快递小哥的福利最好，新兴民营企业快递小哥的

福利水平最低，不仅在法定福利"五险一金"方面覆盖率较低，而且新兴民营企业的快递小哥在企业自主设置的福利方面也收益较少，明显低于传统快递业（见表2）。

表2　分类型快递小哥的福利待遇所占比例

单位：%

福利/类型	整体	传统国有	传统民营	新兴民营
员工宿舍	56.32	50.58	62.04	34.75
餐补	42.02	79.07	43.54	12.77
交通补助	22.10	22.67	24.56	10.99
养老保险	36.17	67.44	38.29	7.80
医疗保险	40.48	73.84	41.52	15.60
失业保险	29.37	62.21	30.37	4.96
工伤保险	36.88	62.21	36.83	21.63
生育保险	24.65	52.33	25.69	3.19
住房公积金	17.14	48.26	16.07	2.84
意外险	32.98	35.47	29.73	45.74
高温补贴	33.39	56.40	29.73	35.46
带薪休假	17.97	31.98	19.31	3.55
生日福利	24.00	42.44	24.15	12.06
住房补贴	11.05	15.12	11.47	6.74

不同类型的快递员工的福利差异不仅与快递行业的企业类型和企业资源差异有关，也与快递行业不同类型的员工劳动合同紧密相关。从调查中快递小哥的合同签订情况来看，50.3%的快递小哥签订了固定期限劳动合同，8.45%的签订了无固定期限劳动合同，3.19%的签订了试用期劳动合同。整体来看，签订劳动合同的比例为61.94%，而签订劳务合同的比例为22.87%。但是仍有9.22%的快递小哥没有签订劳动合同，5.73%的快递小哥不清楚自己的合同状况。传统快递业以直营全职员工为主，员工和企业签订正规的劳动合同，由企业承担员工的法定福利，并由企业为员工提供其他自主设置的福利。而新兴快递业则以加盟员工为主，员工有的全职有的兼职，员工和企业之间的关系是外包关系。这种劳动关系，表面上看是企业给了员工更多的"自由自主"的权

利，但实质上是企业将本应由自己承担的员工权益和劳动保障转嫁给劳动者个人和整个社会，企业在节约了自己用工成本的同时，增加了整个社会的运营成本。

三　做好快递小哥管理服务工作的若干建议

快递小哥是伴随网络经济新业态而产生的庞大就业群体，随着电商网购平台的迅速发展和城市功能区块的不断拓展，他们既是现代服务业的推动者以及和谐社会关系的构建者，也是负面情绪的发泄点和潜在矛盾的聚焦点。不能将快递小哥视为单纯的“跑腿工”或“送货员”，他们是本地生活需求与消费产业链进行对接的路由器，是社区生态的基层力量和社会情绪的传输导管。

课题组经过综合访谈洞察与量化数据，对快递小哥未来的管理和服务工作提出以下建议。

（一）疏解负面情绪

快递小哥的负面情绪主要来源于客户的不理解和社会认同度、尊重度较低，因此要抓准关键场景，疏解负向情绪。党政部门不宜直接介入快递员的个案纠纷，相关责任的认定与权益的保障应由专业的法律部门或管理部门处理，要保持半臂间隔。在纠纷发生时，协助快递小哥找到对应资源，包括但不限于法律援助、劳资纠纷咨询等；在纠纷发生后，引入专业社会工作团队，提供创新有趣的负向心理疏解活动，在最需要心理关怀时送上正能量的组织温暖。在日常生活中继续做好对快递小哥的关怀，改善他们的交通工具、通信设备和休息站点等，并提供定期体检、夏送清凉、冬送温暖等服务；鼓励企业建立帮扶互助保障基金，对快递小哥的重大疾病、安全事故、意外伤害等给予一定的帮扶；探索建立针对快递行业的表彰奖励制度，纳入政府嘉奖范围，适当提高快递小哥在各级奖励中的名额和所占比例，提升他们的职业归属感和身份认同感。

（二）加强权益保障

面对快递业薪酬计件灵活难以折算全年收入、跨平台接单、社保付费较难的现状，政府有关部门应制定并完善关于快递小哥岗位流动、薪酬标准、社会保障等方面的政策。因此，需进一步完善社会保障制度，完善就业、劳动权益保护机制，规范快递小哥的工资标准、合同条款、商业保险、纠纷解决等内容；建立健全共享经济新业态劳动标准体系，对劳动者的最低工资标准、工作时间标准、休息休假标准、劳动安全卫生标准等方面做出规定；引入网络合同，由政府会同专业机构、法律组织、平台企业研究出台快递业“网约工”合同标准化模板，企业可以根据实际情况对非强制性条款进行增删修改，“网约工”的真实身份则可以在企业、政府数据共享的前提下，通过人脸识别等进行验证，合同在签署后同步向企业所在地的劳动监管部门备案；推进快递业制定合理的参保方案，根据职业环境和行业特性，建立多层次社会保险体系，鉴于快递业容易产生交通事故，考虑引入企业强制责任险，并加大意外伤害险的商业弥补，研究探索开放快递专项险种，并按照市场化原则，根据快递行业的特点，积极推动支持商业保险公司探索开放针对快递业的专项商业保险产品，不断满足行业的劳动保障需求。

（三）推动行业监管

引导快递行业健康有序发展，避免行业过度竞争转嫁给快递小哥的行业风险。有关部门要对企业实行守信联合激励和失信联合惩戒，规范各类经营主体，适应新兴经济体依托互联网和电子商务发展的行业特点，明确加盟、承包、代理的主体资格及其责任义务，从规范经营主体来规范劳动关系，加强加盟网点管理，企业总部和劳务发包方对网点和承包方不能“一包了之”，应明确其负有管理责任，主管部门应加大对企业劳动用工的监管，对加盟网点也要进行实地督查；对快递配送车辆的车型、重量、制动标准进行统一规定，公安交管部门制定上路行驶和停靠标准，完善市区停车设施，改善配送车辆的停靠条件，同时加强宣传教育，树立快递小哥的交通安全意识；有关部门要加大对物流末端平台建设的政策支持力度，将快递末端服务体系纳入城市配送体系，编制服务网络规划，对社区快递服务点简化许可手续，核发备案证明，协同推进末端智能服务平台建设。

综上所述，课题组综合快递小哥各方面的特征，将其称为城市的“蜂鸟”。这种鸟有着红、黄、蓝、绿等耀眼的光泽，色彩鲜艳，夺目异常。它们飞翔时两翅急速拍动，快速有力而持久，通过快速拍打翅膀得以“悬浮”停在空中，是唯一能悬停飞行的鸟类。因此，“耀眼”和“悬浮”是蜂鸟的两大特点。

快递小哥穿着不同颜色的快递服，穿梭在城市楼宇和街头巷尾，就像蜂鸟一样“光彩夺目”，他们阳光、乐观、向上的精神风貌，也正如蜂鸟的飞行姿态。他们向往光明前途，对未来充满希望，同时他们“悬浮”在城市上空，并没有真正落脚在城市。这种“悬浮”可以从两方面来理解：一方面他们“悬浮”于城市和农村之间，另一方面他们“悬浮”于既有制度设计之外。高强度的工作、频繁的跳槽、超时的压力，快递小哥用力拍打着自己的“翅膀”，游走在城市空间，努力向上流动。他们没有经济实力在物理空间里沉淀，也没有社会网络在城市关系中嵌入，只能依靠拼命扇动自己的“翅膀”，在不断的跳跃中“悬浮”在城市中生存。

长三角地区居家智慧养老调查与发展建议

马继迁　翟　进　汪玲萍*

一　问题的提出

我国人口老龄化程度正在不断加深。2018 年，60 周岁及以上人口占比达 17.9%，其中 65 周岁及以上人口占比达 11.9%。长三角地区较早进入老龄化社会，全国 60 周岁及以上人口占比最高的 28 个城市中，有 14 个[①]位于该地区。这么多老人怎么养老？居家养老是大多数老人的首选，但这是一个难题，因为家庭小型化、空巢化交织，传统的家庭养老功能弱化，社会化养老尚未发育成熟。在养老形势严峻的背景下，发展居家智慧养老成为解决长三角地区养老问题的重要思路和政策取向。

近几年，长三角地区“G60 科创走廊人工智能产业联盟”和各省市人工智能联盟先后启动，为发展居家智慧养老服务奠定了技术与产业基础。长三角地区积极进行居家智慧养老的实践探索，智慧健康养老领域涌现 8 家示范基地、40 家示范街道（乡镇）和 28 家示范企业，[②] 成为智慧养老的先行区。

在长三角各地推进居家智慧养老的进程中，居家智慧养老的需求和供给现状

---

* 作者简介：马继迁、翟进、汪玲萍，博士，常州大学瞿秋白政府管理学院副教授。常州大学瞿秋白政府管理学院本科生王文晶、魏明、余燚幪、洪铃曼、李崇琦、胡文政、魏文瑄、王振泽等也参加了调查。

① 上海、南京、苏州、无锡、常州、南通、徐州、杭州、嘉兴、绍兴、宁波、金华、台州、合肥。

② 根据工信部、民政部、国家卫健委三部委 2017 年、2018 年公布的两个批次智慧健康养老示范基地、示范街道（乡镇）和示范企业名单统计。

如何？还存在什么问题？如何进一步推进居家智慧养老发展？本文将详细探讨。

二 研究方法

为回答以上问题，2018 年 11 月至 2019 年 6 月，调查组对长三角地区的居家智慧养老进行了调查，范围包括江苏、浙江、安徽、上海三省一市。资料收集的主要方式为问卷调查、个案研究等。

问卷调查的地点为江苏省常州市新北区河海街道、武进区湖塘镇、钟楼区永红街道，上海市静安区芷江西路街道，浙江省嘉兴市乌镇，安徽省合肥市蜀山区南七街道。调查采用立意抽样的方法，选取不同类型（年龄、性别、健康状况、居住情况）的老年人作为调查对象。共计发放问卷 200 份，回收有效问卷 183 份，有效回收率达 91.5%。

此外，通过收集长三角地区智慧养老相关文件、新闻报道、网站平台信息与咨询专家意见，调查组选择的个案研究对象为：上海芷江西路街道综合为老服务中心、江苏常州海阳智慧养老服务中心、南京市鼓楼区心贴心养老服务中心、合肥八千里科技发展有限公司、合肥乐庭智慧健康养老运营管理中心、浙江乌镇椿熙堂居家智慧养老服务中心、杭州在水一方养老服务集团、杭州市拱墅区米市巷街道居家养老服务中心、杭州市养老服务指导中心。调查组对当地的政府部门工作人员、智慧养老产业管理人员、一线养老服务人员、接受居家智慧养老服务的老人和城市居家老人进行了半结构访谈。据此，总结上海、南京、杭州、合肥四地各具特色的地方经验。

三 城市居家养老需求现状

城市居家智慧养老服务的出发点是老人的需求。本研究通过问卷调查和个案访谈，分析了解长三角地区城市老人的养老需求。

（一）居家养老的需求情况

问卷调查显示，96.7% 的老人选择居家养老，3.3% 的老人选择机构养老。调查样本中有 50.8% 的老人与子女分开居住。其中，在回家探望老人的频率上，每周一两次的占 59.6%，十天半个月一次的占 16.3%，每月一次的占 9.6%，半年一次的占 8.7%，一年（或更长时间）一次的占 5.8%。这表明，对于居家养老的老人，其家人陪伴不足，需要多元化的社会养老服务。

本研究从医疗健康、精神慰藉、生活照料、价值实现和权益保障 5 个维度调查老人的养老需求，并把它们细化为 22 项。老人在这 5 个方面的需求百分比[①]如图 1 所示。可以看出，老人对医疗健康和精神慰藉的需求最为强烈。

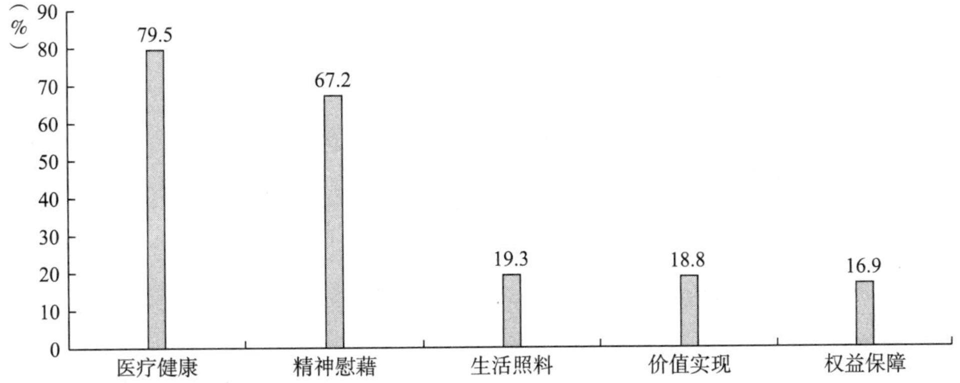

图 1　居家养老需求统计

1. 医疗健康是最主要的需求

调查结果显示，近八成（79.5%）的老人有医疗健康服务需求，该需求位居首位。医疗健康包括医疗、护理康复和健身三个方面。其中，对包括社区医疗、上门看病、紧急呼叫、陪同就医、家庭病床、远程医疗等内容的医疗服务，需求达 90.1%；对健身（设施和场所）的需求为 70.6%；对护理康复的需求为 20.0%。

2. 精神慰藉是第二位的需求

老人对精神慰藉的需求较大，达 67.2%。从具体指标来看，对打牌聊天的需求为 52.5%，对老年大学的需求为 42.1%，对图书室的需求为 55.2%（见表 1）。

---

① 计算方法：把 22 项指标的取值归为“需要”和“不需要”两类，分别赋值 1 和 0。百分比通过计算相应指标或维度的均值转化而来。下文百分比计算方法相同。

表 1　精神慰藉需求统计

单位：%

服务项目		非常需要	比较需要	不需要
休闲娱乐	打牌聊天	19.7	32.8	47.5
学习分享	老年大学	15.3	26.8	57.9
	图书室	14.8	40.4	44.8

3. 生活照料是日常的需求

生活照料服务包括助餐、助洁、购物代办、托管服务。助餐服务包括社区食堂、送餐服务；助洁服务包括家政清扫、衣物清洗；购物代办包含物品代购、代办代缴；托管服务是指日托服务。分别有 39.6%、25.1%、23.8%、20.1%的受调查老人需要这些服务。访谈中，杭州市养老服务指导中心的李健说："老人对助餐的需求占比是蛮大的。"可见，老人对助餐服务的需求最为强烈。

4. 价值实现方面有明显需求

在价值实现方面，对寻找工作的需求很少（13.7%），而对参加志愿服务的需求相对较大，达到44.3%（见表2）。上海芷江西路苏家巷小区的李奶奶对调查组说："我们也想为他人做点什么，再创造点价值。"

表 2　价值实现需求统计

单位：%

服务项目	非常需要	比较需要	不需要
志愿服务	11.5	32.8	55.7
寻找工作	2.7	11.0	86.3

5. 权益保障方面有一定需求

权益保障服务包括理财咨询和财产安全两个方面。数据表明，老人对理财咨询的需求达到19.1%，对财产安全的需求达到31.7%。家住嘉兴市乌镇植材苑的刘爷爷对调查组说："现在外面骗子那么多，理财我们也不懂，需要懂的人帮忙。"

6. 居家养老服务的支付意愿有限

虽然老年人对养老服务的总体需求较大，但目前老人对于购买这些服务的意愿却较低。数据表明，绝大多数老人（87.8%）只愿意每月花500元及以内来购买养老服务，其中每月只愿意支付200元及以内的老人占比就高达70.0%（见图2）。在访谈中了解到，支付意愿较低与目前养老服务供给不足有关。常州市武进区丰乐社区的张奶奶对调查组说："有合适的服务，也愿意多花一点钱的。"

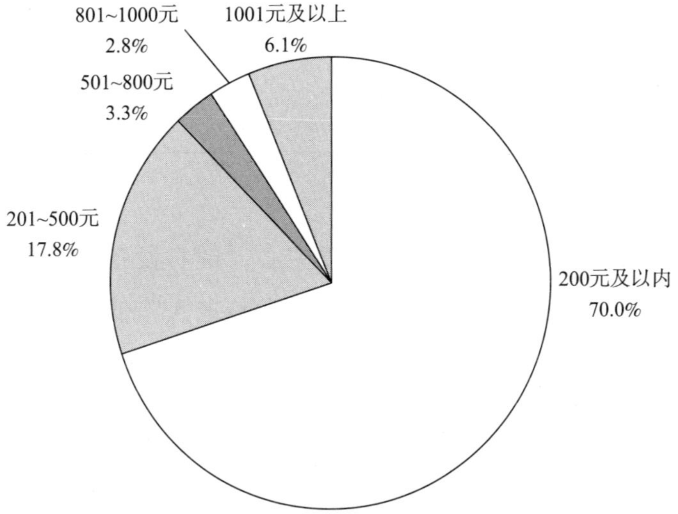

图2　居家养老服务支付意愿统计

（二）不同类型老人居家养老服务需求差异

1. 不同年龄老人的居家养老服务需求有差异

按照年龄，可把老人分为三类：60~69周岁的为低龄老人，70~79周岁的为中龄老人，80周岁及以上的为高龄老人。本研究对年龄与居家养老服务需求做交互分析，并进行卡方检验，以反映不同年龄老人在居家养老服务需求上的差异状况。差异显著的需求如表3所示。

表3　年龄与居家养老服务需求的交互分析

单位：%

服务项目	年龄组别	不需要	比较需要	非常需要	χ^2
日托中心	低龄老人	75.0	16.7	8.3	0.156*
	中龄老人	79.5	17.6	2.9	
	高龄老人	92.0	8.0	0	

续表

服务项目	年龄组别	不需要	比较需要	非常需要	χ^2
健身设备	低龄老人	24.4	54.7	20.9	-0.152*
	中龄老人	29.0	55.1	15.9	
	高龄老人	48.0	40.0	12.0	
志愿服务	低龄老人	48.8	37.2	14.0	-0.199**
	中龄老人	59.7	28.4	11.9	
	高龄老人	83.3	12.5	4.2	

注：* $p<0.05$，** $p<0.01$。

从表3数据可以看出，年龄与对日托中心、健身设备和志愿服务的需求程度呈负相关。这在一定程度上表明，相对于高龄老人，低龄老人更偏向于“走出家门”，到社区接受日托服务、使用健身设备与参加志愿服务。

2. 不同文化程度老人的居家养老服务需求也有差别

数据显示，不同文化程度的老人对陪同就医和图书室两个方面的需求存在显著差异（见表4）。总体上，文化程度越低的老人对陪同就医的需求越大，这与现代医院采取信息化和智能化的挂号、缴费和导诊系统有关，文化程度越高的老人对图书室的需求越大。

表4　文化程度与居家养老需求交互分析

单位：%

服务项目	文化程度	不需要	比较需要	非常需要	χ^2
陪同就医	不识字	54.5	36.4	9.1	-0.189*
	初识字	41.7	33.3	25.0	
	小学	54.8	31.0	14.2	
	初中	73.6	17.0	9.4	
	高中/中专	75.0	25.0	0.0	
	大专及以上	66.7	29.1	4.2	
图书室	不识字	83.4	8.3	8.3	0.205*
	初识字	83.4	8.3	8.3	
	小学	56.2	21.9	21.9	
	初中	31.5	50.0	18.5	

续表

服务项目	文化程度	不需要	比较需要	非常需要	χ^2
图书室	高中/中专	42.9	54.3	2.8	0.205*
	大专及以上	29.2	50.0	20.8	

注：* $p<0.05$，** $p<0.01$。

（三）居家智慧养老需求态势

1. *老人对智能设备的需求逐步增加*

问卷调查结果表明，老人对一键呼叫设备的需求达55.6%。通过访谈了解到，老人对于其他智能设备如智能手环、智能音箱、智能家居、智能床垫等的需求正在逐步增加。常州河海二村的钱爷爷在接受访谈时表示："不方便动了，儿子也不能天天陪在我身边，有了这些杀板（厉害）东西，儿子也不担心了，闲下来我也能找儿子聊天。"

2. *居家智慧养老普及率较低*

老人对智能设备的需求在不断增加，但目前老人们对居家智慧养老的知晓度仍处于较低水平，居家智慧养老服务和产品的普及率也不高。调查结果显示，只有21.4%的老人知道智慧养老。因此，居家智慧养老还有很大的发展空间。

已享受智慧养老服务的老人，在获得居家智慧养老服务的方式上，通过手机预约服务为主要途径，占46.9%；而在"谁来选择养老具体项目"上，以老人自己选择（40.7%）和子女安排（44.4%）为主。

3. *居家智慧养老服务满意率较高*

老人大多对居家智慧养老服务感到满意（非常满意的占16.7%，比较满意的占70.8%，不满意的占12.5%），这表明，居家智慧养老服务前景良好，同时仍需要向更高质量发展。

四　长三角地区居家智慧养老发展状况

长三角地区作为我国经济社会发展的先行区域，较早地进入人口老龄化阶段，也较早开始建设养老服务体系。近年来，长三角地区积极探索城市居家智慧养老，形成了典型的区域发展特征：以“互联网＋”为基础的多特征融合，政府主导、社会力量积极参与的多方推进格局。

（一）地方经验

1. 上海：社区嵌入式养老，智能化综合为老服务

上海市以“智能硬件、为老服务、医疗健康、护理照护、运营服务、支撑平台、系统集成和数据分析”等为基础，发展线上、线下养老服务体系，实现了个人、家庭、社区、机构与健康养老资源的有效对接和优化配置，建立了服务供给、服务保障、政策支撑、需求评估和行业监管“五位一体”的全市智慧健康养老服务体系。

实施“社区嵌入式”养老服务，一是建立“垂直功能”的长者照护之家，二是建立综合功能的社区综合为老服务中心。上海芷江西路街道居家养老中心负责人孙经理说：“社区综合为老服务平台和我们机构对接，方便我们开展工作，满足老年人需求。”

同时，政府大力推进居家智慧养老的发展，购买居家智慧养老服务的财政支出逐步扩大，为居家养老驿站或服务中心提供了大力支持。上海市政府积极响应号召，建立“上海市综合为老服务平台”，承担全市“为老信息服务统一门户网站”、“养老服务行业管理统一入口”与“为老服务资源大数据库”三项功能，对分散的助餐、助浴、助洁等服务进行统一管理。长宁区建立了“智慧长宁·乐e生活”网上生活服务中心平台，覆盖4000名居家养老服务对象，安装“一键通”4000多台，构建了依托社区、医养结合的居家养老服务格局。

2. 南京：创新智慧养老服务，丰富医养结合模式

南京市引导社会力量积极参与，形成“政府主导，多方参与”的模式。2014年开始“时间银行”志愿互助试点，开设区级“时间银行”，出台多项措施鼓励市民成为“时间银行”的志愿者。“养老掌上云”服务平台正式上线运营。智慧养老大数据运营调度中心上线，先后整合多个养老服务平台资源，提升了服务水平与效率。

全市基本形成“养老机构办医疗、医疗机构办养老、两类机构签约合作、设家庭养老床位和家庭病床”的医养结合模式，先后被国家发改委、民政部确定为全国养老服务业综合改革试点地区，被民政部、国家卫健委确定为国家级

医养结合试点单位。全市将推行养老家庭病床计划，提供100多项上门养老服务供老人家庭选择。

南京也在开发与推广智慧养老移动端App，越来越多的老人开始使用这款软件发布养老助老需求，与专业人员对接，接受智慧养老服务；推进建设街道智慧养老服务中心，建立社区养老站点，开展智慧养老服务。

3. 杭州：依托城市大脑，实现养老数据互通

杭州市政府依托城市大脑平台，协同市级部门与区县（市）、乡镇街道，以及提供养老服务的企业等，推进居家养老信息化与智能化。

杭州市出台了“互联网+养老”服务平台项目实施方案，实现了养老服务需求评估记录、高龄津贴发放信息化管理、安全巡查管理。通过智能养老管家服务、“养老地图”、服务热线等初步实现了公众服务多样化，改变了以往对老年人需求评估的方式。杭州市养老服务指导中心的李健说：“以前是拿张纸到老人家里面去，现在评估的东西全都放到手机里去了。”老人的具体信息随之进入服务方平台。

采用市民卡积分制。杭州拱墅区米市巷街道居家养老服务中心负责人的马总告诉调查组：“老人们来买这些养老服务或免费体验服务、参加志愿活动，都能获得积分。”积分能换养老产品、服务或日用商品，提升了老人购买养老服务的积极性。

4. 合肥：依托技术优势，智能养老先行

合肥居家智慧养老的特点，是以智能技术为中心，依托科大讯飞等公司的语音识别和语音合成技术，通过人机对话的形式，对老人的需求做出反馈；通过智能血压仪、智能血糖仪等设备远程动态收集老人的身体数据，及时提供保障老人身体健康的服务。

积极引导社会参与，智慧养老服务企业为老人建立网络个人档案，通过智能设备收集老人身体健康相关数据，实时动态监测老人的身体健康状况，数据分流给服务提供的合作方，也传输给服务对象的子女，并负责日常服务或紧急救助。

线上智慧养老服务平台不断优化，线下服务企业开始试验使用智能陪护机器人。安徽乐庭智慧健康养老运营管理中心的王先生告诉调查组：“‘阿尔法蛋’可以听懂人说的话，能回应你，可通过语音预约下单，进而实行助餐、清

洁、医疗等服务。”智能陪护机器人正在逐步走进家庭，成为老人的生活助手，还能陪老人聊天、娱乐，融入老人生活。

（二）存在的问题

1. 居家智慧养老的智能化程度不高

智慧养老行业中的大数据应用大多停留在数据收集阶段，缺少数据分析，不能精准预测老人的需求；物联网利用不足，难以实现远程服务。一些智能助老设备、服务预定平台以按键为主，不方便老人操作；识别方言和口音的能力不足，无法实现真正意义上的对话，老人的情感需求无法得到满足。智能养老设备价格较高且普及率低。

2. 居家智慧养老市场发育不充分

居家智慧养老产业是朝阳产业，但目前市场化不足，具体表现为：现有居家智慧养老服务仍以政府购买服务为主，企业服务的购买方也是政府；由于居家智慧养老的有效需求不足，有些养老企业盈利较少，甚至出现亏损。

3. 居家智慧养老标准缺乏

当前长三角地区的居家智慧养老水平参差不齐，地方政府在推进居家智慧养老发展的过程中，缺少具体标准和规范。机构养老已有国标，但居家养老尚无国标。浙江绍兴于2017年11月30日开始实施全国首个《养老机构智慧养老管理和服务规范》，涵盖了养老机构智慧养老的管理要求、设施设备要求、服务要求、评价改进等内容，对居家智慧养老服务基础版有一定的规范评估作用，但对居家智慧养老的未来发展指导性不足。

五　推进居家智慧养老的对策建议

我国居家智慧养老已经在部分地区试点，总体上仍处于初步发展阶段。促进居家智慧养老进一步发展，需要从两个层面来推进。

（一）建构居家智慧养老标准体系

以“互联网+”“智能+”为基础，结合需求与供给两侧调查，坚持“以人为本”理念，构建居家智慧养老服务标准的总体框架，规范服务行为、提高服务质量、提升行业管理水平。

制定居家智慧养老的标准，必须明确其内涵。当前对于什么是居家智慧养老还未形成统一定义，但较多强调以互联网等技术为基础，忽略了技术以外的内涵。本文认为：居家智慧养老是指利用互联网、物联网、大数据、云计算、人工智能等技术，借助各类智能化数据平台与设备做出智能响应，整合正式的和非正式的支持系统，为居家老人提供养老智能产品和服务，使老人度过愉快、高自我掌控感、有价值和尊严的高质量晚年生活。根据以上定义，建议标准体系应包含以下五个方面。

1. 技术标准

居家智慧养老的基础是人工智能等技术的发展。技术标准是指居家智慧养老的技术、产品使用与平台的规范，包括智能养老家居、智能医疗、养老服务机器人、智能适老化终端和虚拟养老院等标准。

2. 服务标准

居家智慧养老不能仅依靠智能技术，也不能只围绕智能技术的发展来设计和安排养老服务，否则就只是“智能养老”而非“智慧养老”。居家智慧养老服务需要“以老人为中心，需求为本”，根据老人不同生命周期的需求，实现个性化、精准化服务。服务标准涉及养老服务内容、服务提供方、服务人员和服务管理，全方位、多层次为老人提供养老服务，为老人带来完满的生活感受。

3. 价值标准

居家智慧养老始终坚持以老人的需求为核心，保障老人的主体地位，从而提升老人的社会参与度、自我掌控感及价值实现，促进其重新融入社会。价值标准包括社会参与的社会评价、自我掌控的自我评价、价值实现的满意度等方面。

4. 安全与伦理标准

安全与伦理标准是指人工智能与人身安全、隐私保护与伦理方面的要求，包括人身安全、信息安全、财产安全的标准，以及人机关系、人人关系的伦理规范。老年人的信息数据应在规定和合法范围内共享和使用，服务人员应注重老年人的安全与舒适。

5. 支持系统标准

居家智慧养老还应该建立起完整的养老支持系统，不仅包括政府、社会组织、社区对老人的支持，还需要重塑家庭陪伴、邻里互助等照顾方式。支持系统标准不仅需要制定社会组织、社区参与养老服务的标准，还需要制定邻里互助、家人陪伴、“时间银行”方面的标准。

（二）建立居家智慧养老发展模式

1. 推进体系

一是政府主导。政府要为居家智慧养老发展提供政策支持，制定并落实顶层设计；同时提供财政支持与引导，为居家智慧养老提供资金保障，助力行业发展。二是市场运作。企业从养老需求出发，构建完善的服务提供网络，培育居家智慧养老产品与服务的消费市场，促进养老企业之间协同合作，增强可持续发展能力。三是社会参与。鼓励社会力量以多种形式投资智慧养老产业，激发企业和社会组织的创新活力，推动居家智慧养老事业进一步发展。

2. 目标体系

一是智能照护。智能技术是居家智慧养老的基础，在“互联网+”“物联网+”的基础上，推进“智能+养老”，使更多的智能技术、产品为居家老人提供服务，不断提升智能照护水平。二是医养结合。在智能照护的基础上，深度发展医养结合，全方位保障老人的身体健康。三是康乐保障。要想实现真正的“乐老”还应深切关注老年人的精神需求、文娱需求，赋予老人自我选择权，提升其价值感。

3. 支持体系

一是社区支持。为更好地提供居家智慧养老支持，社区养老服务资源应向失能、半失能老人和高龄老人、空巢老人倾斜。建立社区养老设施和场所，加强人与人之间的交流，建设社区文化，增强社区凝聚力，提升老人归属感。二是邻里互助。充分利用邻里间距离近、较熟悉、易沟通的特点，推行以邻里互助的方式开展养老服务，弘扬尊老、敬老、爱老的传统美德，营造良好的互助氛围。三是家人陪伴。家人作为老人家庭生活的重要支撑，不仅要为老人提供一些基本照护，更重要的是能够给予老人足够的精神慰藉和温暖，保持老年人的心理健康状态（见图3）。

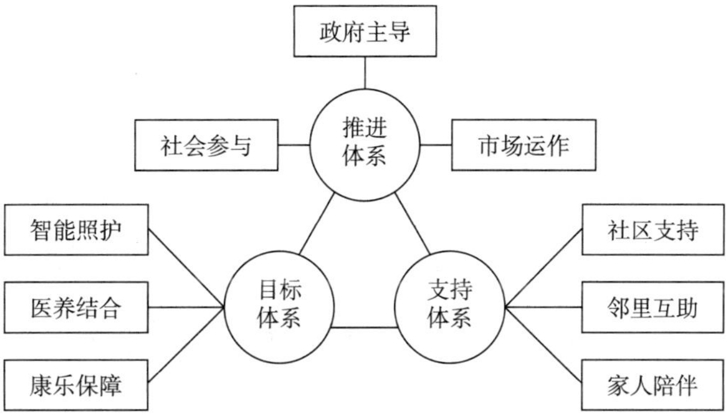

图 3　居家智慧养老发展模式

参考文献

黄珍珍：《绍兴出台浙江首个机构智慧养老标准》，浙江新闻客户端，2017 年 12 月 30 日。

民政部：《国家标准委关于印发〈养老服务标准体系建设指南〉的通知》，2017 年 8 月 24 日。

《民政部权威解读国家标准〈养老机构服务质量基本规范〉》，养老信息网，2018 年 1 月 10 日。

《〈人工智能标准化白皮书（2018 版）〉发布》，机器人网，2018 年 1 月 20 日。

习近平：《决胜全面建成小康社会　夺取新时代中国特色社会主义伟大胜利——在中国共产党第十九次全国代表大会上的报告》，人民出版社，2017。

从嵌入到耦合：精准扶贫视野下乡村治理权力结构的变革

——来自云南省S市X村的实证考察

王殿玺　陈富军*

一　问题提出

党的十八大以来，为努力实现2020年全面建成小康社会的奋斗目标，中央决定实施精准扶贫政策，提出必须在现有基础上不断创新扶贫开发思路和办法，优化整合扶贫资源，确保扶贫到村到户，坚决打赢这场攻坚战，完成农村5700多万贫困人口的脱贫任务。① 精准扶贫政策，不仅涉及人力资本供给农村、经济资源倾斜农村，而且关乎乡土秩序的调适与乡村景观的营建，是一次革命性的乡村建设运动，其本质是乡村治理模式的重构和再造，目的是实现乡村的全面振兴。在这场全方位的扶贫攻坚战中，其中一个创新举措是从各级机关、企事业单位中择选优秀干部进驻乡村，使其全面谋划和主持乡村的扶贫工作甚至参与乡村日常事务决策，而正是由于以第一书记为代表的驻村工作队等外部力量的嵌入，固化的乡村权力场域发生了明显的变化，这一变化外显为乡村治理主体的多元化变局，其引致日常村务治理实践中的权力博弈。② 在精准扶贫的实践过程中，多元权力主体的共同在场衍生出新的权力运作逻辑和权力结构格局，

---

* 作者简介：王殿玺，博士，中国政法大学助理研究员；陈富军，中国政法大学博士研究生。

① 王亚华、舒全峰：《第一书记扶贫与农村领导力供给》，《国家行政学院学报》2017年第1期。

② 王俊程、胡红霞：《中国乡村治理的理论阐释与现实建构》，《重庆社会科学》2018年第6期。

而这一结构性转变必然会对乡村治理过程和模式产生深刻的影响。因此，本研究在精准扶贫的现实语境下，重点关注精准扶贫过程中乡村治理权力结构的变化和内生关系。研究精准扶贫视野下乡村治理权力结构的变革具有重要的意义，不仅能够理解精准扶贫对乡村治理结构的影响，为当前精准扶贫实践提供优化选择，而且有利于推进乡村治理体系和治理能力的现代化，促进乡村的全面振兴发展。

二　精准扶贫背景下乡村的治理权力格局

乡村权力场域是整个乡土社会结构的基本构成。费孝通先生认为，礼治是传统乡村社会治理权力的中心，其构成了乡村治理的合法性基础。在现代化转型过程中，随着我国社会结构的变迁，中国乡村的治理模式发生了深刻的变革，经历了从传统到现代的转变过程。[①] 乡村社会的治理权力结构也随之发生了变革，主要体现为权力形态和权力主体的多样性，而这种变化也必然会对乡村社会秩序产生深刻的影响。如有学者认为，当代乡村治理权力主体最明显的变化趋势是国家权力自上而下深入乡村基层，[②] 国家权力作为参与主体出现在乡村治理场域中。尤其是在税费改革后，乡村治理模式发生了深刻变革，精英治理模式、政府主导下的村民集体自治模式、多元主体协作治理模式等应运而生。[③] 在不同的治理模式下，乡村治理的权力格局并不一致，不同权力主体的角色和职责并不相同。在精英治理模式下，乡村精英作为乡镇政权与村民的沟通桥梁而存在，在村民主体缺位、政权系统严格绩效考核的共同作用下，乡村治理精英成为乡镇政权实现乡村治理的倚重，[④] 在村务治理中发挥着不可替代的作用。

随着人口流动与传统乡村的凋敝，乡村的权力本位逐渐消解，乡村治理对精英权力的依赖性降低，出现从精英治理向多元主体治理的模式转变，乡村治理的权力主体出现多元化倾向，政府主导下的村民集体自治和多元主体协作治

① 赵旭东、张文潇：《乡土中国与转型社会——中国基层的社会结构及其变迁》，《武汉科技大学学报》（社会科学版）2017 年第 1 期。

② 陈洪生：《当代中国乡村治理中政府主导力量嵌入乡村社会的政治逻辑》，《求实》2006 年第 7 期。

③ 秦良芳、陈卓、游昭妮：《精准扶贫背景下的乡村治理研究综述》，《社会科学动态》2019 年第 2 期。

④ 朱天义、高莉娟：《精准扶贫中乡村治理精英对国家与社会的衔接研究——江西省 XS 县的实践分析》，《社会主义研究》2016 年第 5 期。

理模式得以建构。在多元共治的治理模式下，乡村治理权力出现分割，治理权力主体随之趋向多元化，多元主体共同在乡村公共事务决策中扮演相应的角色，其基本逻辑是乡村治理的不同主体在广泛参与的基础上通过协商而达成共意，从而实现乡村公共事务的协同治理。但是在这一模式下，政府治理权的显性功能愈加突出，政府在自身权力与职能界限的划定下逐步引导各治理主体的行动，进而实现政府、社会、市场等各治理力量的合理布局，各主体在地位平等的基础上协商与合作，从而协作实现乡村公共事务的有效治理。①

但是，随着国家精准扶贫战略的全面铺陈，国家对乡村的治理权进一步强化：在基层领导力资源供给方面，从各级行政事业单位中选派人员成立驻村工作队，并选派优秀干部到村担任第一书记，充实精准扶贫中的干部队伍资源；在经济投入方面，加大对贫困村的经济资源投入，根据当地禀赋条件发展特色产业，强化贫困村的“造血”功能；在乡村面貌方面，通过危房改造、道路修葺、饮水卫生设施建设等方式改善贫困乡村的基础设施和外在景观；在文化建设方面，在尊重本地乡土习俗的基础上，积极强化乡风文明建设、乡村公共文化服务体系和乡村文化产业建设。由此，精准扶贫的目标不仅在于实现农村贫困户的脱贫致富，更重要的是促进乡村社会的有效治理，实现乡村社会的全面振兴。

然则，在精准扶贫的语境下，乡村治理的权力运作模式发生了怎样的转变？由上而下的精准扶贫实践对乡村的治理权力结构产生了怎样的冲击？诸如第一书记这样的制度安排在乡村治理权力格局中，代表的是一种嵌入式的结构还是一种重塑性的结构？这些问题仍需要探讨。因此，本研究利用云南省S市X村的实证调研资料，探讨农村治理权力格局的转变机制和过程。

三　从“抵触”到“共谋”：X村精准扶贫实践中的治理权力运作

（一）X村的基本情况与精准扶贫策略

X村位于云南省南部山区，是一个革命老区，全村有常住人口800多户

① 吴映雪：《精准扶贫的多元协同治理：现状、困境与出路——基层治理现代化视角下的考察》，《青海社会科学》2018年第3期。

3700余人，外出务工人员有800多人，村民以汉族、彝族为主。全村耕地有4800亩，林地有5000亩，粮食作物以玉米、小麦为主，经济作物以花椒、土瓜、柑橘为主，第一产业基础薄弱，基本没有第二、第三产业。X村自然条件恶劣，贫困发生率高，农村居民收入低，社会发展相对滞后。但是，X村林地资源丰富，花椒、土瓜、柑橘、小麦、蔬菜等资源富聚，发展潜力大。

根据云南省S市脱贫攻坚工作的统一规划，X村将扶贫措施与贫困识别结果相衔接，按照脱贫标准，采取多维度的脱贫措施，计划精准扶贫总投资800余万元，力求实现100余户贫困户脱贫。比如，在社会保障方面，利用民政兜底保障实现脱贫，落实教育扶贫和医疗救助；在就业方面，开展劳务输出培训转移就业脱贫；在基础设施建设方面，硬化村组公路，实现组组通硬化路；在经济产业方面，实施养猪项目，种植花椒、土瓜、柑橘、蔬菜等经济作物，组建面条加工厂实现村级集体经济收入零的突破等。

（二）嵌入式结构：X村精准扶贫实践中的治理权力架构

X村为确保精准扶贫项目的顺利实施，更好地发挥经济效益、社会效益、生态效益和扶贫效益，成立了以镇党委书记、镇长任组长，镇分管的副镇长、驻村工作队长、第一书记、村党总支书记、村民委员会主任、村务监督委员会主任任副组长，村“三委”其他成员及驻村扶贫工作队员为成员的脱贫攻坚领导小组。其中，镇党委书记、镇长、镇分管的副镇长为上级直接主管领导，指导、组织和领导X村的精准扶贫工作。

X村的治理权力结构体系可以划分为两种不同属性的权力类型：一种是本地内生型力量，以X村的村党总支书记、村民委员会主任、村务监督委员会主任以及村“三委”其他成员为代表；而另一种是外在嵌入型力量，以驻X村的工作队长、第一书记及驻村扶贫工作队员为代表。这两种权力力量共同负责主持实施X村的精准扶贫事务，是X村精准扶贫实践中的主要组织力量。在X村精准扶贫的过程中，第一书记在贫困户确定、扶贫措施、产业扶持等精准扶贫各项工作中均起着主导作用，而村委会除负责村中的日常公共事务，同样要参与村中的精准扶贫事务，协助第一书记及驻村工作队的扶贫工作。“内生型”权力代表着乡村治理的乡村逻辑，是在当地文化、关系生态中孕育的权力结构；“嵌入型”权力代表着乡村贫困治理的国家逻辑，是国家权力在乡村治理中的角色延续，体现着国家对乡村治理和发展的全面、直接参与。

（三）“博弈”与“耦合”：X 村精准扶贫实践中治理权力运作图景

1. 资源卷带与话语权分割：“嵌入型”权力与“内生型”权力的博弈

在精准扶贫战略行动中，从机关、企事业单位中选派优秀干部到村担任第一书记是中央政府在贫困治理领域的一大创新，能够为贫困村庄注入优秀的领导力资源。作为“嵌入型”的领导力资源输入，第一书记扶贫制度本质上是国家权力对农村贫困治理的直接参与，体现了后税费时代国家对农村治理的直接领导。国家权力直接参与到村庄组织层面，必然与乡村权力产生碰撞与交融，两者的共同在场亦可能产生新的权力运作模式。精准扶贫实践引致的“嵌入型”与“内生型”权力博弈会在农村场域产生新的治理权力运作过程，形成新的权力结构模式。

本研究认为，精准扶贫实践中治理权力运作的逻辑过程在本质上是扶贫资源分配基础上的话语分割与让渡。国家的扶贫战略要求地方优化整合扶贫资源，实现扶贫资源的精准分配，确保扶贫到村到户，同时要求对口支援单位发挥自身优势、携带资源开展贫困帮扶。特别是第一书记制度要求驻村队依靠自身的部门力量卷带扶贫资源介入村庄扶贫治理，嵌入乡村贫困治理的场域中，这加大了扶贫的力度。但是，有的第一书记所在的部门能够为对口扶贫村落提供较多的扶贫资源，而有的第一书记所在的部门则由于各种局限无法提供优质的扶贫资源，从而形成了资源分配的不均衡性和差级格局。

> 我刚到 X 村任第一书记的时候，我们村的村支书跟我说：“你主要负责找扶贫资源，将扶贫资金引到村里，村里的日常事务可以少参与。”经过一段时间的工作，特别是在对邻近村进行学习考察之后，我觉得，各个贫困村的扶贫资源还是存在差异的，有的村拥有的支援资源多，有的村则较少，而不同扶贫对口单位的支持力度也是不同的。（2019 年 8 月 21 日，第一书记 C 先生）

因而，在各个贫困村资源配给不均衡的情况下，第一书记为本村导引扶贫资源的多寡，会影响其在扶贫实践中的行动逻辑。一方面，第一书记基于权力合法性，意图在贫困治理中占有主导地位，全面统筹村内的扶贫工作，包括如何识别贫困户、确定谁为贫困户、如何评估和制定脱贫路径、扶贫资源如何分配、如何发展村内特色产业等；另一方面，村支书或乡村精英也想主导本村的扶贫事务。两种权力力量均试图在村务决策上拥有话语权，而如此则会产生竞争关系。正如有的学者指出，在精准扶贫工作中，利益密集的资源分配在相对扁平化、均质化的村庄社会结构中激活了竞争关系，[①] 乡村治理权力场域的互动关系得以实现，而这种互动关系不总是友好的，往往是存在意见分歧的。

> 刚开始，我与村支书是有很多矛盾的，包括在扶贫户确定、扶贫资源分配以及（村）发展方向上，都存在一定的意见分歧。最明显的一个例子是，在发展花椒产业这个举措上，我们驻村工作队经过评估，认为这是我们村致富的一个优势和特色，所以我们组织村民种植花椒，开发花椒产业。但是村支书有点不同意，他认为花椒产业在云南省太过普遍，没有优势，……经过协商，最后的折中方案是先试点小规模生产经营，以后再扩大规模。（2019 年 8 月 21 日，第一书记 C 先生）

“嵌入型”与“内生型”权力的博弈是为了争夺扶贫事务决策上的话语权，而这种争夺往往以扶贫资源为基础，扶贫资源的存在与多寡决定了话语权的分割格局。资源卷带丰富的第一书记与驻村工作队能够在乡村贫困治理和日常事务中占有更多的话语权，而携带扶贫资源较少的第一书记与驻村工作队，则可能会在村务治理中占有较少的话语权。换言之，以扶贫资源为载体，“嵌入型”与“内生型”权力产生了博弈关系，而这种博弈关系主要是为争夺乡村事务治理的话语权或“威望”，即在乡村贫困治理中，以第一书记为代表的驻村工作队与以村支书为代表的村委会在村内日常治理、扶贫资源分配以及产业发展中的决策权分配，是双方在精准扶贫过程中博弈的结果。

> 由于派村工作组是由不同级别、不同部门的行政事业单位构成的，由于自带资源的差异，第一书记在村里的角色也是不同的。如果你能给

---

① 张曦：《精准扶贫推进中的干群关系——基于河南 X 村的调查》，《求索》2017 年第 11 期。

这个村带来更多的扶贫资源，那么你在扶贫工作中的话语权就会更大，就能够主导整个村的扶贫工作和村内的事务。（2019 年 8 月 21 日，第一书记 C 先生）

2. 集体公共利益共识：权力博弈后的“合作”

尽管卷带资源的多寡会决定第一书记的话语权，但“嵌入型”与“内生型”权力形态在基于话语权分割的博弈之后，往往会在扶贫事务和乡村发展规划上达成“合意”和“合作”，从而衍生出新的权力结构模式。在 X 村的精准扶贫实践中，第一书记与村委会书记经过反复的交流、协商甚至意见冲突，才在乡村治理的基本观念、职责分工上达成一致，通过村委会话语权的让渡，第一书记开始全面参与村务治理。

一开始，我觉得他（第一书记）年轻，没有经验，并且驻村工作队不会永远驻在村里，等扶贫任务完成之后他们就会离开，所以我们都觉得他们不了解村里的情况，一些扶贫做法值得商量……所以，在日常工作中，我有些不认可他们的一些做法，有一些矛盾和分歧，但是由于他们带来了许多扶贫资源，加上镇里领导的调解，最后我们经过协商，达成了一致，扶贫工作让他做主，我负责日常事务。（2019 年 8 月 21 日，村支书 W 先生）

然而，扶贫资源基础上的话语权分割并没有真正实现“嵌入型”与“内生型”权力形态的“和平相处”，两种权力结构的协作共治需要双方的内在共识。换言之，“嵌入型”与“内生型”权力形态在博弈后的协作共治是有条件的，两者达成“合意”的基础是乡村公共利益。在 X 村的精准扶贫实践中，以第一书记为代表的驻村工作队与以村支书为代表的村委会的出发点均是为了村集体的公共利益，是为了实现 2020 年全面脱贫的目标。在这个意义上，两者具有共同的价值目标，而这一价值目标也为两种权力类型的“合意”达成提供了基础，实现了精准扶贫和乡村公共事务的协同治理。

由于村里有不同部门的人员，还有本村的村委会的人，难免会有意见不合的时候，一开始我们有争论，导致工作没法开展。后来，经过一段时间的磨合，我们找到了一定的沟通模式，在工作上开始分工合作。我觉得，我们的基点还是源于村里的公共利益，因为大家都想完成扶贫任务，让村民脱贫致富。（2019 年 8 月 22 日，第一书记 C 先生）

四　治理共生关系的建构：精准扶贫视野下的合作治理

在这场脱贫攻坚战中，选派优秀干部到村担任第一书记，实行对口帮扶、实施产业扶贫等创新措施不断生成，驻村扶贫等成为实践日常。国家权力借助特定的制度安排嵌入乡村贫困治理的实践中，与内生的乡村权力互嵌、共存，形成了乡村治理权力格局的嵌入型结构。“嵌入型”与“内生型”权力的共同在场构成了精准扶贫实践中乡村权力结构的显性特征。“嵌入型”权力的运行模式是乡村贫困治理的驱动力，彰显着乡村治理模式向国家权力主导的乡村多元治理模式的转变。国家与农民的直接对接，打破了原来的乡村基层治理权力结构，[①] 国家权力在乡村治理的主体地位得以确认，引领着贫困治理的整体实践。

在国家外源力量与乡村内生力量的互动过程中，外嵌的国家权力与内生的乡村权力之间的汇聚、博弈和融合形成了一种新的关系形态，其意味着两种权力在乡村贫困治理的实践行动中达成“合意”和“合作”，即在精准扶贫的制度框架下，两种权力的互动生成了新的权力依赖和共生关系，达成了平衡合作与良性互动，实现了两种权力的“耦合”。国家逻辑与乡村逻辑在乡村贫困治理中产生的依赖关系体现在：一方面，外嵌的国家权力依靠本地权力精英在乡村贫困治理中顺利进入乡村关系网络，从而能够更好地主导精准扶贫工作；另一方面，本地权力精英依赖于国家权力所带来的扶贫资源，从而形成了在村集体利益共识基础上的贫困治理共同体。因而，在精准扶贫的过程中，“在地治理”的反贫困模式需要国家与乡村双重力量的参与，需要在对“地方性”资源的充分了解之上，建立国家外源力量与乡村内生自主力量的平衡机制，实现贫困治理的可持续性。[②]

① 张曦：《精准扶贫推进中的干群关系——基于河南 X 村的调查》，《求索》2017 年第 11 期。
② 荀丽丽：《从“资源传递”到“在地治理”——精准扶贫与乡村重建》，《文化纵横》2017 年第 6 期。

精准扶贫下的治理模式具有自身的优势，能够规避传统扶贫治理模式的不足。外嵌的国家权力与内生的乡村权力在乡村贫困治理的实践中经过博弈和协作而实现“耦合”，能够避免制度本身蕴含的投机性以及财政扶贫项目目标偏离问题。① 一些学者认为当前村庄治理中存在内卷化的现象②以及“精英俘获”陷阱③，扶贫资源被一些精英不合理、不公平地占据，难以瞄准需要帮扶的对象，而“嵌入型”与“内生型”权力的协作和互动，能够促进扶贫资源的精准分配，从而避免上述现象的发生，实现精准扶贫框架下的乡村精准有效治理。

五　结论与讨论

2013 年 10 月，习近平总书记到湖南湘西考察时，首次提出了“精准扶贫”的概念。而后，为确保贫困人口到 2020 年全部脱贫，中央正式提出实施精准扶贫政策，要求全国各地要在现有基础上不断创新扶贫开发思路和办法，坚决打赢这场攻坚战。精准扶贫不仅是一次消减贫困的行动战略，更是一场乡村治理转型和振兴行动。如第一书记扶贫制度、驻村工作队制度、产业扶贫与合作经营制度等创新措施的衍生，不仅能够确保精准扶贫的效果，而且改变了乡村治理的权力格局，促进了乡村治理的现代化转型。

本研究利用云南省 S 市 X 村的实证资料，从乡村治理权力的视角，分析精准扶贫视野下乡村治理模式的转变。研究发现，在精准扶贫过程中，以第一书记和驻村工作队为代表的国家权力通过自上而下的制度安排嵌入乡村治理权力格局，共同构成了乡村治理权力的结构，外嵌的国家权力与内生的乡村权力在乡村贫困治理的实践中经过博弈和协作而达成“耦合”，在以资源分配为核心的贫困治理过程中形成一种依赖关系，从而促进了扶贫资源的精准分配，乡村治理体系亦得以重构与再造。

在精准扶贫过程中，本研究结论对于精准扶贫工作具有一定的启示意义。一方面，由于传统扶贫模式并未完全达到有效的脱贫效果，出现了扶贫目标偏离和村庄治理内卷化等现实问题，但是在精准扶贫过程中，外在政府权力的嵌

① 刘升：《精英俘获与扶贫资源资本化研究——基于河北南村的个案研究》，《南京农业大学学报》（社会科学版）2015 年第 5 期。

② 贺雪峰：《论乡村治理内卷化——以河南省 K 镇调查为例》，《开放时代》2011 年第 2 期。

③ 邢成举、李小云：《精英俘获与财政扶贫项目目标偏离的研究》，《中国行政管理》2013 年第 9 期。

入能够打破原有权力资源分配的惯性而产生新的资源分配机制，从而保证了资源分配的公平性，避免了扶贫目标的偏离。另一方面，在精准扶贫的过程中，要注意本土内生权力与嵌入性权力的共融问题，通过有效的职责分工、话语权分配能够实现两种权力力量在乡村扶贫中的有效互动和协作治理，从而产生新的化学反应，实现乡村的有效治理。

二等奖

授权式协商：传统乡村矛盾纠纷的治理逻辑

——以鄂西余家桥村“说公”为例

李华胤*

一 缘起

传统乡村社会以自然村落为基本地域单位，由若干个相对独立的家户组成。家户是村落社会的细胞，也是国家治理的根基。在生产力并不发达的传统乡村，家户是基本的生产经营单位，家户独立自主经营并在消费和分配上拥有自主性；但家户并不能完全自给自足，其在生产和生活中存在各种各样的需求，必须通过对外的社会交往来满足。因此，在乡村社会，家户之间存在丰富的横向联系，彼此并不是互不联系的“马铃薯”或是“一盘散沙”。但是，家户在进行对外生产交往和生活交往的过程中，不可避免地会与其他家户产生摩擦、矛盾或纠纷。矛盾纠纷的调解不仅成为村落社会和农户最常见的治理需求，也构成了乡村社会治理的主要事务之一。那么，村落社会的矛盾纠纷是如何得以治理的呢？

关于乡村社会生活性和生产性矛盾纠纷的治理，学界通常将其放在乡村治理事务的大类中进行讨论和研究。总体看来，主要有三个方面的研究。(1)“主体调解论”。传统乡村社会存在多种类型的权威精英，如绅士、族长、长老、先生等都是矛盾纠纷的治理主体，以他们为主构成了乡村自治的主要力量，在“无讼”或“厌讼”的历史大背景下，由乡村精英负责对矛盾纠纷进行调解。

---

* 作者简介：李华胤，华中师范大学中国农村研究院讲师，硕士生导师。

（2）“规则治理论”。存在于乡村社会的非正式制度或规范是矛盾纠纷治理的基础。持此类观点的学者较多，如费正清、韦伯、费孝通、瞿同祖、钱杭、王沪宁、秦晖、金太军等。在传统社会，内生于乡村社会的宗族家法、习惯法、惯习等在乡村矛盾纠纷治理中发挥着重要作用，是矛盾纠纷得以有效治理的条件。（3）“自然消解论”。传统乡村社会是一个熟人社会，大家彼此熟知，在这样的社会结构中会形成一种稳固的舆论场域，矛盾纠纷通常通过村落社会的舆论力量得以消解。

上述理论主要解释了乡村社会矛盾纠纷的治理规则、路径或主体性等问题，强调了“乡村权力主体”或“内生于乡村社会的地方性规范论”在矛盾纠纷治理中的积极作用，体现出一种“权力主体主动性介入”的特点。但是上述理论忽略了这样一个客观事实，即对于在发生学上属于大概率事件、高频度事件的矛盾纠纷，乡村权力主体能够做到“事事主动且及时介入”吗？

2016 年 5 月至 8 月，笔者在湖北省宜都市余家桥村开展了“长江流域村落历史形态考察”，在长时段的田野作业中，对“矛盾纠纷治理”进行了深度调查并发现，在 1949 年前的余家桥村，生产和生活中的矛盾纠纷时有发生，并按照“说公”这一本土化的机制得以有效化解。“矛盾纠纷”构成村落公共事务之一，对它的有效治理既不依赖于村落权威主体的主动介入和家户普遍遵守的地方性规则，也不依赖于村落范围内的舆论力量，而是依赖于一套完整的机制体系。

二　“说公”：余家桥村矛盾纠纷治理的历史实践

余家桥村位于鄂西北平原地区，是一个位于长江边上的村落。在传统时期，村民以种植水稻为生，在日常生产和生活中，家户之间的矛盾纠纷时有发生。为了调解这些矛盾纠纷，维护村落秩序，村民在实践中探索出了一种“说公”的治理方式。

（一）“说公”之由：矛盾纠纷的治理缘起

在余家桥村，“说公”也叫“说公道”。“公”指的是村民们普遍认可和遵守的公道、公理。对于“说公”，老人们如此理解和解释：

矛盾也好，吵架也好，只要是不和气的地方，都可以说公。说公就是讲公道、摆公道，有啥子事情，找几个人在一起讲一讲，讲清楚咋发生的，不服气的理由。事实就是事实，说清楚了，不公道的一方、不占理的一方自然就清楚了。大道理不用讲，每个人心里都清楚，只不过呢，要拿出来说一说，大家才清楚。

在对老人们的访谈中笔者发现，在余家桥村，“说公”作为一种治理工具，适用范围广泛，既包括家户之间在日常生产和生活的交往中所产生的摩擦和冲突，也包括家户内部的矛盾纠纷。具体来说，有以下两大类。

第一类，家户之间的利益之争。这一类矛盾纠纷主要发生在家户外部。家户作为独立的社会单位，在日常生产和生活中与其他家户在交往中发生的利益纠纷，是村落内部最普遍、发生频率最高的矛盾纠纷类型。在访谈中，江光沛老人列举了以下几种：(1) 邻里矛盾，如自家脏水流到了邻居的门口，自家喂养的鸡鸭、耕牛、猪等踩坏了邻居的菜地或篱笆墙，邻居偷摘了自家菜地的菜或院子里的果子；(2) 耕牛在喂养中踩坏了其他农户的田埂或偷吃了水稻；(3) 水田灌溉时的争水、抢水，以及偷扒开了其他农户的灌溉口带来的争执；(4) 借钱、借粮食、借农具等的农户逾期不还；(5) 在合作培育秧苗、换工、合养耕牛以及共用水塘或灌溉渠过程中的矛盾；(6) 土地买卖、土地租佃、农作物或牲畜（耕牛等）买卖中的纠纷；(7) 边界纠纷，如田埂上的树木归属纠纷、瓜果蔬菜过界纠纷、田界划定纠纷等；(8) 与其他农户在交际和娱乐活动（如打牌）中产生的口角之争。

第二类，家户内部的情感纠纷。这一类矛盾纠纷主要发生在家户或家族内部，比较典型的有三种：(1) 家庭成员之间的争吵，如婆媳矛盾、妯娌矛盾、姑嫂矛盾、父子矛盾、兄弟矛盾等；(2) 家庭成员未履行义务带来的矛盾，如养老矛盾、殴打妻子、丧葬矛盾等，其中，养老矛盾、丧葬矛盾较为普遍；(3) 分家以及老人财产继承中的矛盾。

（二）“和事佬”的邀请与介入

当发生矛盾纠纷之后，利益受损的一方农户 A 通常会主动去找伤害自身利益的农户 B 去“理论”[①]，若对方没有赔偿或道歉之意，利益受损的一方为了讨回公道，通常就会发起“说公”。村里的胡仁刚老人告诉笔者：

> 两家发生不愉快的事了，那个时候，村里也没人主动去管。你不自己讨公道，就只好吃闷亏了。一般都是吃亏的那一家去讨公道，自己上门讲道理，人家也不会理你。最后也只能找有权有势的人帮你讨公道。

根据江光沛、胡仁刚两位老人的讲述，在民国时期，“绅士老爷”王盖英、“则夫先生”彭则夫、[②]知客先生、教书先生等都是村里威望最高的人，受到全村村民的敬重，也是“说公”中的权威人物。在农户 A（利益受损的一方）上门讨公道未果的情况下，农户 A 就会拿着礼物去请村里的权威人物，登门拜访并向其陈清事情原委，并请其代表自己介入协调，以挽回利益损失和颜面。因为都是本村村民，被请到的权威人物一般都会答应帮助农户 A 协调，并亲自去农户 B 的家里并告知其要“说公”。此时，为了不吃亏也不得罪农户 A 请的权威人物，农户 B 也会在村里另请一位权威人物，请其代表自己与农户 A 请的权威人物一起“说公”。被农户 B 请到的权威人物，一般都会答应农户 B 并介入协调。对此，江光沛老人也详细讲述了其中缘由：

> 绅士老爷、则夫先生、知客先生、教书先生这些人物，都是识文断字的，懂道理、说话算数，在村里威信高，村里的人都蛮尊重他们的。请他们说公，给的什么结果，都没话说，公道。大家都住在一个圈圈，乡里乡亲的，抬头不见低头见，有啥事找到你了，又不是啥力气活，都会答应出面帮忙调解的。

在“说公”中，两位权威人物被称为“和事佬”或“公正爷”，取其“权威极高、断事公正”之意。由此可见，“说公”的参与主体有四方：矛盾纠纷的双方农户（A、B）、农户 A 请的权威人物、农户 B 请的权威人物。

---

① 在余家桥村，“理论”的意思是“讨说法”。

② 民国时期，余家桥村王盖英是清朝秀才，村民尊称其为“绅士老爷”；彭则夫是村里纸厂的老板，因家中富裕并接受过新式教育，村民尊称其为“则夫先生”。两人在村里地位很高。

（三）“说公”的地点确定

当农户 B 请好“和事佬”之后，这位“和事佬”就会主动与农户 A 所请的“和事佬”碰头，并约一下“说公”的大致时间、地点。民国时期，“说公”的时间、地点由发起“说公”的一方（农户 A）所请的“和事佬”决定。根据江光沛老人的讲述，“说公”的地点在大多数情况下会定在“和事佬”自己的家里。关于“说公”地点的选择，有两个地方性原因，一是满足农户 A 情感上的优势感。“你是吃亏的一方，肯定要占据主动权，必须叫对方跑路上门，这样才有了说和的气势。”（江光沛老人）二是使“说公”在仪式空间上显得更加公正、权威。“和事佬”与农户 A 约好具体的“说公”时间之后，亲自去告知农户 B 所请的“和事佬”，再由农户 B 所请的“和事佬”告诉农户 B。

（四）“说公”流程：“和事佬”与方案讨论

在约定好的那天，农户 A、农户 B 以及两家所请的“和事佬”会按时到先前议定好的地方“说公”，一般为农户 A 所请的“和事佬”的家里。“说公”由农户 A 所请的“和事佬”主持，大致分为以下几个环节：（1）由农户 A 陈述事情原委，把纠纷产生的原因、过程以及上门“讨说法”未果的全部过程具体说一遍，并表达自己的诉求；（2）农户 B 针对农户 A 在陈述中存在的“不属实、造假、夸大事实”等进行反驳，并补充陈述，同时表达自己的意见；（3）农户A、农户 B 陈述结束之后，两位“和事佬”展开深入讨论，在讨论中，农户 A、农户 B 不能插话，只有当两位“和事佬”询问时才能说话，这个过程也被村民们称为“摆道理”；（4）在兼顾农户 A、农户 B 双方诉求的前提下，两位“和事佬”会协商出一套解决方案，供农户 A、农户 B 参考。若农户 A、农户 B 同意该解决方案，点头表示默许；若有一方不同意，由不同意的一方陈述理由，两位“和事佬”展开新一轮的协商，并协商出一套改进的解决方案。这个环节耗时较长，只要有一方不同意，就会一直讨论，直到协商出彼此均满意的解决方案为止。如村里的老人所说：

> 老爷们讨论的时候，是开放的，两方农户都在场，可以听着，随时准备答话。这个过程很长，有的时候两三轮商量就有了都满意的结果。有的

时候，会持续一两天，反正不管多少轮讨论，都会有一个相对满意的结果。

对于讨论出来的解决方案，需要签订纸质合约，由其中一位“和事佬”当场书写纸质合约，一式两份，双方农户、两位“和事佬”均要在上面签字，每位农户各执一份合约。

在余家桥村，“说公”是一项非常正式的活动。只要“说公”，矛盾纠纷双方就要平心静气地坐下来讨论，以解决事情为目的，不允许“胡搅蛮缠”、不讲道理、破坏“说公”秩序。在“说公”中，“讲歪理”的农户会被两位“和事佬”骂退，农户在村里的恶名会就此传开，直接影响其与其他农户开展互助合作、结亲家等。“权威保证、村落公认”既是余家桥村“说公”治理矛盾纠纷的基本前提，也是“说公”有序进行的根本所在。

（五）“说公”的结果执行与监督：喝“同意酒”①

“说公”讨论出双方农户一致认可的解决方案之后，要由理亏的一方农户在自家摆一桌好酒好菜（必须有酒有肉），请两位“和事佬”以及另一方农户吃饭。在这里，“请客吃酒”有两层含义。第一层意思是表示道歉，有言和之意；在饭桌上，理亏的一方农户要向另一方农户“多敬几杯酒”，表示歉意。第二层意思是表示感谢，主要是感谢“和事佬”。因为“和事佬”介入“说公”，不收取任何一方的任何劳务报酬，纯属义务性调解。

经过“说公”讨论出来的解决方案，只要双方农户均认可，就必须严格执行，任何一方不得反悔。两位“和事佬”共同监督执行，若农户拒不执行，两位“和事佬”就会在村里散播其恶名，以至于这位农户在村里基本无颜面过日子。所以，村落熟人社会的关系网络也是保证“说公”结果执行力的基础。对此，村里的朱启贵老人这样谈道：

> “说公”就是为了解决矛盾的，既然当场大家都同意“和事佬”提出的解决办法，都是签字画押了的，还喝过同意酒了的。事后你想反悔，那不可能，“和事佬”不同意，大家都不同意。这样做人，像换工、合伙养

① “同意酒”是指说公之后的宴请，喝酒之后，就表示彼此都同意了解决办法。

牛、修沟挖渠、打亲家，都不跟你搞，你都找不到合伙的，那你在这地方都活不下去了。

三　授权式协商："说公"治理有效的内在逻辑

从中国农村研究院"长江流域村落深度调查"的材料来看，类似余家桥村"说公"治理矛盾纠纷的形式普遍存在。

（一）基于"公理"的协商："说公"治理的基本特点

余家桥村矛盾纠纷的调解在本质上是一种自治，但并不是当事人直接参与的自治，而是有权威主体介入并代表当事人进行协商的自治。在矛盾纠纷发生之后，会围绕当事人双方以及矛盾纠纷形成一个准治理场域，处于弱势的一方主体为了维护自身利益，向另一方主体发起维权的要约，建构一种以"讨说法、要赔偿"等为主要内容的协商空间。双方主体通过植入村落权威，以开放式的协商、讨论、对话等方式来解决矛盾纠纷。由此来看，"说公"也是维护家户正当性权利的渠道。

首先，家户理性是协商空间建构的起点。家户是村落社会的细胞，是独立的经济、社会、文化和政治单元，家户独立自主对外交往。在单元属性上，家户是自由的个体单位，家户之间是平等的，由此家户也是一个相对独立的权利单位。当家户的正当权利受损时，独立的家户单元表现出极强的家户理性，家户利益至上，家户的正当权益不容侵犯。家户会在这一正当的理性动机下采取一种"维权"的理性行动。如江光沛老人说道：

> 自家的利益受损了，不仅是钱的事，更是涉及脸面的事。在村里，你种田，我也种田，没啥高低之分，你凭啥欺负我。去吵架、打架，太花精力了，也不一定要得回来（利益或脸面），还伤了和气。商量是最好的办法，不伤和气，还解决问题。

其次，公理是协商得以实现的规则基础。传统村落社会是一个熟人社会，维护这一熟人社会的主要规则是“礼”，礼是社会公认合式的行为规范，[①] 其主要体现形式是存在于村落社会内部的各种“公理”，它们是各家户在长期的生产和生活交往中逐渐形成的高度统一认可的规则体系，是公认的道理，也是约束人们行为的“底线规则”或“底线伦理”。在余家桥村，“谁都不能无缘无故欺负谁、谁都不能以强欺弱、谁都不能以大欺小”（胡仁刚老人）就是农户们的公理。任何人不得触碰这一“公理”，突破了“公理”的家户将在熟人社会无法立足和生存。因此，广泛存在于村落社会的“公理”给予了正当性权利受损的家户得以维权的正当性基础，是协商发起后得以运行的规则基础。

（二）“请来”村落权威：扩展“说公”治理的协商空间

在余家桥村，对于“无处不在发生着”的矛盾纠纷，村落精英不是主动介入的，而是体现为一种消极治理。在“说公”中，以“绅士老爷、则夫先生”为主的村落精英并不是主动介入矛盾纠纷的治理，而是以“请”的方式被动介入。在具体实践中，表现为一种“请治”，即矛盾纠纷双方邀请村落精英介入治理，而村落精英则是“应约”介入治理。

首先，“请治”源于深层次的家户理性。这里有两个层面：一是矛盾双方农户的面子理性，任何农户——哪怕明知自己理亏——都不愿意直接向对面的农户低头赔罪，但“说公”则建构了一个“认错”的理性“台阶”；二是权威人物囿于人情关系、成本等因素，也不会主动介入，但“请治”则消弭了村落精英的情感或物质顾虑。如王生春老人所说：

> 你是吃亏的一方，你找他（另一方）要说法，想叫他自觉道歉、赔偿，基本不可能，人家主动了，要么面子上过不去，要么得吐出点东西来，都不太现实。即使人家明知自己是理亏的，那也要找个台阶下，不然脸搁哪里。绅士老爷、（则夫）先生啥的，一有纠纷就去，也不现实，纠纷太多了，主动去得罪谁都不好。你要去请，还显得他们地位高。（通过“说公”）理亏的人也有台阶了，即使认错，那也是因为这些有权势的人，不是因为你，也好接受一些。

---

① 费孝通：《乡土中国》，人民出版社，2008，第61页。

其次，“请治”弥补了家户先天的不平等，构建了一个平等协商的平台。家户虽然是平等的权利单位，但因财富、文化、家族等因素，家户之间存在明显的先天性不平等。有效协商基于平等主体间的平等协商，“请治”请来了地位相对平等的权威人物，弥补了家户先天的不平等，构建了一个平等空间，家户在这个空间里可以平等、开放地对话和讨论。

最后，“请治”拓展了协商空间，实现了公共性转换。矛盾纠纷属于农户间的私领域的事务，“请治”所请来的是代表村落权力的公共权威，使矛盾纠纷从“私领域”向“公领域”进行空间转换，赋予了“说公”治理矛盾纠纷更强的公共性质，更大空间下的公共协商会产生更强的治理效应。

（三）以“授权”建构平等的协商空间

在一个夹杂着人情、利益的熟人社会里，家户力量弱小，很难自己代表自己进行维权。加上家户之间“财富、社会地位、家族势力”等多种因素的限制，双方之间存在实质的不平等，自我协商和讨论很难达成。为了弥补客观上的不平等，通过“授权”的方式，农户把自身合理享有的治理权让渡给自己信任的村落权力主体，这样就弥补了“先天性不平等”，建构了一种平等的协商场域，让村落权力主体代表自己去协商，维护自己的正当性权利。“授权”是以“说公”治理矛盾纠纷的协商性建构，关键在于弥合纠纷主体家户之间的不平等地位，建构一种相对平等且具有协商能力的协商空间。如江光沛老人所说：

> 两家人自己去沟通、商量，强的那一家不会理你的，都瞧不上你，不可能商量个结果出来。各自找个权威人物，这些有头有脸的人都有权势，他们去沟通、商量，就可以好好商量了。

（四）授权协商：“说公”治理的运行逻辑

在余家桥村，矛盾纠纷的双方农户向村落权力主体“要约”代表协商，村落权力主体“应约”之后，村落权力主体与当事人之间的“委托代理”关系达成。经过“授权”，当事人的直接协商权或治理权，让渡给了村落权力主体。当事人之间的直接性协商转变为村落权力主体之间的间接性、代表性协商。

第一，授权协商在开放的公共空间下进行。协商的基本要求是平等主体间在公开的场合进行讨论和对话。余家桥村“说公”的时间、地点、场所等由当事人所授权的村落权力主体彼此协商而定，协商的空间是开放的，双方当事人以及当事人所授权的村落权力主体均要参加“说公”的全过程。

第二，授权协商基于自由的、理性的对话与讨论。有效的协商在于每个人都具有参与讨论的能力，可以自由表达自己的意见和诉求。在“说公”中，所授权的村落权力主体负责主要的磋商、讨论，但当事人可以陈述矛盾纠纷的过程和细节，也可以公开表达自己合理的诉求。“说公”是在一种相对自由、开放的空间里进行，各主体之间基于各自的理性进行平等的对话和协商。

第三，授权协商基于主体间的理性一致达成治理结果。“说公”的目的在于通过协商的方式达成共识，维护双方当事人的正当性权益。在陈述、申辩和讨论方案的各个环节，“说公”既要求当事人不能超越基本的“公理”，也要求当事人必须理性、冷静地提出合理合规的方案，并在一种理性让步与妥协中产生“折中的解决方案”。

（五）以社会共同体约束来保障“说公”的治理效应

“说公”产生的是一致认可的解决方案，双方当事人都必须遵照执行。为了保障“说公”的治理效应，村落也内生了一套非制度性的保障体系。一是舆论性保障。如某一方农户拒不执行“说公”结果，即被认为是在挑战村落权威，所有的村落权威会将该农户排除在外，在一种不被村落权威认可的可能性压力下，农户也会自觉服从村落共同的权威体系。二是结构性保障。如某一农户拒不执行“说公”结果，会被视为全村落品行最差的人，进而衍生为一种公共舆论压力，会打破该农户在村里的人际关系网络。这样的网络一旦破裂，生产生活交往的成本和难度将会变大，导致农户的生存成本会变大。因此，在这种“互相依赖”的社会结构下，任何农户都不敢触碰“说公”治理的底线。

生命礼物的流动：从器官捐献的决策到器官移植的接纳

彭　博　蒋继贫　曾梦君　王心强　王　平　潘清山*

一　引言

器官移植技术被誉为“现代医学之巅”，这一医学技术将古人对身体的幻想变成了现实，拯救了数以万计的生命。但正如卡塞尔警示我们的，我们不应仅“惊叹”这项医学技术本身，而遮蔽了其所带来的道德难题以及其他社会和文化困境。

曾有新闻报道捐献器官“被反悔”的案例，不难发现器官捐献的决策似乎并不完全取决于个人的意愿，个人所处的家庭关系及社会关系（特别是家庭关系）在很大程度上会影响捐献决策的做出。我们不禁要问：在器官捐献这件事情上为什么实际上我们无法“自主决策”？究竟是什么左右了我们对身体的决策？这背后有着怎样的文化因素？

此外，作为接受移植的患方，他（们）是如何接受“他人”的身体的，又是如何看待嵌入的身体的？我们不禁要思考，在从捐献到移植这一过程中，我们的身体除了经受医学技术所带来的“物理转移”外，还在这一流动过程中引起了怎样的社会关系的变动以及受到了怎样的身体文化观念的冲击？

* 作者简介：彭博，长江大学法学院讲师；蒋继贫，副主任医师，华中科技大学同济医学院附属同济医院医务处 OPO 办公室主任；曾梦君，人体器官捐献协调员；王心强，博士，住院医师；王平，人体器官捐献协调员；潘清山，人体器官捐献协调员。

本文试图以身体为切入点，探索作为生命礼物的身体从捐献到接纳的流动过程，以及其中涉及的一系列社会文化问题，试图为构建符合中国地方实践的器官捐献与移植事业提供理论经验借鉴。

二　作为生命礼物的身体

（一）人类学视野中的生命礼物——器官捐献与移植的社会意涵

有关“礼物”的研究是人类学研究的经典议题，中山大学余成普老师曾对作为礼物的身体（器官）与经典礼物进行了对比，[①] 我们不妨借此一窥身体（器官）作为礼物的特殊性及其原因所在（见表1）。

表1　经典礼物关系与生命礼物关系的比较

	赠予者与接受者的关系	捐赠内容	直接作用	赠予主体范围	再生性	自愿性	时间性	善与害	有效期	互惠性
经典礼物关系	人格化的、彼此知晓的、双方可能存在隶属、层级关系	原则上任何事物	社会关系的润滑剂	原则上所有人皆可	通过回赠	自愿	生前	一般是善	约定俗成	强调互惠性
生命礼物关系	彼此匿名的	身体的一部分	挽救生命	严格的身体限制	生命延续	个人、家属同意	死后	依赖医学检验	根据移植时间	可能回赠他人

由表1可知，作为生命礼物的身体（器官）之所以不同于传统意义上的礼物，其最本质的原因在于：身体对于我们而言有其不可言喻的复杂内涵，也即身体并非仅仅是生物医学上的一个组织功能器官。身体——无论是其整体还是部分（如器官）都包含着身体与人格、个人与社会、自我与他者、生与死以及技术与文化的复杂内涵。

当前围绕身体这一特殊属性所形成的器官捐献与移植管理机制主要涉及两方面内容：一方面，规范器官捐献及器官移植的秩序；另一方面，惩罚可能因

① 余成普：《器官捐赠的文化敏感性与中国实践》，《中山大学学报》（社会科学版）2014年第1期。

此而产生的越轨行为。不难发现，当前我国器官捐献与移植管理机制的设计在更大程度上还是官方以及医学话语的体现，在一定程度上忽视了对器官捐献与移植事业具有决定性影响的捐献者（及其家属）以及接受者（及其家属）的话语考量。更进一步来说，在生命礼物的流动过程中，我们只看到了技术而忽视了身体，只看到了个体而忽视了个体所处的社会群体，我们只看到了“从捐献到移植”的单向流动而忽视了“从移植到捐赠到再移植”的更大社会范围的流动等。

（二）法学视野中的身体法权化——器官移植立法史的考察

从某种意义上说，身体在时空流变的过程中并非一成不变的，它是一个不断经历政治、历史、文化形塑的过程。可以将此认为是一种身体的社会化，即有何种性质的社会，便有同种性质的身体。近代以来，身体在中国发生明显的性质变化，由独立于家庭之外的法律地位向一个具有独立人格概念的“人”的方向发展，一个法权化的身体正在取代家族化的身体。[①] 法权化所指称的是这个由伦理法走向权利法，或者说，由家族本位走向个人本位的身体权利演变，如何导致身体的权益、人与他人的权利、义务和社会关系产生一个新的、相对应的改变的过程。[②]

正因如此，我们不禁要思考作为生命礼物的身体究竟历经了怎样的法权化历程，其未来又该何去何从。自 2006 年起，我国器官移植从“原生态移植状态”逐步进入“法制化年代”。然而，与一边实践一边推动规范捐献与移植系统的欧美模式相比，我国从一个已经自成体系的原生态自由竞争体系向现代化法制体系转型，其过程将更为痛苦而漫长，各级管理机构、医疗机构、移植从业人员和社会大众都需要有一个相当长的适应磨合期。[③] 我们看到的是在器官捐献与器官移植立法过程中，我们试图让身体摆脱传统伦理法，从家庭权利本位走向个人权利本位，但与身体所涉及的，例如婚姻等民事法律关系不同，在器官捐献与器官移植这件事情上，身体的法权化却经历着理不清的伦理法与家庭权利本位的纠缠。这不禁让我们反思，当前我国器官捐献与器官移植过程中的身

① 黄金麟：《历史、身体、国家：近代中国的身体形成（1895－1937）》，新星出版社，2006，第 135～140 页。
② 黄金麟：《历史、身体、国家：近代中国的身体形成（1895－1937）》，新星出版社，2006，第 92 页。
③ 陈忠华：《人类器官移植供体来源的发展历程》，《中华移植杂志》2009 年第 4 期。

体究竟处在身体法权化路径的哪一阶段，未来会向怎样的阶段迈进？这些都值得我们进一步深入了解，但当前一个不可否认的事实是，在捐献决策这件事情上，个人似乎并不具有绝对的决定权，也即“我的身体并非由我做主”。

（三）文化视野中的身体观——器官捐献与移植的文化意涵

当前，公民逝世后器官捐献涉及的器官主要包括：心脏、肾脏、肝脏以及眼角膜。① 不同的身体器官对我们而言有着不同的文化意涵，这种不同的意涵也在无形中影响着我们的决策，这种影响主要体现在两个方面。

一方面，在一定程度上影响器官捐献数量多寡及难易程度。以 H 省 J 市的统计数据来看，2009～2016 年，J 市进行遗体、人体器官捐献登记的有 252 人，实现遗体、人体器官捐献的有 90 例，其中眼角膜捐献有 37 例，遗体捐献有 20 例，其他人体器官捐献有 33 例。除此以外笔者通过搜集“中国人体器官捐献管理中心”中“新闻中心”报道的典型捐献案例，发现眼角膜的捐献数量明显高于其他器官的捐献数量。这些数据背后隐藏着这样一些思考：为什么不同的器官在捐献的数量上或难易程度上会有差异？是什么决定了我们捐或者不捐？又是什么左右了我们决定捐什么？对这些疑问的解答，在排除医学的论据外，还需要进一步深入进行相关文化人类学的研究。

另一方面，涉及对身体器官去向或归属的追问。笔者通过访谈了解到，H 省 T 医院的 W 医生说：“我们在实践工作中往往会遇到捐献者家属想要了解接受了他们挚亲捐献的器官的患者手术是否成功，基于当前的相关法律制度，我们只会出于人道考虑，会告知一些移植者接受手术是否成功的相关情况。之前有过案例是将移植者的心跳声进行录音放给捐献者家属听，对心脏和眼角膜的关注会多一些，这个也是人之常情。”（20190216）

三　生命礼物的赠予

（一）生命礼物赠予的决策

器官捐赠的决策大致可分为两类：一是患者生前自愿同意在死后捐献器官

① 通过搜集“中国人体器官捐献管理中心”中“新闻中心”报道的典型捐献案例可发现，当前公民逝世后器官捐献涉及最多的器官包括：心脏、肾脏、肝脏以及眼角膜。

的情况；二是患者生前未明确表达死后是否捐赠器官的情况。第一种情况最终的结果走向无非有两种：一是患者逝世后亲属尊重其生前意愿，捐赠工作得以顺利进行；二是患者逝世后亲属不同意捐赠导致捐赠工作无法推进，最终捐赠失败。第二种情况最终的结果走向大致有三种：一是患者逝世后亲属同意捐赠使捐赠工作得以顺利进行；二是患者逝世后亲属同意捐赠，但遭遇其他相关关系人的阻挠，最终导致捐献失败；三是患者逝世后亲属不同意捐赠，捐献工作以失败告终。

其实捐赠成功与否最终并不必然取决于公民的生前是否自愿，只能说公民的生前自愿在很大程度上降低了器官捐赠工作的难度而已。虽然按照当前相关捐赠法律法规的规定，公民生前自愿或公民逝世后直系亲属的赞同是首要的，但实际情况是除了直系亲属，家族中的其他成员甚至是更大范围内的相关人等都有可能影响捐赠决策的走向。

（二）生命礼物赠予的见证

传统礼物与生命礼物不同的根源在于前者所赠的是“身外之物”，而后者是对身体部分的捐赠，这必然是一个处理身体与人格、个人与家庭、自我与他者、生与死乃至医学与文化之间关系的过程。[①] 在整个生命礼物馈赠的过程中形成了共计四种独特的仪式性情境和非仪式性情境，其中包括“探望病人”的非仪式性情境，以及“死亡鉴定”、“签订捐赠协议”和“医护人员集体默哀”三种仪式性情境。而在这一连串的情境中，无论是仪式性情境还是非仪式性情境，都有一个贯穿始终的“见证人”——器官捐献协调员。我们不禁要思考：器官捐献协调员究竟以怎样的身份与方式介入潜在捐献者的家庭当中，他们与潜在捐献者家属之间有着怎样的互动，他们在整个捐献过程中起到了怎样的作用。

器官捐献在当前中国的文化语境中还是具有一定的隐晦性的，因此一个成功的捐献案例往往需要器官捐献协调员能恰当地选择时机介入潜在捐献者的家庭当中。P 老师这样总结他个人多年积累的经验：“往往我们在接触潜在捐献者及其家庭的时候，发现大多数家庭都会经历这样一个心理变化的过程：从惊讶不接受，到积极奔走寻求治疗，到求治无效孤独无助，最终回归现实面对死亡。

① 余成普：《生命的礼物——器官捐赠中的身体让渡、分配与回馈》，《社会学研究》2014 年第 5 期。

我们器官捐献协调员往往会在第三阶段或者第四阶段的时候直接表明身份介入潜在捐献者的家庭当中。一方面家属情绪相对平静和理性便于沟通，另一方面家属对患者病情已经有了清晰的认识，排斥心理会相对小一些。”（20190130）也就是说，器官捐献协调员往往是以一个相对权威和专业的身份介入患者家庭当中的，表现了其公信力和专业性。此外，对于介入时机的把握则需要器官捐献协调员自身经验的积累。

当器官捐献协调员成功介入潜在捐献者家庭当中的时候，似乎可以想象成其实是器官捐献协调员帮助医学介入了一个家庭的生死情境当中。众所周知，民间的生死情境所包含的关系是极其隐秘和复杂的，因此医学若要介入这一情境中来并有所获得，那么就必须寻找到自己应有的角色与功能。在捐赠过程中，器官捐赠协调员除了负有通常官方意义上的职能外，还兼具帮助家属理解医学、正确看待生死、处理生死所引起的一系列复杂社会关系的社会价值职能，这或许也就是为何在现实中往往也将器官捐献协调员称为“生命的摆渡人”了。

四　生命礼物的流动

（一）生命礼物的流动机制——第三方介入的单向流动

莫斯在《礼物》一书中这样描述第三者对礼物的介入：毛利人虽然还浸润在诸如“秘屋”（maison dessecrets）之说等尚不精细的神奇和司法精神之中，但其思想有时也会令人惊讶的明晰。在上述对“豪”的描述中只有一点模糊之处，便是第三者的介入。但是，要想很好地理解这位毛利人法学家，只需这样说也就足够了：“通家以及所有严格意义上的个人财产都有豪，即一种精神力（pouvoir spirtuel）。你给了我一份通家，我又把它给了第三者；然后那个人又还我一份通家，这是我给他的礼物中的豪促成的；而我则必须把这份东西给你，因为我所还给你东西，其实是你的通家造成的。”①

器官捐赠的礼物流动模式打破了传统礼物第三方介入的循环流动模式，医学与国家政策的介入，使之形成了“捐赠—分配—接受”的单向流动模式。在这一单向流动模式的实践过程中，基于对身体（器官）特殊性、分配公平性以

① 马赛尔·莫斯：《礼物——古代社会中交换的形式与理由》，汲喆译，商务印书馆，2017，第9页。

及权益平衡性的多方考虑，形成了无偿捐赠、计算机系统分配、捐赠双盲等制度。然而，无论是这一生命礼物流动模式本身，还是伴随而生的相关制度似乎更多的关注点是放在了器官移植的接受方，政策法规对器官移植捐赠方的规制更多是从如何防范“器官买卖”的角度去制定的，而未能从捐赠者的角度去考虑。既然医学与国家政策的介入打破了传统礼物循环流动的模式，那么我们制定政策法规的方向应是思考如何从医学与国家政策的方面去“补偿”捐赠方，让生命礼物的流动回到社会的大层面中，使之循环才能流动，才能真正推动器官移植事业本身的发展。

（二）对生命礼物流动机制的反思

1. 对生命礼物“无偿”的再思考

人体器官、组织无偿捐献是当今全球绝大多数国家和地区获取器官的主流或通行模式，与之相反的有偿模式（含经济补偿、捐赠激励）被排斥在体制之外。人体器官只能通过无偿捐献得到，更增加了人体器官获取的难度，供求比逐年扩大，于是对“有偿模式”的呼声渐高。据中国人体器官捐献与移植委员会主任委员、中国器官移植发展基金会理事长黄洁夫透露：我国正在创建符合国情的器官捐献和移植体系，并摆脱对死刑犯器官捐献的依赖，中国的器官捐献体系将考虑纳入一定的激励机制，给予一定的人道救助经济补偿。[①] 如果说这一观点源于医学的视角，那么捐赠者及其家属又是怎样看待“无偿”捐赠行为的呢？从实践调查来看，绝大多数捐献家庭是出于一种人道主义救助的考量愿意“无偿”捐献的，当然在面对医院或者红十字会的相关精神或政策方面的帮助时家属往往也会接受，毕竟在面对疾病灾难或突发意外时我们都需要物质和精神上的帮助。但要注意的是如何把握“无偿”与“补偿”之间的这个度，因为一旦这个度没有把握好，就会使原本善意的家属背负“道德”的指责。例如，一位江西籍的年轻农民工遭遇车祸后，其父母将其器官捐赠给了有需要的病人，这一度成为媒体实名报道大爱精神的典型，捐赠者家庭也获得了一些慈善团体和个人的捐助。但父母回到村后，村里却闲言碎语：认为父母“卖”了

① 李秋萌：《器官捐献者有望获救助补偿》，《京华时报》2011 年 3 月 7 日。

自己儿子的尸体，破坏了死者的安宁。村里人的指责让捐赠者父母抬不起头。[①] 由此可见，“无偿”“补偿”“买卖”三者之间有着极其敏感的文化界限，如何去拿捏任重而道远。

2. 移植病人眼中的器官分配系统

器官分配系统由两部分组成：一是国家器官分配政策，二是国家器官分配的信息系统。这些政策的核心是器官分配原则，其中包括一系列筛选规定和优先原则。为缩短器官获取后的冷缺血时间，确保器官质量，区域优先始终是第一原则；其次会被考虑的是病人的危重程度。每一个等待捐赠的患者，都会有一系列数据被录入电脑，这些数据又被换算成分数。分数越高，意味着这个病人距离死神越近，但同时意味着他获得供体、重新活过来的机会更大。而这一标准背后却存在“究竟是救最紧急的，还是救最适合的”矛盾，而这一矛盾带给移植病人的却是漫长的等待与逐渐适应，甚至是直面死亡的疾痛经历。如果说在当前的境况之下，计算机的算法真的难以做到“生命分配”的绝对公平，那我们为何不将视线转移到等待的患者身上而做一些人文的关怀。正如笔者在H省T医院移植病房与病友们交流时了解到：“我们一开始的时候也很绝望，这种等待真的你不知道有多煎熬，后来我们建立了病友群，我们相互鼓励，现在也开始似乎慢慢能适应了。”（20190621）

3. 对生命礼物去向的追问

对于生命礼物去向的追问，在实践过程中因曾出现捐赠者家属“骚扰”被捐赠者引发纠纷的情况，因而法律中明确规定不允许透露移植方信息给捐献方。然而，在一些捐赠者及其家属看来，器官作为生命的一部分，它就成为捐献者生命的再生载体。这就是说器官本身是可以被让渡的，且只有通过让渡才能实现生命价值；但不可分割的是器官与捐赠者（死者）之间的情感与人格联系。笔者通过访谈了解到，捐赠者家属对于生命礼物去向的追问大致出于两类心理：其一是期望以求心安，无愧逝者；其二是寻求对逝者情感的一种精神寄托。在与W市T医院OPO团队W医生的访谈中笔者了解到：“我们在实践中接触的，直接希望要求家属见面的情况不多，更多的是家属在捐赠以后会有意无意地问我们，那个人手术成功吗，捐赠的器官有没有真的救人一命。这个时候往往我

① 余成普：《生命的延续：器官移植的全球语境与地方实践》，中国社会科学出版社，2017，第100页。

们也会在允许的范围内告知家属受赠者的手术状况等，使捐赠者家属得以安心。另外，在实践中我们还有过将心脏移植患者术后的心跳声录下来，寄送给捐赠者家属的，总之感觉捐赠者家属一定要求见受赠者的情况不算太多，更多的只是希望了解相关情况，使内心得以安慰或使精神得到寄托。特殊情况下，是双方都特别想了解的，那么根据具体情况红十字会会做出一定的安排。”（20190222）

五　生命礼物的接受

（一）“他者”的身体

身体的生理抗拒已经成为移植医学研究的焦点之一。相比之下，移植后患者的另一种排异反应即文化的排异，却被移植工作者忽视了。W 市 T 医院 W 医生这样谈道：“在我们工作当中，因为处于医生视角的局限性，日常与患者及其家属的交流多局限于医学及生理角度，当然不可否认有一些患者在移植手术后会有一些情绪、性格上的变化，不过我们以往更多是从心理学的角度来看待这个问题，确实较少关注这背后的一些文化因素。有些患者会问及或者思考作为器官来源的捐献者的生平，更多的是充满感激。当然也有极少患者认为器官来源于曾经真实存在的人类，有时会出于一些传统观念的想法想得比较多，当然这些从医学的角度来讲是不科学的。”（20190311）

由此可见，在实践中对于移植患者来说，移植并非“纯生物性”的医学诊疗行为，正是基于身体的特殊意涵，移植手术区别于其他的外科手术。对于移植患者来说，嵌入身体的移植物携带了“他者”的身份、年龄、性别等属性。与此同时，由于身体所具有的隐喻，嵌入的“他者”身体也会从社区的角度给移植患者带来文化上的影响。正如桑塔格所表达的，疾病的生物性事实可能转化为一种道德批判。[①] 对于移植者来说，他们虽然不像艾滋病、麻风病等传染病患者那样遭遇歧视性的话语，移植手术本身并不会给患者带来污名化的影响，但并不代表技术本身不会带来心理、情绪、认知等方面的影响。

在与 W 市 T 医院 OPO 团队负责人 J 医生的一次访谈中，J 医生聊到了这样一个较有意思的现象：“有些移植病人在接受手术后，我们在后期的回访或者是

---

① 余成普：《器官移植病人的后移植生活：一项身体研究》，《开放时代》2011 年 11 月。

后续诊疗过程中发现他们的家庭关系发生了微妙的变化，有的夫妻分开住了，有的明显的生活习惯发生了变化，具体的这些变化究竟有多少因素是由医学技术带来的这个我们没有研究过，但根据我们的经验知觉多少是有一些关联性的。另外，对于捐赠者家庭来说，捐赠这件事同样也会引起家庭关系的变迁。我们在实践中确实遇到过因捐赠而导致家庭关系僵化的，最后很多后续家庭问题都是我们红（十字）会或相关医院去介入帮助解决的。”（20190402）

（二）身体的隐喻

不可否认，笛卡儿的身体哲学为近代临床医学的发展解除了束缚，但是西方医学自近代传入中国以来，似乎一直并未能完全冲破传统文化因素对其的保留态度。特别是外科手术引发的对于传统身体观的挑战，正如一百多年前外科医生需要通过在集市或公开场合进行手术治疗来宣称西方医学的有效性，以及通过与本土中医打擂的方式来获取医患间的信任一样，外科医学技术发展至今仍不断有新技术出现，而每一项技术的进步似乎都要再经历一番与中国传统文化融合碰撞的循环。我们看到的是文化变迁的速度，特别是疾病观念、身体观念变迁的速度远远赶不上医学技术发展进步的速度，在医学的眼中身体是生物性的，身体的社会文化意涵被忽略了；然而社会的研究维度告诉我们，身体是一个极其复杂的结构，不同部位的功能以及彼此的关系为其复杂结构提供了象征的来源。正因如此，器官移植技术较早期外科手术面临更大的文化争议。那么究竟该如何做？或许历史会再一次重演，医学面临这样两条路可走，其一，通过不同途径和方式破除人们对移植技术的误会。在 W 市 H 高校的“器官移植选修课”上，授课老师做过一个关于公民去世后不愿意捐献器官的原因分析调查，其结果是选择“不了解器官捐赠，担心器官被卖”这一原因的高达 47.2%，位居各项原因之首。不得不说无论是捐献还是移植，整个生命礼物流动的过程充满了质疑与误会。其二，器官移植发展的新方向，也即如何通过移植技术的发展摆脱对器官捐献的依赖，从而尽量减少文化带来的阻力。未来甚至会出现 3D 打印的器官，届时或许会面临新的伦理文化困扰。

结　语

生命礼物的流动从捐献决策到移植接纳不仅是单纯的医疗技术问题，还牵涉生死观、疾病观、社会变迁、法制变迁等一系列社会文化意涵，以至于参与其中的无论是病患及其家属还是医护人员都不仅扮演单纯医患关系中的单一角色，而要承担更多的社会功能。生命礼物的流动意味着技术与文化的双重融合，可谓生物性和社会文化性交叉相生，传统和现代力量相互碰撞，这一影响可谓共同发生在参与其中的每一个人身上。因此只有真正理解“生命礼物”背后所蕴含的社会文化意涵，才能更好地制定出更具人文关怀的捐献与移植政策。

“数字管理”下的劳动：平台经济劳动管理研究

——以黄村“饿了么”外卖骑手管理为例

陈　龙*

一　引言

为了完成博士学位论文，笔者从2018年3月到8月中旬以团队骑手①的身份加入天津骏丰物流有限公司旗下的“饿了么黄村兄弟连”② 外卖骑手团队送外卖。之所以选择在黄村，纯属是为了方便田野调查。不过误打误撞进的“黄村兄弟连”不仅是北京最早的外卖团队之一，而且具有相当程度的代表性。用站长李栋的话说：“咱们‘饿了么黄村兄弟连’称得上全国单量第一的外卖骑手团队。如果说全国的外卖团队看北京，那么北京的外卖团队就要看咱‘黄村兄弟连’了。”

结束了近半年的参与式观察后，笔者又在北京两个外卖骑手聚集的地方开展了问卷调查，并最终收集到200份非随机有效问卷。虽然不是随机抽样，但是通过和美团点评研究院、“饿了么”蜂鸟配送发布的《2018年外卖骑手群体研究报告》和《2018外卖骑手群体洞察报告》的结果比照后发现，问卷调查的

* 作者简介：陈龙，北京大学社会学博士、博雅博士后，哈佛大学联合培养博士。

① 目前，外卖骑手可以分为两种：一种是像笔者一样在团队送外卖，接受团队的领导，由平台系统App随机派发订单，被称为团队骑手或专职骑手；另一种没有专门的团队，因此也不受团队的管理，骑手在平台系统App上自己刷单、抢单，被称为众包骑手。骑手既可以找团队送外卖，也可以自己跑众包，不少骑手因为各有利弊，既做过团队骑手，也做过众包骑手。

② 按照学术惯例，本文中的地名与人名均做了匿名化处理。

数据同样具有参考价值。

下面笔者将以田野资料和问卷调查的数据作为依据，着重论述三个问题：第一个问题是“为什么会有大量劳动力加入外卖平台经济中”，第二个问题是“外卖平台公司如何管理数百万的外卖骑手”，第三个问题是“这种管理下的劳动秩序呈现了怎样的特点”。

二　宁愿送外卖也不进工厂：制造业的“用工荒”与外卖平台的“井喷”

2019 年 3 月 4 日，《三联生活周刊》的一篇《当满大街都是外卖骑手，上百万劳动力是否用错了地方?》的文章在朋友圈疯传。文章大意是说劳动力正从制造业流向新兴的共享经济平台。其结果是一方面诸如“饿了么”“美团”这样的外卖服务业平台出现用工“井喷”，另一方面在长三角、珠三角等地的工厂却频频出现“用工荒”。根据美团点评研究院发布的《2018 年外卖骑手群体研究报告》,① 在“美团”现有的 270 万名注册骑手中，31% 的骑手原本是产业工人。那么外卖平台究竟有怎样的魅力，会吸引大批劳动力的加入?

需要强调的是，外卖骑手以 80 后、90 后为主，因此他们大部分的年龄在 30 岁以下。而在田野调查的过程中，当被问及为什么要做骑手时，他们给出了一致的回答，那就是：自由、挣钱多和多劳多得。

“你在外卖的路上风雨无阻，我在工厂的流水线上忧郁哀愁；你看到的是蓝天白云，我看到的是铁壁铜墙。”这样一句话道出了他们心里的苦楚，也折射了他们择业观的微妙改变。在工厂生产一线，年轻人不仅要忍受工作的单调乏味，还要接受各种管束；与此相反的是，骑手可以自主决定上下班时间，不再局限于固定的工作场所，而且摆脱了建筑业、制造业、低端服务业的非人性化管理、禁锢的等级和人情关系。根据“饿了么”蜂鸟配送发布的《2018 外卖骑手群体洞察报告》,② 超过 60% 的蜂鸟骑手是由于自由的工作时间选择加入的，还有将近 30% 的骑手表示就是喜欢骑行穿梭在城市中的感觉。因此，“自由”成了外卖平台经济吸引他们的首要原因。

---

① 苏宁易购：《2018 年外卖骑手群体研究报告》。

② 苏宁易购：《2018 外卖骑手群体洞察报告》。

其次，诱人的回报也在刺激着他们。“饿了么”蜂鸟配送的官网上写着这样的标语：“来‘饿了么’，提成 + 奖金 + 补贴 + 保险，最高可达 12000 元!”而在各种新闻媒体中，也不乏这样的报道：“月入过万屡见不鲜，95 后成为蜂鸟新势力……”“近 20% 为大学生，33% 已买房……”横向比较来看，外卖骑手的工资不仅高于全国城镇私营单位就业人员的平均水平，[①] 相比其他伴随互联网兴起的服务业来说，外卖骑手的工资水平也独占鳌头。根据第一财经商业数据中心与苏宁易购联合发布的《2018 快递员群体洞察报告》，[②] 中国快递员的平均月工资为 6000 元，已被外卖骑手追上。而曾火爆一时的网约车司机的月薪仅有 4600 元左右，更是被远远甩开，以至于出现了快递员改行送外卖，网约车司机“怒摔碗”的报道。[③] 纵向比较来看，大多数骑手在从事外卖配送工作之前，都从事过其他工作，如保安、保洁、销售、餐厅服务员、流水线工人、建筑工等。相比之前的工作，他们目前的收入都要高很多。在成为外卖骑手前，笔者在团队的好朋友何鹏曾在一家空调厂做售后工作，后来跑到北京送外卖。何鹏告诉笔者：“之前的工作一年干下来平均一个月也就 4000 块。”而现在，何鹏每个月可以跑 900 多个订单，拿到手的工资在 7000 元左右，如果遇上平台有重大的奖励活动，工资还会更高。

再次，平台经济践行“多劳多得”的原则使个人相信可以凭本事吃饭。而这背后体现的公平原则对于那些早期有过被拖欠工资经历的人来说愈加弥足珍贵。2003 年，温家宝总理亲自为重庆市云阳县农妇熊德明的丈夫讨回了被拖欠的 2000 元工钱后，全国上下掀起了一场“清欠风暴”。[④] 但时至今日，拖欠工资的问题依然存在。时任人社部副部长邱小平说，“我们的目标是，到 2020 年，拖欠农民工工资问题得到根本遏制、实现基本无拖欠”。[⑤] 而在外卖平台经济中，不仅不存在拖欠工资的问题，骑手甚至可以在一天工作结束以后立马提现。而且无论是提成、奖励还是补贴，平台都将具体规则和标准公开化。骑手只要按照平台设定的工资结算方式和奖励规则工作，就一定可以拿到应得的工资收

---

① 根据“蜂鸟配送”发布的《2018 外卖骑手群体洞察报告》显示，全国蜂鸟骑手收入主要集中在 4000 ~ 8000 元，超过了 2017 年全国城镇私营单位就业人员的月均薪资（3813 元）。

② 苏宁易购：《2018 快递员群体洞察报告》。

③ 转引自张枭翔、欧阳李宁《快递员改行送外卖背后：现在月入六七千，跳槽能高一半》。

④ https://www.chinacourt.org/article/detail/2004/03/id/107349.shtml.

⑤ http://politics.people.com.cn/n1/2018/0713/c1001 - 30144777.html.

人。公开透明的工资结算方式以及允许即时提现的做法让骑手获得了久违的公平感和安全感。

最后，外卖平台的准入门槛低。门槛低不仅体现在技术要求上，而且体现在宽松的个人条件上。由于骑手的全部工作都是通过手机以及安装在手机上的App完成的，涉及人—机互动，因此外卖平台公司设计的操作流程极其简易。在App的线上培训中，新手只需要按照教学指示通过手机进行人—机互动模拟，就可以在几分钟内掌握全部工作的要领。而且在招募骑手方面，不存在性别、年龄、户籍、学历、婚姻状况的特殊要求。在"饿了么"官网上，明确写着骑手需要满足的应聘条件："年龄需满18周岁且不超过65周岁，身体健康有健康证，无违法犯罪记录、无吸毒记录、无精神病史并具有完全民事行为能力和相应劳动能力。"因此，低门槛的准入条件也为广大务工人员[①]提供了绝佳的就业机会和选择。

截至目前，"饿了么"和"美团"官网上显示的注册骑手已分别达到300万人和270万人。除"饿了么"和"美团"之外，"闪送""达达""点我达"等即时配送平台也吸纳了不少骑手。因此保守估计，全国骑手数量超过700万人。

三 外卖平台管理的秘密："饿了么"App与"数字管理"

既然外卖平台已经吸纳了数百万的劳动力，那么接下来的问题就是如何对其进行管理。"美团"官网显示其日活跃骑手有60万人，也就是说，每天有60万名分布在中国各大城市的大街小巷的"美团"骑手——在无人监督和管理的情况下——井然有序地工作。毫无疑问，如此庞大的用工规模，是任何一家制造业、建筑业和传统服务业都难以匹敌的。所以，外卖平台背后究竟隐藏着怎样的管理秘密？由于控制是一切管理的中心思想，所以著名的劳动过程理论的核心议题就是研究资本如何控制劳动。按照劳动过程理论的鼻祖卡尔·马克思的观点，劳动力是可变资本。所以资本家在购买劳动力以后，面临的首要问题就是如何将购买的劳动力完全转化到产品中去。由于这种转化会受到各种因素

① 美团点评研究院的报告显示，53%的骑手在本省工作，呈现当地/周边就业趋势，全国范围内只有北京、上海、天津等地的外来骑手比例高。

的影响，因此资本家要把劳动过程的控制权牢牢掌握在自己手中。[①] 但这与骑手工作的现实情况——自由并且没有明显的雇主——相悖。难道说外卖平台背后的资本已经放弃对劳动的控制和管理了吗？

为了回答这一问题，首先要搞明白骑手是如何工作的。

以笔者在黄村的田野观察为例。每天上午九点半，“黄村兄弟连”的骑手们会在S街聚集，然后通过手机上安装的“饿了么”App刷脸上班。“饿了么”App会根据骑手的等级、[②] 位置、工作状态（上班、休息、下班）等信息智能派单。骑手收到订单以后，先后完成“确认到店—确认取餐—确认送餐”的线下动作，并且在每个线下动作完成以后在“饿了么”App上同步予以线上确认。骑手在等单过程中，可以通过“饿了么”App提供的订单热力图查看周边哪里订单较多，哪里较少，从而选择对自己有利的等单位置；在取餐过程中，可以通过“饿了么”App提供的“餐厅预计出餐时间”合理规划取餐顺序；在送餐过程中，可以通过“饿了么”App提供的智能路线图有序送餐；而在结束了一天的工作以后，骑手还可以通过“饿了么”App查看当天的跑单量、好评数以及收入；最后，骑手通过在“饿了么”App上刷脸的方式确认下班。因此，骑手的工作是围绕“饿了么”App展开的。

事实上，不仅骑手围绕“饿了么”App展开工作，顾客和商家也通过“饿了么”App下单/接单、支付/交易、监督订单状态、评价骑手服务。因此，“饿了么”App作为一种虚拟的平台系统[③]连接了骑手、顾客以及商家等市场交易的主体，成为外卖平台经济运行的核心并且取代了人的管理担负起管理骑手的任务。而“饿了么”App作为一款虚拟的平台系统之所以可以取代人的管理，井然有序地调度和管理骑手，依靠的则是其背后的海量数据、超级算法和智能模型。以订单和骑手的匹配为例，“饿了么”App背后的智能平台系统会基于历史数据、特征维度以及机器学习和人工智能技术实现订单与骑手的高效最优匹配。在匹配过程中，商户、时段、出餐历史数据、速度、餐盒包装的数量等数据和

---

① 哈里·布雷弗曼：《劳动与垄断资本》，方生等译，商务印书馆，1979，第50页。

② 外卖平台公司参照网络游戏中的玩家等级，将骑手由低到高分为青铜、白银、黄金、钻石、王者5个等级，每个等级内又分4个小等级，如青铜1级、青铜2级、青铜3级、青铜4级。等级高低取决于骑手的跑单量、好评数以及出勤率等。

③ 尼克·斯尔尼塞克在《平台资本主义》中将平台定义为数字化的基础设施，使两个或两个以上的群体能够进行互动。

信息，以及骑手定位、骑手的负载量、骑手的配送速度和能力以及恶劣天气的影响，还有客户和订单数、客户期望送达的时间、订单金额、订单的导航路线、订单的重量和体积等都会被加入机器学习的模型中，最终实现平台系统的大规模智能匹配和指派，而且在毫秒级的运算速度下给外卖骑手提供一个配送方案。

图 1 展示了平台系统后台上显示的一个订单从产生到送达的全部流程。平台系统详细记录了每一环节的用时长短。从图 1 中可以看到，从顾客下单到商户接单用时 25 秒，从商户接单到呼单仅用时 1 秒，从商户呼单到团队接单用时 0 秒，从团队接单到智能调度（骑手接单）用时 7 秒，从骑手接单到骑手到店用时 10 秒，骑手等餐、取餐用时 11 分钟，最终送达用时 25 分钟。前面以秒计时的基本是通过平台系统完成的，而真正用时“比较长”的部分（以分钟计时）是由人（骑手）完成的。平台系统的效率由此可见一斑。

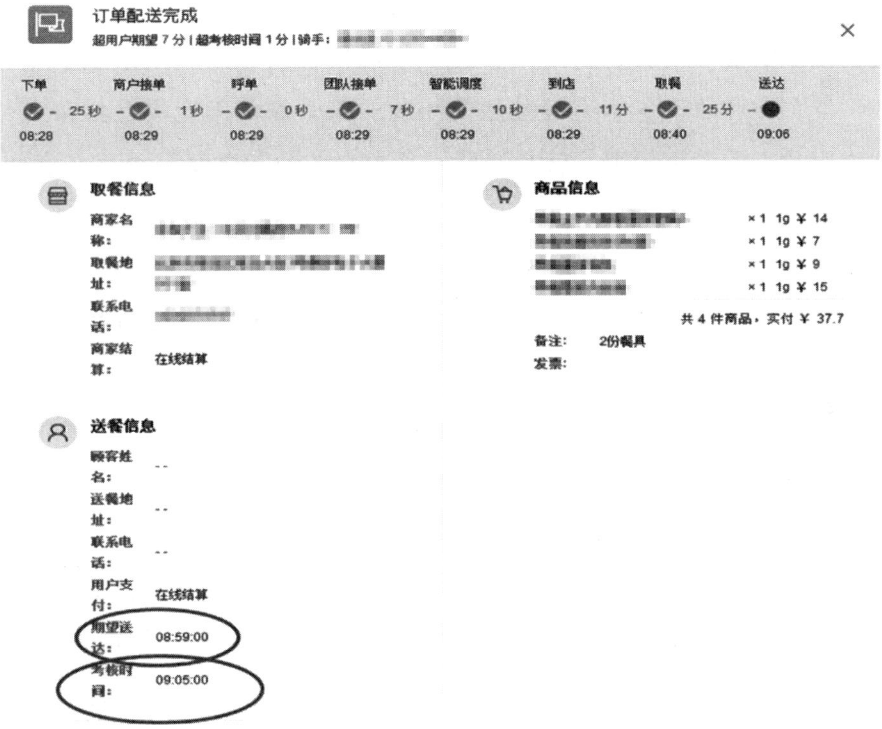

图 1　订单从产生到送达的全部流程

而且不难发现，“饿了么”App 背后的智能平台系统的一大特点就是将长期以来都被忽视的或不以为意的数据——骑手负载量、配送能力和速度、餐厅楼层、出餐速度、消费者偏好、天气、路段以及季节信息和数据等——统统加以分析并运用到了对骑手的实际管理中，提高了平台系统管理的精准化水平。相比较于传统的简单控制、技术控制和科层制控制，在智能平台系统上，“数字管理”崭露头角。“数字管理”不仅提高了管理的精准化水平，而且管理的过程极其隐蔽。因为平台系统收集数据的过程极其隐秘，所以平台经济看似营造了“自由”的工作氛围，资本看似放松了对劳动的控制，实则是因为“数字管理”本身所具有的隐蔽性特点。

四 “数字管理”下的劳动秩序

接下来的问题便是，“数字管理”下的劳动秩序呈现了怎样的特点？不妨从劳资关系和劳动过程两个方面来看这一问题。

美国优步（Uber）公司既是全球第一家即时打车软件开发商，也是平台经济模式最早的践行者。但从2010年推出网约车平台以后，在法律和道德层面一直缠绕甚至影响公司发展的就是平台经济的雇佣模式，这一问题也引发了社会各界的广泛关注和争论。争论最激烈的问题，除了如何确定平台经济与传统商业模式之间的行业竞争规则，就是互联网平台与劳动者之间是否存在雇佣关系。因为从现有的法律体系角度来看，这种用工模式既不完全符合“雇佣”范畴，又不完全符合“独立合同工”范畴，因此各类平台公司都拒绝承认与平台的就业者之间存在雇佣关系。在他们看来，平台只负责软件的开发维护以及信息的推送，因此不应该承担雇主责任。

这种模棱两可的劳资关系在外卖平台中也明显存在。一部分骑手（专职骑手）是通过第三方劳务派遣公司或者“饿了么”“美团”公司的加盟商成为外卖骑手的，还有一部分骑手（众包骑手）则是通过网上注册的方式参与的，但不论哪种类型的骑手，事实上都没有和“饿了么”“美团”这样的公司签订劳动合同，取而代之的是一种被称为《网约工协议》的文件，而在这份文件中，甚至明确写着“本协议不适用《劳动合同法》”。[①] 而在大多数国家，确立劳动关系是保证劳动权益的基础。工伤保险制度就是建立在具有稳定劳动关系的基础上的，而平台经济重新定义了工作和就业，去雇主化、就业灵活化等特征愈发明显，这对现行的工伤保险制度带来了巨大挑战。因此，如何理解平台经济

① “蜂鸟配送”平台的注册条款中，明确写着：“您知悉并充分理解与网约工公司通过本协议建立的为网约工关系，适用《合同法》《民法总则》和其他民事法律法规，不适用《劳动合同法》。”

背后模糊不清的劳资关系，这和“数字管理”有关系吗？

2015 年，美国加州联邦地区法院判决优步公司与司机之间构成劳动关系。加州联邦地区法院认为推定雇佣关系的最主要的特征就是“对工作细节有控制权”（right to control work details）。因此可以认为，判断是否存在劳动关系的前提就成了是否存在控制。事实上，外卖平台公司通过派单、监督骑手送餐、各种奖励活动以及消费者评价的方式直接参与了对骑手的控制。而这些控制的细节之所以没有被注意到，在很大程度上是因为外卖平台公司重新分配了控制权。根据理查德·埃德沃兹（R. Edwards）对控制的理解，控制分为三个要素，分别是指导工作任务、评估工人工作表现以及奖惩工人。[①] 以往，这些控制要素都牢牢掌握在公司手中，由雇主负责执行，因此控制过程十分明显，劳资关系极易辨认；但是如今在平台经济中，如前所述，“饿了么”App 及其背后的“数字管理”已经取代人的管理，肩负起指导工作任务以及奖惩工人的责任，而评估工人工作表现的权力则由消费者掌握。因此，以往明确的控制格局如今被“饿了么”App 和消费者拆分，导致平台公司和骑手之间的控制关系被削弱，其直接结果就是真正的雇主——平台公司退居幕后，看似放弃了对骑手的管理，实则淡化了作为雇主的责任。

此外，“数字管理”对劳动过程的影响也很显著。如前所述，“数字管理”及其依托的平台系统取代了人的管理，由于实现了效率的极大提升，“数字管理”及其背后的大数据、人工智能和机器学习技术将在劳动管理过程中发挥更大且势不可当的作用。特别值得注意的一点就是“数字管理”所具有的智能化的特点，这是以往控制和管理方式所不具备的。所谓智能化，就是“数字管理”可以借助骑手的“自主性”实现自我优化，而优化的结果是反过来对劳动管理的强化，也就是对骑手“自主性”的削弱。

以中国人民大学的送餐为例来说明这一点再适合不过。由于中国人民大学的很大一部分学生住在知行楼，因此每到饭点，知行楼下总会有大量的骑手等候学生取餐。但是中国人民大学只允许骑手从校园北门入校，所以“饿了么”App 依托的平台系统在计算骑手送餐时间时，以北门作为依据。而从北门到知行楼的距离是 850 米左右，电动车需要的骑行时间约为 4 分钟。知行楼以北就

---

① Edwards, R., *Contested Terrain: The Transformation of the Workplace in the Twentieth Century*, New York: Basic Books, Inc, 1979.

是校园的边界，由一堵围墙围住，有趣的是，那里还有一扇小门，这扇门小到只允许行人步行入校，用来方便住在不远处的知行楼的学生出入校园，但是自行车和电动车都无法通过。因此，如果骑手只送知行楼的订单，那么他可以选择把电动车停在这扇小门外而步行到达知行楼，这样距离只有 20 米，步行时间不过半分钟。但是，这扇小门并没有在电子地图上被标注，在骑手拿到知行楼的订单后，“饿了么”App 提供的智能导航地图也不会提供途经小门的送餐路线。因此，最早发现这一“漏洞”的骑手迅速地完成了知行楼的送餐任务，超过了平台系统计算的送餐时间。但是慢慢的，当越来越多的骑手以这样的方式提前完成送餐任务以后，知行楼的送餐时间开始普遍减少，平台系统收集的数据也就开始出现异常。平台系统会首先寻找计算时间存在的“漏洞”，然后进行修补，而最终的结果是，知行楼的送餐时间以知行楼外的小门为依据被重新设定。

在这一过程中，骑手通过“自主性”发现了“饿了么”App 及其背后的平台系统所存在的“漏洞”，但是当越来越多的骑手通过“钻漏洞”的方式提高送餐效率时，数据的异常提醒了平台系统自身可能存在“漏洞”进而修补，其结果就是“数字管理”的自我优化以及骑手“自主性”的降低。

五　总结与反思

国家信息中心《中国共享经济发展年度报告（2018）》的数据显示，2017 年我国“共享经济”市场交易额约为 4.92 万亿元人民币，员工数约为 716 万人。因此，几乎每 100 个城镇新增就业岗位中就有 10 个岗位来自“共享经济”平台企业。而且未来我国“共享经济”仍将保持年均 40% 的高速增长，提供超过 1 亿个就业岗位。

2019 年 8 月 8 日，国务院出台了《关于促进平台经济规范健康发展的指导意见》，明确提出“互联网平台经济是生产力新的组织方式，是经济发展新动能，对优化资源配置、促进跨界融通发展和大众创业万众创新、推动产业升级、拓展消费市场尤其是增加就业，都有重要作用”。

从国家战略发展的高度和经济发展的现实需要出发，互联网平台经济在中国的发展都具有重要意义。尽管“共享经济”的理念源自西方，最早由美国的两位社会学家提出，但是“共享经济”的实践在中国的发展却超过了任何西方国家。因此，在这一过程中，中国经验极为重要。

尽管自由、高收入、公平与透明以及准入门槛低是劳动力涌入外卖平台的重要原因，但同时应该看到，骑手所谓的自由、高收入、公平透明以及低准入门槛都应该打一个引号。骑手的自由体现在选择的自由、上下班的时间自由以及没有人管理和约束，但事实是，很多骑手为了增加收入不得不长时间工作。在本研究的问卷调查中，90% 以上的骑手要一周连续工作 6 天，每天的工作时间在 12 个小时左右。高收入的确对骑手而言具有很强的诱惑力，但是考虑到他们在北京以及大城市的生活成本，以及作为“夹心层”所肩负的赡养和抚育责任，或者说劳动力再生产的成本以后，他们的净收入其实微乎其微。而在团队，由于地缘、业缘和亲缘等传统关系的存在，骑手团队内部存在分裂，遭遇不公的骑手往往选择“用脚投票”。最后，低门槛引发了劳动力的挤入效应，其结果是工资率的降低。

外卖骑手也被描述成“车轮上舔血的营生”，因为他们必须在你追我赶中生存。同时，由于模棱两可的雇佣关系，几乎所有骑手都没有社会保障，这是亟须国家、社会予以关注的焦点。而作为管理骑手的主要手段——“数字管理”体现了人工智能和机器学习技术在劳动过程中的应用，这是科学技术发展的证明，但技术本身不像整个宇宙一样，自身形成一个独立的体系，它只是文化中的一个元素，它起的作用的好坏，取决于社会集团对其的利用。所以我们要拷问的不是技术本身，而是技术背后掩藏的人性。希望科学技术能够最终真正解放劳动力而不是成为奴役劳动力的“枷锁”。

谁在保卫北上广的菜篮子?

——我国东部城郊代耕农的夫妻生产力

黄志辉*

一　北上广的蔬菜代耕区：隐蔽的食品生产安全屏障

笔者自 2006 年就在长期关注发达地区的代耕农①现象。在过去 40 年中，代耕农从我国农村地区流动至大都市郊区或工业园区周边，流转土地种粮、种菜、养殖、畜牧，从事各种代理性农业劳动。作为一个在都市化、市场化和工业化等“化”学过程中催生的底层劳动群体，他们的劳动、生计、保障、流动以及生产方式，都值得关注。笔者于 2011 年完成的博士学位论文《卷入与多重支配：珠三角离乡不离土的“代耕农”》在 2013 年以“无相支配：代耕农及其底层世界”为名在社会科学文献出版社出版。在过去十几年，笔者共发表十几篇与代耕农有关的学术论文。而在 2011 ~ 2017 年，笔者关注北京郊区的代耕菜农，相关研究与同时期关注此群体的同人的各种成果一起，于 2019 年结集以“代耕农：珠三角与京郊外地小农的生产与生活研究”为名在九州出版社出版。

2018 年至 2019 年，笔者同时在北上广城郊展开问卷调查，本文的内容就是基于问卷数据以及以往田野调查资料写就的。② 限于篇幅，在本文中笔者不打算

---

* 作者简介：黄志辉，教授，博士生导师，中央民族大学民族学与社会学学院副院长，《社会建设》编辑。

① 学界、媒体、基层政府等对代耕农还有诸多称呼，如客耕农、租耕农、现代佃农等。

② 本研究引用的 579 份问卷调查数据结果以及 2018 年、2019 年的田野访谈资料，首次在本文发表；其余资料可见本研究的前期研究成果：黄志辉：《代耕农：京郊与珠三角外地小农的生产与生活研究》，九州出版社，2019；黄志辉：《无相支配：代耕农及其底层世界》，社会科学文献出版社，2013。

展开过多学术讨论，而是希望以一个全国层面的判断抽样数据，展示代耕农夫妻的生产能力。本文回应的现象与问题是：大城市的叶菜具体由谁来生产？代耕菜农的夫妻组合方式具有怎样的生产效率？在本文呈现代耕菜农的生产形态以前，这些民生问题还没有清晰的答案。农业统计年鉴上的蔬菜产量只是抽象数据的呈现，我们无法清楚形成统计数据的劳动根源。此外，我们有必要认识到，北上广的代耕菜农在维持生计、寻求生存的同时，是在以农业劳动的方式直接支持城市与工业生产的运行，他们也参与了城市的建设与“世界工厂”的运行。因此，改革开放以来中国东部地区的繁荣昌盛，有菜农群体的一份贡献。

二　夫妻代耕农及其劳动生产力

代耕菜农是一个受教育水平较低、平均年龄较大且多数拥有打工经历的群体。他们之中很多人都曾经为工厂、为城市贡献青春，只是由于“年龄大了干不动了”或者“种菜更自由”“更能兼顾家庭或夫妻生活”等因素，才从城区的工厂、企业、公司转向郊区农田工作，但他们一样是在为都市化、工业化贡献自己的劳动力。

菜农耕作的劳动力单位几乎均是一个夫妻家庭耕作一块土地，居住于一个棚户之下。要强调的是，这个家庭与传统小农社会的大家庭形式不同，菜农家庭一般仅有夫妻二人共同耕作生活。不论是在北京、长三角地区还是珠三角地区，一对夫妻共同耕作是极为普遍的菜农劳动组合方式。当然也有少数例外，以夫妻为轴心，家庭中也有其他部分亲属成员被卷入了异地的耕作生活当中。在本文调查的579户样本之中，有440户是纯粹的夫妻劳动力组合，除了夫妻二人之外没有其他家庭成员加入劳动。

在2018年以前，菜农夫妻多在田间地头搭建一个棚户，主要供他们自己居住。珠三角地区的菜农将这样的棚户称为“夫妻房”或“夫妻棚”。来自广西贵港的菜农陈志强解释说：

> 为什么叫夫妻房？你看啊，我们的棚户就这么大一点，里面就一张床，这么小的地方，又黑又潮湿，我们都不好意思招呼你进去坐坐，平时就我们夫妻俩在里面生活休息，所以叫夫妻房咯。

“夫妻房”不仅是菜农夫妻起居饮食的中心，也是农具、杂物储备室，是两个劳动力的劳动合作中心，还是部分菜农家庭的养育养老中心，他们养的看棚狗也跟他们一起居住在棚户之下。因此，棚户是菜农们至关重要的空间，可以将它看作他们劳动与生活世界的中心。一直到今天，在棚户没有被拆迁之前，这种棚户仍然是菜农的主流居住方式。

菜农夫妇在日常劳作中很少交流对话，他们每天生活工作的重心就是种菜。棚户、菜地将他们的耕作、起居、售卖、休息等劳作生活的内容串联起来。夫妻二人的世界，是沉默无言又劳动内容繁多的世界；是一个不需要文字、语言沟通，但沟通起来又完全没有障碍的世界，因此这是一个现有文字语言难以形容、表述的世界。夫妻二人之间具备极强的默契，他们互相明晰对方的工作范畴、清楚对方的劳动合作与自己如何配合交接。不仅如此，夫妻互相很少直接抱怨——一旦抱怨对方，使自己或对方陷入情绪之中，就会导致怠工，影响劳动过程。

在 4 ~ 5 亩大小的耕地上，一对菜农夫妻能够有多大的生产力？依据 579 个调查样本，笔者以保守的估计方式得出的基本结论是：菜农耕作的菜地一年亩产蔬菜在 1 万公斤以上。这个数字还只是保守估计得来的，如果暂时忽略土地的承载力，并假设菜农能够全面无缝隙地耕作，产量还会更加惊人。实际上，在几年的时间以内，一方用于种植蔬菜的耕地，只要水利灌溉、翻耕方式以及使用复合肥料或化肥的方式合理，这种承载力是在土地承受范围以内的。来自山东曹县的李大叔说：

> 像我们种油菜和小白菜的，你让我们估计一亩地产多少，很难有个准确的数字。但是估计个大概并不难，如果一亩地一年不轮换去种植其他蔬菜，就单单种植小白菜，一年能够轻轻松松种个七八轮，只要不偷懒，亩产三四万斤也不困难。

无论是更为保守的估计值还是直接的估计值，年均亩产量在上万公斤的叶菜比比皆是。诸如小白菜、油菜、莜麦菜等叶菜，年均亩产量均高于 1.5 万公斤。我们以 1 万公斤的保守产量为基准，以一对夫妻一年耕种 6 亩土地来估算，那么一对代耕农夫妻，每年能够生产 6 万公斤蔬菜。北、上、广三大都市的城郊，在高峰时期至少有10万对菜农夫妻，因而他们总计的年产量在60亿公斤以上。他们能够为北上广的1亿人口保证提供每天超过200克的新鲜叶菜。即使是在今天北上广的菜农承受被驱逐、被排斥回乡的压力下，在菜农规模急剧衰减的情况下，他们也能保证为北上广的市民每天提供100克左右的新鲜蔬菜。而如果采用直接的估计值，现实供应量要远超这些数据。

> 如果没有台风和冰雪灾害，我们的产量基本上是比较稳定的。没有这个产量，我们完全无法盈利，我们的辛苦劳动就会白白流走。现在这点收入，已经很可怜了。

这个说法，几乎是北上广菜农群体一致的说法。所以，本文将代耕菜农群体视作北、上、广三大都市的蔬菜生产安全屏障，是一种写实的表述。实际上，他们的贡献应该远远大于上述的估计。更为关键的是，我们应该看到，这些菜农在一年365天中，到底具体处于怎样的劳动过程之中，面临怎样的劳动高压，他们具有怎样的劳动艺术与实践智慧?

三 代耕菜农的劳动过程与实践智慧

与一些大型蔬菜种植公司或农业企业相比，代耕菜农的耕作农具、运输设备以及其他成本投入都不占任何优势。他们唯一具有优势的，就是可以自主支配的夫妻搭档劳动力。近30年来，北上广的菜农呈现的耕作形态有极为明显且一直延续的三个劳动特征：一是每日劳动时间长；二是每日劳动强度巨大；三是夫妻合作有序。这三个特征全面支撑了一个小型农场的蔬菜生产过程，其中也蕴含了理性小农的实践智慧。

菜农职业可能是当今体力劳动量最大的职业之一。2007~2011年，笔者在广东省中山市的调查显示，菜农平均的日常劳动量在14~16个小时；如果遇上台风、冰雹等灾害需要抢收，或者由于劳动安排不畅，菜地需要抢收抢种，那么一天的劳动量经常要超过18个小时，可谓处于劳动的极限状态。

到了2019年，菜农们每日的劳动时长略有变化，但实质上其艰辛程度却没有变化。问卷调查数据显示："在一年中最忙的时候"，菜农平均一天要忙碌劳动16.1小时，有些菜户家庭甚至24小时连轴转。[①] 即使在日常状态之中，菜农的劳动量也不可小觑，他们日常每天的平均劳动量达到了12.46个小时。这个时长远超城市之中各种蓝领、白领或其他劳动职业的平均劳动时间。相对十年之前，虽然目前菜农的劳动时间已经有所减少，但仍然十分艰苦。

菜农的劳动智慧体现在对土地与劳力的紧凑安排上，他们能充分地将夫妻二人每日的劳动量合理安排进劳动过程而不浪费时间。十年以前，笔者在广东中山与珠海针对代耕菜农展开田野调查时，发现几乎每户菜农都能将其所租来的四五亩地精耕到无以复加的地步：他们在每块土地的角落建造了一个棚户，土地被分割成几十个小块，种上七八种乃至十几种蔬菜，并且蔬菜的生长周期各有不同，如此夫妻二人就能够分身应付不同的地块与蔬菜种类。

图1是2010年7月28日左右笔者在中山市板芙镇绘制的一个菜农农场土地平面图，这幅图上有两个特征能够淋漓尽致地展现菜农夫妻的生产智慧。第一，为了应付多变的市场与降低自然风险灾害的影响，菜农采取了多样化种植方式，在整块地上种了11种蔬菜，因此他们每天也能依据市场的需求，微调蔬菜种类的收获安排。第二，所有地块可以分成4种类型：A种子区、B幼苗区、C成熟区、D收获区——这是一条蔬菜生产的流水线，每个地块区域每隔一段时间会发生调整、轮动。A、B、C、D的生产流水线只要不停歇，每天就有地块需要播种、维护，同时每天都有地块可以收获、翻耕。夫妻二人一同设计出这座劳动工场，并将自己“关押”进去，目标是维持这座劳动工厂的“永动”。表1展示了珠三角地区的菜农夫妻在一天内不同时段的劳动安排。我们从中可以看出该劳动过程可谓紧锣密鼓，夫妻分工细致、全程衔接。

调查显示，即使在2018年与2019年，地块内的蔬菜种类出现了减少（生产技术水平与农作设备条件相对提高、改善，风险驾驭能力加强），但是劳动过程的安排与劳动强度却依旧如故。菜农仍然需要以每天十几个小时的劳动强度去维持土地的最大产出。

耕作内容与劳动时间的安排深深结合在一起，体现了菜农好似“农民企业家”理性的本色，这种结合使得菜农们没有一点浪费劳动时间的机会。从表1

---

① 这种极端情形主要是在以下几种情况下才可能发生：在上海、广州，如台风天气来临之前，菜农为了最大化地减少损失尽量收获菜地中的所有蔬菜；在当地基层政府下达最后的拆迁指令前，尽量赶工抢收；遇到行情大涨且蔬菜处于收获期时，赶工抢收。

可以明显看出，不似传统小农那般劳作在日出日落之间，从家屋到农田还有一段空间距离，让我们可以想象农民扛着农具、赶着耕牛的田园牧歌景象，在北上广的代耕菜农的生产生活中，空间与时间紧密结合。这种不同以往的农业生产逻辑，使得菜农完全沉浸在自己给自己设定的劳动框架里，每天 24 小时安排得满满当当，其中有将近十几个小时处于完全劳动状态之中。在这个小农场王国中，菜农自己监督自己的劳动，将自己的身体规训成只能劳动的机器（休息只是为了下一步劳动储备能量），剔除了其他社交生活的可能性——这种时空安排在很大程度上让他们绝缘于社会生活。

一位来自安徽的菜农说：

> 我们必须这样干啊。不这样干我们就没有收入，还可能赔本。我们俩（夫妻）几乎天天如此。一旦哪天我病倒了或者她病倒了，根本就忙不过来了。去年她摔了一跤，脚脖子肿得老高老高，下不了地，那段时间，我们地里的菜坏了不少，地也整理不过来。

在这种生产形态中，夫妻的合作效率高低变成了劳动是否高产的重要因素。那些仅有一对夫妻耕作的菜农家庭，耕作效率与劳动产出要远远大于带着小孩的菜农家庭。更为关键的是，我们要注意到，与传统小农家庭中的女性不同，女性菜农在劳动过程中几乎不受束缚，她们除了忙活棚户里的事情，还直接参与土地生产与收获事务。总之，女性的劳动直接在空间与时间上与蔬菜生产衔接，她们与丈夫之间无缝隙的彻底合作，为北上广源源不断地生产了各种蔬菜。

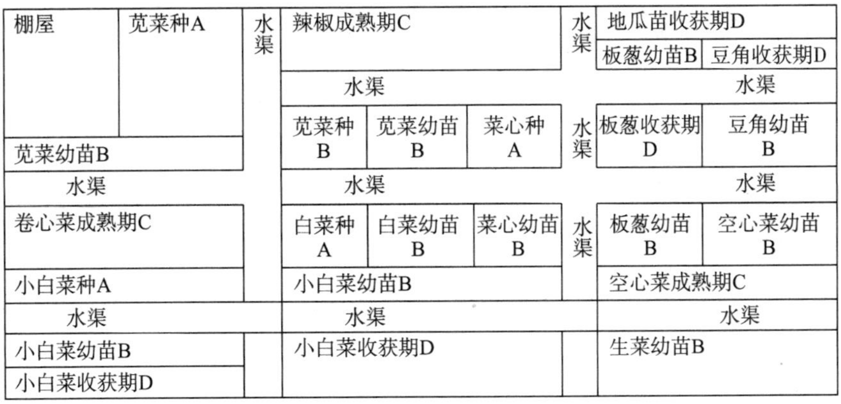

图 1 某户菜农的劳动现场安排

表1　每日劳动过程与夫妻分工（广东中山、广州白云区）

工作时间	劳动内容与夫妻分工	工作地点
12~16点	午睡时间：将近占据了他们休息时间的一半（女性休息时间为1.5个小时，男性为2个小时）	棚户
16~20点	至少一个劳动力采摘比较容易保持新鲜的菜，如瓜豆；喷水、翻地及其他土地上的工作；采摘主要由女性负责，土地整理由男性负责	主要在C、D区
19~20点	晚饭时间：女性做饭、洗碗、收拾	棚户
20~22点	收菜、洗菜、选菜、捆菜以及入筐，男性收菜、随后女性加入收菜→男性收菜、女性主要负责洗菜→男性负责装筐、装车	D区、棚户
22~次日3点	睡觉	棚户
3~5点	收菜（尤其是叶菜种植户），夫妻共同完成	D区
5~8点	装车、蔬菜销售、早餐；男性外出销售，女性负责整理土地与棚户	市场、棚户
8~11点	播种、移栽、护架、喷农药、淋水、翻土，夫妻分工完成	主要在A、B区
11~12点	午饭时间：女性负责劳务，男性继续整理土地	棚户

四　脱嵌的菜农生活：频流动、弱社会、强管制、无保障

种菜是一个极为辛苦的现代劳动方式，他们为了维持蔬菜的顺利生产付出了几近极限的体力劳动。虽然种菜收入相对稳定，但并不可观。此外，伴随菜农群体辛苦劳动过程的是奔波、流动以及边缘的社会生活，他们不像传统小农那般“嵌入”在村庄共同体之中，而是“脱嵌”于北上广城郊社会，是一群流动的劳动力。下文分别细述该群体的几点“脱嵌性”特征。

首先，菜农群体数十年来一直处于奔波、流动、“游耕”的状态，都市化与工业化是其流动“游耕”的根本原因。以北京①为例，在20世纪90年代，蔬菜的中心代耕区在丰台区大红门一带；2000年至2008年奥运会期间，由于大红门附近进一步商业化、都市化，蔬菜中心代耕区迁至大兴区团河附近的农区；2008~2012年，再次迁移至黄村镇的农区；2012~2018年，大兴区的都市化建设进一步扩展，代耕菜农数量锐减的同时，菜农们迁移至大兴区青云店、长子

① 明清以降直至20世纪80年代，城南菜市口、菜户营是蔬菜集散地与生产中心，现在已经不断南迁。

营镇；2019 年，代耕区的中心继续往北京东南部迁移，预计未来将迁至北京—廊坊交界地带。北京的蔬菜代耕区不断向城市外围流动、“游耕”的特征，其实也是上海、广州等地菜农频繁流动耕作的写照；不过，在长三角与珠三角地区，工业征地与工厂扩张是更为重要的流动致因。因此，综合来看，菜农流动“游耕”的根本原因是都市化与工业化的驱动，但是直接原因却是北上广当地的农村社会缺少契约精神，经常单方面撕毁契约。菜农与当地人的耕作契约期限一般是每期 4 年左右，但是由于工业化与都市化能够在短期内带来更高的利益，当地村集体或农户经常单方面要求菜农提前结束耕作。这种行为经常导致菜农群体巨大的经济损失，使其在城郊不断流动奔波。

其次，代耕菜农群体内部没有社会组织、没有集体分工，缺乏群体凝聚力。虽然，在城郊一同耕作的菜农几乎都具有老乡关系，许多菜农本身就是老乡介绍来的，但是耕作一旦开始，大多数菜农都忙于料理自家的耕地，他们很少聚合在一起展开社会活动。由于各自工作的忙碌，他们也没有时间共同休闲。有些菜农来北京、上海、广州十几年，还不知道北上广等大城市的真正样貌，因为他们从来没有和乡亲进过城、逛过街。他们只是在城郊看过北上广的侧面轮廓、看过城郊的菜市而已。在生活中遇到了自身家庭无法应对的问题时，这些菜农互助团结的程度也是十分有限的。由于社会凝聚力的微弱以及代表性人物的付诸阙如，他们处于更加弱势的社会地位。

再次，代耕菜农群体的生活与耕作几乎处于没有任何社会关怀及政府保障的状态。菜农群体与当地人签完劳动合同以后，如果不是因为耕地与居住的合同问题或社会管理问题，他们就几乎没有得到什么其他接触了。由于该群体隐匿在城郊农地之中，学界、媒体以及政府对该群体的关注普遍较少，使得菜农们像一群被隐蔽悬置的劳动者。所以悖论是，他们为城市建设贡献了巨大的劳动力，却几乎没有得到任何社会保障。他们在当地没有养老、医疗保险（“新农合”也无法异地生效），他们面临小孩在当地上学困难、老人无所依靠的状态。任何一个生活养育难题一旦出现，就很可能困扰他们的耕作。他们不仅在社会生活层面没有依靠、没有保障，在耕作生产方面也没有得到当地社会与当地政府的鼎力支持。在北京，菜农生产用的水需要他们自己打井灌溉；在上海，菜农需要自己接线用电；在广州，灌溉用的小型水渠完全需要菜农自身打理。菜农们替当地社会“代耕”“代理”耕地，但是国家下发的农田补助费用，却悉数落入当地农户或当地村委手中。在诸如冰雹、台风、暴雪、暴雨等极端自然天气灾害之后，菜农们也无法得到相应的农业补助。这种由自身承担所有农业风险的代耕生产方式，可谓一种权责自负的生产劳动。

最后，近十年来，菜农群体面临的强管制、受排斥、边缘化等生存境况更为严重。十年以前，菜农群体只是以一种与社会“绝缘”的方式存在，他们的居住方式、水电使用尚可延续，尤其是他们赖以生存、生产、生活的中心——棚户还能够完好的存在。但是，近几年来，为了整治市容市貌、减少安全隐患，基层政府要清理棚户。菜农群体迫于管理压力，要开始逐渐离开棚户去租用当地人的房屋。“我们更愿意住在棚户里，自在、自由，干活还方便，不用看当地人的眼色。”

菜农们当年就是为了“自由”从工厂中出来种菜，现在又要为了“秩序”牺牲他们换来的“自由”，这是他们所不愿意面对的一种状况。所以，在拆除棚户时，菜农们最难受的不是棚户被拆、经济受损，而是小小“夫妻房”居住地的归属感被拆没了，以及他们的劳动过程与生活过程在空间上被分离了。

总之，作为一个底层边缘劳动群体，他们的辛勤劳动为北上广贡献了规模性的蔬菜产出，但是他们却未能作为主体进入官方历史书写。菜农群体一方面处于弱社会团结的状态，紧凑的生产节奏导致其几乎没有精神层面的活动、没有神灵与祭祀、没有节庆，更重要的是没有社会组织；另一方面他们又处于强管制的社会边缘状态，他们不仅没有好的社会保障，还是被强制管理的对象，主体对话能力太弱。

五　结语

北上广的蔬菜代耕区，完全是一个在市场化、城市化过程中产生的“未意图结果”，是一种发生在都市城郊的社会现象。代耕区的面积、代耕农群体的规模，主要是依据都市的消费需求以及菜农夫妻的生产能力，是被不断调节出来的一种市场结果。我们可以假设：如果北上广的代耕区完全消失，也就是说在叶菜生产的安全屏障被拆除以后，大都市会面临何种有关蔬菜供应安全问题的民生后果？首先可以回答的是，叶菜价格必然在短时期内急剧上涨。一旦叶菜的供应需要仰仗交通距离更远的农业区域来提供，就增加了交通与人力成本

（但关键问题是长距离的空间运输与叶菜的新鲜储存并不兼容）。其次，如果将北上广的叶菜种植区扩大至河北、山东、安徽、河南、江西、广西等地的农区，那么即使能够解决交通运输与保鲜问题，也将面临各种巨大的不确定性风险问题。例如，谁来种植？种植什么？种植多少？这些问题将变得难以决策。更关键的是，谁来调配土地流转、生产劳力与市场销售？对于城郊代耕区与代耕农来说，他们距离城市有机体很近，能够十分快速地感知当地城市需求，并更为迅速地调整生产节奏。

值得关注的是，在北上广以外的其他大型城市郊区，也普遍出现了代耕现象（有些学者重新给代耕农取了不同的学名）。我们应该比较北上广与其他城郊的代耕农的异同与联系。作为工业化与城市化的“卫星”生产形态，其内部不同类型的差异是否能扩展至中国不同城市、工业的系谱性差异？在北上广等区域，笔者发现了诸多次级代耕区，我们应该关注上海、杭州、昆山，或北京、石家庄、廊坊，抑或广州、佛山、新会，这些区域链内部的代耕形态的社会文化差异，或许可以将个案研究扩展至全国。

摇铃铛的“摆渡人”

——基于上海市非正式废品回收者的调查

丁志文*

一　问题的缘起

2019 年 7 月 1 日，上海市居民生活垃圾分类制度正式开始执行，作为一名普通的上海市民，笔者也积极参与了垃圾分类的行动。但是，笔者在参与的过程中却发现了一件令人惊讶的事——社区的可回收物回收箱空空如也，“难道居民们都没有可回收物吗”？笔者不禁诧异。然而，随着调查的深入，笔者发现事实并非如此，不少居民家里囤积着大量的可回收物，有些老年居民甚至会将可回收物箱中的废品收集起来拿回家。那么，居民们的这些可回收物都去哪里呢？

“摆渡人”的故事就这样展开了。

A 先生，来自安徽，年龄在 50 岁左右，每天清晨 7 点钟骑着黄包车到小区门口，支上一张躺椅，就开始了一天的工作。上午没事时 A 先生和社区的保安、出门买菜的阿姨闲聊，当有人想要售卖废品时，他就热情地迎上去。“瓶子 3 毛，纸板 5 毛。”这句话已经成为 A 先生的口头禅，对每一个居民，他都是这样说的。结束了上午的工作，A 先生就踩着废品回收站第一波回收暂停的时间点，骑着他的黄包车，载着堆成小山的废品，将一上午的收获卖出。到了下午，A 先生又重复上午所做的工作，将废品第二次卖给回收站之后，晚上 7 点准时收

* 作者简介：丁志文，上海大学社会学系本科生。

工回家（见图1）。

图1　正在返程的回收者

这就是一个普通的废品回收者一天的行程。然而随着对他们了解的不断深入，笔者越发好奇，他们究竟如何回收废品，贩卖废品？这个链条是怎么样的？他们与同行、居民、居委会等外部力量的关系又是如何的？与政府现行的垃圾分类政策之间，又有什么样的关系呢？

二　他们从哪里来？为何做？

几乎所有的废品回收者都是来自其他省市的外来务工人员，其中大部分回收者来自安徽、江苏等距离上海较近的省市（见表1），他们为了生计来到上海，从而赚取能够糊口的收入。然而在上海这样一个工作机会如此多的大都会，为何要选择废品回收的工作呢？

表1　被调查者概况

序号	回收者类型	性别	家乡	工作时长（年）	回收地区
1	个体回收	男	江西	>10	青浦工业园区

续表

序号	回收者类型	性别	家乡	工作时长（年）	回收地区
2	集体回收	男	山东	>10	不固定
3	个体回收	男	江苏	2~3	普陀区长征街道梅川路步行街
4	个体回收	男	江苏	>10	徐汇区斜土街道茶陵路
5	个体回收	男	江苏	26	上海市奉贤区元通村
6	个体回收	女	安徽	10	上海市奉贤区元通村
7	个体回收	女	江苏	20	上海市奉贤区元通村
8	个体回收	女	江苏	22	上海市奉贤区元通村
9	个体回收	男	江苏	20	上海市杨浦区上水街道
10	集体回收	男	江苏	22	上海市杨浦区平凉路街道
11	个体回收	男	安徽	>10	上海市浦东新区三林镇
12	个体回收	女	安徽	>10	上海市浦东新区三林镇
13	个体回收	女	安徽	>10	上海市浦东新区三林镇
14	个体回收	女	安徽	3~5	上海市浦东新区三林镇
15	个体回收	女	安徽	>10	上海市浦东新区三林镇
16	个体回收	男	\	>10	上海市宝山区月浦镇

在调研中，笔者通过对几位回收者的深入访谈和观察，总结出了几类原因。

第一类回收者从事这样的工作的原因是他们无法胜任其他的工作。这类人主要为早期来到上海的废品回收者。“上海的很多大工厂都不要我们外地人干，只能做这个。”一位来到上海已经有10余年的女性废品回收者这样告诉笔者。因此，在被其他工作拒绝的情况下，这些外来人口只能选择废品回收这样的职业来赚取一些钱。此外，部分回收者表示“上海的回收资源多”也是一个重要的原因。以笔者长期观察的一个社区群为例，在一个街道上往往存在数十位回收者，然而他们每天依然能够收集到大约两人高的废品，这个量在废品回收行业里是比较巨大的。因此选择废品回收，巨大的市场空间也是一个重要的原因。

Q：那阿姨您来多少年了？

A：20年了。那时候废品没人收的，都得捡。

Q：那当时您来的时候是第一批吗？

A：是。那时候打工不要外地人，只有捡垃圾。

Q：那您以后还收废品吗？

A：我们就不收了。你看我是保洁工。

Q：那阿姨您是有一份工作，空的时候再来收废品吗？

A：对了。没事就坐在这里。

第二类废品回收者则将废品回收行业视作兼职，将其作为补贴家用的一种手段。如笔者所探访的 B 女士，其从事废品回收工作大约有 7 ~8 年，然而她也有一份街道保洁员的正式工作。B 女士每天早上 9 点准时上班，中午下班后就前往其长期“工作”的社区门口等待居民前来卖废品，工作到 15 点下班后又会前往社区，直到晚上 19 点才回家。B 女士告诉笔者：“废品回收可以赚到不少的外快，工作强度也不高，仅需要将废品拖运到附近的回收站即可。”因此她会兼职做这一项工作。

第三类回收者则是与子女一起来到上海的外来务工者的父母，他们在闲暇时间外出，回收一些垃圾以补贴家用。这一类回收者由于要负责照看在家的孙辈，因此其回收时间也不固定，不像其他几类的废品回收者会在固定的时间出现在社区。此外，这一类回收者的工作时间也较短，与其他类型回收者不同的是，他们往往只有几个月到一年的工作时间，因此其工作经验缺乏，客户也不多。

三　与外部力量的关系

在笔者看来，废品回收者与外部力量的关系主要分为三个部分。第一，与居民、沿街店铺、工厂等废品回收来源之间的社会网络关系；第二，与其他废品回收者的网络关系；第三，与废品回收站的关系。

首先，笔者将介绍废品回收者与居民、沿街店铺、工厂等废品回收来源之间的社会网络关系。这层网络关系决定了废品回收者废品来源的多少，因此十分重要。废品回收者与居民建立网络关系主要是通过其在社区与社区居民的日常聊天实现的。这批回收者往往在社区中有自己租住的房屋，且每天会长时间在社区门口驻扎，因此随着时间的推移，就逐渐建立了与社区居民之间的信任关系，而这层信任关系成为废品回收者重要的废品来源。在调研中，笔者观察到大部分的居民在选择回收者时并不是随机的，也不是按照利益最大化原则进行操作的，而是选择与自己关系最好、最熟悉的废品回收者进行废品交易。例如笔者在访谈 A 先生时，有一位年近八旬的老奶奶前来询问是否还收瓶子，A 先生说："可以，没问题，但是价格跌了 1 毛。"这位老奶奶虽然表示了对价格的不悦，但仍然将废品卖给了 A 先生。这就证明了，一旦废品回收者与社区居民之间建立了良好稳定的社会关系，即使在价格上有些许的波动，也不会影响到回收者废品来源的问题，因此这类关系成为废品回收者废品来源的重要渠道，使其具备充足的货源（见图 2）。

图 2　正在工作的废品回收者

除了居民，在废品回收者的非正式回收中，商店、工厂的大量废品也是他们的重要来源。与针对居民的废品回收不同，废品回收者对商店与工厂的回收是一个"双赢"的结果。在现行的正式回收制度下，工厂的废品不算在废品回收体系之内。虽然市面上有针对工业废品处理的机构，但是对于工厂来说，将废品清理再送到相关回收机构是一个非常繁杂的过程。笔者与青浦区相关职能部门工作人员的访谈也体现了这一点："不少工厂打电话询问，是否能够帮助他们处理废品。"因此可以看出，废品处理对于工厂来说是一个非常棘手的问题。与之相同的是，沿街店铺同样面临废品难处理的问题，在目前的废品回收条例中，店铺需要与回收公司签订一个合同，并且出资让废品回收机构进行后续的处理。这样做不但导致了店铺的工作量加大，还增加了相关店铺的经济负担。因此在实践操作中，鲜有店铺与回收公司签订合同，同时又没有相关的法律法规强制店铺进行垃圾分类，导致店铺随意处置废品。而废品回收者的存在有效地帮助他们解决了这一问题，废品回收者通过一系列手段如熟人介绍、自己寻找等方式，与需要回收废品的店铺或者工厂取得联系，之后回收者以一定的价格从店铺和工厂处收购废品，这一过程不但使废品回收者获得了巨大的经济回报，而且帮助工厂和店铺找到了一个解决堆积废品的办法，受到了工厂和店铺的欢迎，由此建立了工厂、店铺与废品回收者之间稳定的关系。

Q：你们店里进货后，就会有废纸箱、空瓶子这些，请问你们会去联系垃圾回收者来回收卖钱还是直接当垃圾扔掉呢？

A：卖钱啊。

Q：请问你们是怎么联系到废品回收者的？

A：他会每天早上来回收废品。

其次，回收者之间形成的社会网络，也是本次调研重点关注的对象。在对浦东新区S镇某街道的考察中，笔者发现了废品回收者集群回收的现象。A路上的废品回收者全部由来自安徽的废品回收者组成，而过了一个街道之后，B路的废品回收者则变成了以云南人为主体。因此，不同的回收者之间呈现了显著的地域集结性。除此之外，即使在一条路上的同乡回收者群体，其内部还存在地盘的分化，主要表现为每一个回收者占据一个社区，当一个回收者占据一个社区的市场之后，其就会排斥其他回收者再进入该社区。笔者从对A先生的采访中证明了这一点：从前曾发生其他回收者进入A先生占据的社区回收废品的情况，A先生发现后就与其产生了争执，甚至大吵了一架。可见回收者之间普遍存在市场的竞争关系，为了维护自身的回收资源，他们往往投入大量的精力；与此同时，回收者在与他人的竞争中也存在局部的合作关系，以达到更有效率的废品回收。其中最明显的表现就是“老人带新人”的师徒模式废品回收，这一类模式最突出地表现在工业废品的回收领域之中。因为工业废品的回收难度较其他废品更大，具体表现在两个方面。一方面，工业废品的回收需要一定的知识积累，例如笔者所采访的 B 先生，其长期从事工业废品回收，能够通过点燃塑料闻其燃烧的气味的方式，区分出不同种类的塑料是否能够用以回收。此外，他们还拥有一套废金属分类的知识，因此想要入门工业废品回收的难度较高，需要一个已经较有经验的先入行者带领其学习一段时间才能够独自进行回收。另一方面，由于工厂与回收者往往会建立社会关系，新入行者想要在初来乍到时就挤进这个市场的难度较大，因此也需要依赖前人的帮助。此外，废品回收者之间的合作关系也体现在市场的开拓以及回收的合作之上。例如，早期来到上海的废品回收者往往会占据市场，在他们回乡后又会与自己的乡邻宣传，使更多的家乡人来到上海进行废品回收，不断扩大市场的占有率；当他们面临大宗的废品回收时，他们也往往会采取合作的方式。例如，A 先生曾经取得居委会的一次大宗废品回收的机会，然而其无法通过个人的力量就完成这次回收，因此其寻找了与其合作的伙伴 C 先生一同回收。这样做不但能够获得更多的经济利益，也提高了废品回收者回收的效率。除了上述几种情况，在废品回收者的分工合作中还存在一种特殊的合作模式，即家庭式废品回收模式。这一类的回收者主要是以家庭为单位建立一个回收点，之后在回收点中各个家庭成员分工协作完成废品的回收，笔者在 H 区发现的一个回收点就体现了这一特点。在这个回收点中，有一个叔叔以及他两个年轻的侄子，叔叔负责记账和与客人接洽，侄子则负责垃圾的分拣，由此组成了一个有机的废品回收组合。这样的回收组合，实际上扩大了回收的空间，从而提高了回收者的利益。

Q：那些能加工的厂，也是你们一家一家找的吗？

A：我们都找了。因为做这行肯定人比较多，就是去问，可以去问问人家，打听打听，也要出去找。

Q：比如说一些人都是做这行的，你们有了解到这个行情，会一起交流交流吗？

A：也有吧。有什么不懂的，大家问问同行。

Q：那你们会几个人一起干，还是就是自己管自己干，有什么信息互相交流一下？

A：也有一起的。比如说要是碰见一个大的生意，一般是大家一起做。这里有亲戚、有老乡，肯定找关系比较好一点的熟人一起。有钱大家一起的，不可能在外面去找个陌生人，我跟你一起赚钱，哪有那么傻的人，现在都有亲戚带着做。

最后，废品回收链条的完成还需要终端的回收站参与，因此废品回收者与回收站之间的社会关系也是与外部力量关系中的重要一环。然而对于废品回收站，大部分的回收者并没有特别的选择，主要是因为目前市场上的废品回收价格浮动相对比较小，因此废品回收者对于废品回收站的选择主要取决于熟悉程度以及距离。其中，废品回收站与回收者之间的熟悉程度和信任关系是回收者非常重视的，笔者在一次访谈中提出希望能够与废品回收者一起前往其常去的废品回收站，然而遭到了拒绝，该回收者的解释是：“你去了，人家就会怀疑我怎么样怎么样，就不愿意收我废品了。”由此可见，信任关系对于废品的末端回收起到了重要的作用。此外，回收站的回收截止时间不同，也导致了不同工作习惯的废品回收者在废品回收站中做出不同的选择。

四　冲击或补充？正式与非正式回收

笔者在上文尝试描述了废品回收者的身份以及他们与其所处的周边环境中各种力量的关系。然而，在上文已经提到的废品回收者的故事中可以发现，废品回收者对于现存制度造成了不小的影响，以至于出现垃圾分类制度下的废品回收“无废品可回收”的情况。那么，这样一群人，究竟对我们的垃圾分类政策造成了损害，还是能够帮助我们解决现行政策中一些依然存在的问题呢？

要回答这个问题，笔者认为首先应当讨论废品回收者的废品回收链条。

在废品回收者的非正式回收链条中，回收主体由在正式链条中的居民转变为废品回收者。废品回收者上门将居民的废品回收后，会对废品进行一次初步的分类，即将纸板、塑料瓶、玻璃、金属制品等分门别类地处理好。分类完成后，托运至附近的废品回收站，在这些私人运营的回收站中，将废品用机器进行压缩，压缩完毕后装车，最终将这些废品送至对应的工厂，作为原料进行再一次的循环。

这样一个非正式的链条，看上去比正式的垃圾分类回收链条要简单，然而其中存在大量的问题。首先，废品回收者的回收目的是趋利的，这就决定了其废品回收的对象一定是有回收价值的废品，而不是任意废品全部回收，那么这就可能导致废品回收的不彻底。其次，废品回收者的回收对社区环境以及社区安全也存在较大的负面影响。废品回收者需要一定的场地堆放废品，而在城市中难以寻觅到足够大的场地供废品回收者堆放废品。因此，为了能够堆放废品，其往往会占据社区门口的通道，这就导致社区的环境受到了影响。此外，废品回收者回收的废品中还存在一些易燃的废品，如果放在一些无人看管的闲置场地上，也可能造成火灾，对社区安全造成威胁（见图 3）。最后，废品回收者的垃圾分类技术也是参差不齐，这可能导致废品回收的不彻底，甚至可能造成有害垃圾的混入，造成严重的不良影响。

图 3　随意堆放的废品

与此同时，废品回收者的非正式回收，对正式回收的有序运行也造成了巨大的影响。正如本文一开始提到的故事，在正式废品回收链条中的可回收物回收箱空空如也，甚至有人直接从中捡拾废品，这导致了在正式的回收中垃圾数量的不充足，使正式制度的执行力度下降。如笔者所在的 L 社区目前正在开展的“两网融合”工作，虽然已经有回收公司与社区合作并且已经在社区公示，然而由于几乎没有任何受益，笔者也从未见到该回收公司来到社区执行回收工作，居民仍然乐意将废品卖给废品回收者。

那么，除了对正式制度的冲击和损害，非正式的废品回收是否能带给我们一些启发和思考呢？

在笔者看来，非正式的废品回收工作对于现行的垃圾分类政策在一定意义上也起到了补充的作用。一方面，如上文所提到的，废品回收者对于工厂、沿街商铺以及其他公共地区的废品回收起到了一定的补充作用。在现行的正式体制下，缺乏对于这一类回收主体的监督与管理，因此通过废品回收者与他们的关系，可以帮助对于这一类正式制度下还未兼顾到的垃圾进行一定的处理。另一方面，废品回收者与社区居民间的亲密关系，有助于调动社区内部的力量，以促进垃圾分类政策的落地执行。垃圾分类政策需要基层居民的大力支持，然而在目前的社区中，许多社区对于垃圾分类的积极性不断降低，导致了垃圾分类政策在基层的执行力度也在减弱。重新调动社区的力量，是解决垃圾分类积极性降低的方法之一。废品回收者原有的社会关系，以及非正式回收的市场特性能够调动居民的回收热情，促使居民自愿自觉地将垃圾进行分类，且有一定回收知识的废品回收者也能够帮助居民进行废品回收，提高了垃圾分类的完善度。以上两点，是废品回收者的非正式回收链为我们带来的启发。

Q：但肯定和现在不是一样的，你们也能接受的是吗？

A：不接受也要接受的呀，不然这些没法卖的呀。而且他们也需要我们专业的啊，不是谁都能做得来的。

Q：那就是说，只要和您建立联系了，再加上您人比较好，就一直跟您合作是吗？

A：对的。也是帮他们解决后顾之忧的呀。

结合以上两个部分，可以轻易地发现，废品回收者的废品回收工作虽然对正式的废品回收制度造成了一定的冲击和破坏，然而其也具备自己特殊的意义，能够帮助正式制度处理目前还未被纳入正式制度视野的废品。如果能够将非正式的回收者通过某一类的手段进行管理和吸收，也许能够为我们现有的废品回收政策添砖加瓦。

五　结论与讨论

本文从笔者实际生活中的经验以及观察出发，通过大量的实际调研以及探访，了解了废品回收者的生活、工作方式，与他人的关系以及其特殊的废品回收方式及其对正式回收制度的影响。研究发现，这一批废品回收者来到上海工作的理由多种多样，但核心目的还是能够通过废品回收取得一定的利益。废品回收者与其他外部力量之间也存在大量的互动，这一系列的互动能够帮助他们稳定回收链条，取得足够的利益。废品回收者的回收链条对于目前的垃圾分类回收政策造成了一定的冲击和影响，使正式政策的运行遭到了破坏，然而其也在一定意义上扫清了目前垃圾分类回收政策的盲区，使垃圾分类政策能够得到进一步的发展。

垃圾分类政策作为我国目前大力推动的政策，受到了全民的关注。而上海作为垃圾分类政策首先施行的城市，自然更是焦点中的焦点。在我们关注正式的垃圾分类政策时，我们也应当重视那些在此之前为城市的清洁以及垃圾分类做出贡献的废品回收者。正如美国废品处理专家马丁·梅迪纳曾在《世界清道夫》一书中指出的，全球约有1500万名拾荒者（废品回收者），大概占全球城市人口的1%，这些拾荒者每天穿梭在城市的大街小巷之中，从数十万吨的垃圾中回收可用于再加工的废旧材料。因此，这类人为我们城市的有序运行做出了自己的努力。笔者认为，在执行正式政策的同时，我们是否能够将这一类回收者纳入正式的体系之中，借助他们与各类群体业已形成的社会关系以及他们已有的关于废品回收的知识，帮助我们现行的垃圾分类政策得到更好、更有效的执行呢？这是值得我们关注和思考的。

与此同时，废品回收者本身也是外来人口的一部分，而外来人口问题也一直是上海市所面临的一项挑战。废品回收者如何融入上海的都市生活，从而为上海做出更多的贡献也一直是我们需要讨论的问题。而将废品回收者纳入系统的方式，不但将原本松散的回收者整编入了正式的体系，从而加强了对这类人的统一管理，也能够促进他们更快、更好地融入上海的城市生活，为上海垃圾处理的未来奉献自己的力量。

美国著名人类学家罗宾·内阁曾在其著作中提到：“垃圾是人类自己造成的隐患，我们发明出垃圾场使其作为其被驱逐后的归宿来欺骗自己，然而又有谁来扮演‘冥府渡神’的角色，将这些垃圾渡过冥河，送到垃圾场这样的安全地带呢？”在笔者看来，这是值得我们一直思考和关注的问题。

参考文献

冯新转：《城市拾荒者社会融入状况研究——以“南京地区”为例》，硕士学位论文，南京大学，2013。

公卫龙：《要素禀赋、经营模式与废品回收群体的形成及分化研究——以烟台福山地区为例》，硕士学位论文，华中师范大学，2017。

黄璞琳：《物业公司向进小区废品回收业者收费构成商业贿赂吗》，《工商行政管理》2013 年第 17 期。

王峰：《废品收购者群体在城市化进程中的作用研究——以北京市为例》，载中国科学院中国现代化研究中心、北京大学世界现代化进程研究中心《现代化的特征与前途——第九期中国现代化研究论坛论文集》，中国科学院中国现代化研究中心、北京大学世界现代化进程研究中心，2011。

王峰：《关于北京城市废品收购者群体的调查与思考》，载《科学发展：社会管理与社会和谐——2011 学术前沿论丛》（下），北京市社会科学界联合会，2011。

张帅：《中国城市居民生活垃圾回收机制研究》，硕士学位论文，江西财经大学，2012。

邹乐、王萍：《探访废品回收行业生存现状》，《法制与经济》（中旬刊）2013 年第 11 期。

能人回乡、村民入股与美丽乡村建设的路径探索

——基于鄂中林村的调查研究

曾建丰*

2017年10月，党的十九大报告提出乡村振兴战略，指出农业、农村、农民问题是关系国计民生的根本性问题，必须始终把解决好“三农”问题作为全党工作的重中之重。为贯彻落实党的十九大精神，湖北省委、省政府以“三乡工程”（市民下乡、能人回乡、企业兴乡）为抓手，扎实推动乡村振兴，努力实现“产业兴旺、生态宜居、乡风文明、治理有效、生活富裕”的总要求。

2019年1月8日至15日，为深入了解湖北省通过“三乡工程”推进乡村振兴的具体经验做法，笔者所在的调查组①调研走访了能人返乡引领乡村振兴的典型代表——鄂中米县林村。② 在调查过程中，资料的收集主要通过访谈法获得，具体的访谈对象包括村两委干部、返乡能人以及普通村民，同时各类文档材料构成了重要的研究补充。

一 概况

林村地处江汉平原，全村共辖5个村民小组，有192户726人，耕地面积

---

* 作者简介：曾建丰，华中科技大学社会学院博士研究生，研究方向为组织社会学、农村社会学。

① 调查组其他成员包括：中国人民大学农业与农村发展学院董筱丹副教授、华中科技大学社会学院狄金华教授以及中国人民大学农业与农村发展学院硕士研究生陈璐、崔芳邻。

② 遵照研究惯例，本文对涉及的地名、人名等信息进行了技术化处理。

为 1490 亩,[①] 农业生产以水稻种植为主；其中二组人口最多、耕地面积最大，共有 48 户 175 人，耕地面积约为 360 亩。在村庄发展层面，林村无资源优势、无区位优势、无产业优势，属于典型的“三无”村庄，村民的收入来源以外出经商务工为主，村庄“空心化”现象严重。

2012 年，二组在外经商比较成功的 9 位村民自发回乡，带动本组村民自愿以现金、耕地和宅基地入股的方式成立公司和合作社，实施村民集中居住、土地规模经营、农业产业现代化等举措。随后在地方政府的支持引导下，林村二组又通过“迁村腾地”、招商引资等方式促进整村的集中居住和产业发展，将美丽乡村建设扩展延伸至全村范畴。

根据林村 2018 年的统计数据，全村 90% 以上的村民实现了集中居住，村民人均收入达 3.5 万元、村级积累 150 万元、全村地产投资约 2 亿元，林村也先后获得“中国美丽乡村百佳范例”“省宜居村庄”“2018 中国最美村镇乡村振兴榜样奖”等荣誉。

二 “九马归槽”：美丽乡村建设的前期筹备

“返乡建设村庄”的念头最初萌生于 2008 年，当时同在北京经商的二组村民张黎、马国强、马安国三人在谈及经济危机的冲击和未来打算时，提到回村建新房的事宜，但三人也意识到单独改造自家的房子还不够，如果想要过上舒适的乡村生活，房屋周围的道路、环境和绿化等条件都需要改善提升，而这需要整体的统一规划和建设。在随后的一年多时间里，三人就此问题又进行了多次商讨，三人先行商定由马国强、马安国负责联系二组其他在外经商的企业主，动员他们一同回乡投资建设，并由张黎起草初步的设想方案。在长期的沟通交流之后，这一想法逐渐成熟，初步形成了以 9 人为代表的初始投资人，并于 2010 年 12 月 9 日起草了《关于返乡建设林村的初步设想》（以下简称“设想”）。

2011 年春节，马国强将设想复印分发到二组村民手中，村民们表示很感兴

---

① 此处的田亩数据为“习惯亩”，每亩面积为 800～1000 平方米。按照习惯亩标准计算田亩数这一现象在江汉平原地区比较常见，这源于农业税费时期，村集体为少缴税费提留而故意将田亩扩大，以此来减少上报的田亩数量。以下田亩数据如无标注，均为习惯亩。

趣，但对于部分细节仍不太明白，于是约定清明节回乡时再度商议。5 月 6 日，在外经商的林村二组成员集体返乡，召开了第一次全组村民代表大会，会上向村民宣布了林村二组新村庄建设的设想和具体方案，并广泛征求村民意见。5 月 7 日，二组村民在设想上按下手印，并确定 9 月份开始进行建设。

2011 年 8 月，有村民提出担忧，担心公司经营失败将影响未来生计，于是张黎先召集其余主要投资人进行内部商讨，9 人商讨之后达成一致意见，确定继续进行建设，并约定国庆节前后回乡与村民开会讨论。9 月 26 日，二组召开了第二次全组村民代表大会，张黎等人与村民进行协商沟通，打消了村民的顾虑，村民们最终达成了统一意见。

2012 年正月初一下午，林村二组第三次村民代表大会召开，成立了林村农业科贸有限公司和林村二组土地股份合作社，会议确定了“土地入股 + 资金入股”的股金募集方案，具体细则是二组村民的土地每亩折算成股金 10000 元，入股期限为 17 年，即自 2012 年 1 月 1 日至 2028 年 12 月 31 日；现金入股则是按照 1 元 1 股的方式自愿入股，现金入股最低要求 5000 股。根据公司股东信息显示，2012 年公司股东共计 65 户，[①] 在股金构成中，共有 353.47 亩土地入股，现金入股 767.2 万元，合计股金 1120.67 万元。

正月初七，公司召开股东会，确立了公司法人、总经理、监事长等人员安排和公司规章制度，股东会决定分别由马春申、马国强、张黎三人担任公司法人、总经理和执行董事，同时确立了其余 6 位董事。因 9 位董事中有 7 人都姓马，9 人返乡建设村庄的行为也被当地村民形象地称为“九马归槽”（见表 1）。

表 1　“九马”基本信息及投资情况

姓名	公司职务	经商地	现金入股总额（万元）
马春申	董事长/法人代表	成都	100
马国强	总经理	北京、成都	90
张黎	执行董事	北京	40
马安国	董事	北京	50

① 二组户籍统计户数为 48 户，全组 47 户参与了土地或现金入股，因存在分户、户口迁出人员回乡投资入股等情况，故股东户数达 65 户。

续表

姓名	公司职务	经商地	现金入股总额（万元）
马贤申	董事	上海	80
倪绍斌	董事	沈阳	80
马安中	董事	北京、武汉	50
马银斌	董事	福建	20
马旺斌	董事	福建	20

三 “四化改造”：美丽乡村建设的具体举措

在林村二组美丽乡村建设的方案、资金和管理人员确定之后，村庄建设正式进入实际操作阶段。根据建设方案，以“九马”为代表的公司董事意图在林村二组打造出“村民股东化、管理公司化、居住集中化、养老福利化”的发展格局。为此，公司与村民股东达成约定，公司成立前三年不进行分红，三年之后再按股金的5%～10%进行分红，前三年公司的经营收益主要用于产业发展和村庄基础设施建设。为达成预定目标，林村二组主要从土地、产业、房屋和人员四个方面展开了相应建设。

（一）土地入股与产业发展

林村二组进行美丽乡村建设的第一件事情，是动员农户将承包地入股公司，由公司成立土地股份合作社对土地进行集中管理和经营，选举公司执行董事张黎担任合作社法人代表。村民土地入股之后，公司获得了土地的支配使用权，这样一来在之后的产业发展和集中建设过程中便可以规避部分村民不配合或者坐地起价的风险。此外，公司成立土地股份合作社的另一个原因在于，以农民合作社的名义能够更好地承接政府的项目资金。

根据统计数据，二组村民土地入股共计353.47亩，加上组内荒地和田埂道路等面积，折算成标准亩之后约为900亩。合作社的土地主要被划分为三大板块：一是产业发展用地，用于建设羊场、大棚、鱼塘、生态餐厅等场所，总共占地约400亩（标准亩）；二是集中居住的建设用地，用于建造单元住宅楼、休养所和独栋住宅，这一部分占地约200亩（标准亩）；三是农业种植用地，用于种植水稻、油菜等农作物，这一部分占地约 300 亩（标准亩）。[①]

在产业发展方面，林村农业科贸有限公司的发展策略依旧是围绕农业产业展开，但发展重心由传统的水稻种植转向了畜牧养殖、蔬菜种植和优质稻种植等内容。第一，在畜牧养殖方面，公司确定的方案是养殖山羊。2012 年 2 月 18 日，公司开始建造羊场，第一批共修建了 4 个羊舍，10 月 18 日羊场竣工，并从四川简阳引入大耳黑山羊，开始规模化养殖。2013 年，公司又扩大羊场规模，新建了 8 个羊舍和配套沼气池，扩建后的羊场共占地 30 亩，全栏可养 4000 只羊，羊场总投资额约 300 万元。关于公司为什么选择养殖黑山羊，张黎给出了解释：

> 养羊是我们九个人定下来的，为什么不养猪、鸡、牛，因为猪肉的价格波动很大，环境污染也大；鸡有禽流感，鸡肉价格波动大；牛价格适中有利润空间，但是牛吃得多拉得多，原来没有生物肥，国家也没有出台政策，没有办法治理。于是养羊，因为羊吃得相对少，比牛干净一点，羊肉有温补作用，随着人们生活越来越好，吃羊肉也会越来越多，羊肉价格一直上涨，没有波动过、没有降低过，于是决定养羊。为什么养黑山羊，因为以我的经验，产品要有卖点，跟别人要不一样。[②]

第二，发展大棚蔬菜种植。针对发展蔬菜种植，普通村民起初并不赞同，认为当地的土壤情况并不适合种植蔬菜，并且没有相关技术和市场，但公司的九个董事并不同意村民们的看法，他们凭借自身在大城市的生活经历和对蔬菜市场需求的判断，坚持发展蔬菜种植。2012 年 5 月，公司开始修建大棚，9 月份完成修建并开始种植。公司最开始是从山东寿光聘请了一个技术员负责技术传授，但因土质情况差异，山东的种植技术在林村并不适用，之后公司又聘请了省农科院蔬菜研究所的教授，同时找了本地经验丰富的菜农，一并向农民进行技术传授。

大棚的建设成本先期主要由公司承担，据了解，一个大棚的成本在一万元

---

① 2017 年土地股份合作社内，剩余耕地面积为 326.8 亩，2018 年这一数字变为 304.8 亩。此处田亩数据均为标准亩。

② 访谈资料 20190108。

左右，[①] 公司第一批投入了20万元用于大棚建设，后期政府通过项目资金的方式给予了大量补贴。在第一年公司尝试集体经营“失败”之后，公司在第二年决定将大棚承包给个人，每个大棚每年收取租金600元，公司为有意愿承包大棚的村民提供技术支持和市场联系。之后公司又扩展了大棚的建设规模，目前总共有标准冬暖式蔬菜大棚35个、钢架大棚120个，村民在种植蔬菜之外，还发展了草莓和花卉种植。

第三，发展优质稻种植。2012年公司在成立二组土地股份合作社后，耕地仍由村民自行耕种一年。2013年起，耕地由合作社统一负责经营耕种，在水稻种植品种方面，公司并没有选择常规的杂交稻，而是选择了种植CEB抗氧化优质稻。[②] 这类水稻的特殊之处在于下秧之前需要在谷种里拌入一种CEB抗氧化有益菌，优质稻亩产略低于杂交稻，但因其口感优良在销售价格方面高于杂交稻，每亩的种植收益也高于杂交稻。[③] 目前，林村全村共推广种植优质稻约2000亩。

（二）房屋拆建与集中居住

2011年10月，张黎委托其弟弟在省规划研究院找熟人对林村二组进行整体规划。建设规划方案确定之后，首要工作是确定房屋拆迁赔偿方案，在这一问题上，林村二组采用的方法是将复杂问题简单化。公司约定“三不管”原则，即不管原来的房子面积大小、质量好坏、建筑时间长短，房屋拆迁统一按照“拆一栋分一套”的原则进行单元住宅楼分配，拆的不赔钱，分的不掏钱。这样一种无差别的拆迁赔偿方案在村内得以成功执行，一是源于公司董事的反复工作动员，二是源于部分村民的牺牲让步。在工作动员方面，以张黎为代表的公司董事采用了一种“乡情感召”的方式：

> 开大会的时候我跟他们讲，我们都是乡里乡亲，过去你家里房子好，那说明你们能干、挣钱多一点，这一次你让一步；过去他们家房子小，说

---

① 一个大棚占地面积约为0.6亩（标准亩）。

② 据公司执行董事张黎表示，种植CEB抗氧化优质稻为时任湖北省人大常委会副主任在2013年3月视察林村之后，私下联系张黎推荐的。来自访谈资料20190110。

③ 据村民表示，优质稻亩产约为1000斤，略低于杂交稻的1300斤，在市场价格方面高于杂交稻，其价格在160～175元/100斤浮动，而杂交稻的价格约为110元/100斤。来自访谈资料20190113。

明他家里相对贫困点、经济弱一点，我们都是乡亲，我们就拉他一把。在住房问题上，既然我们要搞新农村，那我们都要站在同一起跑线上，你不能把它扔到河里去。[①]

在房屋拆迁动员过程中，“少数服从多数”是公司董事们一直强调的一个原则。而正如村民所说，“二组村民中家里有点小钱的占大多数”，在经过反复动员之后，全组48户村民都同意了拆迁方案。在建设规划方面，林村二组房屋分为单元楼房、独栋别墅和联排别墅三种类型，拆迁赔偿方案的具体细则是：根据“拆一栋分一套”的原则，原先拥有宅基地的二组村民可以免费获得一套单元楼房[②]及配套车库的分配资格，单元楼房分为130平方米和110平方米两种户型，原先住宅为砖瓦结构的村民分配130平方米住房，原先住宅为土木/土坯结构的则分配110平方米住房，具体的单元和楼层由村民抓阄决定；同时，村民在对单元楼房进行装修时，公司按照每平方米100元的标准予以补贴。

此外，村民也可以选择放弃单元楼房的分配资格，改建独栋别墅或联排别墅，其中独栋别墅有占地面积90平方米、100平方米以及120平方米三种类型可供选择，三者的使用面积分别约为170平方米、230平方米和289平方米；联排别墅有160平方米和180平方米两种户型可供选择。村民根据自身情况向公司上报房屋的具体类型，然后由公司统一规划建设，村民按照房屋建设成本价向公司支付房款，房屋建成之后由村民抓阄决定每家的具体位置。2012年4月，公司开始了房屋拆迁工作，并同步开始了新房的统一建设，2012年底房屋建设基本完成，包括2栋单元楼房和22栋别墅，2013年春节村民纷纷搬入新房。

在2012年建房过程中，林村二组自发建设新农村的举动引起了当地政府的注意，政府在了解情况之后，号召“九大董事”在完成二组建设的同时，带动马岭村一、三、四、五组的村民，实现全村的集中居住。具体实施方式是一、三、四、五组村民按照自愿原则，拆掉老房并将宅基地退还给村集体，到二组集中建房并自付建房成本，政府根据拆迁房屋面积和结构类型对旧屋进行拆迁补偿。自2013年4月起，陆续有3批村民通过“迁村腾地”搬入二组，先后共

---

① 访谈资料20190110。

② 需要说明的是，分配的单元楼住房村民仅可以用作世代居住，不享有转卖权利；同时，公司可以将空余住房卖给非二组与非本村人士，按照1100元/平方米的价格进行出售，但购房者同样只能用作居住。

建设完成109栋独栋或联排别墅。

在村庄社区建设方面，政府给予的支持是以项目的方式开展进行，2012年米县国土局将1万亩农田的国土整治项目指标给到林村，每亩农田国家拨付2000元的整治改造费用，而这其中10%～15%的经费可以用来支持基础设施配套建设，这样一来林村实际获得了200万元的基础设施配套改造资金。通过将林村既有规划套到国土局的基础设施配套建设规划当中，借由国土整治项目，林村以近乎零成本的方式完成了居住小区内的道路和主下水道建设。事实上，2015年，林村又获得了地方政府近500万元的资金支持用于改善村庄基础设施及产业发展条件。

（三）免费养老与承诺就业

在回乡建设村庄的方案中，“养老福利化”的设想是指公司修建休养所将全组的老人集中供养，免费提供食宿，费用开支由公司承担。通过这样一种方式解决农村养老问题，使之成为一种村民福利。2012年4月，休养所与单元楼房、住宅别墅一道开工建设，同年底竣工。休养所共分为两层，总共约有30个房间，2013年5月1日，休养所正式开放。根据规定，在休养所免费享受食宿，需要同时满足以下条件：一是达到年龄规定，男性达到60周岁，女性达到55周岁；二是必须为二组户籍村民，户口迁出或本村其他组村民皆不可以享受该资格；三是入住者本人或者其子女为公司股东，有资金或土地入股。根据休养所的开支明细，休养所每月伙食开支约为6000元，每月电费开支约为6000元，两名专职管理人员工资合计为6500元，休养所每年开放11个月，一年下来休养所每年开支在18万～20万元。

“养老福利化”解决了农村老人养老问题，同时为吸引年轻人回乡、提升村庄活力，“九马”在公司成立之前提出了“外出不阻碍，回家不拒绝”的就业承诺，即村民如果外出务工不顺利，回乡之后公司承诺安排就业，按月发放工资且工资不低于当地企业的平均工资水平。在美丽乡村建设过程中，公司通过将工程建设、羊场养殖、大棚蔬菜种植等项目的生产环节分解，为村民提供了就业岗位。比如小区道路建设中的路面砖石和沟盖板制作，公司负责购买设备，村民负责制作并按“计件工资”的方式获得收入。需要指出的是，就业承诺同样只针对二组村民，并且要求村民是公司股东身份，其他组村民并不享有这一福利待遇。事实上，免费养老与就业保障这两类福利也正是林村二组与其他小组之间的最大差别，而差别的根源在于二组村民通过土地入股成为公司股东，并且做出了三年不分红的“牺牲”。正如村民们所讲，“谁投资，谁获益”。

四 总结与讨论

通过美丽乡村建设实践，林村在村庄面貌、居住环境、产业状况、村民收入、治理秩序等方面都有很显著的改善。可以看到，林村案例具有一定的特殊性，但从中我们仍然可以总结概括出美丽乡村建设的一些经验和可能路径，并在其基础上尝试提出一些对策建议，进而加深我们对于美丽乡村建设路径的理解和认识。

（一）经验总结

概括来看，林村的美丽乡村建设，是三种力量共同作用的结果。

第一，“九马”作为关键群体的积极带领。如果将林村的美丽乡村建设视为一种农民合作或集体行动，显然以“九马”为代表的经济精英返乡解决了集体行动起步的资源提供和制度供给难题，为合作的达成提供了前提基础。任何一项合作的展开都需要相应的资源作为支撑，“九马”这一能人群体的返乡带来的不仅是经济资源，还包括他们身后的社会资源与人力资源，这在很大程度上丰富了村庄内部的资源数量与类型，使林村得以具备展开合作的基础条件，而“九马”则成为启动农民合作的重要力量。

第二，村民作为建设主体的参与配合。村民在美丽乡村建设实践中扮演了“配合者”的角色。一方面，面对“九马”和公司的动员引导，村民们给予配合，部分村民在房屋拆建方面还做出了道义上的牺牲；另一方面，村民自身也是公司股东，这一身份使得村民还扮演了“监督者”的角色，自我管理、相互监督。正如村民们所讲，林村的美丽乡村建设，“没有‘九马’的带头推动，我们搞不成，但没有我们村民的积极配合，他们也搞不成”。在村民积极配合的背后，是村民对于回乡精英的信任与村庄价值的认同，而这又与村组内部小亲族的社会网络结构密切相关。

第三，政府作为外部力量的支持引导。地方政府则很好地扮演了外部支持者的角色，通过资源的不断输入分摊了农民合作的运行成本。在林村的美丽乡村建设实践中，当地政府清晰地将自身角色定位为支持者与引导者而非合作的主导方，这也是合作秩序能够保持良好态势的原因之一。

在当前“资本下乡”与“项目进村”的背景下，越来越多的行为主体涌入乡村发展的实践中，国家与政府力量、资本与市场力量以及村庄内部的各种力量一同在乡村社会这一场域发挥着影响作用。也正是基于此，研究者们普遍强调，促进乡村的发展与治理，关键在于协调和处理好市场、政府与村庄三者之间的关系。林村的美丽乡村建设之所以能够脱颖而出，取得良好成效，很大一个原因便在于公司（市场）、村民与政府三者之间达成了一个良性互动。

（二）对策建议

基于以上论述，本文认为，美丽乡村建设的一个可能路径可以尝试从以下几个方面展开。

第一，调动村民自主性，利用好村庄结构性内生力量的主体作用。强调村庄自主性力量的构建，不仅是因为它能够很好地承接利用外部的资源输入，还源于外部资源输入存在不可持续、不均衡等问题，社区民众的主体性力量才是改善村庄发展与治理的持久动力来源。近年来各地政府提倡的“能人返乡”可以视作一种尝试，能人本身可以作为村庄建设的一个重要主体，同时他们还能够带来各类经济资源，在一定程度上也能缓解新农村建设资源不足的问题。

第二，重视产业发展，提升“造血”能力。在乡村振兴战略的总要求中，第一点便是“产业兴旺”。事实也证明，产业兴旺是解决好“三农问题”的重要抓手，同时它也是生态宜居、乡风文明、治理有效的前提，农村生活中的许多问题都能够随着产业发展迎刃而解。但需要强调的是，村庄产业的发展一定要真正有利于村庄和村民，应竭力避免村集体依附于企业、村落成员边缘化等不良效应。

第三，地方政府准确定位，发挥好支持引导作用。政府是助力实现乡村振兴的一股重要力量，问题的关键在于政府需要准确定位好自身角色，理顺政府、市场与村庄（村民）之间的关系。政府应将自身定位为乡村振兴中的引导者、支持者，助力于村庄自组织力量的构建和村庄文化价值认同感的培育，同时在资金和资源方面进行有效配置，为乡村振兴提供物质支持。

三等奖

挑战与化解：一个乡村债务的基层调查

高　鸣　宋洪远*

为深入了解和掌握当前我国村级债务出现的新问题和新挑战，农业农村部农村经济研究中心组织成立了调研组，赴XS省ZC市、CJ市等地就乡村债务等问题进行专题调研。[①] 调研组于2019年5～8月，采用长线蹲点式调研法，走访了ZC市村流区、高团区和CJ市润县、河江县和光阳县，并深入黄水村、唐屯村、兴旺村等进行了实地调研。总体来看，随着乡村振兴战略的实施，XS省的农业农村有了较大的发展，村容村貌得到了极大的改善；与此同时，由于大力推进村级公益性基础设施建设，一些村集体背上了债务，尤其是部分"示范村""美丽乡村"的债务问题更加突出。这不仅加重了乡镇财政和村集体、农民的负担，而且影响农村基层社会的稳定。本报告将以XS省的调研为基础，就XS省乡村债务的现状、成因等问题进行分析，并提出治理的对策建议。

一　乡村债务的现状

据2018年农村经营管理统计，截至2018年底，XS省村集体资产总额为1686.7亿元，负债总额约为953.8亿元，村均负债338.4万元，村均资产负债率为56.55%，同比上年下降了0.59个百分点。CJ市村级债务约为141亿元，比2017年增长了1.3%，村均负债633万元，比2017年增长了2.3%，村均资

---

* 作者简介：高鸣，博士，农业农村部农村经济研究中心副研究员；宋洪远，农业农村部农村经济研究中心研究员。

① 为使报告更具研究性质，本文地名都经过处理。

产负债率为48.92%，比2017年下降了1.39个百分点。ZC市村级负债总额约为103亿元，比2017年增长了7.94%，年均村级资产负债为297.36万元，村均资产负债率约为50.18%（见表1）。

（一）债务总体情况

进入21世纪以来，国家高度重视乡村债务问题，并出台多个相关文件和通知，具体指导化解乡村债务问题。

表1　XS省部分地区负债总计和负债率情况

单位：万元,%

地区	负债总额				村均负债率			
	2018年	2017年	2012年	2005年	2018年	2017年	2012年	2005年
XS省	9538031	8519519	4494911	1545069	56.55	57.14	52.15	42.88
ZC市	1033036	957036.2	488135	201491.5	50.18	52.31	48.40	12.10
高团区	91113.14	90208.9	80429	21165	28.79	34.48	43.10	13.52
红星村	372.81	350.99	69.3	57.22	65.98	70.71	58.68	9.19
东张村	3304.04	18606.22	7591.43	711.04	7.46	58.43	39.68	86.63
兴旺村	290.33	1824.6	799.5	304	5.33	33.68	17.54	64.00
村流区	49708.44	45008.4	27850	35492.7	41.01	42.42	53.46	45.12
王工村	654.79	759.57	112.11	140.48	34.36	48.26	15.09	16.71
黄水村	287.1	174.45	87	38	37.88	26.74	22.19	58.46
玉泉村	140.86	140.38	18.34	7.5	31.54	31.08	31.05	32.01
CJ市	1411211	1393001	926216.6	293596.1	48.92	50.31	53.39	44.95
润县	231808.2	226803.6	133144.6	33402.72	43.71	44.11	46.21	24.51
东沟村	129.07	128.24	21.7	14.42	45.73	47.15	26.65	51.13
北城村	83.05	56.67	17.488	57.2	6.09	4.25	1.86	69.84
南城村	119.39	124.34	0.6435	6.7	46.72	57.40	0.73	29.91
河江县	105242	108587	66492.51	30713.17	39.67	42.44	42.47	49.59
刘村	1174	1256	1945	988	32.27	43.22	72.93	58.64
古包村	4411	4701	2759	1816	28.49	31.85	28.82	67.69
光阳县	409564.8	413742.4	309675.6	87713.39	50.68	54.37	61.44	50.82

续表

地区	负债总额				村均负债率			
	2018 年	2017 年	2012 年	2005 年	2018 年	2017 年	2012 年	2005 年
黄堤村	8185.95	13313.17	14897.35	4847	3.74	7.48	17.96	55.40
高德村	484.12	483.19	544.51	113	46.58	52.63	86.38	48.60

第一阶段（2005 年以前），新的乡村债务大量增加。农村税费改革试点工作开展后，各地化解乡村债务工作取得了一定的成效，但是一些地方旧债尚未化解，新的乡村债务又大量增加，这影响了农村的稳定。2005 年，国务院办公厅印发了《关于坚决制止发生新的乡村债务有关问题的通知》，2006 年出台了《关于做好清理化解乡村债务工作的意见》，并明确指出要对 2005 年 12 月 31 日以前的债务进行全面核实，分类清理。从调研的数据来看，2005 年 XS 省负债总额约为 154.51 亿元，资产负债率为 42.88%。在调研的 13 个村庄中，超过全省资产负债率水平的村庄有 9 个，其中，ZC 市东张村的负债率达到了 86.63%，负债率最高，其次是 CJ 市的北城村，为 69.84%。

第二阶段（2005～2012 年），集中清理化解农村义务教育“普九”债务和其他公益性乡村债务。2005～2012 年，国务院办公厅和农村综合改革工作小组先后印发了多个关于化解乡村债务的具体指导意见和办法，尤其针对农村义务教育“普九”债务和公益性乡村债务。从调查的数据来看，2005～2012 年，XS 省的负债总额由 154.51 亿元增长到了 449.49 亿元，资产总额也由 360.34 亿元增长到 861.97 亿元，负债率由 42.88% 增长到 52.15%。在调研的村庄中，仅 4 个村的负债率增长了，其中 ZC 市的红星村的资产负债率由 9.19% 增长至 58.68%，CJ 市的高德村由 48.60% 增长到 86.38%。通过调查得知，2005～2012 年，农村义务教育的债务基本上化解为无，但是随着基础设施建设的投入，公益性基础设施建设的欠债随之增加，这也是 XS 省资产负债率不降反升的主要原因。此外，另外 9 个村的资产负债率大幅度降低，北城村的资产负债率由 69.84% 下降到 1.86%。

第三阶段（2012 年至今），清理化解公益性乡村债务工作由地方政府自行组织开展，统筹解决。2013 年，国务院农村综合改革工作小组印发的《关于清理化解公益性乡村债务有关工作的紧急通知》中，明确要求自 2013 年起，不再统一组织开展相关清理化解公益性乡村债务工作。2012～2018 年，XS 省的资产负债率仍在增长，由 52.15% 增长到 56.55%；此外，在调研的村庄中，有 7 个村的资产负债率有所增长，王工村由 15.09% 增长到 34.36%，南城村由 0.73% 增长到 46.72%。通过调研发现，近年来，XS 省对村级环境整治、基础设施建设等方面提出了新的要求，各行政村为了响应各级行政部门的号召，在农村的环境卫生、道路建设等方面进行了明显的改善，但与此同时，由于公益性建设支出超出了村集体经济组织的能力，产生了大量的债务。

（二）债务结构

从债务结构来看，XS 省的债务结构差异相对较小，主要集中在应付款项、应付工资和长期借款及应付款等方面。

从地级市来看，应付款项和短期借款是债务的主要构成部分。2018 年，ZC 市负债总额约为 103 亿元，其中短期借款占 2.69%，应付款项占 93.64%；CJ 市负债总额约为 141 亿元，其中短期借款占 2.72%，应付款项占 93.05%，长期借款及应付款占 4.32%，一事一议资金负债占 0.68%（见表 2）。

表 2　2018 年 XS 省部分市、县、村债务结构

单位：万元

地区	2018 年负债总额	2018 年债务结构							
		短期借款	应付款项		应付工资	应付福利费	长期借款及应付款	一事一议资金	专项应付款
			总额	欠工程建设费					
XS 省	9538031	473159.1	8796716.4	–	47982.5	–259613.4	408670	71115	–
ZC 市	1033036	27836.13	967292.66	–	3278.91	–61842.44	91647.03	4824.12	–
高团区	91113.14	2027.62	80554.75	–	766.35	1185.26	6504.35	74.81	–
红星村	372.81	51.53	284.78	7.1	–	–	36.5	–	–
东张村	3304.04	–	3304.04	–	–	–	–	–	–
兴旺村	290.33	–	154.64	149.1	–	–	135.33	–	0.36
村流区	49708.44	1715.04	44804.43		2467.18	–3699.4	4421.19	–	–
王工村	654.79	–	546.2	273.15	–	–	108.59	–	–
黄水村	287.1	51	236.1	236.1	–	–		–	–
玉泉村	140.86	–	117.9	47.56	3.86	–	19.1	–	–
CJ 市	1411211	38424.6	1313137	–	3431.92	–14274.8	60932.27	9559.79	–

续表

地区	2018 年负债总额	2018 年债务结构							
		短期借款	应付款项		应付工资	应付福利费	长期借款及应付款	一事一议资金	专项应付款
			总额	欠工程建设费					
润县	231808.2	10336.13	220444.8	-	580.1368	-10016.1	9811.2	652.0726	-
东沟村	129.07	-	135.39	-	1.5	-7.82	-	-	-
北城村	83.05	-	36.81	-	-	46.24	-	-	-
南城村	119.39	-	134.19	-	-14.8	-	-	-	-
唐屯村	32	-	32	32	-	-	-	-	-
河江县	105242	5177.73	89089.66	-	717.18	6670.45	2431.25	1155.71	-
刘村	1174	-	20	-	476	637	-	41	-
古包村	4411	355	4110	-	-54	-	-	-	-
光阳县	409564.8	9665.311	381324.1	-	822.5941	3950.282	10950.09	2852.442	-
黄堤村	8185.95	-	5281.19	-	-	2839.02	65.74	-	-
高德村	484.12	-	369.7	238.86	-	38.08	71	5.34	-

从县区来看，流动负债问题较为突出。2018 年，高团区负债约 9.11 亿元，其中短期借款占 2.23%，应付款项占 88.41%，应付工资占 0.84%，应付福利费占 1.30%，长期借款及应付款占 7.14%，一事一议资金占 0.08%；村流区的负债总额约为 4.97 亿元，其中短期借款占 3.45%，应付款项占 90.13%，应付工资、长期借款及应付款分别占 4.96%、8.89%。润县的负债总额约为 23.18 亿元，其中短期借款占 4.46%，应付款项占 95.10%，应付工资、长期借款及应付款分别占 0.25%、4.23%；河江县负债总额约为 10.52 亿元，其中短期借款、应付款项、应付工资和应付福利费占比分别是 4.92%、84.65%、0.68%、6.34%，而长期借款及应付款占 2.31%，一事一议资金占 1.10%；光阳县的负债总额约为 40.96 亿元，其中应付款项占 93.10%。

从村级来看，欠工程建设费是应付款项出现缺额的主要原因。在 ZC 市兴旺村的 290.33 万元的债务里，应付款项占 53.26%，长期借款及应付款占 46.61%，而欠工程建设费占应付款项的 96.42%。在黄水村，应付款项为 236.1 万元，其中欠工程建设费为 236.1 万元。CJ 市的部分乡村也有同样的问题：高德村 2018 年负债总额为 484.12 万元，其中应付款项为 369.7 万元，欠工程建设费占应付款项的 64.61%。

（三）债务用途

从债务的用途来看，大部分的村级债务主要是用在公共基础设施建设、道路硬化、环境整治等方面（见表3）。

表3　调研的部分村债务用途情况

地区	债务用途
红星村	公共设施建设、文化设施建设、环境综合整治、绿化，偿还拖欠干部及勤杂人员工资、历史欠款
王工村	村办企业、公益事业建设、环境整治，偿还拖欠干部工资、土地租赁欠款
黄水村	道路硬化、兴办文化设施建设、环境整治、五道五治、村部建设
玉泉村	五道五治、新农村建设，偿还拖欠村民及村干部工资、历史欠款
古包村	基础设施建设、环境综合整治、道路硬化、绿化
高德村	偿还拖欠村干部及村民工资、历年税费，环境整治、扶贫提升工程、道路建设

近年来，债务形成的最主要原因是公益性事业建设的超预算支出。2016 年底至 2018 年初，ZC 市为全面改善城乡人居环境，全面创优发展环境，发起了“五道五治”① 行动。该行动使乡村环境得到了改善，同时使乡村面貌焕然一新，但该行动也让村级集体经济组织背上了巨大的债务。从调研中获悉，在 XS 省其他地区，省、市、县三级给每个村的“村村通”行动共约 3 万元/公里的财政补助，给“户户通”共约 9 万元/公里的补助，但是按照国家道路修建的标准和当地的物价水平，每公里最少要 15 万元。而对于进一步改善农村的基础设施建设和村容村貌的行政要求，各村集体经济组织以拖欠工程款的形式，实施道路硬化、环境整治等。因此，村集体为发展公益性事业，主要以拖欠工程款的形式增加了新的债务。

从其他用途来看，历史欠款和拖欠村干部工资也是较为常见的村级债务形式。在调研中发现，农业税时期的“三提五统”等债务及集体经济薄弱村村干部的工资欠款都是目前村级债务的主要内容。在刘村，应付工资占负债总额的 40.55%，应付福利费占负债总额的 54.26%。

① 五道是指国道、省道、县道、乡道、村道；五治是指治违、治乱、治污、治路、治理。

（四）债务特征

通过调查发现，当前村级债务具有以下特点。

一是村级债务分布的广泛性。在调研的过程中笔者发现，基本上每个村都有债务，通过农村经营管理统计年报可知，XS 省的村庄都存在村级债务的问题。

二是村级债务规模的不均性。村级债务规模不均衡，不同的发展程度、收入水平和村级集体经济组织规模影响着不同的村级债务水平。此次调查发现，村级债务最高的达 8000 多万元，而最低的也有 30 多万元。

三是村级债务的私人性。通过调查发现，与以前村级债务为向银行贷款不同，近期出现的村级债务多是向私人借款或拖欠工程款，属于村干部私人的借款行为。由此，村干部的个人能力、资源条件决定了债务的规模。

四是村级债务的隐蔽性。经过长期调查发现，目前 XS 省的村级债务大都没有被记载在集体经济组织的账目上。因此，在近年来的集体资产清产核资工作推进中，鲜有村干部能将村里的所有债务说清，造成了债务的隐蔽性。

五是村级债务的典型性。财政支持资金往往倾向于典型村、示范村等，随着这些明星村获得的支持越来越多，其村级债务也随之越来越多，出现了“典型村不仅工作典型，村级债务也典型”的现象。

（五）债务的化解

通过实地调研和座谈访问，XS 省在化解近年来的债务方面采取了以下几个行动。

一是发展集体经济。发展壮大村级集体经济是化解村级债务的有效途径。CJ 市黄堤村的集体经济规模较为庞大，2003 年成立了集团公司，村集体经济组织拥有 77% 的股权，集团不仅拥有 4 个矿产，还有一个 5A 级景区。村集体资产总额为 21.88 亿元，每年上缴税费近 6 亿元。村集体为发展村级公益事业，产生了一些债务，但是村集体经济组织有偿还已产生债务的能力。

二是用闲置宅基地抵偿应付账款。在调研中发现，CJ 市唐屯村为道路硬化、村级环境整治欠工程建设队 32 万元的应付款项，但是村集体没有偿还债务的能力。于是村委会召开村民大会，将村里两座闲置的宅基地房子出让给工程队，以闲置宅基地偿还工程队的应付账款。

三是等待上级财政支持。通过调研发现，XS省大部分村庄都没有偿还债务的能力，只能等待上级财政的支持和帮助。在玉泉村，为了完成“村村通”“户户通”等项目的要求，村集体找镇政府借款来完成上级的行政要求，但是目前并没有偿还债务的能力，只能等待市、县级的财政拨款和支持。

二　村级债务形成原因分析

村级债务是逐年积累形成的，有多方面的原因。通过调研发现，大量债务的形成主要是：公益事业投入负债、产业结构调整拖债、基础设施建设欠债、村级集体经济发展举债、村级工作运转累债等。

一是超出村级集体经济组织的承担能力来进行公益性基础设施建设。公益性基础设施建设的资金主要依靠村集体经济组织筹集，国家财政资金、政策性补贴和扶持量较小，不能完全覆盖所有建设支出。村级组织主要是以向单位、个人借款或由项目承包人垫付工程款等形式形成债务。在XS省，村组道路修建、人畜饮水建设、电力设施维修、村容村貌整治、学校建设用地等方面的投入远远超过了村集体经济的承担能力，从而形成债务。具体来说：其一，部分行政项目要求新修道路及道路硬化但配套资金不足，拖欠了工程队款项；其二，在修建公路、学校、人畜饮水项目过程中因须限时完成任务而不计成本地投入以及占地补偿的欠款；其三，电力设施维修和村容村貌整治拖欠工资；其四，县级配套资金不到位或到位不足缺债。ZC市的“五道五治”“村村通”“户户通”等政策，迫使各个村加大对道路硬化、修路等建设的投入。在黄水村，用于公益性事业建设的287.1万元债务中，村级道路交通建设形成了236.1万元的债务，占公益性事业建设支出的82.24%。

二是村级集体经济组织缺乏对市场信息的准确把握。当前，各村集体经济组织缺乏懂经营、善管理的人才，对市场了解不充分，对市场信息把握不准确，导致盲目地向信用社、银行等金融机构和个人借款，产生了债务。在古包村，为建设当地的“古城”景点，村级组织仍欠债2678万元，现每年以欠债额10%的利息支付给借款人，且预计还需要2亿元资金的投入才能打造该旅游景点。

三是开展村委会行政工作的成本越来越高，拖欠干部工资成为常态。在调研中笔者发现，村里的收入主要有两个来源，一个是政府补助，每个村每年约5万元，另一个是集体经济经营性收入。调查结果是大部分村集体经营性收入都无法满足村委会的正常开支，在此情况下就可能产生挤占专项资金现象，从而形成债务。据黄水村统计，每年的报刊订阅费用平均约为8000元；在刘村，拖欠村干部工资额达476万元。

四是没及时处理长期债权债务。通过近年来的清产核资工作，各村都在“摸清家底”，由此发现了长期债权债务清欠不及时的问题，这主要表现在：历史债务的“利滚利”导致增加了债务量；呆坏账没有及时处理形成虚权等。

三　关于加强村级债务管控的意见和建议

面对新的村级债务问题，应充分了解债务形成的原因，具有针对性地化解债务问题。

一是高度重视村级债务问题，避免各村在形式主义、形象工程方面形成债务。界定村级集体经济组织和村委会的责任，压缩村委会非生产性支出和不必要的开支，停止非提升老百姓福利的工程项目，对于超出集体经济组织承载能力的相关工程一律不允许开工。对于高额贷款和高利息的行为，应建立一定的惩罚措施，以防止大量的新增负债。

二是加强村级资产管理的审核与把关。建设村级集体资产管理平台，做好村级资产管理工作尤其是集体资产的制度建设，规范村干部的行为。每一笔集体资产的开支，都应经过村民的同意，落实村民的参与权和监督权。完善集体资产管理监督制度，建立健全村级债务动态监控机制等。

三是建立负债责任追究管理制度。积极探索化解村级债务的有效途径，严格控制债务的增量规模，明确偿还机制和偿还责任，坚持“村债村偿”“村债必偿”的准则，落实偿还债务的第一责任人。建立债务的责任机制和惩罚机制，对因村级债务造成严重社会后果的相关人士，追究其责任等。

四是发展壮大村级集体经济。制定符合农村集体经济发展实际需要的优惠特惠政策，完善财政引导、多元投入、共同扶持集体经济发展的机制。要逐步增加政府对农村公共服务的支出，减轻农村集体经济组织的相应负担，出台集体经营性收益分配向公共服务倾斜的激励政策，健全农村集体经济组织公共服务、公益服务成本分摊机制。制定农村集体经济发展的规范性指导意见，推动农村集体经济组织管理系统、财务系统、审计系统、统计系统、监测系统、监督系统的信息化、标准化，编制典型案例集。尽快出台农村集体经济组织法，为农村集体经济发展提供法律保障。

“分离”的共同体：关于网约车司机社交媒体使用的网络民族志研究

李　沙*

一　引言

在共享经济浪潮的助推之下，网约车以迅雷不及掩耳之势颠覆了人们的日常出行方式，深刻影响着现代社会的商业模式，并由此催生出一批新的自由职业从业者——网约车司机。网约车司机是媒介化社会进程中的一种新型职业选择，职业展开基于手机应用程序、云计算、LBS技术等多重技术的融合使用，其工作高度依赖于社交媒体。网约车运营模式使司机依赖媒介提供的临时服务就业，无须受制于传统的劳动关系，相较于传统租车行业有着很大的自主性与自由度，每个人都是“原子化”的职业个体。但随着共享经济的逐渐“退场”，网约车司机的职业化程度越来越高，当网约车平台无法提供多重劳动保障时，个体在彼此分离的物理空间内工作就需要独自面临更多的风险，个体化职业需求与其社会支持之间形成了尖锐矛盾。社交媒体在作为职业工具的同时，意味着为个体提供了社会关系再造的可能，但对这个“在线”与“在路上”的特殊群体而言这一切是如何发生的？本文将从社会支持的视角探寻网约车司机如何通过社交媒体来实现共同体的建构，考察由新媒体重构的共同体为网约车司机群体提供了怎样的社会交往方式。

---

* 作者简介：李沙，西安交通大学马克思主义学院博士研究生。

二 研究方法与设计

本文对 W 市的“滴滴出行”平台的司机群体的媒介使用情况进行了考察。在 W 市现有的“滴滴出行”平台中，快车、专车、顺风车是主要的服务类型，平台依据车辆的档次进行价格细分。司机通过平台的车主招募相关流程后就正式成为车主，司机在线上的时间内平台为他们提供订单，在完成订单后，平台和司机一般以“二八分”的方式进行车费分摊。与此之外，平台还会提供一些福利，如空驶补偿、高峰期奖励、定点加油优惠等。由于司机加入“滴滴出行”平台的目的不同，逐渐分化出以驾驶网约车为主要谋生手段的“全职”司机和仅作为打发闲置时间手段的“兼职”司机。

本文的研究对象聚焦于“全职”网约车司机群体，对网约车司机的社交媒体使用进行了访谈与网络民族志观察，以问卷调查辅之，时间跨度为 2018 年 12 月至 2019 年 6 月，所观察的媒介使用类型为工作平台与生活类社交媒体。在具体的研究过程中，本研究对 11 位网约车司机进行了深度访谈（包括电话、微信语音、面谈），每次访谈时长为 40～60 分钟，对每位受访者的访谈次数超过 2 次，总时长累计超过 30 个小时。为获取深度解读文本的条件，笔者在获得允许后加入了部分访谈成员所在的 5 个微信群[①]成为“局内人”，以便获得更为真实的第一手资料，偶尔在群内参与话题互动、集体语音聊天、“水滴筹”等捐赠活动。

三 社会支持的实现介质——共同体的建立

古代思想家荀子认为“人之生也，不能无群”，即人类的社会生活总是以集群的方式出现，集群生活的建立源自个体的生产、安全、精神等需要。[②] 在微信同城群中，网约车司机围绕着每天的日常工作进行信息的分享与互惠，互动频率高、信息量大、信息类型具有高度的相似性，因而同城群是个体获得工具

---

① 其中 3 个群人数在 100 人以上；4 个为同城群（群内司机都在 W 市），1 个为非同城群（群内人员来自全国各地）。考虑到研究伦理的问题，本文中的群聊名称均使用化名。

② 邓伟志：《社会学辞典》，上海辞书出版社，2009，第 272 页。

性支持与情感性支持的关键；而非同城群则互动较少，仅作为政策性信息或与职业有关的社会新闻的获取渠道。

1. 信息共通：社交媒体成为信息互通与互惠的中介

在以往对出租车司机群体的研究中，对讲机是社交媒体出现之前他们使用最为广泛的一种联络工具，[①] 随着智能手机和移动互联网技术的不断进步，社交媒体代替了对讲机与车载电话。与对讲机通过调频集群的方式相比，微信作为一种新的场域，提供了优越的信息互通的条件：需要相互确认才能添加好友的熟人圈子、快速形成稳定的线上群体、实时的音视频在线功能、丰富的传播符号与相对封闭的信息空间等。这些都为司机群体提供了一个可以随时进行信息自由交换与共享的场域。

司机高师傅原本是一名个体老板，但近三年由于经济不景气店中生意萧条，加上雇人打理，高师傅的生活中不再有过多忙碌的生意，他便利用闲暇时间加入网约车运营。一次偶然的机会他找到了“组织”，并通过参与平台组织的线下培训结识了其他的“全职”司机。他们的原有职业各不相同，有的刚入行，有的入行时间较长，线下培训会结束后他们自发建了“活雷锋大师群”。群主秦师傅在群公告中这样写着：“……我的建群目的：第一：每天12：00～20：00禁止发视频、图片、聊天刷屏。第二：遇到危险、事故，大家积极互相帮助。第三：用车信息、资源共享……”建立群的初衷是通过彼此信息的交换，能够快速而准确地获得城市路况、紧急状况等信息，而最重要的是，通过实时的信息互换能够快速而准确地获得当地交警和运管部门的查车点信息。

2016 年 7 月，交通运输部联合公安部等七个部门公布了《关于深化改革推进出租汽车行业健康发展的指导意见》和《网络预约出租汽车经营服务管理暂行办法》，标志着我国网约车正式合法化，但由于各个地区与城市的差异性，目前包括 W 市在内的很多城市的“滴滴出行”平台仍没有为司机提供完整的证件办理服务。因此，大部分网约车运营在“灰色地带”，一经运管部门罚处，将面临 10000～30000 元的个人罚款，这对每一位司机而言，都是不小的损失。为了防止查车造成的经济损失，及时互通信息便自觉地成为群内成员一致认同的

---

① 丁未、田阡：《流动的家园：新媒介技术与农民工社会关系个案研究》，《新闻与传播研究》2009 年第 1 期。

“义务”。“活雷锋大师群”中每天都有300条以上的群聊信息，多以语音为主，每条时长多在10～15秒。在这些夹杂着各地口音的语音记录中，有当天W市某条街道的路况、某区域内的网约车订单状况、某加油站或加气站的排队状况等。群里很少有对话式的聊天，通常是每个人各说各的，一些询问信息偶尔会得到其他人的回复，大部分路况信息在短时间内很快便会被覆盖，这也成为高师傅每日获取出车信息的重要渠道之一。虽然每天群中都是大量碎片化的、分散的信息，群内成员却十分稳定，不时会有少量新的成员加入。除了路况信息，老司机们会提供一些经验性的信息给新司机，如车辆的选择和购买、车辆日常保养技巧、交通事故处理等。接受笔者采访的“全职”司机每人都加入了2～4个同城司机群，通常一个群里发布的重要信息也会以复制转发或截图转发的方式扩散到另外几个群中，信息的互惠模式在群与群之间自然地形成了。

这种信息互惠的模式在同城网约车司机群中十分普遍。城市化进程的加速与新的共享经济商业模式使网约车司机之间的关系从以往血缘、地缘的社会网络关系中脱嵌，弹性的就业时间、彼此分离的物理空间使其难以通过彼此见面的方式建立业缘关系，个体在流动的日常工作中处于孤立无援的状态。加上网约车平台与车主之间的劳动关系相对松散，平台对于司机而言仅作为订单派送的“信使”存在，用人单位已经沦为一种抽象的存在，不再是能够提供基本劳动保障的、具有确切感的组织，因此，职业组织所能提供给司机个体的归属感较低。但从司机彼此所属的工作性质来看，他们具有共同的职业需求和信息需求，从事同一行业且基本拥有相似的社会资源，微信群的自由建立替代了网约车平台的组织功能，媒介提供了个体与外界联络的能力，网约车司机在媒介化交往中基于同一职业和需求形成了一个共同体，“熟人”和“生人”的边界在共同信息的基础上变得模糊，新的媒介化业缘关系显现雏形。微信群将隔离的空间内的个体联结成群，“身份在场”替代“身体在场”摆脱了时空的限制，凡是群成员可以随时随地发布和接收信息——“只要是停下来看见，我一般都回一下，因为谁都会遇到问题，别人问你知道你不回，以后你问了也没人回了”。

基于对信息共享的认同，信息互惠成为一种自觉意识，在同一微信群的人便形成一个独立的信息共同体，共同体中的成员能够享受信息，也包含着相应的“义务”，如需要及时对其他成员的需求做出回应。微信群的社会功能由传播扩展至共同体形成的中介，信息共同体为彼此分离、流动的个体建构职业关系网、提高职业能力发挥了不可替代的中介作用。个人得到了仰赖于群体互动才能实现的信息支持，实现了在媒介空间内的信息的充分、高度、平等共享，极大地降低了个体在“原子化”工作环境中的焦虑感，满足了个体的信息和安全需要，为网约车司机群体建构了媒介化的社会互动关系。

2. 物质利益共通：作为关系的支持与保障

在同城群中存在两种最基本的与金钱相关的实际物质支持，一种是爱心筹款活动，另一种是罚金的互相补贴，本文将其称为“爱心众筹”与“罚金互助”。

爱心众筹是司机群中常见的媒介化筹款方式。2019 年 4 月 5 日，司机梁师傅通过水滴筹平台发布了为自己突患重病的父亲筹款的信息，将链接转发到三个自己常参与互动的网约车司机群聊中，很快“活雷锋大师聊天群”中便有其他几位司机帮助他再次转发了链接，使这条链接在众多语音信息中不断出现，并有人在群中呼吁大家一同帮助梁师傅：“都是群里跑车师傅，都是同事嘛!”“在这群里都是一种缘分，谁有困难大家帮。”“大家有缘走到这一个群里，一个群也是个大家庭、大集体，大家一起共事，谁有难处就说出来，大家就帮下他。”梁师傅告诉笔者在其他两个微信群中也有司机帮助他在群中筹款，很多司机在群中鼓励他坚强、祝愿他父亲早日康复，有的与梁师傅相熟的司机还帮助他在平台上进行“担保”，这让他感到非常温暖。五天后梁师傅在群中告诉大家，父亲接受了手术并正在努力恢复，在筹款达到 6000 元时梁师傅便终止了活动（原本募集目标为 60000 元，其余的通过线下筹借完成了）。对他而言，他理解每一位为他捐款的司机的辛苦，这不多的筹款令他真切体会到集体归属感带来的物质援助，有形的金钱帮助更能够满足个体的工具性需要——解决实际问题，而这样的爱心众筹在网约车司机群聊中是经常发生的。宋师傅为梁师傅的筹款捐助了 200 元，并附留言说：“孩子得病的时候也是兄弟们帮的，小小善举能拯救一家人。”虽然网约车司机群体在空间上是分散的，群内联系也是松散的弱连接，但因信息与共同利益的关系群体的专业化程度较高，群内的不同成员能够提供不同类型的社会支持，① Plickert 认为在专业化的关系中，存在“同类

① Wellman B. , Wortley S. “Different Strokes from Different Folks-Community Ties and Social Support,” *American Journal of Sociology*, (1990): 558 - 588.

互帮”（tit-for-tit）的原则，人们通常获得了一种类型的帮助，也将回报这种类型的帮助，[①] 其中媒介成为交换物质帮助的通道，为解决个体危机提供了工具性的社会支持纽带。

另一种罚金互助的模式则更能说明问题，在信息共通的交往基础上这一群体逐渐延展了其他的互助实践可能。在网约车合规化的发展道路上，司机群体们进退两难，一方面他们都通过了网约车平台对其身份、车辆的审核，与网约车平台之间的“派单—分成”模式使他们摆脱了“黑车”的身份，平台对个体的约束力小，运营的自由度高。“起码是自由了，不用每天一睁眼就欠两百多块‘份子钱’，想多赚就多跑，不想跑了也随时歇了。”司机萧师傅曾是一名出租车司机，在2017年离开出租车公司自己跑起了网约车。“比跑‘黑车’要安全得多，毕竟是合法的，但还是要小心‘钓鱼’（被罚钱）。”加入网约车平台则意味着他有了新的明确的组织和职业身份，自主支配时间转变了他的工作心态，并且避免了一系列烦琐的制度性事务。另一方面，网约车新政策在各地区的推行有差异，平台在履行职责方面则一拖再拖，很多网约车运营仍游走于“灰色地带”，存在罚款的风险。“有时候罚了钱滴滴会报销一点，本身就是他们派的单子嘛，但有时候也不给报，还得看服务分。”但在罚款后平台和司机之间相互推咎，最终仍然是司机承担损失，这令很多司机感到不安。在这种既得利益与潜在风险之间，一些司机群体便自发建立起了这种“罚金分摊”的模式：在“活雷锋大师聊天群”中，群成员在入群时需自觉向群主转账100～200元，作为对群内“互帮”观念的认同，上交的金额由群主进行保管，群主不另收取管理费。当群内有成员被罚款时，成员在群中向群主出示相关的罚款单等材料，通过群主和群管理员的核查之后，由群主按照被罚金额将“互助金”发给被罚成员。未接受过“互助”的成员也可以随时退出，群主将其所交金额返还后会将其移出群聊。“太多的话对谁都是个大负担，但是每个人分担一点，反正是能分担一些是一些，总比一个人担强得多。”高师傅告诉笔者：“这等于花100块、200块买了一份10000块的‘私人保障’。”经济利益分担与互补为这些司机群体提供了一份随时可提取的“保险金”，[②] 减轻了个体的经济压力，在信息共同

① Plickert G., Cote R. R., Wellman B. “It's not Who You Know, It's How You Know Them: Who Exchanges What With Whom?” *Social Networks*, (2007): 405－429.

② 2018年末，这种互助模式在滴滴（点滴互助）、支付宝（相互宝）等平台也相继推出，均为“大病互助”计划。

体的基础上建构了物质利益共同体。

对于自发与自觉地付诸实际支持而言，移动互联网带来的“缺场交往”必然会给司机群体带来信任危机和社会风险，尤其是在利用“身份在场”的社交媒体环境中，爱心众筹模式利用同情情感进行互惠交换（reciprocal exchange），[①]并不能确保这种给予一定能够获得回报；而罚金互助则为协商交换（negotiated exchange），群成员对共同责任的知觉更高，个人通过贡献物质资源获得群体互助的均等机会，能够获得偿付的平衡。实际物质带来的支持则更为牢靠，降低了媒介化交往带来的不确定性，采取信息和利益双重互助模式的群比其他群的成员更稳定、流动性更小。

由于平台拖延办理合规证，大部分车辆没有获得运管部门的完全准入，司机们必须时刻“躲避”运管部门的车辆查处，微信群中信息和利益互助是“一致的秘密”，身份的“不合法”造成的是一系列个体的担忧，集群则是为了“对抗”这种担忧而形成的内群体联结，因此群体是一致“排外”的。“排他性”作为一个共同体的重要特征，首先体现的是信息的排他性，如果没有共同的信息支持关系，单一的实际物质支持不能构成共同体，不能与之共享一套价值和群体规范，对群体而言是一种“风险”需要抵御。因此，利益只是共同体的一种结果，信息价值才是这一群体缔结的最直接因素，是构成网约车司机群体共同价值、规范与认同的先行条件，一旦信息链发生了断裂，利益链与其他也就不复存在。但无论是纯粹利益还是信息价值，仍无法成为维系共同体的纽带，共同体建立的根基需要从人们的情感中获得。[②]

3. 情感共通：彼此隔离的特殊业缘

在笔者加入的几个微信群中，有一个群比较特殊，群内实际人数只有 7 人，但这个仅有 7 人的“小群”平日里和其他人数众多的同城司机群一样热闹。司机高师傅加入网约车运营两年多，“我和老婆因为工作原因，现在是两地分居，以前下了班回家就一个人，也比较孤独，没有意思，出来跑跑车等于给自己找点事做”，他与群里的其他几人由于在“大群”里言谈甚欢，于是几人互相加了微信，又建了新的微信群取名“新窝”。这是他日常使用最多的微信群，他

---

① Lawler E. J, “An Affect Theory of Social Exchange,” *American Journal of Sociology*, (2001): 321 - 352.

② 张志旻，赵世奎等：《共同体的界定、内涵及其生成——共同体研究综述》，《科学学与科学技术管理》2010 年第 10 期。

与其他几位群友在群中分享着每日的路况信息、派单情况，“我们跑车的边上也没个人聊天，无聊得很，就在群里聊会天”。群中还经常语音群聊、视频通话，分享工作中或生活中有趣的小事，微信群中的交往是“新窝”群成员彼此在路上缓解职业孤独与乏味的主要情感支持方式。

网约车司机因工作空间的流动性、乘客接触的短暂性，与“外群体”通常保持着心理界限，“乘客都是各种各样的人，什么职业都有，遇上能聊的就聊一聊，大部分的人上了车就看手机也不说话”。作为服务业从业者，司机在工作中同时需要付出体力、技能与情感劳动，司机为了获得更高的服务分，个体就需要向平台的一些约束性条件妥协，提高服务质量意味着表现力与约束力并行。但由于司机与乘客间的交往是临时的，所付出的情感性劳动仅限于“表层扮演”，如提醒乘客上车系好安全带、下车带好随身物品等，对于长时间精神处于高度紧张的司机来说，情感控制所造成的压抑感难以向他者言说，向外情感的程式化、空洞化只能通过向内寻求情感支持来化解，因此“内群体”的互动则愈发重要。从群体和关系的角度来看，社交媒体中信息共享为缔结群体关系提供了基础，利益共通为群体关系提供了相对稳定的支持，为关系的进一步展开打造了信息共享通路，信息通过既存的关系网流通后，反而使原有的关系得到强化或者促成新的关系。[①] 以往对讲机在司机群体中的使用实际上早已实现了双向、非面对面的交流，但对话交往始终受限于技术和距离，社交媒体使限定在亲密范围内的双向沟通扩大化，开启了无边界的情感社会沟通方式，[②] 降低了情感交往的成本，打破了年龄、性别、职业等交往壁垒，减少了情感交往的负担。共享的情感联系（shared emotional connection）作为共同体发生的重要元素之一，[③] 相对于冰冷的信息与物质，个人对于群体的认同与依赖更多来自共同的体验与个体在集体中的价值，但恰恰是这种看似流动的、不稳定的、易逝的共同情感体验，成为网约车司机形成共同体的向心力。情感纽带使个体的信息、利益等需求得以充分满足，让分离的个体摆脱单打独斗的困境，再次找回被淹没在城市化、信息化、个体化生存之中的漂泊心灵。

以戈夫曼的观点来说，社会生活本身就是一种表演，通过扮演角色向他人

---

① 金银美：《韩国社交媒体文化 SNS 的发展与韩国社会》复旦大学出版社，2015，第 34 ~ 36 页。

② 王宁：《略论情感的社会方式——情感社会学研究笔记》《社会学研究》2000 年第 4 期。

③ Mcmillan D. W., Chavis D. M. “Sense of Community-A Definition and Theory,” *Journal of Community Psychology*, (1986): 6 – 23.

传达自我印象，在共同体的情感交往中，除了日常的工作信息分享，情感的表演性也是司机之间增进关系的一种情感支持方式。每天早晨，“新窝”群中最先出车的司机会在群里发送“开始接单了”“起床跑滴滴喽”等“开工”表情包，司机张师傅喜欢在这个群中大声地发语音督促其他人开始工作，浓厚的四川口音加上夸张的语气常常引得其他成员模仿。在这个群中，当某个司机接到了一个派送距离较远、金额较大的订单，就会将订单照片或截图发在群里作为“炫耀”，张师傅常常唱着跑调的小曲“炫耀”自己接到了满意的订单，引起其他人注意，而其他司机则用“斗图”或“说反话”的方式分享他人的乐趣。“爆单”（指在某一区域内派单量较大）是群中最常出现的聊天话题，司机之间会发送语音相互激励工作，“‘空跑’的时候多，大家一说‘爆单’就觉得有点动力了”。网约车司机的工作时间始终围绕着派单平台媒介与社交媒体，高度的媒介化工作大大压缩了司机之间在现实生活中的交往，“在当代背景下，人生终极意义的阙如，越发频繁地需要通过戏剧性的情感表达来肯定人生，并不断点燃生活的激情”。[①] 人们借助社交媒体所提供的丰富的传播符号进行情感交往与表达，带有戏剧化的表演性表达能够使个人模糊的社交身份变得清晰、鲜明而具象。成伯清认为，表演能够凝聚部落从而创建“情感共同体”，即通过情感连接呼朋引伴，借助心理认同形成群体，[②] 表演更能增强人们在互动中情感的感染力，创造一些“惊喜”或仪式来强化集体中共同的情感需求，进一步增进关系的亲密感。但情感本身是不稳定的，媒介化交往使直接经验缺乏，也可能导致情感的浅薄化，从这个层面来看，线下身体在场的交往对情感共同体的建构仍然是不可替代的。

四 结论与展望

媒介成为社会关系的中介。网约车司机因职业模式的特殊性与物理空间的受制性，其日常工作与社会交往高度嵌套于移动化和信息化的媒介框架之中，个体依赖媒介与社会相连，社交媒体提供了一种“在线”“在路上”的共同体，利用社交可达性（reachability）代替空间可达性，建立新型的社会关系网。媒

① 刘军：《社会网络分析手册上》，重庆大学出版社，2018，第163～165页。

② 成伯清：《当代情感体制的社会学探析》，《中国社会科学》2017年第5期。

介不仅能够维系和加固原有的社会关系，还能够为流动的个体提供关系的拓展，是群体缔结的有效切入点。

社交媒体是实现社会支持的重要介质。新的社会关系的建立对职业空间彼此分离的网约车司机而言，社交媒体中的信息共通作为这一共同体形成的必要非充分条件，是群体关系缔结的基础，为个体提供了信息和安全的社会支持，大大降低了职业的焦虑感。利益共通则是在信息通畅的前提下发展出的一种物质型的社会支持，降低了媒介化交往带来的不确定性，同时利益互惠减轻了个体在面临职业风险时的心理负担和经济负担，是在信息共通基础上稳固群体关系的因素。信息共通和利益共通是网约车司机区分内外群体的主要依据，共同体支撑了作为抵御对外风险的自发协同行动，情感是维系“分离”的共同体的隐形的纽带，共同的情感联系弥合了媒介化工作对情感的积压，缓解了个体在职业进程中的孤独感。

但从治理的角度而言，社交媒体的集群也会带来新的问题，一些违法运营的司机利用社交媒体进行“通风报信”，严重干扰了运管部门打击“黑车”的执法活动。随着网约车司机的职业化程度越来越高，当网约车司机取得合法化运营身份后，共同体是否能够强化合乎规范的信息与情感，主动排除或抑制与之不符的情感，这是未来研究值得关注的重点。

我国农村人居环境建设的13省份480村田野调查

张　立　何　莲*

一　调研方法

乡村振兴已经上升为国家战略，而我国幅员辽阔、乡村发展差异大，相关政策的制定和优化需要对乡村的现实情况有深刻的把握。由于我国乡村层面的统计数据和资料储备薄弱，仅仅通过文案的研究尚不足以真实、深入地反映乡村的实际建设情况。基于此，依托于国家住建部组织开展的农村人居环境系列课题之一“我国农村人口流动与安居性研究”，同济大学研究团队联合全国十所规划院校和设计院，对全国乡村开展了较为全面的田野调查，调查工作历时5个月，形成了“一个核心团队、十所地方院校、百名参与师生、千户受访样本、万份数据材料”。秉持田野调查的基本方法论，调查按照五个阶段进行：准备阶段、开始阶段、调查阶段、信息整理阶段、补充调查阶段。在整个过程中“团队面对面交流、现场实打实调查、问卷一对一填写”，获取了大量的第一手资料。

关于调研样本，本次调研力求能够反映全国的农村人居环境面貌，力求覆盖面广泛。并按照气候特征、经济发展水平、区位特征等条件，选择湖北、江苏、上海、广东、安徽、陕西、辽宁、山东、四川、云南、贵州、青海、内蒙古共计13个省份（按时间先后）作为案例研究省份，基本覆盖了我国的各个地

* 作者简介：张立，同济大学城市规划系副教授，中国城市规划学会小城镇规划学术委员会秘书长；何莲，同济大学城市规划系硕士研究生。

区类型，占全国34个省份的38.24%。在此基础上，由当地高校与省住建厅根据本省的特点挑选具体的村庄。在兼顾各类型的同时，确保其选择尽量随机。各省原则上调查不少于30个村庄，且分布在5个以上的县（市、区），样本村庄要保证代表性与广泛性。

为了反映乡村的差异性，便于后续开展更加深入的交叉分析工作，本次调查构建了基于九大属性的村庄类型矩阵表（见表1），矩阵表由村干部辅助调研组长完成。

表1　村庄类型

空间属性	宏观区位	东部	中部	西部	东北
	中观区位	城郊村（与城市地区几乎相连，与城市建成区边界的距离不大于10千米）	近郊村（与城市地区联系较为便捷，与城市建成区边界在10～20千米）	远郊村（与城市建成区边界在20～50千米）	偏远地区（与城市建成区边界在50千米以上）
地理属性	地形因素	山区村（海拔大于500米）	丘陵村（海拔200～500米，高差小于200米）	平原村（海拔低于200米）	山区平原村（海拔大于500米，但所在区域较为平坦）
经济属性	区域发达程度	发达（所在地级市或地区公署人均GDP大于60491元）	中等（所在地级市或地区公署人均GDP小于等于60491元，大于32572元）	欠发达（所在地级市或地区公署人均GDP小于等于32572元，但大于23266元）	落后（所在地级市或地区公署人均GDP小于等于23266元）
	村庄发达程度	发达（人均GDP大于12860元）	中等（人均GDP小于等于12860元，大于6924元）	欠发达（人均GDP小于等于6924元，但大于4946元）	落后（人均GDP小于等于4946元）
	农业类型	种植业	林业	畜牧业	渔业
	非农产业	工业	旅游业	物流商贸	专业服务
社会属性	主要民族	少数民族	汉族		
	历史文化	列入中国传统村落名录	省级/市级/县级历史文化名村	一般传统村落（有部分20世纪70年代以前的历史建筑遗存或景观遗存）	非传统村落（基本无物质文化价值）

关于问卷设计，核心团队结合近几年的乡村调查实践经验，编制了可量化的指标体系，并设计成可与村民直接沟通以获取信息的问卷材料。针对外出农

民工、留守村民以及村干部设计了不同的问卷内容。除了问卷设计，课题组还准备了针对省住建厅、县（市、区）和村各级的访谈提纲和村庄资料清单，并且在调查工作开始之前，由课题负责人亲自前往各省，为参与调研的师生开展培训。

此次调研的主体工作可概括为“逐级访谈、现场踏勘、入户采集”三大核心内容。对于每个省的调查，要求先与省住建厅主管部门、市县主管部门、乡镇主管部门接洽座谈，再与村长或村支书进行访谈，以形成对村庄情况的整体认识，并拍摄10张以上村庄的实景照片。访谈过程进行录音和笔记，之后按照统一的模板和框架将访谈内容进行整理，形成村庄调研报告并插入实景照片，构成一份完整的村庄调查资料。在村长访谈之后（或同步开展），课题组进行村民的入户调查（访谈+问卷）。本次调查要求所有问卷必须由调查团队成员亲自入户，通过访谈的形式填写，原则上每个村庄发放不少于20份村民问卷。

此外，在部分省挑选了一些有代表性的当地企业，调研人员进入工厂对企业经营者、人事经理及员工进行了访谈，并对农民工做了问卷调查，本研究提供了审视农村人居环境的不同视角，是对农村调研的重要补充。

二 样本概况

本次调研共涉及13个省（自治区、直辖市）、480个村庄样本、7578个农户样本、28593个农户家庭成员样本、27家企业、524份农民工样本。就结果来看，样本具有较强的广泛性与代表性。

（一）村庄样本

各省的样本村庄分布在至少4个地市（县），除上海和贵州外，样本分布均在10个乡镇以上，平均每个省份的村庄样本量约为37个，平均每个村的农户样本数约为16户（见表2）。

在村庄属性分布上，按照表1分类共计36个类型的村庄。结合全国的村庄类型特点，样本分布比例与实际的村庄类型数量较为匹配，可以基本代表各类型的村庄特点（见表3）。

表 2　调研村庄样本总量情况

单位：个

	地市数	县（区）数	镇（乡）数	村庄数	农户样本	家庭成员样本
青海省	5	11	33	41	364	1473
广东省	4	7	11	30	537	2078
辽宁省	4	4	15	58	624	2326
山东省	5	5	16	30	555	1859
贵州省	5	7	9	11	63	236
上海市	1	5	5	27	489	1562
陕西省	7	7	39	48	797	3202
江苏省	5	6	24	39	776	2846
湖北省	5	4	18	50	702	3894
云南省	5	9	16	43	544	2854
安徽省	5	5	25	28	863	1891
四川省	4	5	11	46	970	3399
内蒙古自治区	4	10	12	29	294	973
总计	59	85	234	480	7578	28593

表 3　调研村庄按属性分类的总量情况

单位：个

宏观区位	东部	中部	西部	东北		总量
	126	28	268	58		480
中观区位	城郊村	近郊村	远郊村	偏远地区		
	112	162	149	57		480
地形因素	山区村	丘陵村	平原村	山区平原村		
	121	112	183	60		476
区域发达程度	发达	中等	欠发达	落后		
	119	144	124	93		480
村庄发达程度	发达	中等	欠发达	落后		
	92	175	111	102		480
农业类型	种植业	林业	畜牧业	渔业	其他*	
	402	11	24	24	19	480

续表

非农产业	工业	物流商贸	专业服务	旅游业	其他*	
	65	24	36	57	23	205
主要民族	少数民族		汉族			
	109		371			480
历史文化	列入中国传统村落名录	省级/市级/县级历史文化名村	一般传统村落	非传统村落		
	18	12	74	376		480

注：此项是一些难以归类的情况，无法将其并入前述“36 类”，也不宜作为一个单独类别。

（二）村民样本

本次调查涉及农户 7578 户，占农村总户数的 0.754‰；涉及村民及家属 28593 人，占农村总人口的 0.861‰。根据第六次全国人口普查（以下简称“六普”）数据，全国农村人口男女性别比例基本为 51∶49，调研访谈对象中男性所占比例偏大，约为 63%，各省份略有差异（见表 4）。

表 4　调研各省地区村民样本数量以及占六普农村人口的比例

	六普农村家庭数（户）	农户数量（个）	农村总户数占比（‰）	六普农村人口数（人）	家庭成员数量（人）	农村总人口占比（‰）
青海	759514	364	4.793	3110469	1473	4.736
广东	9300548	537	0.577	35290204	2078	0.589
辽宁	5275841	624	1.183	16558360	2326	1.405
山东	15599767	555	0.356	48171992	1859	0.386
贵州	6942709	63	0.091	23011023	236	0.103
上海	1004265	489	4.869	2464098	1562	6.339
陕西	5647817	797	1.411	20268042	3202	1.580
江苏	10146877	776	0.765	31289453	2846	0.910
湖北	8349033	702	0.841	28792642	3894	1.352
云南	7642556	544	0.712	30007694	2854	0.951
安徽	10807403	863	0.799	33923351	1891	0.557
四川	15367491	970	0.631	48073100	3399	0.707
内蒙古	3623079	294	0.811	10986116	973	0.886
总计	100466900	7578	0.754	331946545	28593	0.861

和全国农村的人口年龄结构相比，调研访谈样本中50～69岁的人口所占比例较六普数据略微偏高，20岁以下的青年样本所占比例较低，这也在某种程度上反映了农村留守人口的老龄化和年轻群体的匮乏。

与六普相比，访谈对象的文化水平总体偏低，且分化程度较全国更高，这与农村的实际情况相符。由于访谈是在工作时间进行的，留守家中的农村人口大多是能力偏弱、年龄较大或劳动技能较缺乏的人口（见表5）。

全国样本中，37%的村民从事与农业有关的工作；访谈样本中，发达地区（江苏、上海、广东）从事非农工作的村民较多（见图1、表6）。

表5　访谈样本与六普数据的村民文化程度对比

单位：%

文化程度	样本	六普
小学以下	19.01	7.25
小学	22.47	38.06
初中	36.07	44.91
高中或中专	13.72	7.73
大专及以上	8.73	2.06

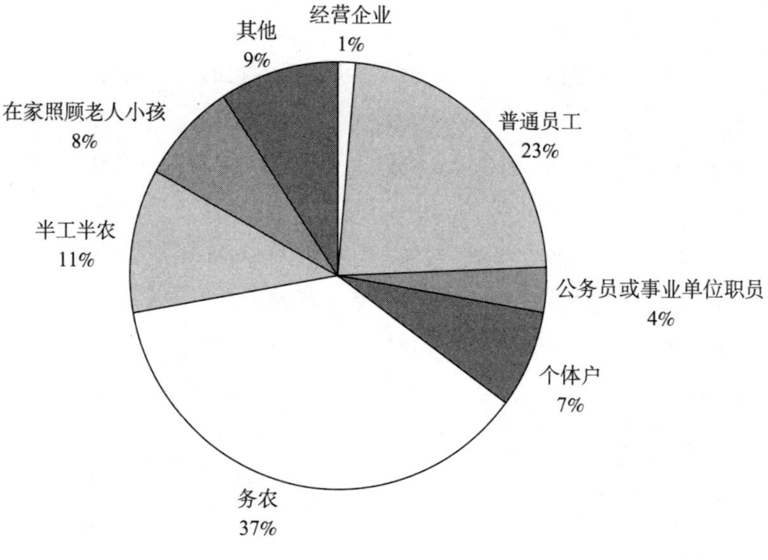

图1　全国所从事职业的比例分布

表6　各省内部调研村民样本从事职业的比例分布

单位：%

省份	企业经营者	普通员工	公务员或事业单位	个体户	务农	半工半农	在家照顾老人小孩	其他
青海省	0.8	5.5	1.7	4.0	43.4	21.0	8.2	15.5
安徽省	2.2	22.6	3.8	7.8	32.6	16.1	8.6	6.3
四川省	1.0	28.0	2.0	8.8	34.0	6.9	9.3	10.0
湖北省	1.7	22.4	2.7	9.2	34.4	10.8	7.8	11.0
内蒙古自治区	1.4	7.8	2.6	3.6	56.8	16.8	4.4	6.6
广东省	0.8	38.8	5.3	5.8	23.3	9.4	10.7	5.9
辽宁省	1.9	14.2	3.3	8.6	39.1	15.4	3.5	13.9
山东省	1.1	16.3	3.5	7.4	42.2	16.0	7.3	6.2
贵州省	0.6	13.6	11.2	16.6	17.8	20.1	6.5	13.6
上海市	0.8	40.4	5.7	6.1	17.3	3.5	17.0	9.2
陕西省	0.4	21.7	2.4	7.1	43.9	10.4	5.4	8.6
江苏省	3.4	30.4	5.5	6.9	29.5	8.5	7.4	8.5
云南省	0.3	16.2	2.5	6.4	55.8	5.6	5.2	7.9

（三）农民工样本

本次共调查企业27家，共回收524份有效的企业农民工问卷，企业类型涉及纺织、食品加工、化工、机械、电站、木业、矿产、药业和其他制造业。经统计，男女性别比例为58∶42；调查对象以中青年为主，50岁以上的员工仅占15%；64%的员工户籍在本市农村，5%的户籍在本省其他地区的农村，来自外省的务工人员占企业员工总数的31%。企业员工的文化程度较高，高中及以上文化程度的占到38%，仅有22%的员工低于初中文化水平。从企业员工的工作类型看出，77%的员工从事普通工人的工作。

相对于留守在村中的村民，企业问卷提供了研究农村问题的另一视角，虽然数量较为有限，但为研究农村安居性问题提供了重要参考。

三　农村人居环境的共性和差异性特征

农村人居环境从广义上而言，包含自然生态环境、人工建成环境和社会人文环境三个层面。人工建成环境是人居环境的主体，是狭义的“人居环境”，也是本次田野调查关注的核心内容。以下从住房建设、设施配置和环境景观三个方面总结农村人居环境建设的共性规律和差异特征。

（一）住房建设

1. 共性特征

在建设方面，集中居住在各地广泛推进，在居住条件改善的同时农村空间风貌的同质化明显（见图2）。另外，自发的农房建设存在一定的盲目性，空置浪费现象严重（见图3），农民观念仍普遍滞后。各地政府大量投入农房改造资金和进行政策支持，但受益人群、操作机制尚需因地制宜进行优化。

在发展趋势上，随着跨省迁移农民工人数的减少、中老年人口返乡态势渐涨，一定时期内的建房需求可能进一步增大；但由于年轻人的大量流出，农村社区的总体规模递减仍是大势所趋。在未来，农村人居环境建设中实际的建设规模需要合理预控。

图2　调研各地农村集中建设的“城市化”同质化的村民住宅

注：从上到下、从左到右依次为：江苏宿迁市众心村、云南甲村、陕西新柳村、广东省东莞市增埗村、山东省荣成市赵家村、菏泽市季垓村。

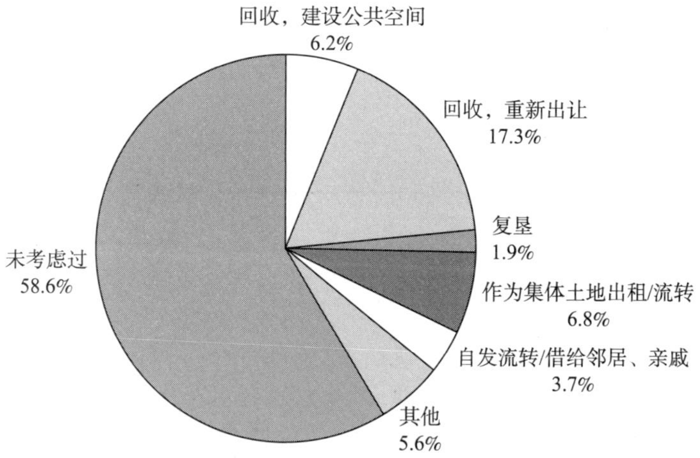

图3 调研地区农村空置住房及宅基地的利用情况

2. 差异性特征

村民对推行集中居住持不同态度，受到地形地貌条件、生产生活习惯、经济发展水平的影响，各地推行集中居住的可行性和必要性有很大差异（见图4）。住房建设水平在不同地区间呈现极大差异，表现在居住层数、房屋质量、内部设施等各方面，反映了村庄经济发展程度和村民生活水平密切相关（见表7）。

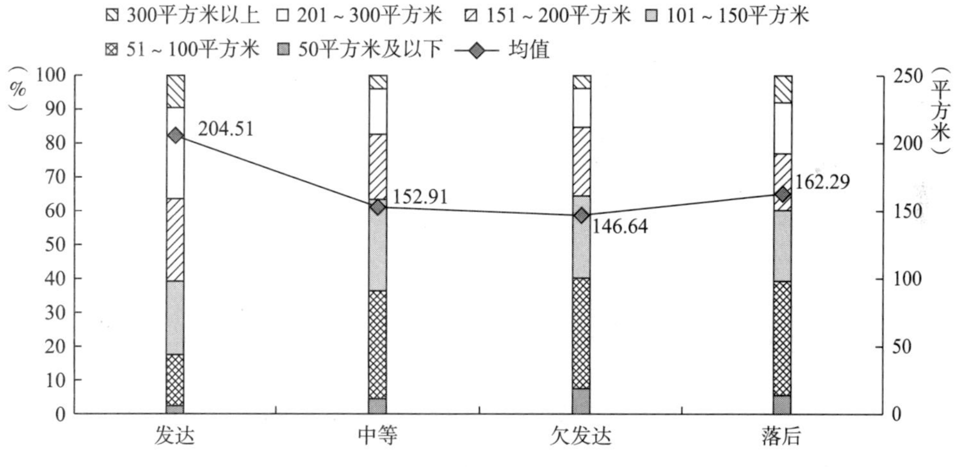

图4 不同经济发达程度村庄户均住宅建筑面积比例分布

表7 不同经济发达程度村庄住宅内部设施情况

单位：%

村庄发达程度	有空调	有网络	有水冲厕所	有洗浴	有独立厨房
发达	68.7	54.6	75.9	84.7	94.4
中等	34.3	33.1	37.9	63.9	89.1

续表

村庄发达程度	有空调	有网络	有水冲厕所	有洗浴	有独立厨房
欠发达	25.1	22.6	34.3	48.3	87.1
落后	15.4	17.0	23.4	42.4	81.5

（二）设施配置

1. 共性特征

总体而言，经过长时间的建设投入，大部分农村地区的供水、供电、通信等生活性基础设施已实现基本覆盖（见图5），建设水平不断提高。从分类来看，调查发现乡村教育资源、医疗设施被大量撤并（见表8、图6），村外就学、异地就医现象普遍，引发的社会问题有待重视。随着老龄化程度的加深和生活水平的提高，村民在养老、文体、休闲娱乐等方面的需求愈发旺盛（见图7），但设施建设和设施质量普遍滞后，长期以来没有得到应有的重视（见表9）。

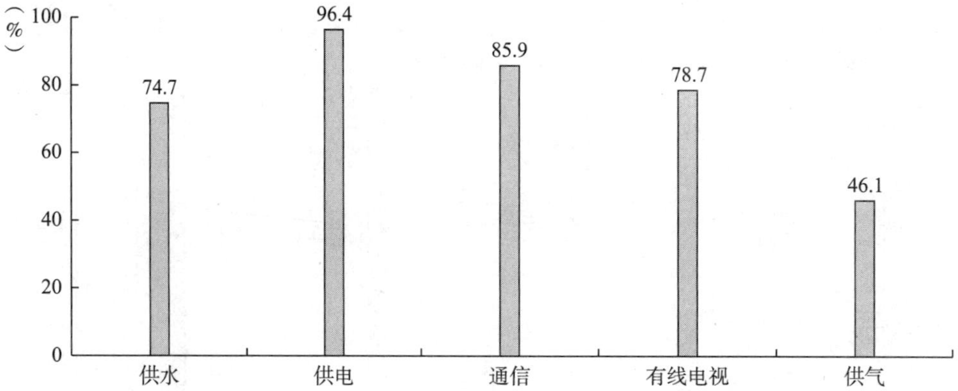

图5　调研村庄供水、供电、通信、供气等覆盖率在90%以上的农村占比

表8　不同地形各就学阶段学龄子女在本村及镇区的就学比例

单位：%

	山区村		丘陵村		平原村		山区平原村	
	本村	镇区	本村	镇区	本村	镇区	本村	镇区
幼儿园	33.9	38.7	38.6	43.1	36.8	44.4	50.9	36.8
小学	30.5	51.5	29.5	50.5	29.0	46.9	25.7	52.4

续表

幼儿园	33.9	38.7	38.6	43.1	36.8	44.4	50.9	36.8
初中	4.9	59.3	5.1	75.2	8.2	56.4	4.3	55.1
高中或技校	2.7	12.2	1.5	15.8	2.2	19.0	0	13.8
大专及以上	0	1.3	0	0	0.6	2.5	0	0

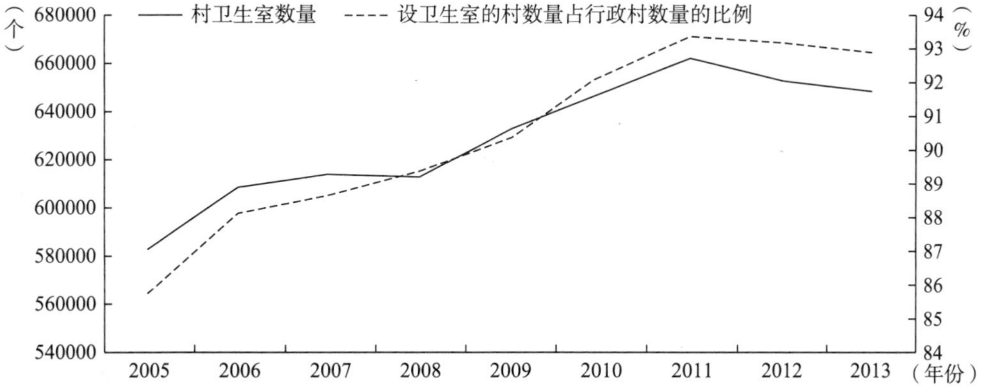

图 6　全国农村村卫生室数量及设卫生室的村数量占行政村比例

资料来源：国家统计局网站。

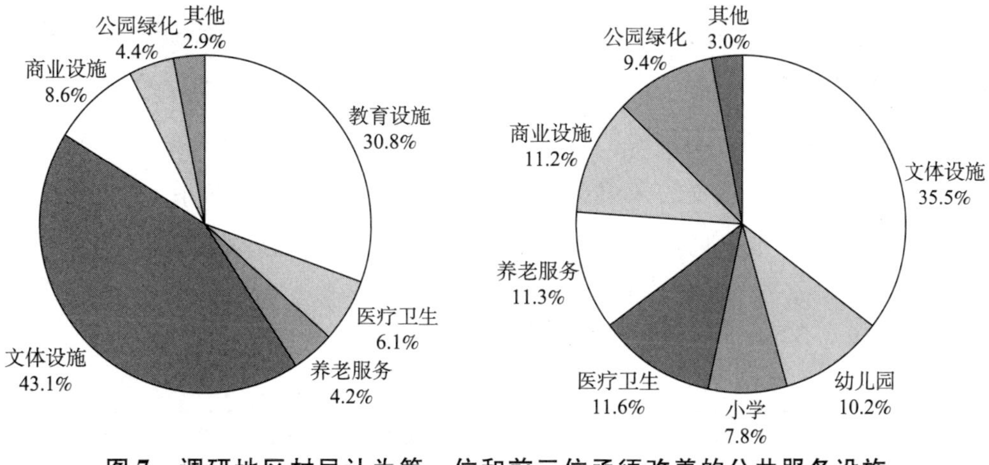

图 7　调研地区村民认为第一位和前三位亟须改善的公共服务设施

注：该项问题请访谈对象对亟须的程度进行了排序，左图是针对排序第一位的亟须设施的统计，右图是针对排序前三位的亟须设施的统计。

表 9　不同地形因素、宏观区位、村庄发达程度的村庄各类公共设施配建情况

单位：%

村庄分类		有图书馆的村庄占比	有娱乐设施的村庄占比	有老年活动室的村庄占比	有室外活动场所的村庄占比
地形因素	山区村	84.87	60.50	50.42	61.02
	丘陵村	92.66	79.46	66.67	75.23
	平原村	94.44	78.02	66.48	73.22
	山区平原村	85.19	64.15	50.94	72.22
宏观区位	东部	93.4	85.5	76.6	81.5
	中部	89.7	64.9	53.2	62.3
	西部	88.8	65.9	55.2	63.7
	东北	86.2	79.3	58.6	82.8
村庄发达程度	发达	94.4	82.2	70.0	82.4
	中等	90.2	73.0	64.5	73.6
	欠发达	87.4	69.1	55.9	60.9
	落后	87.9	66.7	52.0	64.6

2. 差异性特征

农村道路在各项基础设施中的差异性最为突出，相比平原和中部地区，西部山区道路交通条件恶劣，严重阻碍当地发展（见表10）。恶劣的交通环境是居民生活水平提高和地区发展的首要障碍。教育设施的集约化配置模式在各地接受程度不同，基层学校的大量撤并在平原地区易被接受，而在山区和经济发展落后的地区则有很大局限性（见图8）。

表 10　不同地形因素、宏观区位、村庄发达程度的村庄公交配备情况

单位：%

地形因素	有公交的村庄占比	宏观区位	有公交的村庄占比	村庄发达程度	有公交的村庄占比
山区村	50.0	东部	68.0	发达	69.2
丘陵村	46.3	中部	51.3	中等	58.5
平原村	65.6	西部	43.5	欠发达	45.0
山区平原村	47.9	东北	74.1	落后	46.5

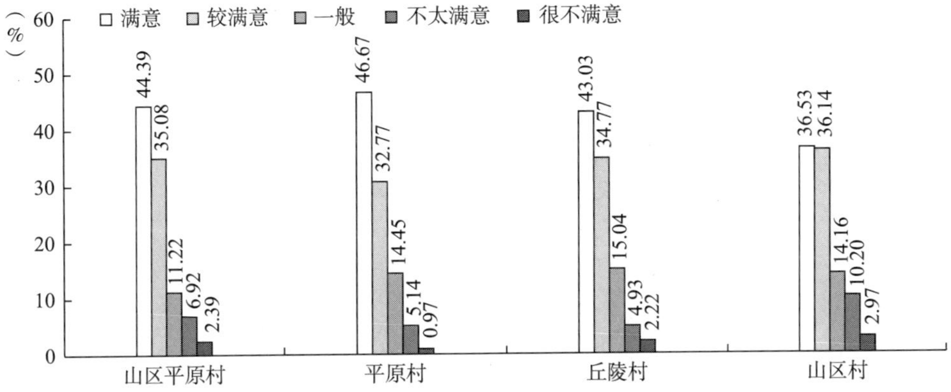

图 8　不同地形农村的学校满意度

（三）环境景观

1. 共性特征

调查发现，村庄的环境景观总体不佳，村庄的个性差异逐渐减弱。虽然受访村民普遍对家乡有着天然而深厚的依恋情感，普遍表示“关心重视”村落景观，愿意参与“美丽乡村”等农村环境建设，但对村落自然与人文景观的自发保护意识却不强。说明村民的积极程度极大地受到组织与管理的影响，需要通过政策鼓励和观念引导来进一步调动与激发（见图 9、图 10、图 11）。另外，随着生活方式的现代化与需求的提升，相应的设施和服务匮乏造成的农村环境卫生问题已普遍存在，环卫保障的供需矛盾已十分突出（见图 12）。

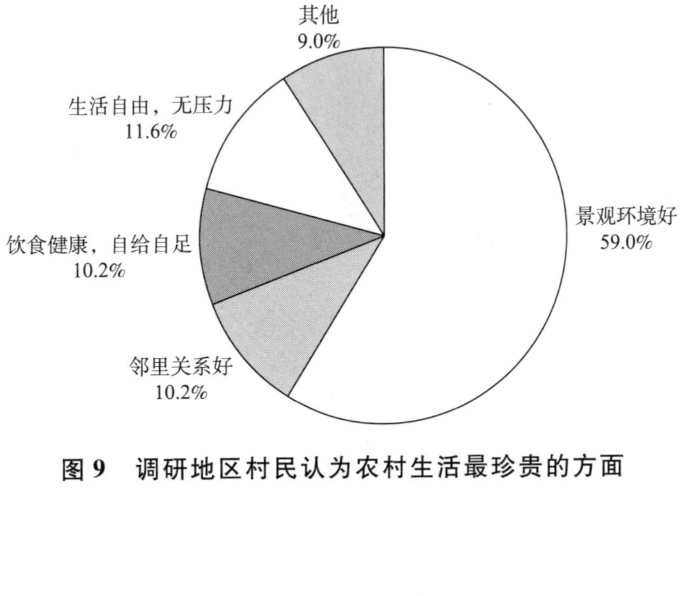

图 9　调研地区村民认为农村生活最珍贵的方面

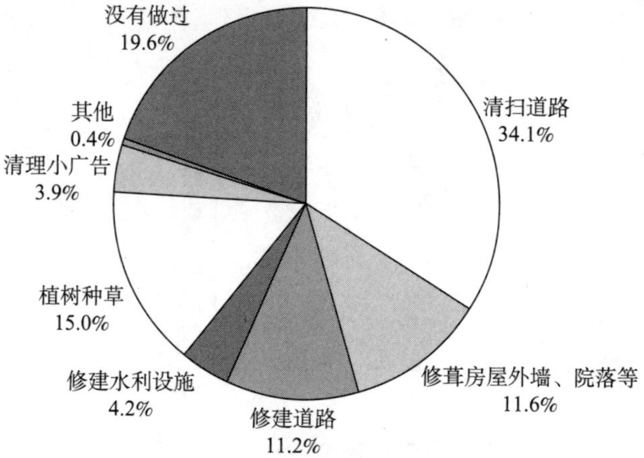

图 10　调研地区村民是否曾主动维护村落景观

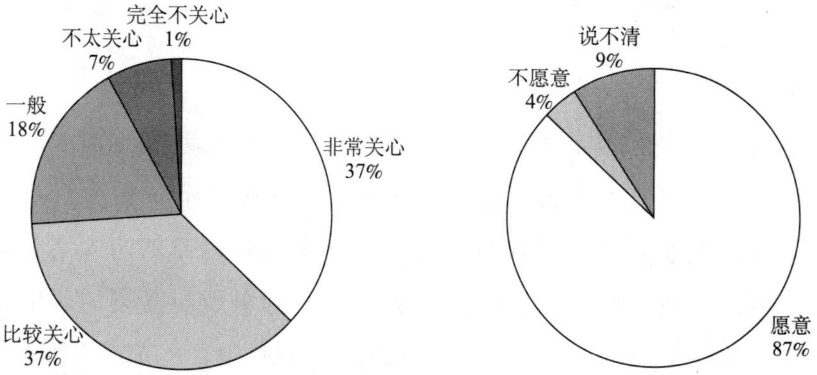

图 11　调研地区村民对村落景观环境是否关心以及是否愿意参与美丽乡村建设

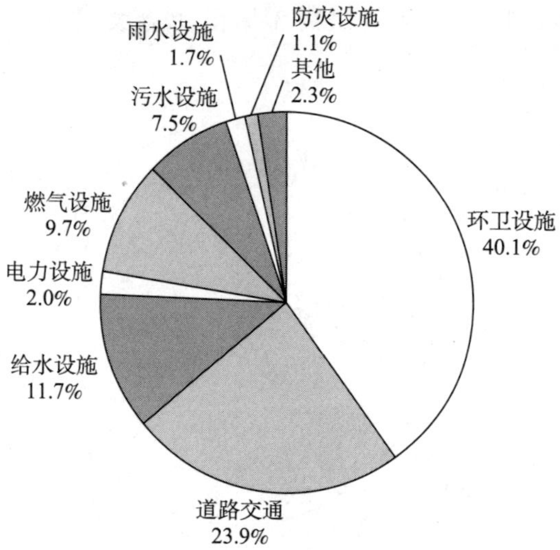

图 12　调研地区村民认为最需要加强的基础设施

2. 差异性特征

村庄产业门类对环境有显著影响，工业型乡村的各项环境指标明显较差。村庄环境水平和经济发达程度并不完全匹配，而与政府重视程度、治理防治措施更为相关（见表11、图13、图14）。

表11　分非农产业类型的村庄环境质量各等级评分下的数量及平均得分

单位：个、分

非农产业类型	空气质量评分						水环境评分						卫生环境评分					
	1	2	3	4	5	平均分	1	2	3	4	5	平均分	1	2	3	4	5	平均分
工业型	1	2	8	21	28	4.22	5	3	8	23	23	3.90	0	2	8	29	23	4.18
物流商贸型	0	1	5	7	10	4.13	1	4	5	5	8	3.65	2	2	4	7	8	3.74
专业服务型	1	0	1	21	12	4.23	0	1	4	20	10	4.11	0	0	9	21	5	3.89
旅游型	1	2	4	15	35	4.42	0	6	8	19	24	4.07	0	1	4	28	24	4.32
其他类型	0	3	11	25	61	4.44	2	4	26	32	37	3.97	2	3	23	42	31	3.96

注：由村长对村庄各方面环境质量进行优、良、中、较差、很差的评价，对应5~1分，下同。

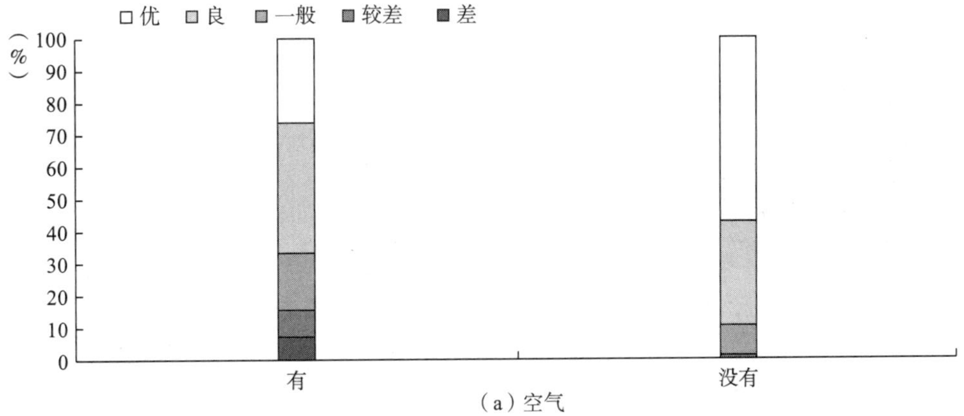

（a）空气

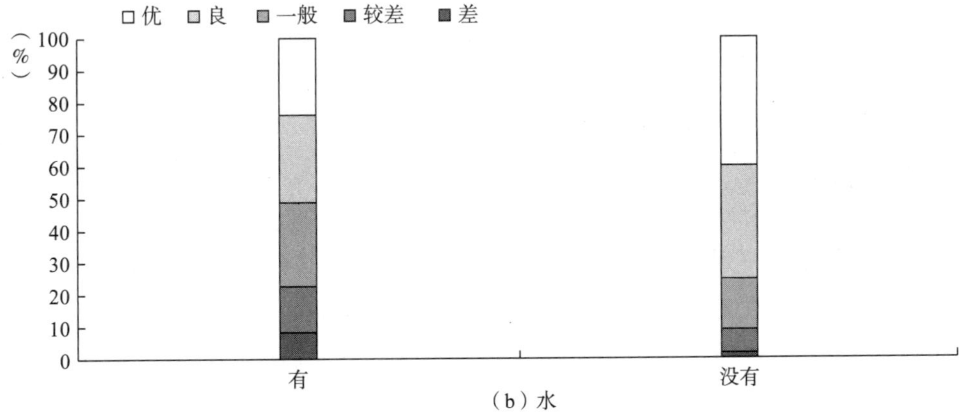

（b）水

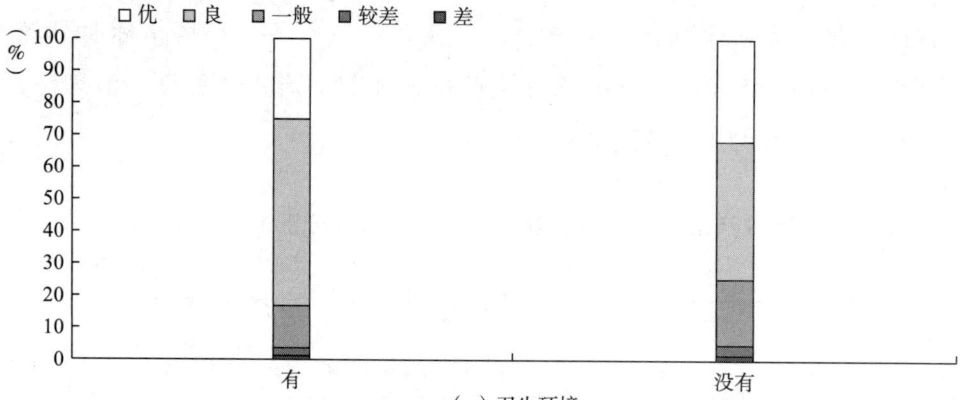

（c）卫生环境

图 13 “5 公里范围内是否有污染性工业”分类下村庄空气、水、卫生环境质量分级

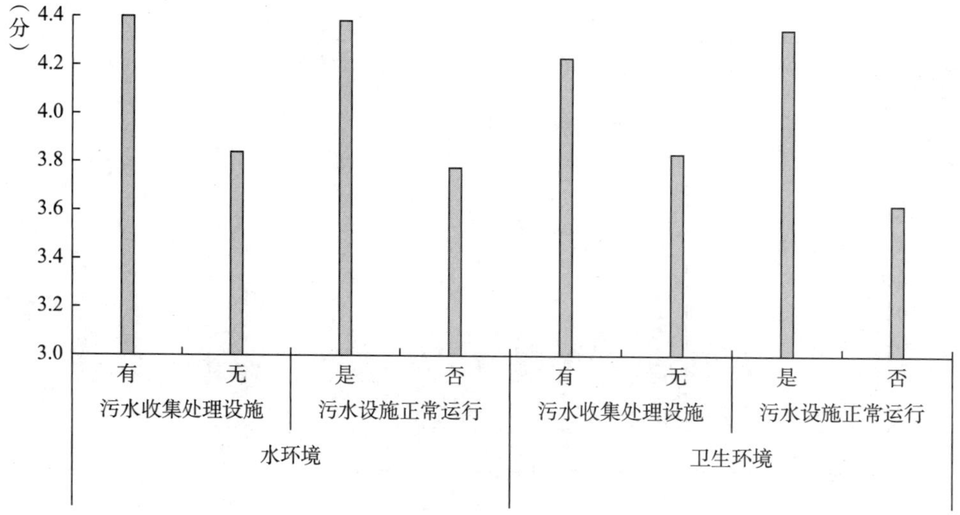

图 14 不同“污水收集处理设施有无”以及“是否正常运行”情况的村庄水环境、卫生环境评分

（四）小结

调研发现，样本村庄在住房建设、设施配置和环境景观三个维度均存在共性规律和差异。总体而言，近年来的农村建设取得了显著的成效，但仍存在大量问题和不足，具体可归结于建设供给与实际需求不相匹配的错位矛盾。当前的农村政策和实际建设在某些方面、在某种程度上脱离了村庄发展的（差异性）需求，农村人居环境亟须进一步改善。

四　农村人居环境的影响因素分析

进一步探究农村人居环境的影响因素及其作用机制，可借用“自组织—他组织”理论，从自身发展基础和外部要素带动两个方面进行解释。其中，自然环境、资源条件、社会观念等是其自组织模式下，人居环境内部层面的“内力”；而政府、资本等外部力量的干预和引导则是他组织模式下所介入的“外力”。

（一）内部影响因素

1. 生态基底形成最初分异和地域特色

在村庄形成的初期，空间结构与形态组织是人类依附并顺应自然的结果，体现在村落的选址、布局、建造等各个方面，是村庄特色与个性的来源，尤其是地形、气候、水文等自然条件对村落选址和营造产生很大影响（见图15、图16）。

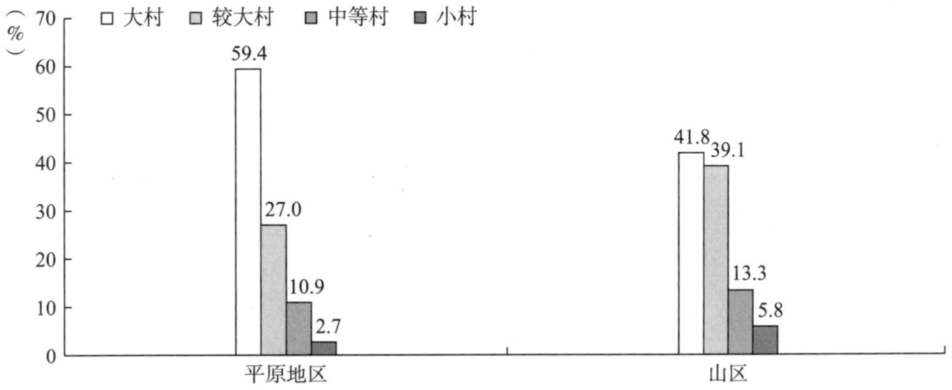

图15　山区与平原地区的村庄规模对比

注：按照“500户以上、201～500户、100～200户、100户以下”将村庄规模分为“大村、较大村、中等村、小村”。

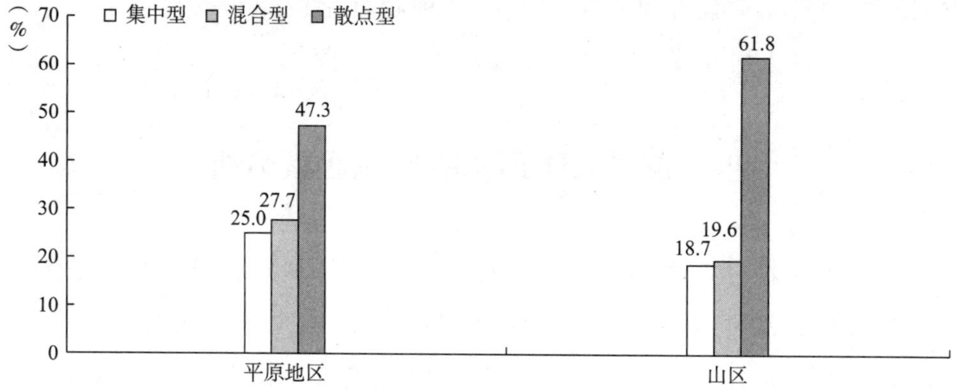

图 16　山区与平原地区的村庄居住模式对比

注：按照“只有一个居民点，最大的居民点人口规模大于等于全村的 1/2，有超过 3 个的村庄居民点且最大居民点的人口规模小于全村 1/2”将村庄居住类型分为“集中型、散点型、混合型”。

2. 传统观念深刻影响村民行为与选择

总体而言，长期的乡土生活使中国农民的思想行为具有一定的共同特征，但不同地域仍然有不同的思维方式和价值观念，发达地区与落后地区村民的思想面貌差异显著，这一差异直接影响了村民的行为决策和实际需求（见图 17）。

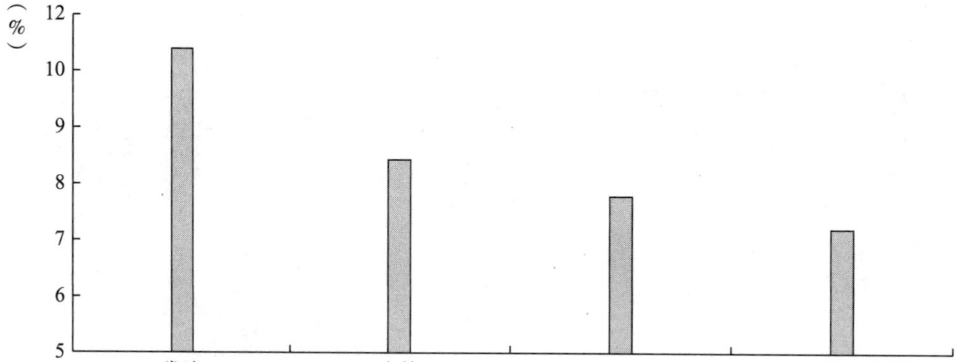

图 17　不同发达程度地区村民愿意去养老院的老人占比

3. 能人效应直接带动村庄各方面发展

作为典型的乡土社会，“村长、族长”等构成的能人阶层在当下仍然深刻影响着居民的思想和行为决策。村干部访谈数据显示，74.4% 的村干部认为村里有能人，且作用突出。然而在现实的农村治理体系中，能人的作用未能充分发挥。借鉴日本、韩国等地的先进经验，可通过一定地域内的封闭培训、加强沟通，丰富村庄能人的人际网络和社会资源，为村庄自下而上的内生发展埋设更多伏笔、谋求更多可能。

（二）外部影响因素

1. 区域产业带动农村安居性提升

就调研情况来看，有产业发展的村庄的居民职业更加多样，能留住更多的年轻人，其平均家庭年收入也远高于完全依靠务农的村庄，其中以工业和专业服务为主的村庄平均家庭年收入最高，超过6万元，有50%的家庭达到小康水平；而没有产业的村庄平均家庭年收入仅有3万多元，近70%的家庭仍然贫困（见图18、图19）。

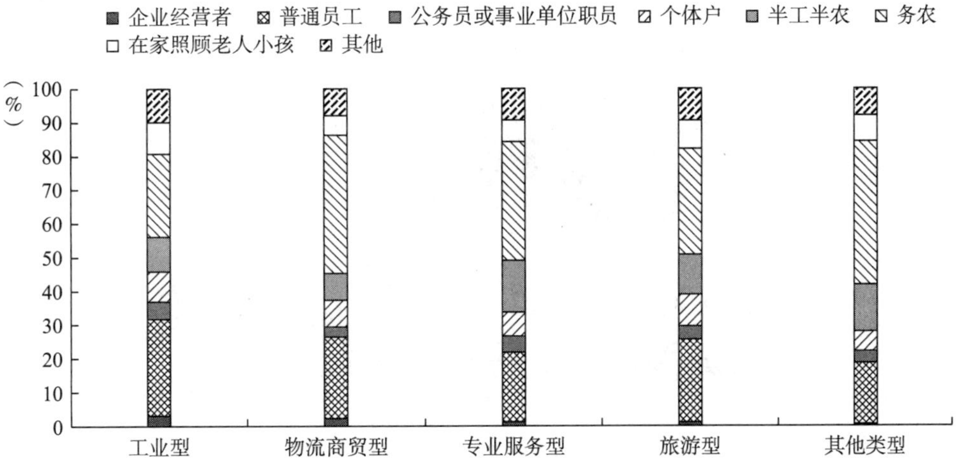

图18　不同非农产业类型的村庄村民就业类型

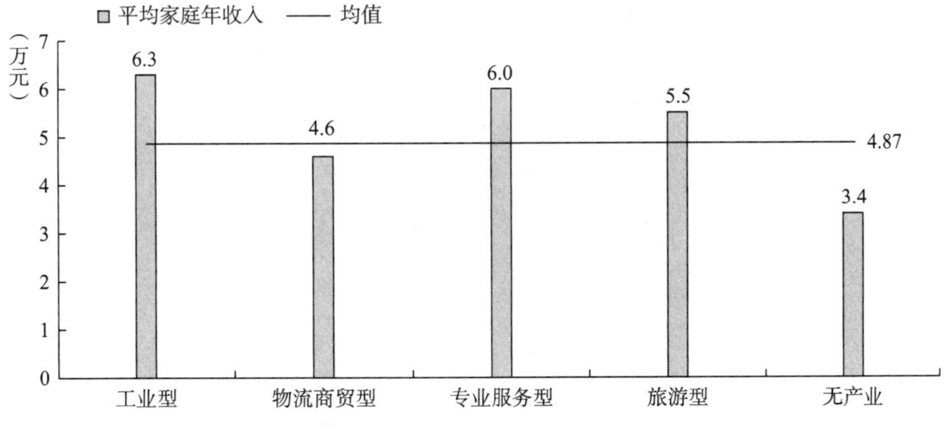

图19　不同非农产业类型的村庄平均家庭年收入

2. 完善的小城镇设施能提升村民的满意度

调查显示，小城镇设施供给的大量缺位（尤其是养老、文体、商业等方面）削弱了村民的满意度和幸福感。以教育设施为例，在农村就学的村民子女仅占21%，而小城镇则承担了45%的农村子女教育。同时，农村卫生室服务水平也十分有限，乡镇卫生院也是村民较为依赖的公共设施。而在农村普遍缺乏的娱乐、文体、商业设施方面，小城镇则扮演了更为重要的角色（见图20、图21、图22）。

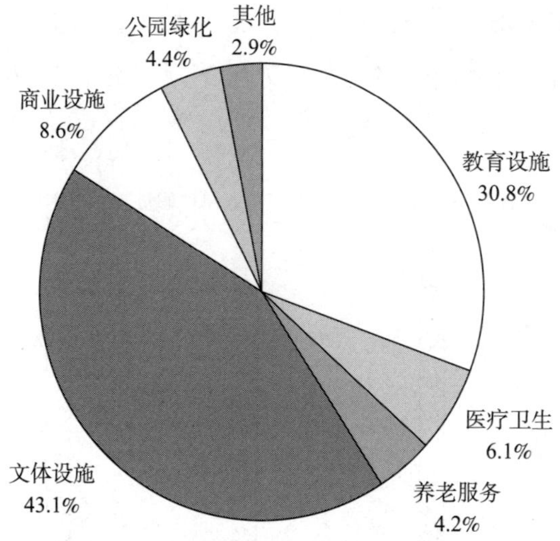

图20　村民认为镇上最需改善的公共服务设施

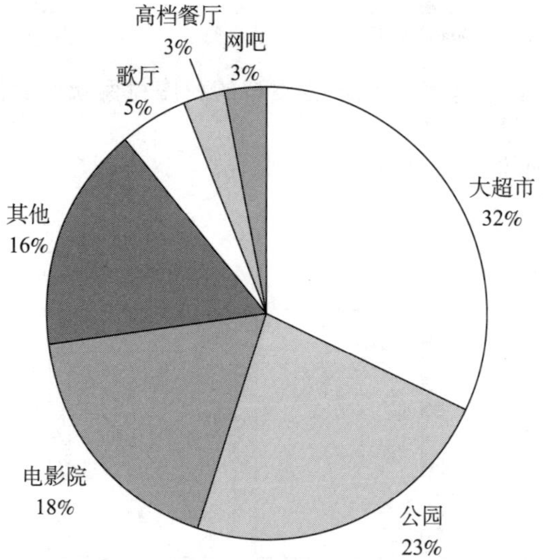

图21　村民认为镇上缺少的设施

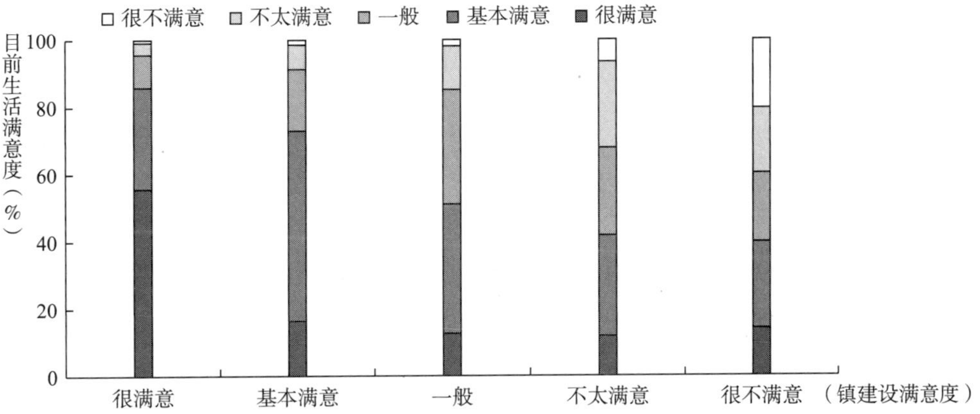

图22　镇建设满意度与对目前生活的满意度交叉分析

3. 政府推力显著影响环境品质

政府的推力可以迅速促进农村人居环境的提升，但这些地区往往按照规划的模式加以建设，虽能在短期内形成各类样板和范例，但缺乏基层自发动力，仅仅靠大量主动投入的模式难以全面推广。缺乏深度的工作模式和建设标准使得村庄特色缺失、地域面貌趋同、建筑环境异化等现象大量存在。

（三）小结

农村人居环境实际上包含农村经济社会发展的各个层面，其形成受到内外两个方面因素的影响。概括而言，内部因素贯穿村庄形成的始终，形成了最初的地域分异和村庄特色；外部因素则是村庄之外的城市以及政府自上而下的人为干预，这一力量的介入在近年来不断增强，并已成为推动农村空间演变的主导力量。

在现实发展中，农村问题的大量涌现即在于上述两方面要素未经充分互补和协调。自组织模式中内部要素的演进较为缓慢，缺乏对外部环境的迅速应对；然而他组织模式的强势干预又缺乏与其自身机制相适应的充分设计。这导致村民作为使用者的诉求和利益与政府这一决策者的目标和行动产生矛盾、错位。

在未来的农村发展中，要促进外部安排与内部系统相适应、外部推动与自身发展相结合，协同提升人居环境品质。

五　提升农村人居环境的若干建议

（一）农村人居环境建设的观念转变

理想的人居环境应是基于村民实际诉求和村庄可持续发展的价值视角，不仅要实现农村内部各要素的良性运转，还应实现其与外部环境的统筹衔接，不仅要满足村民当下的生活需求，更应当符合可持续发展的长远需要。（1）以人为本，明确政府的角色定位、重视村民的主体地位与发展诉求；（2）加大投入，更多兼顾公平，完善城镇职能、村镇联动发展；（3）差异发展，发展模式与政策制定体现针对性和灵活性（见图 23）。

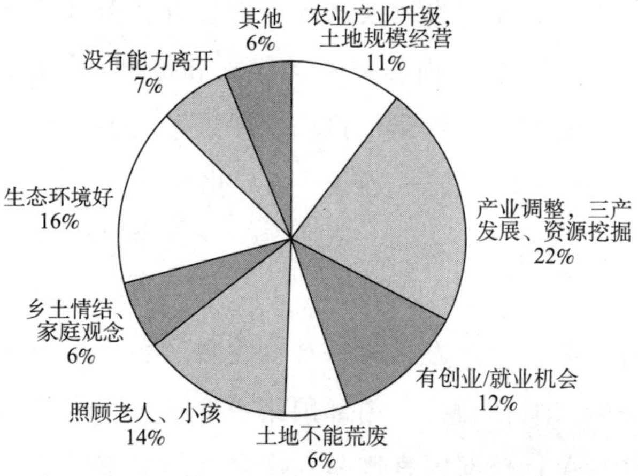

图 23　调研地区农村“留住人”的原因

（二）农村人居环境建设的实施路径

在上述理念下，具体的农村人居环境提升需要以下实施路径。（1）村庄规划，将人居环境提升作为主要内容，正视其作用和地位；（2）产业发展，挖掘内部资源，以城镇产业带动农村经济；（3）住房建设，加大投入力度，建设标准及资金使用应更加灵活；（4）基础设施，追平“历史欠债”，具体模式仍需因地制宜；（5）环境整治，保护自然生态、重视环卫治理；（6）历史保护，细化保护机制、促进新旧协调；（7）组织管理，完善政府管理机制、发挥民间组织力量；（8）大都市区农村需要重新定位、民族村落宜进一步细化分类（见图 24）。

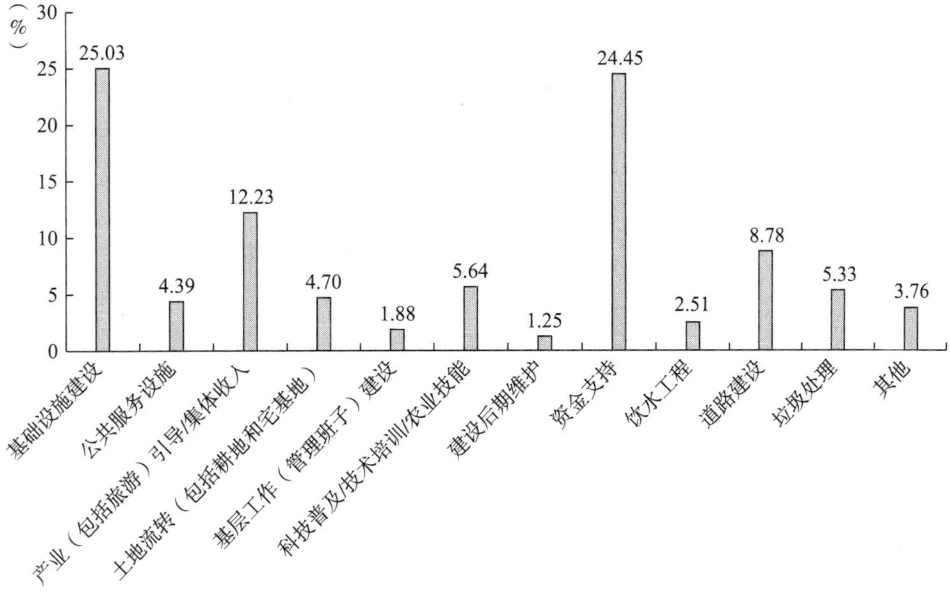

图 24　调研地村民认为最需提供的帮助

半封闭村庄的治理实践与转型*

詹国辉**

一　D村的村情简貌

D村村委会隶属于赣东北WY县JW镇，村委会常驻地为DL。D村海拔为500米，村委会下辖4个自然村，11个村民小组，有380户1430人。整个行政村的主要地貌是山地，而且是交通不畅的山地。在2008年之前，D村的主要经济收入来源于山茶油，家庭年收入每户不足4000元。

关于为何会以D村为个案来探讨半封闭村庄的治理实践，主要基于如下缘由。

其一，地理区位。D村距离WY县城较远，地处海拔800~1000米的石耳山脚下，村庄集体经济发展相对滞后，外部的城镇化影响效应相对较小，是一个典型的中部地区传统村庄。D村距离JW镇较远，乡村公路里程13.9千米，其公路于2008年底才打通，水泥硬化在2010年才完成。

其二，经济结构。D村现在抛荒的耕地面积约占总耕地面积的65%。油茶

* 本文系江苏高校哲学社会科学基金项目“乡村振兴战略下乡村社会治理质量的测度标准研究——以江苏省为例”（2018SJA0239），江苏省社科应用精品工程项目“新时代乡村治理质量测度标准研究”（18SYB-094），中央社会主义学院统一战线高端智库招标项目“新生代农民工群体的政治效能感对政治参与的影响机理与实证研究”（ZK20180315），清华大学农村研究博士论文奖学金项目“农村社会治理质量的影响效应：理论阐释与实证研究”（201711），南京市社会科学基金项目“美丽江苏视角下南京城市污染PPP治理研究”（18QC09），南京市软科学项目“乡村振兴战略下农业环境污染PPP治理研究——以南京市为例”（201809040）的阶段性成果。

** 作者简介：詹国辉，博士，南京财经大学公共管理学院讲师。

面积为6300亩，年产茶油10万斤。以2016~2017年的价格即50~60元/斤计算，茶油一年为D村经济创收500万~600万元。

其三，资源禀赋。D村的高山茶叶、红花山茶油、高山药材、石耳等资源价值得到有效挖掘，彻底改变了村民的生产生活条件。

其四，治理方式。D村在2009年被选为WY县“新乡村建设”的第一批重点建设实验村，2012年成为WY县“美丽乡村”的第一批建设村庄。自2010年被WY县纳入乡村治理改革的重点村庄名单后，其乡村治理改革已经持续了多年，治理改革机制良好，其治理质量提升效应比较明显。

二 村庄治理的基本实践

自2006年村支部书记H上任后，他依照最初村庄治理改革的要求，在行政村内设置并成立了相关的乡村社会组织（村民议事会、监事会）来保障之后乡村治理改革所需要的经费。通过对D村的调查和对以往资料的收集，其改革后的运作路径和治理逻辑见图1。其中一部分是以D村党委为领导的监事会、议事会、村委会以及由普通村民组成的多方参与的村级事务治理的参与主体；另一部分则是在多元化参与主体的共同作用下的村级项目配置过程。

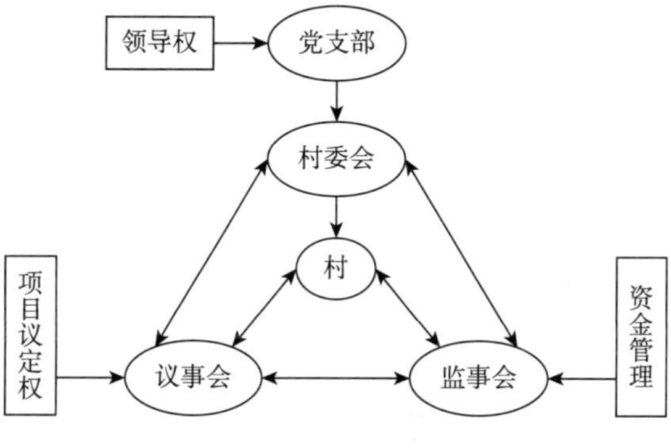

图1 村级主体及其主体权力

事实上，图1中的议事会和监事会一般来说是每隔2年组织一次换届选举，由D村党支部委员及其他村干部来宣传上述乡村组织的选举事宜，只要是年满18岁的村民就有资格参选或是选举他人。上述选举主要是在村部以及各个小组的集合地点进行，实现了小组式的分发制。各个村小组的议事会成员一般为3~10人，主要依据村小组的规模来定，选举采取无记名投票。为了不影响选举的公正性，其记录和监督人选都是现场选择的，一有选举结果及时公布。一旦选出村小组的议事会成员，就会统一进行村级议事会成员的再次选举。一般村小组议事会中的三名成员会被选入村级议事会。此外，要在村级议事会成员中选择5~7名监事会成员，最后在村支部办公地点的公示栏进行为期一周的公示，如无异议即可上岗。

2016年D村的议事会及其监事会成员的选举一共产生了35名议事员（组议事会+村议事会）。其中，村级议事会成员有17人，有18名村小组议事会成员。事实上，在上文的这部分成员名单中，涵盖了2名村民小组组长、3名中共党员以及12名普通村民。从乡村调研以及观察的结果来看，“这两个乡村组织的成立，给（使）咱们村民可以和村委会对抗”。事实上，也正是基于议事会与监事会的成立，乡村治理改革以及后续的美丽村庄治理有了乡村民众参与的组织化保障，此外，其增强了村民对村委会事务性治理和乡村财政资金的制约和限制功效。

当行政事务下达之后，村庄内部主要考察的是如何借助于资金来配置资源，从而实现乡村治理质量的提升。而“专项资金开展村建运动”的议题事实上也就在“党支部、议事会、村委会（村小组）、监事会、乡村民众”“五位一体”的主体结构中实行“五权分治”（领导权、决议权、执行权、监管权、监督权）。如图2所示，以乡村项目进村后的“六步走”工作为例，其具体做法主要包括以下几步。

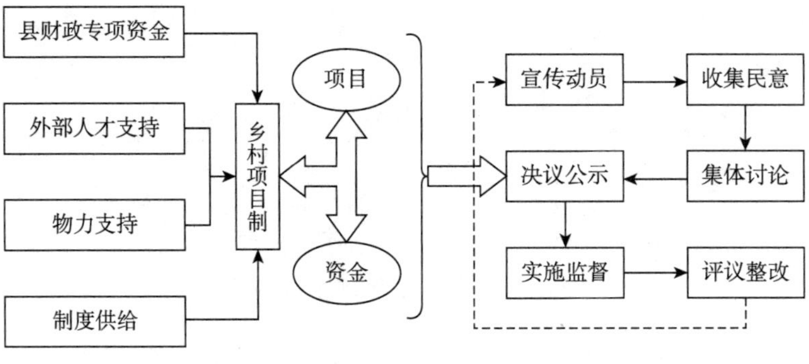

图2　乡村项目进村后的“六步走”

一是宣传动员。每年12月确定村庄治理专项资金的数额以及预算使用情况，并在村委会的公示栏进行公示一周。公示的主要内容包括今后村庄治理的村庄政策调整、专项资金的使用范围、资金的具体运作流程等。与此同时，包村到户的村干部和村小组长就相关的项目公示资料进行入户宣传，各个户主的“保证知晓率”在90%以上才会进行下一步工作。

二是收集民意。按照“一户一表”的制度执行，更为重要的是让村小组的议事员在各个户头下让户主签字勾选，以确保其参与到村庄治理项目的前期过程中。之后，将勾选后的户主意愿表提交到村级议事会，并进行统计汇总。

三是集体讨论。村小组议事会成员对收集到的户主意愿表进行有效统计，尤其是要剔除随意和不负责勾选的无效表，以此来保证入户调查的实质成效。在此基础上，全方面梳理各个村小组的村民意愿表，村小组议事会对民意结果进行归类和整理。

四是决议公示。在村小组议事会开展前期调查的前提下，村级议事会组织召开村级“三会议”——“提议会、商议会、决议会”。“提议会”具体为D村内各个村民小组的议事会基于本小组内的民意，在集中整合并提交于村级议事会审议后，等待村级议事会对此的商讨和归类结果。“商议会”则是村两委（党支部和村委会）、村级议事会主干成员、监事会成员对村小组归类后的意见进行商讨，结合其自身意见进行选择性的调适。“决议会”针对上述会议后形成的具有代表性的可操作的村民意见，议事会全体成员依托于议事会内部的无记名投票的表决机制，在村民议事会的会议现场进行统计，并将最终的决议结果进行公布。在形成决议结果之后，在场人员要在最终的议事会决议意见上签字，以此来确保与会人员的在场知情和决议的群众性。与此同时，还要完善决议结果的乡土解释性工作。

五是实施监督。村庄治理项目具体包含了“项目发包、抓包、执行以及后期监督”等流程。有一点需要明确的是外部社会资本融资的项目必须向县、乡两级基层政府的相关职能部门报送审批，而对于村庄治理项目的发包则需要前期的发包方式与流程的确定。在此流程中，各个利益相关主体要肩负其主体责任。因此，村两委主要是对村庄治理项目的实施过程负有执行和管理职责；监事会主要与村两委共同管理项目的财务资金；议事会成员（无论是村级还是村小组的议事会都可承担此职责）和村庄群众代表都需要肩负项目的事前、事中、事后的监督责任。

六是评议整改。在项目计划落地前，要积极、全面地落实项目发包时的要求，此中涉及的村庄治理项目资金，主要囊括了乡村公共品供给、精准扶贫、日常性的社会治理事务、美丽乡村生态污染治理、乡村农贸合作社（茶籽油、黄菊、冷水塘鱼）的建构等村庄治理内容。上述村庄治理项目的验收，需要村两委议事会、监事会以及村民的多方参与。另外，涉及项目验收的专业性考察还需要依托于村委会的向上反映，以通过专业职能部门来完成专业技术性验收工作。其中，验收工作的重点内容是对村庄内部的乡村民众居民满意度的调查，针对低于85分的项目，需要对其缺陷进行“限期整改”，等待乡村项目整改建设结束后再对其组织进行项目验收。在每年的12月中下旬，由村两委联合村级议事会以及监事会召开全村代表大会，具体会议内容是汇报本年度的资金使用情况，实现村委会财务公开化。

三　村庄治理的改革内容

（一）夯实经济社会保障维度

一是制度与政策保障。在对D村的治理改革进程的实地调查中发现，在“1+5”村庄治理的制度化政策体系的前提下，D村架构出“五权分治”的模式，强化多元化主体的共同参与逻辑，而这为村庄治理与后续的乡村治理质量的提升提供了赣东北的独特性经验。“五权分治”模式基于村小组、村级议事会和监事会，而D村在其辖属自然村庄的内源式积淀的基础上发展出特有的乡村治理工作机制即“四制”：工作例会制、成员管理积分制、决议公示制、监督验收制（见图3）。正文对D村的现象性描述在一定程度上表征出D村不仅依照基层自治的逻辑原则自主设计和架构了项目进村后“六步走”的治理逻辑，与此同时结合了D村的内源式特征创新提出了“四制”的工作机制，其对于提升D村的乡村治理质量具有显著效应。

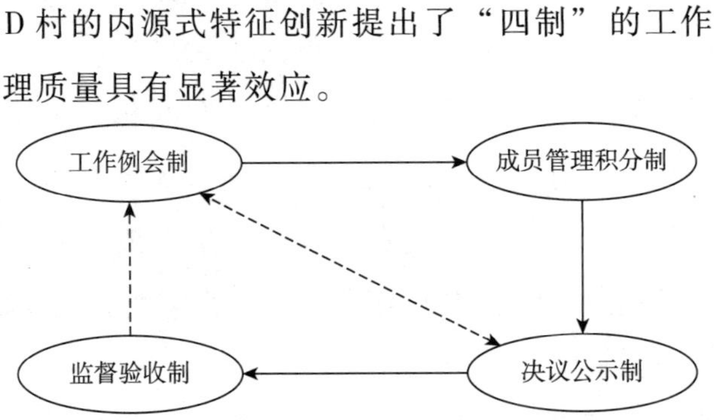

图3　D村治理的“四制”

二是财力保障。财力保障是社会经济保障的重要基石，也是提高社会质量和乡村治理质量的重要现实抓手。笔者对D村的调查发现，近几年来乡村治理改革所获取的专项资金数额呈现逐年递增的趋势（见图4）。投入的专项资金主要用于D村的基础设施建设、各类社会保障性事务（文体活动、卫生整治、农业生产活动、教育宣传、扶贫慰问、生态环保）。

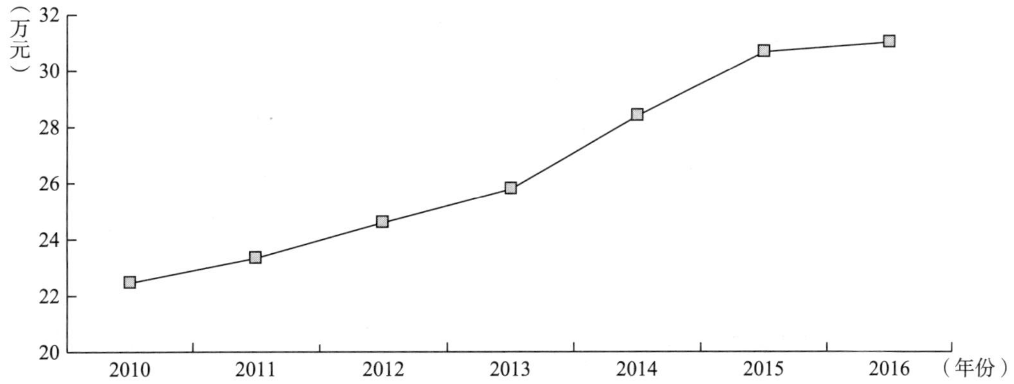

图4　2010～2016年村级改革所获得的专项资金数额

通过表1和图4，可以发现D村在治理过程中各项经费支出情况呈现如下的特征。

一是随着乡村治理建设项目和扶贫项目的大量进驻，D村接受的项目资金数额逐年递增，以项目为依托的村庄治理事项也呈现多样化之图景（见表2）。乡村治理与社会建设借助于外部项目资金与资源而逐渐盘活，治理的成果惠及面更广，形式与内容更为丰富，极大匹配和满足了乡村民众之需，凸显了乡村治理与乡村社会建设为乡民提供社会支持的题中之意。

表1　D村历年改革专项资金使用占比

单位：%

	2010年	2011年	2012年	2013年	2014年	2015年	2016年
设施建设	57	50	48	52	46	44	45
文体活动	8	11	8	6	7	6	7
卫生整治	13	8	7	10	8	8	8
农业生产活动	4	5	8	8	8	9	10
教育宣传	3	3	2	3	3	3	2
扶贫慰问	10	15	15	11	15	18	17

续表

	2010 年	2011 年	2012 年	2013 年	2014 年	2015 年	2016 年
环保	2	5	8	5	7	10	8
其他运作	3	3	4	5	6	2	3

表 2　D 村治理事务

项目方面	事务性工作内容
设施建设	在具体的 DL、XL、HXZ 等自然村修建和硬化了 8.1 千米的村庄道路，在 DL 村修建农用大渠 9.2 千米，平整 DL、XL、HXZ、HJS 等村庄的日常休闲广场，安装路灯、维修村委办公室等
文体活动	成立了南方拳队、disco 舞队、傩舞*队等，同时在传统节日（端午节、中秋节、春节）以及建党节和国庆节组织文体活动；此外，选购一定量的文娱设备、服装和道具
卫生、污染整治	购买村庄道路上的垃圾桶，同时实现分类管理；在各个自然村组选取若干人等清运日常生活垃圾；在各个自然村内建立垃圾处理池；定期清理村内各条小溪流、河沟和毛渠的农业污染等
教育宣传	定期、定档、定点地进行教育宣传活动，其活动内容主要涵盖以下部分：日常性卫生防疫和健康指南、妇女健康病科普、法治安全教育、儿童安全教育、“三高”人群的动态监测、精神病患者的监测
扶贫慰问	扶贫对象为由扶贫工作队识别的贫困户，除此之外的扶贫对象，主要是靠 D 村内部预算资金的预留部分作为本年度的“帮扶”专项金，以便村两委能够走访困难群众；另外，有一部分群众直接找村支书和村委会寻求帮助时，书记 H 选择以自掏腰包的形式来解决
社会治安	每个自然村庄自我推荐或由村民小组组长轮流值班，开展本村庄的夜间社会治安的巡逻工作，其治安巡逻工资以每人每月 100 元的劳务补贴形式来发放

注：*傩舞、傩戏是当地特有的传统文化习俗，被列入国家级非物质文化遗产名录。

二是从 D 村自 2010 年开始的历年治理改革专项资金的用途情况来看，其应用于乡村公共服务建设尤其是对乡村公共基础设施的投入尽管有逐年收缩趋势，但仍占据主导性地位。尽管 D 村内的乡村公共基础设施建设在一定程度上获得了额外的补充性供给，乡村内部的公共资源仍长期处于“欠缺”之态势，D 村内的基础设施建设客观呈现了弱势区位的现实处境。

（二）提升村庄社会凝聚力

其一，乡村社会网络的拓宽与扩展。乡村社会关系网的拓展主要涵盖了如下几类：一是正式的乡村自治组织，由乡镇基层政府领导并承担相应责任，因乡村项目及其资源分配而成立的乡村社会组织，诸如议事会、监事会等；二是乡村民众因共同目的或兴趣自发成立的组织，如傩舞队、文娱项目组、生态环保监察队、社会治安队、文明监督员等。

其二，乡村社会信任的广泛提升。以D村治理改革实践为例，其乡村社会信任的重塑得益于以下路径。一是以WY县政府的政策体系为治理改革的操作指南，同时基于JW镇以及D村的实践方案，对其治理改革规划方案进行细化、分解，进而形成可行的D村治理改革方案。二是改革乡村经济发展的惠农金融和银行储蓄政策，D村与WY县农商银行合作，共同打造了专属D村的经济政策，鼓励D村有志之士存贷款为村庄发展做贡献；此外，将银行业务开发嵌入甚至是融入乡村社会治理业务，实现市场化改革路径；同时，以合同外包、政府购买等形式招投标乡村基础设施建设项目，最终促成乡村经济发展与外部市场的耦合。

（三）扩宽再就业渠道

DL村自2010年之后借助于新媒体工具（QQ、微信、微博等）来提升自我以及获取村民朋友的外出务工机会和信息，最终提升了劳动权的外显效应。用村民XZL的话来说：“我们都是到处打听外边的亲戚，哪有活路就去哪。”此外，还专门成立了DL自然村“帮帮群”，便于在群内发布劳工信息（主要集中在腊月和正月），同时实现村民相互提携，信息互通有无。

（四）村庄自组织

在DL行政村内的D、X、H 3个自然村各自办了“村庄和谐促进会”，依托于走出去的村庄精英（致仕或外出考学、高校任教或在外经商）能够“回归村里，造福村里”。DL村社会民众通过参选村级议事会、理事会以及村小组议事会等成员的方式，同时借助于年终“村民大会”以及年中的“村民代表大会”等渠道来实现对DL村的自治事务的参与。村民作为稻田水产养殖合作社、茶籽油种植与生产合作社的社员，亦可参与到自治过程中，为本合作社争取应有之权益。根据 WY 县农委和民政局等农村青年职业农民培训试点工作意见，从 2017 年底到 2018 年 6 月，在 JW 镇特色小镇的总体部署下，依托于 WY 县关工委同农业局、水产渔政局、农广技校对精英农民进行试点项目培训。在 JW 镇“特色小镇”的建设过程中，DL 行政村基于资源禀赋试点选择“茶籽油种植”“稻田水产”两项业务进行了分班培训。DL 行政村共培训职业农民 31 人，其中稻田水产养殖培训 11 人，茶籽油种植栽培管理培训 20 人。

新型城市化的时空社会学分析

——以“佃种异乡”现象为例

吴海琳　陆兵哲*

一　研究问题与视角

在城市化[①]的快速发展中，中国近年来出现一种新的人口迁移现象：一些农民从农村流出后，并未如“农民工”一样进入城市务工，而是自发来到城市周边郊区租赁当地闲置土地务农，并将农产品直接卖向当地城市的巨大农产品市场来赚钱谋生。我们将这一新的社会现象称为“佃种异乡”，称这一群体为“流动自耕农”。相关数据表明该群体数量在2013年时便已达300万人。[②] 那么，应如何理解这一现象？他们对中国的城市化意味着什么？

本文认为，时空社会学有助于深刻地理解“佃种异乡”及其对中国城市化的意义。时空社会学聚焦于时间和空间的社会意义，分析社会系统的时空结构及社会变迁中的时空转换。时间和空间不仅是社会行动的外在容器或真空背景，也不仅是所有经验事实的存在形式，还是人们认识各种实际存在的具体事实的感性形式。[③] 时空本身即“社会事实”的一部分，成为社会系统中具有建构作

---

* 作者简介：吴海琳，吉林大学哲学社会学院副教授；陆兵哲，北京大学社会学系硕士研究生。

① 为行文方便，本文无意区分“城市化”与“城镇化”的细微差别，均使用“城市化”指 urbanization 的汉译概念。

② 陈利昌、孔晓雯、侯嘉钰、文鸿娣、林煜、郑培杰：《广州城郊“农民农”的消费结构与对策分析》，《农业经济》2017 年第 10 期。

③ 刘少杰：《中国网络社会的集体表象与空间区隔》，《江苏行政学院学报》2018 年第 1 期。

用的内部变量。[①] 城市化作为一个过程性概念，其实质即可视为在城市与农村之间展开的一场社会时空变革。在中国近期的“人口城市化”[②] 阶段，人的能动性越来越多地体现在其对城乡社会时空的重新整合与塑造方面。流动自耕农通过“佃种异乡”突破城乡时空阻隔，在具体时空条件的重新整合过程中，演绎着大城市郊区时空全新的社会生产过程。田野调查发现，流动自耕农的“佃种异乡”有其独特的社会时空意义，为以人为核心的中国新型城市化[③]增添了新的时空变迁内涵。因此，对这一现象的时空社会学分析，有助于我们从社会时空变革的角度反思中国城市化的最新进程，尤其有助于理解“人口城市化”所特有的社会时空意涵。

二 “佃种异乡”：城乡社会时空的全新整合方式

在2016年夏季和2017年冬季，笔者于石家庄市郊区的流动自耕农生产生活聚集区展开田野调查。调研组采用参与观察的方法，在与研究对象的共同生产生活中展开研究，辅之以个案深度访谈、焦点小组访谈等方法，同时走访当地基层管理部门，收集到较为充分的研究资料。实证调研发现，“佃种异乡”蕴含的社会时空变迁表现在以下三个方面。

1. 城市化的“身体化”：社会时间的商品化和时序化

社会时间作为参与人们实践的生产性、建构性的内部变量，嵌入人们生活并影响人们的行动。在流动自耕农由“老家务农”到“佃种异乡”的时空转换中，社会时间的再造主要包括时间的商品化和时间的时序化两方面。

在时间的商品化中，社会时间作为一种资源而存在。在这一情境下，“时间是流通货币：时间不是被度过，而是被花费”。[④] 流动自耕农从原生农村迁出

① 景天魁、何健等：《时空社会学：理论和方法》，北京师范大学出版社，2012，第8页。

② “人口城市化”可理解为以解决“人”的问题为核心的城市化。具体而言，在东部地区，是如何解决流动人口市民化的问题；在中西部地区，则是如何解决农民就地、就近城市化的问题。参见周飞舟、吴柳财、左雯敏等《从工业城镇化、土地城镇化到人口城镇化：中国特色城镇化道路的社会学考察》，《社会发展研究》2018年第1期。

③ 李强、王昊：《什么是人的城镇化?》，《南京农业大学学报》（社会科学版）2017年第2期。

④ Ida Sabelis, *Hidden Causes for Unknown Losses*: *Time Compression in Management*, edited by Richard Whipp, Barbara Adam, Ida Sabelis, Making Time: Time and Management in Modern Organizations, Oxford: Oxford University Press, 2002, p. 102.

后，不再以原初的自给性生产为主，而是直接针对所在城市的农产品市场进行生产，农业生产的市场化程度得到根本性的提高。这提高了对生产效率的要求，促使他们探索一种新的生产生活时间结构，力争避免任何的“浪费时间”行动。调研发现的一个普遍现象是，他们通常种植比粮食作物重茬率更高、生长周期更短的蔬菜作物，尽管种植蔬菜耗费更多的时间成本，导致流动自耕农每天的时间安排要比在原生农村紧凑得多，但更多的时间投入已被视为提高产出的资源。不仅如此，当被问到何时回家过年时，一位来自邯郸的流动自耕农这样回答：

> 过年回不去！过年这一阵儿前边育苗的大棚里还有那菜苗呢，白菜苗、黄瓜苗、西红柿苗，还得每天管，掀开晒太阳，离不开人。等长大了，过了年往地里栽，一开春就能卖出菜去。就为了早点儿上菜能卖个高价，要不你等暖和了都往地里撒籽儿了，那就卖不出去了。（石 GQ，47 岁，佃种异乡 5 年，访谈资料 XY17122107）

可见，为了能在初春时利用供给时间差卖个好价钱，流动自耕农即使春节也不返乡，而在每年入冬时在育苗室播下大量种子，通过控制生产条件使其提前长成秧苗，在冬末将秧苗直接转栽至温室大棚中，以求更快收获农产品。所以“佃种异乡”已经摆脱了传统农业在生产时间上的粗放性，流动自耕农从原生农村迁出后，通过改变自身原本的社会时间结构（包括作物的生长时间结构），达到对时间资源的最大化利用。更重要的是，在商品化时间的“规训”下，流动自耕农不断探索先进的种植技术和经营方式，已经迈向一种以集约化、高度市场化为特点的“小而精”的小规模家庭“新农业”,[①] 并逐步习得对社会时间的重构技能。

在时间的时序化中，社会时间作为一种节律存在。因此社会时间有不同的节点和节奏，带来不同的时间体验并被赋予不同的社会意义，突出表现为时间的时序化（chronologization）。[②] 流动自耕农“佃种异乡”的劳作时间安排不再以迁出前农业生产中的吻合自然时间为主，而以吻合城市工业社会的标准时间

① 黄宗智：《“家庭农场”是中国农业的发展出路吗?》,《开放时代》2014 年第 2 期。

② 郑作彧：《时间形式的时候化：社会时间形式的改变及其当代现状》,《学习与探索》2018 年第 1 期。

结构为目标。他们每天在凌晨4点左右开始收获新鲜蔬菜，送往市区的菜市场中，以迎合市民在菜市场早市的购买习惯。并且“佃种异乡”的农业生产已摆脱“春播夏长，秋收冬藏”自然时间结构约束，而是通过温室大棚等技术，保持农作物在秋冬季节的生长，以满足市场需求。可见在向时序化时间结构的靠拢过程中，“佃种异乡”成为一种社会性更强的农业生产形式：不仅是传统农业中人和田地的主体与客体之间的互动，更是以农民和市民的主体之间的协调为主。在“佃种异乡”的过程中，流动自耕农通过谋求自身与城市劳动时间的同步性、谋求融入城市生活时间的结构框架来参与整个城市的分工体系。所以他们不仅在空间迁移上尽可能贴近城市，也在更深刻的生产生活时间结构层面向城市靠拢。城市化的时间结构通过对日常生产生活时间的重组实现对身体内部时间结构的规训和再组织，身心内部时间结构的调整与变迁成为人口城市化过程的内在组成部分。

2. “移植乡土性”：脱离自然地点的空间再生产

流动自耕农从偏远农村迁移到城市周边，所经历的空间变迁不仅是自然地理位置的变化，他们所处的社会空间结构的变迁对其更加重要。在“佃种异乡”的过程中，流动自耕农通过“移植乡土性”的方式，实现了脱嵌于地点（place）的空间（space）再生产。①

调研发现，聚居于某个特定城市郊区的流动自耕农通常是来自同一个县区（如邯郸广平、邯郸肥乡）甚至是同一个农村的老乡。这意味着他们即使脱离了原有的自然空间，也能够通过复制家乡的支持网络，在异地保持基本适应的社会空间结构。一位来自邯郸广平的流动自耕农陈XH说道：

> 我们不是自己一家出来的，（老家）村里有来这儿种菜的，我们才跟着出来一块儿种。过来后住得近了，忙了下地、锄地都在一块儿，没事儿了串个门，谁家有事儿就搭把手。一说起来都是老乡，那你看吧，都觉得近乎乎的，跟在村里一样呗。（陈XH，46岁，佃种异乡22年，访谈资料DY18012504）

---

① 吉登斯曾严格区分“空间”（space）、“地点”（place）和“场所”（locale）等概念。参见Anthony Giddens, *The Consequences of Modernity*, Cambridge: Polity Press, 1990, pp. 17－21。

流动自耕农通过“关系网络型流动”[①] 在一个新的际遇空间中再次基于地缘和血缘构建出一个熟人社会，使他们在异地也能延续原有熟悉的社会生活空间感。更重要的是，通过“移植”原生活空间中弥漫的乡土性规则，传统的社会规范和价值伦理在城市周边仍起着重要作用。这在一定程度上得益于流动自耕农迁入地区与原生农村的时空条件的亲和性。相比于大城市内部与落后农村之间较大的差距，流动自耕农落脚的城市郊区与其原生农村之间的差异较小，这使流动自耕农不至于遭遇进城务工的农民工所面临的“前现代与后现代之间”的时空冲突，[②] 使乡土社会的整合机制得以在迁入地渗透。这种嵌入异地空间的乡土性使流动自耕农在新的空间能够保持一种“流而不散”的集体性，成为一个具有较强内聚力的共同体。并且在实践过程中，通过生产上的协作和生活上的互助，他们在一定程度上构建社区功能，再建他们对异乡生活的归属感。这种充满“弹性”的空间改换也缓冲了城乡空间隔离的刚性，使流动自耕农在城乡空间变迁过程中避免了农民工进城时的“原子化”过程。总之，“移植乡土性”缓解了流动自耕农在城乡空间改换中面临的意义世界的崩溃和规范体系的解体，使之更容易实现城市化的“软着陆”，这对提升他们的城市融入意义重大。

因此我们看到，流动自耕农在迁移过程中，他们的社会空间是相对自由地脱嵌于自然空间的。通过移植原生活空间中的“乡土性”，他们能够在异地重新建立一种社会生活的场所（locale）或场景（setting），这构成了他们在时空延伸的实践结构中在场和缺场的“交界面”（intersections）。[③] “（社会）空间是（社会的）产物”，[④] 空间既是社会生产出来的，也参与社会的生产。由“移植乡土性”所实现的脱离自然空间地点的社会空间再生产，是流动自耕农通过“佃种异乡”的方式在大城市周边立足的重要原因，也是流动自耕农“佃种异乡”的空间结构变迁中最具深远意义的特征。

---

① 王汉生、刘世定、孙立平、项飚：《“浙江村”：中国农民进入城市的一种独特方式》，《社会学研究》1997 年第 1 期。

② 高善春：《时空压缩境遇下青年农民工市民化中的传统价值观认同研究》，《佳木斯大学社会科学学报》2017 年第 6 期。

③ Anthony Giddens, *The Constitution of Society*: *Outline of Theory of Structuration*, Berkeley: University of California Press, 1984, p. 16.

④ Henri Lefebvre, *The Production of Space*, Trans. by Donald Nicholson-Smith. Malden, Oxford, Carlton: Blackwell Publishing Ltd., 1991, p. 30.

3. 流动权力的提升：时空延伸的自主性

人们通过实践活动能够认识和利用自然时空，并创造社会时空。[①] 因此社会时空分析常常彰显“人的主体性”。在“佃种异乡”中，流动农民的主体性突出表现为“流动权力”在时空延伸中的提升，以及组织、转化、利用时空资源的能力。

个体流动的自由和权力（权利）历来被社会学家所重视。曼纽尔·卡斯特将社会成员流动的自由解读为“流动空间”（space of flows）的建构。[②] 精英群体将“流动空间”作为他们的特权实践形式，普通群众却只能被排除在区隔化、固定化的“地方空间”中“对抗信息时代中以社会支配为特征的流动空间的无地方性逻辑（placeless logic）”。[③] 在英国社会学家鲍曼眼中，通过掌握文化、资金等资源而获得流动权力的上层群体成了没有“永久地址”的“全球性精英”，[④] 而缺乏社会资源的底层人们沦为地区性的“新穷人”，经由压制或“规范调节”被整合进社会，[⑤] 缺乏自主性。然而与这些“精英流动论”所不同的是，贯穿在“佃种异乡”时空实践中的，是社会底层群体的主体性地位和自主流动权力的提升。随着城市化进程中原郊区农民非农化、市民化的推进，城郊（尤其是大城市郊区）务农人口不断流失，这为他们提供了大规模的农业种植空间，使他们能够在城市周边发挥自身优良的农业种植技术，以“佃种异乡”的方式自主流动，实现时空重组。

> 以前这边（城郊）家家户户都自己种地，但是现在你看还有几户种地的啊。这地荒着也没用，大队（村委会）也管得松了，地就算承包给（郊区）村民了，村民愿意给我们种就给我们种，我们就能过来租（土地），种得还比他们户里强。（徐 ZL，39 岁，佃种异乡 15 年，访谈资料 NGJ16072302）

因此，尽管缺乏社会上层精英通过掌握经济、组织资源或文化资本所行使

① 顾金土：《社会时空分析的类型、范例及特点》，《人文杂志》2013 年第 7 期。

② Manuel Castells, *The Rise of the Network Society*, *Malden*, Oxford: Wiley-Blackwell, 2010, p. 501.

③ Manuel Castells, *The Power of Identity*, *Malden*, Oxford: Wiley-Blackwell, 2010, p. 423.

④ Zygmunt Bauman, *Community: Seeking Safety in an Insecure World*, Cambridge: Polity Press, 2001, p. 54.

⑤ Zygmunt Bauman, *Intimation of Postmodernity*, New York: Routledge, 1992, pp. 49 – 51.

的“流动的自由”，但这些底层群体可以在适应宏观社会时空变迁所释放之“机会结构”[①] 的过程中适时实现自己的流动权力，在主动的时空延伸过程中彰显自己的主体性地位。

并且，尽管与农民工相比，流动自耕农通常来自更为落后的地区，学历不高、技能不强，资金储备、经验视野也有限，但是这并不意味着佃种异乡完全是被迫、无奈的选择。表 1 呈现的是流动自耕农对“进城务工”和“佃种异乡”两种谋生方式的不同态度，[②] 可以看出在流动自耕农眼中，佃种异乡比进城务工有更多让他们青睐的“好处”和更少的“坏处”。这一主观评价是他们选择佃种异乡的重要因素，所以佃种异乡不仅是出于谋生的被迫流动，更是蕴含流动自耕农本身主观偏好的自主的时空延伸过程。

表 1　流动自耕农对“进城务工”和“佃种异乡”的态度对比

	“好处”	“坏处”
进城务工	1. 挣钱比较多 2. 不用操心自己所负责工作外的事情	1. 时间管理严格，规矩多，不自由 2. 工作机械烦琐，日复一日不见成效，“没意思”（无成就感） 3. 得听老板的话，忍气吞声 4. 更多是临时工，不稳定
佃种异乡	1. 能自主安排时间，更自由 2. 在为自己干活，更上心，有动力 3. 方便和家人一起住，能享受家庭生活 4. 周围都是熟人老乡，有安全感、归属感	1. 挣钱不如打工多 2. 需要自己操心的事情更多 3. 起早贪黑，比较辛苦

由此可见，在“人口城市化”阶段，个体突破城乡时空阻隔的流动权力显著提升，个人决策、调用和动员时空资源的能力逐渐增强，选择的自主性、多元性也有所增加。如果将城市化主体划分为个体和组织两个层面，[③] 那么个体层面的城市化主体在这一阶段凸显。因此新时期的“人口城市化”体现出明显的诱致性制度变迁的特点，即“由个人或一群（个）人在响应获利机会时自发倡

① 折晓叶、艾云：《城乡关系演变的制度逻辑和实践过程》，中国社会科学出版社，2014，第 47 ~ 48 页。

② 资料来源于在石家庄市北部郊区某地针对 22 户流动自耕农展开的个案访谈和焦点小组访谈，由研究者整理提炼而成。

③ 王春光：《中国城市化与社会结构变迁》，《中国农业大学学报》（社会科学版）2008 年第 3 期。

导、组织和实行”。[①] 这是一种自下而上的、自发的时空重组过程，要求我们转变“以城市为主体”的发展思路，聚焦流动农民在城乡之间时空延伸的主体性，尊重底层的流动权力，并充分发挥城市化发展过程中的自发力量，以降低社会时空变革的阻力和成本。

三 中国城市化的新时空结构

由上述分析可见“佃种异乡”现象有其独特的社会时空特征。而当我们将这一现象放入中国城市化的宏观时空背景下考察时就会发现，该现象的出现也反映了中国城市化新的时空变迁方向。

1. 空间生产的新阶段：从地域分隔到人口整合

以农民工“进城务工”和流动自耕农“佃种异乡”为代表的一系列现象表明，在经历工业和土地城市化后，自开启“人口城市化”进程以来，中国城市化进入了一个新的“空间生产”阶段。

亨利·列斐伏尔认为“空间生产”包括三重要素。一是“空间实践”（spatial practice），指空间中一切社会性的客观物质活动，涉及物质生产的全过程及具体场所；[②] 作为社会空间的物质建构维度，是对土地和地产所有权的社会构成物（如住宅、商业街区、铁路、高速公路、机场等）的生产与再生产。[③] 二是“空间的表征”（representations of space），这是由科学家、专家政要、城市规划者等构想的（conceived）、概念化的（conceptualized）空间，并借助控制知识、符号和意识形态而得以确立并实施（如区域建设规划、城市改造方案），是一种支配性空间。[④] 三是“表征空间”（representational spaces），是普通居民和使用者生活的（lived）空间，[⑤] 是“流动的、有活力的”、[⑥] 充满能动的社会性空

---

① R. 科斯、A. 阿尔钦、D. 诺斯等：《财产权利与制度变迁：产权学派与新制度学派译文集》，刘守英等译，上海人民出版社，1994，第384页。

② Henri Lefebvre, *The Production of Space*, trans by Donald Nicholson-Smith, Malden, Oxford, Carlton: Blackwell Publishing Ltd., 1991, p.45.

③ 郑震：《空间：一个社会学的概念》，《社会学研究》2010年第5期。

④ Henri Lefebvre, *The Production of Space*, trans by Donald Nicholson-Smith, Malden, Oxford, Carlton: Blackwell Publishing Ltd, 1991, p.33.

⑤ Henri Lefebvre, *The Production of Space*, trans by Donald Nicholson-Smith, Malden, Oxford, Carlton: Blackwell Publishing Ltd, 1991, pp.40-42.

⑥ Merrifield A., *Henri Lefebvre: A Critical Introduction*, New York: Routledge, 2006.

间，表达着人们的社会准则、价值观念和经验。[①] 长期以来，中国的城市化建设一直围绕前两种空间属性展开，形成了以政府主导、大范围规划、整体推动为特点的中国城镇化“推进模式”。[②] 而目前由农民工进城务工经商和流动自耕农来到城市周边佃种异乡所构成的中国“人口城市化”，实际是围绕第三种空间属性，即“表征空间”而进行的空间生产。在这一新的城市化阶段，城市化最具活力的构成不再是城市建筑的急速增长、城市景观的快速营造带给人们的感知上的冲击（“空间实践”），或地方政府大范围城市规划、大规模土地开发中的意识形态表达（“空间的表征”），而是突破城市与农村界限的乡城迁移群体在日常生活中通过图像和符号生产的空间，是充满主体能动性的日常生活世界（“表征空间”）。这种自发的、自主的乡城流动人口对城乡时空的重新整合昭示着中国的城市化进入了一个新的空间生产阶段，“表征空间”的生产与再生产是对长期以来围绕“空间实践”和“空间的表征”的中国城市化进程的有益补充。

这对我们长期所持的城乡二元对立的静态思维提出了挑战。新时期的城市化进程要求我们实现由“城乡地域二元分隔”的静态视角向“空间生产”的动态视角的转变。我们不能只着眼于城市和农村两个地理空间的资源互动问题，更应将政策着力点转向城市化进程中以身体实践进行新的空间生产与建构的迁移人口要素上来，通过“以人为本”的城乡政策改善流动农民在进城过程中面临的困境。

2. 城市化的时间“绵延”：接替性城市化与复合性城乡关系

“佃种异乡”并不是孤立存在的社会现象，而是中国长时段城市化进程在当下的新表现，是快速发展的中国社会“时空压缩”在时间维度上的表达，即“传统性、现代性和后现代性压缩在同一个时空之中”。[③] 这一基本时空结构使中国城市化在时间维度上的“绵延”（durée）[④] 呈现为几个肩负不同历史任务

---

① Schmid C, “Henri Lefebvre's Theory of The Production of Urban Space: Towards a Three-dimensional Dialectic,” in Goonewardena K, Kipfer S, Milgrom R, et al. *Space, Difference, Everyday Life: Reading Henri Lefebvre*, New York: Routledge, 2008, pp. 27 – 45.

② 李强、陈宇琳、刘精明：《中国城镇化“推进模式”研究》，《中国社会科学》2012 年第 7 期。

③ 景天魁：《时空压缩与中国社会建设》，《兰州大学学报》（社会科学版）2015 年第 5 期。

④ Anthony Giddens, *The Constitution of Society: Outline of Theory of Structuration*, Cambridge: Polity Press, 1984, p. 49.

的形态。

在“时空压缩”的基础性结构之上，作为中国从工业城市化、土地城市化到人口城市化的历史序列上的一环，流动自耕农“佃种异乡”（连同农民工“进城务工”）为中国最新展开的“人口城市化”勾勒出新的发展脉络。具体而言，在较早时期，开放程度较高的农村人口大量“进城务工”，以农民工的身份开启市民化进程，同时使城市周边郊区遗留下大量闲置耕地；在晚近时期，相对偏远地区的农民开始以“佃种异乡”的方式“填补”因大量农民外出务工而走向空心化的郊区农村，租赁当地闲置耕地继续务农，接替农产品提供者的角色。前者的“进城务工”与后者的“佃种异乡”在完成时间上接续的同时，也共同构成了中国“人口城市化”阶段的“接替性”城市化路径。[①] 在这一独特的城市化变迁过程中，迁往城市的农民在不同的谋生策略选择中获得了各自社会时空变迁的适应性：农民工在迁移过程中实现“异地兼业化”，即由原初“向泥土讨生活”[②] 的农业生活转变为以进城务工为主要谋生手段的“半工半耕”[③] 生活模式；流动自耕农则在迁移过程中完成了“异地职业化”，即由自给倾向的传统小农转变为大城市周边市场性、专业性更强的职业化农民。

而且，从“进城务工”到“佃种异乡”，中国城乡二元结构呈现“群体”与“地域”两个层面复合的新面貌。在“城市”和“农村”两个静态地理空间的基础之上，日趋活跃的乡城迁移人口逐渐打破这两个地理概念的限制和封闭，构成了以流动农民为主体的“群体”层面，加入已有的基于“地域”层面的城乡二元结构中，使中国的城市化进程在多层复合结构中展开。这一过程展现出乡城迁移人口对破解城乡二元结构的强大能动性和深远影响力。但这个多层化、复杂性的变迁也让我们认识到，人口城市化对中国城乡二元结构的破解不是简单的城乡对立性单线弱化的过程，而需要经过比较漫长的时间过渡，在时间维度上甚至表现为首先走向城乡关系多维化，再走向城乡一体化的“迂回”方式。习近平总书记于 2013 年 12 月在中央城镇化工作会议上的讲话指出，在人

---

① 吴海琳、陆兵哲：《中国城市化的“接替性”路径：从“进城务工”到“佃种异乡”》，《天津社会科学》2018 年第 5 期。

② 费孝通：《乡土中国》，生活·读书·新知三联书店，2013，第 21 页。

③ 黄宗智：《制度化了的“半工半耕”过密型农业》（上），《读书》2006 年第 2 期；黄宗智：《制度化了的“半工半耕”过密型农业》（下），《读书》2006 年第 3 期。

口城市化问题上，我们要有足够的历史耐心。[①] 同样，在面对城市化对城乡二元结构的破解过程时，我们也要有足够的“历史耐心”，将其放入更长远的时间维度上，才能获得清晰认识，提升相关政策的针对性。

四 结论与讨论：“人口城市化”的社会时空内涵

新出现的流动自耕农“佃种异乡”现象和早已存在的农民工“进城务工”一样，都只是人口城市化过程中一个进行着的时空片段，并不具备城市化最终定型的确定性。弥漫于城乡之间的“佃种异乡”现象的发现与研究更多地具有启发意义，揭示了社会行动者的主体性和能动性在城乡社会时空重塑过程中的多元化存在方式。在时空社会学分析框架内，我们可以借由考察行动者所处的具体时空结构及其实现的时空变革来理解其日常生活实践的多元化意义。具体到城市化的经验研究层面，这应包含两方面内容：第一，乡城迁移人口在不同的时空条件背景下是如何能动地将时间与空间作为他们的决策变量展开行动的，以及他们各自是如何在多元的生存模式中将时间和空间转换为资源的；第二，以流动农民为主的乡城迁移人口在突破城乡时空分隔的过程中，给中国城市与农村的时空结构带来哪些影响，以及赋予哪些新的特点和内涵。

在中国“人口城市化”的研究中，实现上述分析过程的重点除了对“人”的关注以外，还需配合更加灵活的社会时空观。目前学界对中国城市化及城乡变迁的部分研究采用一种“绝对时空观”，将中国城乡的“当下时空”作为静态背景，止步于城乡二元分隔视角下的矛盾对立分析，止步于城乡二元体制的现实困境。然而通过对人口城市化进程的时空社会学分析，我们能够看到穿梭于中国城乡的行动者通过对时间与空间的生产、重组、转换、整合等方式实现的城乡时空建构，及其推动中国城市化和城乡社会变革的累积效应。这些社会事实作为中国城市化过程中的新进展更加值得我们关注。因此，走出城乡二元分隔视角的局限，采用更加灵活的社会时空观，关注社会变革中多元复合的时间过程和空间关系，探索“人口城市化”中最具深远意义的时空社会学意涵，我们将获得对中国城市化和城乡变迁更具前瞻性和更为完整的解读。

---

① 陈锡文：《从农村改革四十年看乡村振兴战略的提出》，《行政管理改革》2018 年第 4 期。

寿光之光

——来自山东省寿光市的蹲点报告

瞿长福　管　斌　吉蕾蕾*

郡县治，天下安。县域治理与发展，是中国经济社会发展的一道长期命题。新中国成立以来，各地在如何推进县域经济社会稳定、发展、壮大方面，经历了不懈努力和艰苦探索，涌现一大批典型。

山东寿光，正是众多典型中耀眼的明珠，其发展模式被称为“寿光模式”。寿光模式不同于率先以工业推动发展、以开发资源促进发展，或者以大城市为依托带动发展的振兴之路，而是通过做大做强农业，培育工业基础，工农并驱奠定了服务业腾飞的底蕴。在一个以农业大国、农业人口数量庞大为基本国情、农情的国家，如何做好优先发展农业、农村的文章，进而推动经济社会高质量发展，壮大县域经济、实施乡村振兴，寿光的经验无疑具有针对性和普遍性。

一　乡村“堡垒”与乡村产业

读懂寿光，先要“吃透”寿光蔬菜。

寿光蔬菜并非天生而来，但寿光人勇于尝试、敢于创新的精神传统已深入骨髓。自新中国成立伊始，粮食生产成为主业。那时候，谷子种植是寿光的主要产业，但当地的传统谷子产量不高。20 世纪 50 年代初，河北培育出新品谷子华农 4 号，寿光人知道后马上引进培育。1956 年，华农 4 号谷子率先从河北落

---

* 作者简介：瞿长福、管斌、吉蕾蕾，《经济日报》记者。

户寿光，产量比寿光本地谷子提高 15% ~20% 。

从“谷子”精神出发，寿光一路砥砺前行。

寿光，素有“中国蔬菜之乡”的称号，蔬菜是它最亮丽的一张名片。“认识这张名片，要从王乐义开始。真正开始打造、擦亮这张名片的，王乐义是第一人。”被誉为新时期县委书记的榜样、原寿光县委书记王伯祥在提及寿光的发展时，毫不掩饰对王乐义的欣赏与赞美。

王乐义，山东省寿光市孙家集街道三元朱村党支部书记。2019 年 3 月 22 日，《经济日报》记者见到他的时候，这位 78 岁的老人已经连续 41 年奋斗在村党支部书记的岗位上。“41 年，这份责任扛起来就是沉甸甸的，任何时候都不能放松歇气。”精神矍铄的老书记，说起“责任”二字，依然激情昂扬。

1978 年 9 月 5 日，王乐义被三元朱村全体共产党员一致推选为党支部书记。党支部书记的责任很大、很具体、很直接，尤其在那个条件艰苦的年代更是如此。王乐义回忆：“上任时最大的愿望，就是找到合适的产业，让村民尽快摆脱贫困。”上任当晚，王乐义召开村党支部会议，头件大事就是树立党支部的形象。针对村民最关心的问题，从干部作风、廉洁纪律、村庄规划三方面提出“三条约法”：不许公款吃喝、不许收礼、党员干部必须干在前面。“‘三条约法’还真管用，很快就改变了村民对干部的看法。”

形象改变了，产业在哪里？王乐义知道，与其他村相比，三元朱村算比较好了，“但没有长久的产业，终究不行”。寿光当地有种植蔬菜的传统，也有人建“土棚子”冬天种菜，但烧煤温度低，收获没有保障，起色不大。能不能在大棚上做文章呢？自 1986 年以来，王乐义开始连续几个冬天带队外出考察蔬菜大棚。一个偶然的机会，他在天寒地冻的时节见到了顶花带刺的新黄瓜，这可是了不得的东西。王乐义刨根问底，知道了辽宁大连瓦房店的蔬菜大棚里出这个东西。说干就干，苦苦寻找中的王乐义闻到了黄瓜的清香。

“今天的北方，（消费者对）冬暖式蔬菜大棚习以为常了，在当年可是难以想象的事情。”多年之后，寿光市农业农村局干部信俊仁回忆三元朱村建大棚的情景时，往日的场景依然历历在目。

他说，当年三元朱村要搞冬暖式大棚，至少有六道难关：第一关，拜师难，到哪里去找师傅；第二关，谁来种，农民种大田习惯了，不见到“果子”不会轻易干；第三关，土地难，人多地少，谁愿意拿地来干从没干过的事；第四关，资金难，当时一个大棚6000元，刚吃饱饭的农民谁能拿得出；第五关，大棚建设难，新大棚以往没干过，不会建，也没工具；第六关，管理难，外面气候变化大，里面种植要技术，都不会。

王乐义没有被这些难关难住。找师傅，他去瓦房店三顾茅庐；没人干，全村 17 个党员干部带头干；没有钱，自筹不足的部分他出面贷款；建大棚难，拉钢丝的紧线机县邮电局有，人家不用时他去借，要用时赶紧还回去。就这样，硬是在 1989 年 8 月挖地建棚，当年收获，一棚子绿生生的黄瓜，一斤卖到 10 元，17 个大棚干部个个成了致富带头人。

三元朱村开先河，大棚起来了，赚钱了，学的人也多了。身为党支部书记的王乐义此时做了两件事，一是村里 17 个党员干部在村里分片包干，教村民搞大棚蔬菜，只许成功不许失败；二是与瓦房店请来的大棚师傅韩永山一起跑全县教村民种大棚，“这可是伯祥书记抓的，一个村富了不叫富，得大家都富才行”。县里专门成立了蔬菜推广办公室，给了他一台吉普车，到各乡镇教建大棚。“全县 34 个乡镇，除沿海几个乡镇，我跑了 27 个乡镇，有时候一天就跑 11 个乡镇。”当年，寿光县新建大棚 5130 个。

就这样，我国北方冬季普遍存在的吃菜难问题，起于三元朱村，成于寿光市，在一个党支部书记的率先攻坚中悄然化解。

攻破了大棚难题的党支部书记王乐义并不是一个人在战斗。“在寿光，在我的身边，有一个战斗的群体。”王乐义说。

崔玉禄就是这个群体中的一员。在寿光市稻田镇崔岭西村，226 户村民同样靠大棚蔬菜为生，不过这里的蔬菜主要出口俄罗斯。记者进村那天，村民崔江元早上才摘了 500 斤西红柿卖给村里的合作社。他随手摘下 1 个红彤彤的西红柿放在记者手里，一咬，满口鲜嫩，感觉皮稍厚点。他说，这是专供出口的厚皮西红柿。

崔岭西村的蔬菜出口，是党支部书记崔玉禄的功劳。崔玉禄于 2002 年当选村委会主任前当过外贸经纪人，2007 年担任党支部书记。他说自己的座右铭就是“把公家的事当成自家的事来办，村里就没有办不好的事”。而经纪人的眼光和头脑，使他在产业致富上比别人多了些办法。2018 年，崔岭西村集体经济收入 360 万元，人均纯收入 2. 8 万元，连续保持稻田镇“首富”。

在寿光，更多的党支部书记像一群屹立在乡村田野的“堡垒”，像一只只高飞的“领头雁”，带领全市975个行政村的村民，一村一品，共兴产业，共同富裕，使一个传统农业大县的农民人均纯收入达到19249元，高出全国平均水平5000多元。

二　县委书记与县域经济

一棚蔬菜，从三元朱村出发，点亮的不仅是王乐义和村民们的目光，也让时任县委书记的王伯祥兴奋不已。“你们的黄瓜，一斤至少能卖10元。”最先说出这话的，就是王伯祥。“我为什么关心蔬菜，蔬菜能解决农民的大问题啊，也是县域经济发展的突破口。”

在王伯祥眼中，蔬菜是突破口，突破它，就能打开县域经济一片天。如何做好这道课题，寿光人一直在探索。

20世纪50年代，农业生产的最大难题之一就是干旱，不解决水的问题，“吃饱肚子”就成问题。对寿光来说，这项考验很严峻。新中国成立初期，寿光一些地方利用土井取水，但土井效率不高。50年代中期，河南省发明的平地打井法启发了寿光打井创始人黄继约。经过多次探索，黄继约找到了新的打井方法——砖管机井。很快，寿光县委组织专业打井队，当年打出300多眼砖管机井，随后逐年打出3000多口机井，缓解了全县120万亩农田的用水困难。

寿光没有丰富的资源，自然条件并不太好，经济总量曾长期落后，怎么发展？“这就看你心中有没有党、有没有民、有没有责？”寿光市委书记林红玉说，县域经济社会的特点，决定了县委的决策、举措对县域经济的指导性甚至决定性作用。寿光能率先发展起来，关键在于有一个强有力的县委、一位强有力的班长，有王伯祥这样优秀的“一线总指挥”率先把这份责任扛了起来，激励全县人民继续努力，才有了寿光的持续向前。

“那时候太穷，老百姓都没有钱啊，寿光最大的问题就是如何发展，县委书记就是要带领大家解决这个困难的。”谈到当年的寿光经济，已经75岁的王伯祥仿佛又回到当年。王伯祥说，寿光农民素有种菜的传统，20世纪80年代中期，寿光西面有油田，工人得吃菜，农民就把菜摆到公路边卖，形成了马路菜场。当时生意好，公路也堵了，有时候一堵两三个小时，周围的老百姓颇有微词。“不让卖菜不行，堵塞交通也不行。”王伯祥让人去调查，结论是划出地方专门做市场。

这时候，位于路口的九巷村党支部书记夏红升主动表示愿意拿地建市场。于是，1985 年，后来名声鼎沸的九巷蔬菜市场出现了。

九巷市场，见证了“中国蔬菜之乡”的发轫成长，也成就了寿光蔬菜的“少年”时期。“我的功劳就是最初没有把马路市场撵走，而是实事求是，因势利导，建了这个市场。”王伯祥刻意回避自己的作用。

但寿光人心中有数。“假使当初关闭了这个市场，寿光蔬菜的命运就难以想象了。”寿光市发展改革局副局长卢立男在发展改革系统工作了 31 年，对寿光的变化如数家珍。他说，正是蔬菜市场的建立和逐步规范，菜农有了更大的希望，才会有对冬暖式大棚的探索动力，才会有更多的人加入蔬菜链条中，也才会有“中国蔬菜之乡”今天的成就，“县委一把手对县域经济的作用太重要了”。

寿光地利农产品物流园的早晨，生动地印证了县委书记的这一作用。在这家总投资 26 亿元的亚洲最大蔬菜市场中，每天凌晨 2 点，来自全国各地的蔬菜交易商已络绎不绝，蔚为大观。

地利物流园市场部经理孙向明是个“老市场”，2009 年新市场一开业他就从九巷“转场”过来了。他告诉记者，物流园现在是集农产品、农资、种子交易、汽修汽配、仓储降温、冷链加工、信息交流、检验检测、物流配送于一体，“凡是蔬菜流通需要的，这里都有”。每天，物流园的流动就业人口过万，仅蔬菜交易就有本地菜、本省菜、外省菜 3 个交易区，日交易量最高有 1500 多万公斤，交易额 3500 余万元。“这里没有买不到的菜，也没有卖不出的菜。”他的言语中露出几分骄傲。

以蔬菜为龙头的农业板块夯实了、做大了，县域经济的基础就稳定了。王伯祥“全县一盘棋”的思路更清晰，意志更坚定。他说，县域经济，千头万绪，不能胡子眉毛一把抓。王伯祥的做法是抓“带头人”。寿光市经信局副局长张翾回忆，如今寿光市有三块“老字号”招牌：农业三元朱、工业晨鸣、商业全福元，代表了寿光市的县域经济格局。

晨鸣人用事实为这一视野做了标注。1987 年 1 月，面临亏损的寿光晨鸣造纸厂迎来了新厂长陈永兴。陈永兴果然不负众望，不到 10 年就带领企业跻身国内八大纸厂，引发业界“晨鸣现象”。“他来的时候造纸厂就几台小设备，400 名员工，年产 6000 吨纸，入不敷出。来了之后晨鸣几乎日新月异。”晨鸣集团党委副书记侯焕才满怀感情地回忆。

陈永兴上任后，先是抓内部改革，一方面大胆更新引进设备，当时别的造纸厂很少购买先进设备，晨鸣走在了前头；另一方面整顿员工拖拉散漫、出工不出力的现象。接着，推进股份制改革，抓住当时企业股份改革的好时机，促成晨鸣较早成为上市企业。

2018 年，晨鸣纸业在董事长陈洪国带领下，逆势而上，营业收入达到 288 亿元，连续多年保持行业领先位置。

更远的视野和思路，带来了更宽的通路和出路。林红玉动情地说，几十年来，寿光从“伯祥书记”抓“能人带头”“典型引路”，到党的十八大以来抓结构调整，推动经济高质量发展，寿光县域经济始终走在持续跟进、持续改善、持续提升的道路上，成为山东县域经济“领头羊”、全国县域经济“百强县”，并获得“国家生态园林城市”“国家卫生城市”“全国文明城市”称号，被习近平总书记称赞为“寿光模式”。

三　农业优先与产业共兴

寿光以蔬菜扬名，但不止于蔬菜。一个农业大县唱响的，是一、二、三产齐头并进、城乡文明共同兴旺的劲歌。

寿光的成功并不神秘。寿光市市长赵绪春说，这里有个发展思路问题。如果认为农业可以慢一点发展、缓一点发展，把农业和工业对立起来看，可能农业大县就会把农业优势丢了，而农业弱、农村穷、农民苦，工业基础、商业基础也不牢靠。

寿光摆脱了这种思路。

“寿光对农业的重视很朴实，由来已久。”寿光市农业农村局局长李秀欣说，20 世纪 80 年代以前，由于当地土质并不适合大田作物，全县粮食总产量一直徘徊在 6 亿斤左右，农村集体总收入不到 1 亿元。1978 年后，寿光开始调整种植业结构，1984 年全市粮经作物比由原来的 8∶2 调整到 6∶4，蔬菜种植面积由 1979 年的 8.9 万亩增加到 1984 年的 18.4 万亩。这一调整，就有了蔬菜的逐渐富余，就有了 80 年代早期的“马路菜场”，就有了寿光蔬菜这块金字招牌在市场上的淘洗磨砺。

不过，寿光人并不认为在农业问题上有先知先觉。“伯祥书记”分析，真要说意识到优先发展农业，当时还没有认识得这么深、这么远、这么透，但在实际工作中，寿光有这种自觉，实实在在地抓住了农业这个根本，走了一条符合中国农情、寿光市情的路。

这种朴素的重农情怀，在时间和实践的洗礼中，渐渐深入寿光田间地头。党的十九大提出“坚持农业农村优先发展”，对寿光人更是一种巨大鼓舞和激励。

在田柳镇现代农业创新园区，记者真切体会到农业这个“重中之重”的分量。田柳镇位于寿光中部偏北，10 万亩耕地中有 4 万亩蔬菜。当地自然条件并不太好，在 2018 年洪水中很多大棚遭到水毁。田柳镇党委书记王桂芝上任后的第一件事，就是要变一变这种靠天吃饭的行情，“让现代农业的阳光，照进田柳大棚”。

3 月 26 日下午，阳光满满地洒下来，在田柳镇现代农业创新示范园区，一排高大的蔬菜大棚吸引了记者的目光。走进一间靠路边的大棚，满园绿色的藤架上挂满西红柿，大棚很长，比普通大棚高，感觉更敞亮舒服。这间大棚的主人是 44 岁的王张波，也是崔家庄村民。他告诉记者，大棚长 200 米，最高处有 7 米多，水肥一体化设备，很先进。

不过这大棚不是他自己建的，是从园区租的，每年租金 3.5 万元，一次签 5 年租约。“自己可建不了，这棚得 50 万元才建得起。”他说，园区里农资超市、检测中心、蔬菜交易市场都是配套的，种子、技术也不用操心，自己负责打理就行。家里的老棚子一年能收六七万元，新大棚一年能收 20 万元左右，“我是拎包进来，好多人想进来，还进不来呢”。

现代化大棚建起来并不容易。田柳镇耕地土质不好，大田作物产量不高。王桂芝说，通过摸底调查，他们觉得建现代农业园区对农民的影响力和指导性更直接。他们引进了金投农业有限公司，选择土质相对贫瘠的 3 个村 1500 亩连片土地，以每亩 960 元的年租金与农民签订 15 年的流转合同。公司按统一标准建好大棚，再返租给村民，实行一体经营，既解决了村民建大棚的困难，也有效增加村民收入。

那么，蔬菜对二、三产业有什么影响，是更好地支撑多业并举，还是因“一业独大”而制约二、三产业的张力？

“其实，这是一个伪命题。农业强起来了，二、三产业更有底气、空间更大。”寿光市发改局副局长卢立男说，仅从蔬菜产业的直接效应来看，它拉动的农资经营和种子市场，就是一个庞大的体系。在寿光，你可以找到几乎所有国内外知名蔬菜种子公司的代理商，农业院校和农业研究机构很多都在此设站建场，还不说建大棚、搞物流、中介信息等，寿光的流动人口就是很大的消费市场。“你上午说建大棚，下午就有建筑队开工。”

山东全福元商业集团有限公司董事长舒安的感受更直接。舒安是当年“伯祥书记”在商业系统挑选的干将之一，1990 年开始担任总经理，此后逐渐带领全福元成为国内商业界名流，连续 10 多年成为国内商业百强企业，是国内县级商业企业中唯一进入百强的。在寿光各乡镇，全福元都有大卖场，主要村庄有便利店，年销售额超过 80 亿元，其中本地销售达 40 亿元。对于一个县级市，这很了不起，舒安说：“这是因为寿光农民富裕，城乡差别小，工业也好，流动人口多，购买力强。”

乡村富了，企业空间更大，又带动了消费服务，良性共助。“伯祥书记”举了个例子：寿光农民有钱了，存款就多，按照金融机构的要求，多存可以多贷，那时候乡镇企业正在崛起，一个县一年给企业的贷款从几千万元到上亿元，帮助太大了，“企业好了，对农业的支持就更大，城乡市场不就活起来了嘛”。

据介绍，寿光居民存款一直较高，2018 年居民存款余额超过 1000 亿元，其中 80% 来自农村居民，是山东省首个居民存款突破千亿元的县级市。

四　一张蓝图与“市场之手”

追寻寿光的发展经纬，有两条线特别清晰。一条线是寿光经济发展的大方向从未改变、一张蓝图绘到底；另一条线是“市场之手”充满活力、创新求变与时俱进。

这不是专业术语，而是寿光大地的真实印记。

每年 4 月 20 日，张嘉庆老人特别兴奋。这一天，是 20 年来从未中断过的寿光国际蔬菜科技博览会开幕的日子。提到“菜博会”，退休的张嘉庆总有说不完的话，“菜博会”是寿光市委一手打造起来的金字招牌，“2000 年首届‘菜博会’启动时，我们都没有办会经验，市委书记几乎每天都要到筹委会了解情况，就是要把‘菜博会’办成菜农走向全国、走向世界的舞台”。

张嘉庆被称为“菜博会总设计师”，当时是寿光市商业委员会主任、“菜博会”筹委会办公室主任。那时候，寿光蔬菜名声在外，能不能真正做大做强，是寿光市委的一件大事，因此一直在寻找蝶变的机遇和窗口，“菜博会”就提供了一个难得的时机。从开办迄今，“菜博会”已连续举办19届，成为国内外蔬菜产业最具人气的盛会。

“菜博会”彰显了寿光的眼光与胸怀，更凸显了寿光人一届接一届接续努力，一张蓝图绘到底、功成不必在我的干事精神。

赵绪春说，在蔬菜发展上，寿光历届政府始终坚持锤炼基础、提高能力，坚持打造品牌、提升品质，坚持推动产业从小到大、从弱到强、从低到高，保持方向不动摇、保持定力不松劲，这才逐渐使寿光蔬菜从一个村子出发，覆盖寿光，走出山东，走向全国，也化解了北方冬季蔬菜市场吃菜难的问题，“并形成现在的大格局、大视野、大舞台”。

的确，出发就走在前面的寿光蔬菜，始终保持着领先，始终瞄准产业链高端，方向从未改变。

走进寿光的全国蔬菜质量标准中心，高大的玻璃大棚内，各自盛放的各色蔬菜让人眼前一亮。中心负责人孙继业告诉记者，这个蔬菜标准中心是农业部门和山东省共同成立的，用意很简单，就是谁掌握了标准，谁就把握了质量。现在，这里除了整理出日光温室番茄、黄瓜2个全产业链标准，正在将寿光的桂河芹菜、独根红韭菜、浮桥萝卜、寿光大葱等6个国家地理标志产品纳入标准体系，“让寿光品牌始终处于品质高地”。

因为先行一步，寿光蔬菜在种植方式、经营方式、组织架构、品牌框架、质量保证等方面都显示了现代农业的“先飞优势”。在寿光，走进每一个村落，菜农的神情都是轻松的。他们不缺技术，搞不定的时候有技术员；蔬菜好卖，每个村头都有合作社的交易市场；价格公道，寿光蔬菜已成为价格风向标。

林红玉总结，绘就一张蓝图，保持发展连续性，一任接一任，不动摇不徘徊，为发展赢得了宝贵空间，也推动寿光产业均衡发展，促成了品牌企业的群体成长，成为县域经济的“寿光现象”。

政府这只手做好服务，管住该管的，市场就有了活力，企业也有了动力。刘树森，寿光市三木种苗有限公司董事长，对这种感受尤为强烈。种子市场一向竞争激烈，尤其是寿光蔬菜种子市场，差不多全世界的种子“大佬”都要来分一杯羹。年近六旬的老刘算是种子经营世家，父亲刘学敏于 1981 年开始经营种子，1993 年，父亲退休，大学毕业的刘树森就辞职下海接班，“那时候卖种子的已经很多”。

刘树森搞种子经历了 3 个阶段。起初，只是单纯买进卖出，随着寿光市成立蔬菜推广办公室，蔬菜市场越来越火爆，他开始接触国内外知名种子企业，做专业代理。再后来，发现没有自己的核心技术和品种会受制于人，被人随意要高价，于是开始进入种子研发培育领域。

种子研发是个苦活累活，90% 的时间在田间，10% 在实验室。刘树森一天的时间是这样安排的：早上 6 点半换好工作服进大棚，10 点半回办公室，下午 1 点半再进棚，5 点半出大棚。因为是自己的品种，质量不差，比原来代理的国外品种便宜，“过去宝禄先锋西红柿种子，国外公司 1000 粒卖 380 元，我们的种子出来后农民拿到手 220 元，一个大棚就可以省 500 元”。

五 后记

寿光的成功实践，为实施乡村振兴、壮大县域经济带来了不少启示。寿光没有得天独厚的地理资源优势，没有雄踞一方的工商业经济基础，也没有可以直接拉动的都市经济圈作为依托，它只是一个普通的农业县市。

但寿光又是不一样的。体现这种不一样，体现在发展战略与发展路径上，寿光走的是重农稳农、农工商并重，进而实现城乡一体化协调发展的道路。而根本原因在于，从乡村到县域，这里有一支特别能战斗的农村基层党组织队伍、有一个强有力的县委领导班子。有了这支强有力的干部队伍，就能持之以恒地改革创新、艰苦奋斗，踏石留印、抓铁有痕，一张好蓝图绘到底。

非物质文化遗产在乡村振兴中的功能和意义

——基于甘肃文县铁楼藏族乡的人类学考察

王 艳 闫婧华 朱 杰*

一 研究背景

党的十九大首次提出“实施乡村振兴战略”，并将其作为决胜全面建成小康社会、全面建设社会主义现代化强国的重大历史任务。习近平总书记强调：“中国要强，农业必须强；中国要美，农村必须美；中国要富，农民必须富。”乡村振兴战略是习近平关于“三农”问题重要表述的集中体现，是新时代中国特色社会主义思想的一个重要组成部分。当前，我国发展不平衡不充分的问题在乡村尤为突出，农业、农村、农民问题是关系国计民生的根本性问题。① 当前，国家正在实施《乡村振兴战略规划（2018—2022)》，其中在弘扬中华优秀传统文化、丰富乡村文化生活以及促进乡村文化繁荣兴盛的八项重大工程中都涉及非物质文化遗产，② 并将发展乡村文化旅游作为重要举措。

2009 年至 2019 年，笔者多次前往甘肃省文县铁楼藏族自治乡展开定时、定点、持续的田野调查，目睹了“根蒂不深、人数又少”（费孝通语）的白马人从

---

* 作者简介：王艳，博士，西北民族大学副教授，中国社会科学研究院民族文学研究所博士后；闫婧华，博士，高级教师，甘肃省教育科学研究院教研员；朱杰，博士，西北民族大学教授。

① 《中共中央国务院关于实施乡村振兴战略的意见》，《人民日报》2018 年 2 月 5 日，第 1 版。

② 乡村文化繁荣兴盛八项重大工程包括：农耕文化保护传承，戏曲进乡村，贫困地区村综合文化服务中心建设，中国民间文化艺术之乡，古村落、古民居保护利用，少数民族特色村寨保护与发展，乡村传统工艺振兴，乡村经济社会变迁物证征藏。参见《中共中央国务院关于实施乡村振兴战略的意见》，人民出版社，2018。

一个人数不足两万，藏在深山无人识的族群变成今天当地文化旅游的一张人文名片；白马山寨的样貌也发生了翻天覆地的变化，从一个地震后重建的贫困村变成今天的“中国白马人民俗文化之乡”、“中国民间文化艺术之乡”、“中国传统建筑文化旅游目的地”和“中国少数民族特色村寨”。本调查报告跟踪记录了铁楼藏族乡以民俗文化旅游为基础脱贫致富的历程，总结分析了非物质文化遗产从保护到开发再到产业化的经验。铁楼十年蝶变正是千千万万中国民族村寨/乡村旅游小镇发展和变迁的缩影，是一个完整的“切片”，是当前乡村振兴的镜鉴。

二　池哥昼：白马人的非物质文化遗产资源

白马人集中分布在四川和甘肃两省交界的摩天岭山脉的南北两侧，包括今四川省绵阳市平武县、广元市青川县、阿坝藏族羌族自治州九寨沟县和松潘县，以及甘肃省武都地区文县等广大地域，其活动区域约为 7000 平方公里，[①] 现有两万余人。2008 年 6 月 16 日，甘肃省文县“池哥昼”被列入第一批国家级非物质文化遗产扩展项目名录，传统舞蹈（傩舞）。[②] 在白马人的语言里，“池哥”（tshɔ^{31}gɛ^{35}）的意思是山神，代表白马人的祖先，“昼”就是舞蹈，它们连起来的意思就是：给山神跳的祭祀舞蹈。“池哥昼”集歌、舞、乐于一体，指白马人每年在岁时交替时举行的以驱鬼除疫、祈福禳灾为目的的民间傩祭仪式。

（一）铁楼：藏彝走廊边缘的村落

铁楼藏族自治乡位于文县西南部，东邻城关乡，南连上丹堡乡，西南接四川省平武县，西北与四川九寨沟县相接，北靠石坊乡和石鸡坝乡。东西长 31 公里，南北宽 25 公里，面积为 324 平方公里。全乡辖 16 个村、51 个社、39 个自然村，共 2864 户 10941 人。[③] 铁楼乡境内山大沟深，深林密布，地势东低西高、沟壑纵横，气候寒冷，土地瘠薄，有“一沟有四季，十里不同天，山上雪花飞舞，山下桃红柳绿”的说法。白马人居住在向阳山坡和河谷地带，房屋依山而

① 平武县县志编纂委员会编《平武县志》，四川科学技术出版社，1997，第 219 页。

② 国发〔2008〕19 号《国务院关于公布第二批国家级非物质文化遗产名录和第一批国家级非物质文化遗产扩展项目名录的通知》，http://www.ihchina.cn/zhengce_details/11664，最后访问日期：2019 年 12 月 10 日。

③ 文县志编纂委员会编《文县志》，甘肃人民出版社，1997，第 101 页。

建，木楼彩绘，一寨一村，一户一院。从人文地理版图来看，铁楼藏族乡位于中国文化多样性最为显著的藏彝走廊东北端，又处于汉、藏、羌三大文化圈之间，这里民族种类繁多，支系复杂，民族文化具有突出的多样性、独特性并保留了大量古老文化遗存，在我国民族区域格局中极具典型意义和特殊研究价值。1978 年，费孝通在《关于我国民族的识别问题》一文中在提及白马人时说："为过去决定的族别还有需要重新审定的如四川的'平武藏人'。"[①] 同时他根据对"白马藏人"进行民族识别时暴露的问题的反思，提出"藏彝走廊"的概念，也为后来"中华民族多元一体格局"的提出奠定了基础。

（二）作为非物质文化遗产资源的池哥昼

池哥昼流传于甘肃省文县铁楼藏族乡的麦贡山、立志山、中岭山、入贡山、案板地、强曲、竹林坡、枕头坝、草坡山、寨科桥、迭堡寨、石鸡坝乡的薛堡寨、堡子坪十三个自然村寨。池哥昼队伍一般由九人组成，其中四人扮演山神，又叫"池哥"，意为变幻男相；两人扮成菩萨，又叫"池姆"，意为变幻女相；两人扮成夫妻，又叫"池玛"；还有一个男童扮成"猴娃子"，意为小丑。四个"池哥"是四兄弟，代表着四个亲族的祖先，"池姆"代表俩媳妇，"池玛"代表一对夫妻，"猴娃子"代表孩子。在仪式中，人们通过扮演自己的祖先表达对先祖的崇拜和怀念，人们把过去的族群历史和文化记忆通过实践、操演的形式加以维系和巩固。

池哥昼还原了白马人自然崇拜、图腾崇拜、祖先崇拜和万物有灵的原始宗教信仰，在仪式过程中，时间过渡和空间过渡两种境地杂糅在了一起。在时间上，一年一度的池哥昼仪式有其固定的时间，从农历正月十三开始至正月十八结束；有其固定的顺序，自东向西，从铁楼乡的麦贡山开始，逐村逐户地跳，大寨跳两天，小寨跳一天，最后在迭堡寨村结束；有其固定的仪式过程，以傩舞贯穿始终，穿着的服饰、佩戴的道具、舞蹈的动作亘古不变，充满了神秘的宗教气氛和浓郁的民族色彩。从寨头到寨尾、从屋内到屋外、从山上到田间，在神圣与世俗二重空间之间多次转化，交融在一起。

---

① 费孝通：《关于我国的民族识别问题》，《中国社会科学》1980 年第 1 期。

三 从非物质文化遗产保护到文化旅游产业开发

2009年2月，笔者第一次到甘肃省文县铁楼藏族乡做田野调查，时值“5·12”汶川大地震过后半年多，文县距离汶川震中不足百里，也是地震重灾区，当时村子里满目疮痍，遍地废墟，随处可见赈灾的帐篷，有些房屋倒塌后没有来得及重建，有些建了一半，村民们把帐篷扎在自家的院子里，住进帐篷里过年。2月11日至12日，第二届陇南市白马人民俗文化保护研讨会在文县召开，会议议题是“挖掘、抢救、保护、开发白马人民俗文化”，在当地政府代表宣读池哥昼被列入国家级非物质文化遗产名录的贺电、贺词的时候，在场所有人的心情仍是压抑而沉重的。彼时笔者刚刚从白马山寨田野调研回来，村子里交通不便、资源匮乏、贫穷落后，在寒冷的冬天，在地震中失去家园的村民们就在救灾帐篷里过年，对于当时的白马人来说，最迫切的愿望是重建家园。

铁楼藏族乡是文县的贫困乡之一，由于地理位置偏远，耕地面积匮乏，交通闭塞，远离市场，缺乏资金、技术资源等，当地并不适合发展工业，在现代化的进程中进一步贫困化，村子里的年轻人外出打工，留守老人和儿童居多，村舍断壁残垣，是一个典型的衰退村庄。在这样的不可逆条件下，靠什么在文化旅游的道路上突围？唯一可能的突破点就是原生态、未经任何修饰和雕琢的白马文化。从2015年至2019年，铁楼藏族乡已经连续举办了四届白马人民俗文化旅游节，全面展示了白马人的祭祀歌舞、服饰文化、农耕文化、婚俗文化、传统手工艺、美食等。2017年2月11日（农历正月十五），笔者一行参加了草河坝村举行的“文县白马人火把节”。

刚一进寨门，伴着欢快的锣鼓声，迎宾仪式开始了。原生态的白马民歌、五彩斑斓的民族服饰，笔者刚走完迎宾大道就已经被带入节日的欢乐气氛当中。第一站新广场，原始古朴的“阿里甘昼”表演和土琵琶弹唱开始了，剽悍的舞姿、高亢的歌声、传统的乐器引来很多人驻足欣赏。第二站亲水平台，白马青年男女对唱起了白马情歌，再现了他们用歌声互诉爱慕之情的情境；“池哥昼”也被编排成舞蹈跳了起来。第三站草河坝小学广场，传统手工艺、旅游产品、电商产品等琳琅满目，还有非物质文化遗产的传承人现场演示池哥面具、沙嘎帽的制作。第四站白马魂广场，赛歌会不仅有当地人参加，同时吸引了九寨沟和平武的白马人来参赛。第五站入户体验，游客可以到村民家，听敬酒歌、喝咂杆酒、吃农家饭。等到夜幕降临，“迎火把”的队伍像一条长长的火龙，从山顶蜿蜒至山脚下的新广场，火龙在欢呼声中在山上舞动着，广场中央的篝火也燃烧起来了，近万人围着篝火手拉着手跳起舞来，狂欢夜把整个“火把节”推向了高潮。当天在场的所有人的视觉都被五颜六色的白马服饰冲击着，听觉都被原生态的白马民歌陶醉着，热情都被红红的火把点燃了，在燃烧着、沸腾着，城市中越来越淡的年味在异乡回来了，被回味着、实践着（见表1）。

表1　文县白马人火把节活动安排

	时间	地点	活动内容
第一环节	14：30～15：00	山寨寨门处	迎宾仪式
第二环节	15：00～15：30	寨门对面新广场上段	1. “阿里甘昼”表演 2. 土琵琶弹唱
第三环节	15：30～15：50	亲水平台	1. 情歌对唱 2. 面具舞表演
第四环节	15：50～16：10	草河坝小学广场	传统手工艺、旅游产品、电商产品展示
第五环节	16：10～17：00	白马魂广场	白马赛歌会
第六环节	17：30～19：00	农家客寨	晚餐入户体验（唱敬酒歌）
第七环节	19：00～20：30	寨门对面新广场	狂欢夜体验 1. 观看白马人新年“迎火把”场面，感受天地万物的祈福 2. 体验火圈舞，游客与白马人互动，跳火圈舞、涂墨狂欢

资料来源：笔者根据2017年文县白马人火把节的流程制作。

短短六个小时的活动分成七个环节，每个环节环环相扣，将白马人的传统民俗文化全都囊括其中，有歌（土琵琶弹唱、情歌对唱、敬酒歌）有舞（“阿里甘昼”、面具舞、火圈舞）、有酒（咂杆酒）有肉，晚上还有篝火晚会狂欢夜。白马人的非物质文化遗产在现代旅游业的包装下摇身一变成了“火把节”。不可否认的是，从游客的角度出发，不管是出于猎奇还是体验，火把节在民俗旅游节的意义上来说，是成功的。2017年，铁楼藏族乡接待游客8.64万人次，旅游综合收入1550万元。“5·12”地震给本来濒临消失的白马文化几乎造成了灭顶之灾，而申遗成功、媒体报道、社会关注和政府救助又把这个“藏在深山无人识”的族群拉入了大众的视野。作为民俗文化，进入国家级非物质文化遗产名录，不但表示在体制上被政府承认，具有了合法性，还会有国家财政专项经费的支持，进而转化成文化资源，带动当地的文化旅游发展。

四　从文化旅游开发到乡村振兴

2014年，铁楼藏族自治乡被中国民间艺术家协会和文化部分别命名为“中国白马人民俗文化之乡”和“中国民间文化艺术之乡”。铁楼乡草河坝、石门沟村案板地、强曲、入贡山、新寨5个白马山寨被列为国家级传统村落。2016年，白马民俗文化旅游体验区被评为第五批“中国传统建筑文化旅游目的地”，石门沟村入选2016年中国美丽休闲乡村名录。2017年，草河坝村、石门沟村被列为第二批中国少数民族特色村寨。铁楼藏族乡在新时代的乡村文化旅游中摸索出了一条脱贫致富之路，打造出观石门云瀑盛景、逛绝壁玻璃栈道、赏白马古寨风情、探寻东亚最古老部族的民俗旅游线路。从“文化旅游”到“乡村振兴”的过程中，国家、政府、知识分子和当地村民都扮演着各自的角色，共同奏响了这部脱贫致富的乐章。

（一）政府、政策介入乡村

自2008年“池哥昼”被列入国家级非物质文化遗产扩展项目名录以来，陇南市政府就成立了陇南白马人民俗文化研究会，旨在挖掘、研究、保护、开发、利用白马人民俗文化，建设文化陇南。一方面，陇南市白马人民俗文化保护协会在保护非物质文化遗产方面起了重大的推动作用，每年主办学术研讨会，邀请国内多个专业的学者前往文县铁楼进行田野调研；另一方面，当地各级政府也积极部署，利用国家政策脱贫攻坚。比如政府协调银行给办农家乐的农户办理贷款，实施利率优惠政策，目前，政府扶持农户开办农家乐35家，从业人员达360人，年收入800余万元。与此同时，农家乐带动了养殖业、种植业、特色农业以及手工业的发展，全乡开办了48户电商，主要依托独特的白马文化开发的刺绣、沙嘎帽、池哥昼面具等民俗文创产品以及花椒、烟熏腊肉等农特产品，线上线下销售额有200余万元。[①] 根据铁楼藏族乡余石东书记回忆：

> 当时（2009年），我们给村民们说乡村旅游的时候，他们都不相信，觉得是天方夜谭。村子里大多是老人和小孩，条件好一点的都搬到城里供孩子上学了，年轻人都在外面打工挣钱。我们乡上的干部一家一家地走，一家一家地讲，一家一家地做工作。我就是这里出生长大的，我也不确定民俗旅游能不能脱贫，我们都是摸着石头过河，但是我知道发展民俗旅游是我们最后一根救命稻草。如果错过这次机遇，我们将再一次地被边缘化，脱贫致富的梦想不知何时才能实现。[②]

如图1所示：铁楼藏族乡旅游接待人数和旅游收入持续增长，从2008年的0.50万人次，收入25万元到2018年旅游接待人数11.50万人次，收入1960万元，经过七年缓慢的发展后，实现了跨越式、井喷式的增长。截至2018年底，铁楼藏族乡贫困片区贫困人口由2014年初建档立卡的885户3364人减少到104户387人（其中新识别5户17人），累计减少781户2977人；贫困发生率由2014年的30.75%下降到3.53%，累计下降了27.22个百分点。[③] 非遗的保护与传承带动了白马民俗文化旅游的兴起，电子商务、特色产业以及交通、基础设施的改善让白马人走上了脱贫致富的快车道。2017年，文县铁楼乡白马人人均可支配收入为5398元，其中乡村旅游产业人均收入为878元，占人均可支配收入的16.3%。2018年人均可支配收入为6045元，其中乡村旅游产业人均收入为1692元，在人均可支配收入中占17.9%，比2017年增长814元，接近翻一番。截至2019年，文县整合资金5000多万元，建成白马人民俗文化表演场所3处，建成非物质文化遗产博物馆及6个白马人民俗文化传习所。

---

① 陇南市文化旅游局毛××提供。

② 访谈对象：余××，访谈人：王艳，访谈时间：2019年7月16日，访谈地点：甘肃省文县铁楼藏族乡草河坝村。

③ 文县铁楼藏族自治乡余××提供。

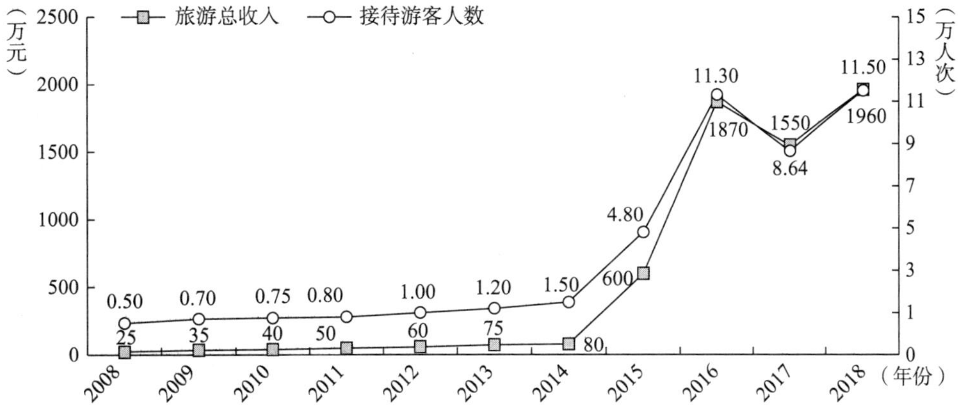

图 1　铁楼藏族乡 2008～2018 年旅游接待人数与收入

资料来源：陇南市文化旅游局毛树林局长提供。

（二）文学、艺术介入乡村

非物质文化遗产名录进一步拓展了白马人研究的新领域，位于藏彝走廊边缘的白马人再次引起了其他学科的关注和研究，很多学科都参与进来，如人类学、民俗学、藏学、文学、语言学、舞蹈学、音乐学、美术学、旅游学等，很多学者在自己的学术领域做了有益的探讨。白马人的语言、歌曲、服饰、舞蹈、传说故事等得到了全面的收集整理记录，当地建成了白马民俗文化非遗博物馆、非遗保护中心、文化传习所表演场所共 11 个（处），培养申报国家和省市县非遗代表性传承人 143 名。

陇南师范高等专科学校、兰州城市学院、绵阳文化艺术学院等高校在文县铁楼设立了研究基地、田野调研基地，出版了《陇南白马人民俗文化研究》《中国白马人文化书系》《陇南白马人民俗文化图录》《白马大词典》《文县白马人》等书籍，创作演出《白马·印记》《白马·圣典》大型歌舞剧，在全国公开巡演 100 余场次。北京联合大学与文县县政府合作申报白马人工艺美术人才培训项目，深度开发白马人文化的系列旅游产品，设计出 350 件文创产品。2019 年 2 月 21 日至 25 日，应新西兰政府邀请，白马人的非物质文化遗产“池哥昼”走出国门，在南岛克市元宵灯笼节连续表演了 5 场傩舞“池哥昼”、打墙舞、祝酒歌、火圈舞等原生态歌舞，受到当地人民和游客喜爱。十年来对民俗文化资源的深挖为民族文化旅游打下了坚实的基础。

（三）从文化自觉到文化自信

2009年，笔者住在班保林老师家，他是入贡山小学的校长，因为村子里上小学的孩子不多，有一部分条件好的学龄儿童在县城里上小学，整个小学从一年级到六年级就他一个老师。他算是当地最有文化的人，陇南市白马人民俗研究会送给他一台数码相机，并委托他拍摄记录白马人的民俗文化。在近十年的拍摄与记录过程中，班老师的相机从卡片机变成了单反，从一名乡村教师变成文县文化局的公务员，从一开始只会按快门变成现在铁楼乡有名的摄影师，寨子里有人办喜事儿比如结婚、办寿宴等都会请他去照相。班老师的母亲告诉笔者：

> 我儿子现在在文化局工作，一个月工资这么多（说着她伸出三个指头，脸上洋溢着幸福与满足），儿媳妇也在职工餐厅里做饭，也有工资，禅禅（班老师的二儿子）也从乡政府调到了文化局，专门搞我们白马人的文化工作，现在正在草河坝排练呢，是主持人。在县城也买房子了……[①]

言语间，笔者能感受到老人的骄傲与自豪。十年的时间，笔者亲眼见证了这个贫穷落后的小山村慢慢地变得富裕起来，同时，笔者也在熟悉的这个乡村教师家庭上看到非物质文化遗产给白马人带来的机遇与变迁。乡村振兴战略提出："以非物质文化遗产传统工艺技能培训为抓手，帮助乡村群众掌握一门手艺或技术。支持具备条件的地区搭建平台，整合资源，提高传统工艺产品设计、制作水平，形成具有一定影响力的地方品牌。"[②] 班杰军是国家级非遗项目"文县池哥昼"面具雕刻制作技艺的省级代表性传承人、国家级非物质文化遗产的代表性传承人。2006年，其作品"池哥昼面具"参选甘肃省民俗文化展，被甘肃省博物馆收藏；2014年，"池哥昼十二相面具"获得外观设计专利权；2015年3月，班杰军的系列产品"池哥昼面具"获国家第七届旅游产品展金奖；2016年4月，其原创作品"池哥昼面具"被中央美院收藏。如今，班杰军又多

---

① 访谈对象：班××的母亲，访谈时间：2017年1月10日，访谈地点：甘肃省文县铁楼藏族自治乡入贡山班××家中。

② 《中共中央国务院关于实施乡村振兴战略的意见》，人民出版社，2018。

了一个头衔——甘肃省第十三届人大代表。2018 年 1 月 27 日，正值甘肃省第十三届人民代表大会召开期间，班杰军作为陇南代表团的代表参加了会议，笔者在甘肃省兰州市人大会议期间对他进行了访谈：

访谈记录[①]

问：你作为人大代表，准备发言讲些什么？乡亲们都想让你把啥意见带到人大会上？

答：要致富，先修路。草河坝是乡村旅游示范村，政府投入也大，这几年旅游发展得好，村民都富了，但是我们村子，还有其他的几个村子都不行，我要提的就是，发展民俗文化旅游要“以点带面”。搞好一个示范村容易，但要打造一条沟、打造成片的区域，则需要省上给予更多支持，如果能把铁楼到平武的隧道打通、高速修通，我们和九寨沟、平武就连起来了，到九寨沟旅游的人可以到我们这边来感受白马文化，也可以去平武王朗自然保护区看大熊猫。旅游业发展起来了，我们就可以坐在家里挣钱了，年轻人也不需要出去打工了，肯定会吸引更多的年轻人回乡。大家最关心的是我们能不能像草河坝一样？国家支持了一个村，能不能支持一个沟？

问：旅游业的发展其实从某种意义上来说对民族文化是有影响的，你认为呢？

答：是有影响，但是没有办法，我们什么都没有，只有发展民俗文化旅游，开会的时候大家一直在说 2020 年要脱贫。如果不发展旅游，村子里的年轻人就没有人回来，都在外面打工。以后慢慢人都没有了，还有谁跳“池哥昼”？我们的民族文化都无人传承了。

问：你认为草河坝这几年作为国家重点扶贫的示范村，除了基础设施的改善，草河坝的村民有没有脱贫？

答：当然！我老丈人家就在草河坝，村子现在修得多好，游客都要到这里吃饭，还有住宿的。如果其他几个村也像草河坝这样，我相信年轻人

---

① 访谈对象：班 × ×，访谈人：王艳，访谈时间：2018 年 1 月 27 日，访谈地点：甘肃省兰州市皇冠假期酒店（甘肃省第十三届人民代表大会）。

都会回家学习白马文化、传承白马文化的。

问：第一次当人大代表有没有觉得压力很大？村里的父老乡亲们都要你把什么意见带到会议上？

答：今年第一年，一届代表任期是五年，感觉压力很大，责任更大。家乡的老人都希望子女回来，可是回到家乡只能务农，我们这一代农民基本已经脱离劳动了，吃不了苦不说，还挣不上钱。大家最迫切的愿望还是脱贫，把我们的民俗旅游发展起来了，离脱贫就不远了。

在和班××的谈话中，他对白马文化的热爱和坚守、对理想与现实矛盾的挣扎与妥协都蕴含其中。那一刻，班××已经不再是以前的“匠人”“非物质文化遗产的传承人”，他又有了一个新的身份“人大代表”。作为一个“80后”新生代的农民，他从小就想脱离这片土地，改变祖祖辈辈“面朝黄土背朝天”的命运，求学但没考上大学，学艺但不能养家糊口，后来到城市里打工，虽然解决了养家糊口的生计问题，但始终如浮萍一样漂泊，不能侍奉老人、陪伴家人是他最大的遗憾。最后在“池哥昼”被列入非遗名录之后，他义无反顾地回到家乡传承白马文化。班××是幸运的，在“非遗”的体系中，他因为非物质文化遗产传承人的身份到兰州甚至到北京学习，这是老一辈的传承人可望而不可即的，他自己也感慨自己生在了一个好的时代。在选举人大代表的时候，他因为自己非物质文化遗产传承人的身份、为白马文化的传承所做出的贡献而当选。

五　“铁楼模式”对乡村振兴的借鉴意义

乡村振兴的目标是“产业兴旺、生态宜居、乡风文明、治理有效、生活富裕”，涉及政治、经济、社会、文化、生态多个层面。铁楼藏族乡未来五年的发展目标是：“依托乡村旅游助推脱贫攻坚”，将铁楼藏族乡打造成乡村旅游示范乡。十年之后，再访铁楼，仿佛来到了陶渊明笔下的“桃花源”：干净明亮的房屋、开满鲜花的庭院、随处可见的标语“宣示”着幸福。当时“文县土琵琶弹唱”刚被列入甘肃省拟推荐申报的第五批国家级非物质文化遗产代表性项目清单，政府带着村民们正忙着准备申报非遗的申报书、图片、视频等材料，村头寨尾，上至老人下至幼童都在讨论土琵琶弹唱如何才能申遗成功，都自觉自愿地加入申遗队伍，希望能出一份力。

首先，国家和政府在乡村振兴中有着不可替代的主导作用。从“新农村建设”“美丽乡村建设”“精准扶贫”到今天的“乡村振兴”，从根本上是为了改变农村贫穷落后的面貌，缩小城乡之间的贫富差距，实现乡村现代化。国家的资金投入、政策的倾向优惠，政府的顶层设计、制定战略规划、整体推进实施是乡村振兴的保障。如今，在国家大力主张保护非物质文化遗产的语境下，一方面，国家的介入使民间传统文化重新被挖掘，“文化大革命”期间被视为封建迷信的都已经“旧貌换新颜”，仪式中的道具、服装、音乐元素受到了重视，被鼎力恢复甚至是再创造；另一方面，当地政府在“文化搭台、经济唱戏”的主导下，每年都举行民俗文化旅游节，极大地提高了白马民俗文化的知名度，为文化旅游打下了坚实的基础。

其次，文化是乡村振兴之魂，保持文化主体性是乡村振兴的原动力。中国是一个传统的农耕文明国家，中国社会是乡土性的，[①]“乡土性”才是中华文明的根脉。梁漱溟也说：“中国这个国家，仿佛是集家而成乡，集乡而成国。中国文化的根本就是乡村。”[②] 村民根据自己的能力和兴趣可以开农家乐、做电子商务、做养殖业、做特色农业等。他们白天接待外来旅游的客人、晚上到文化传习所唱歌跳舞，传承民族文化。村里的留守妇女和儿童自发地组织成立了“白马风艺术表演团”和“白马魂原生态表演队”，2019 年上半年收入有 10 余万元，带动了 160 多人就业。新时代的“老有所终，壮有所用，幼有所长”的“大同世界”大抵如此。

最后，文化自觉是文化振兴的逻辑起点，只有对自己的文化有“自知之明”，才能在多元文化中找到自己的文化坐标，也就是费孝通所说的“各美其美，美人之美，美美与共，天下大同”。[③] 铁楼藏族乡的第一张人文名片是白马人。村民是乡村的主体，也是文化的载体，他们的文化根植于文化实践、观念表述等自然和文化两个空间，没有了村民的乡村将失去文化活态化传承和创造性发展的主体。非物质文化遗产项目让更多的人有机会参与到本群体的文化振

① 费孝通：《乡土中国》，北京时代华文书局，2018，第 1 页。
② 梁漱溟：《乡村建设理论》，上海人民出版社，2011。
③ 费孝通：《反思·对话·文化自觉》，《北京大学学报》（哲学社会科学版）1997 年第 3 期。

兴中，乡村里的老人本来是被赡养的对象，现在却是本民族文化积极的传承者、传播者，他们身上有一种强烈的使命感，即要把白马文化传承下去。只有培养一批懂民俗文化、会手工艺、懂经营的当地年轻人，白马人的民俗文化才能薪火相传、生生不息。

乡村产业振兴背景下能人经营村庄与农民被边缘化*

舒丽瑰**

在乡村产业振兴背景下，能人在发展乡村产业中的积极作用被充分讨论，如“能人返乡，产业回乡，市民下乡，农民致富”① 等，对其意外消极后果讨论得相对较少。笔者从社会基础的角度，以全国性市场中相对边缘的地带，即中西部农村的乡村振兴经验为例，梳理在乡村振兴背景下究竟是何种类型的能人回村，能人回村的动力是什么，回村能人经营的产业有何特点，能人回村经营产业对村民及村庄社会有何影响，以此说明乡村产业振兴与能人回村经营意外后果的关联。同时，在此基础上进一步挖掘乡村产业振兴目标与目标实现的社会基础，目标实践如何根据村庄的社会基础因地制宜。

一　乡村产业振兴背景下能人回乡的经验素描

中国的地域分化差异较为明显，承接乡村产业振兴实践的基础也相应分化，出现了三种类型的村庄：第一类是占全国农村 10% 的沿海城市经济带的农村地区，以珠三角地区和长三角地区为代表，这里乡村工业化起步早，农村产业兴旺，农民生活富裕，已经被纳入沿海城市带；第二类是中国中西部绝大多数的

---

* 基金项目：国家社科基金青年项目“基于小农户需求的农业社会化服务的内生性发展路径研究”（18BSH040）。

** 作者简介：舒丽瑰，华中科技大学公共管理学院博士研究生，研究方向：行政管理与农村社会学。

① 吕富来：《能人返乡 合作社兴乡 市民下乡 婺源凝聚“人气”促乡村振兴》，《江西农业》2017 年第 24 期。

一般型农村地区，这里因缺乏乡村工业化带来的就近务工机会，农户大规模外出务工，少部分留守村庄，这样的村庄占到全国村庄的70%以上；第三类是具有区位优势或旅游资源的农村地区，这里的村庄自然资源禀赋优越，具备发展休闲农业、乡村旅游等新兴产业的基础，适合推进三产融合。[①] 各地政府实施乡村振兴政策的社会基础因此大为不同，相比较而言，第一类及第三类村庄产业发展的经济基础较好，产业振兴较易成功，第二类村庄的经济基础稍差，处于市场经济机会的边缘地带，其产业振兴的状况有待探究。第二类村庄在全国村庄中占比较大，其乡村振兴实践经验因此对全国性乡村振兴实践意义重大。为此，笔者将研究侧重在对这一类村庄经验的总结提炼上，以期对乡村振兴实践形成整体性的认识。这里仅选取笔者近期调研的一个中西部农村的经验（中部省份G镇），以此呈现能人回乡与乡村振兴之间的复杂关联机制。

1. 能人回乡的空间特点

在位于中部省份的G镇，当地政府选取了镇域范围内经济基础较好的一个村庄作为试点，整合全镇资源，推动该村的产业发展。该村经济基础好，集中体现在村集体资源禀赋好、上级存量资源反馈量多等几个方面。G镇是在2004年前后由三个乡镇合并而成的，现有52个行政村，共10万人。G镇D村在并镇以前是集镇村，并镇之后，上级只取消了该地的乡镇政府，并未取消其他职能机构，因此当地各项公共服务功能完备。同时，D村现有2900多人，5000多亩耕地，有超过2000亩靠近湖区未计入村庄土地面积的开垦地。村集体每年有十几万元的收入，是镇内集体经济资源比较丰富的村庄。此外，D村是G镇的亮点村，乡政府历来比较重视该村，上级各项项目资金都集中投放到该村。在乡村振兴背景下，地方政府积极推进三产融合发展，但G镇的三产融合发展并未全面铺开，而是将基础条件较好的D村选为试点村，近几年上级政府已在该村投入了上亿元资金，后续还有数十亿元资金投放进来。

2. 能人回乡的主体特点

在乡村产业振兴背景下，有资本、有暴利优势的老板会被吸引回村庄。2013年，G镇政府为推动村庄产业发展，引进了一位本土老板回乡。然而该本土老板的发家史是一部灰色史，这位老板年轻时是当地有名的混混，靠好勇斗

① 贺雪峰：《谁的乡村建设——乡村振兴战略的实施前提》，《探索与争鸣》2017年第12期。

狠出名，后受另一名混混的提携，开始承包工程，逐步起家。随着经济建设重心向城市转移，他也随之进了城。进城之后，这位老板长期活动在县郊村的利益边缘地带，靠灰色势力及承包工程获利，并积累了一定的财富。2013 年前后，政府引进能人回乡时，也适逢该老板的事业瓶颈期，随着县郊村的建设规划逐步正规化，依托不规范经营获利的商人也遭遇了事业危机，迫切需要机会来缓解事业压力，地方政府的引进及支持给了其释放压力的空间，他们因此顺利回乡。

3. 能人回乡的产业特点

能人回乡之后的重点是经营村集体土地资源，具体策略如下。首先，利用资本成为村级权力中心，并长期占据主职村干部的位置。其次，利用自身的经济资本及社会网络，将几乎所有的村干部发展为自己产业的雇工。具体来讲，将部分村干部发展为集资—分红模式的下线，年初入股资金，年底留本付息，承诺年回报率将近 20%；让部分村干部去工程队等担任管理人员，再低一级的村组干部则去工程队等打零工。最后，积极向上争取大量资金，推动涉及村庄土地的建设，如新修道路、新建村办公大楼，做新农村建设、美丽乡村建设、增减挂钩、村湾集并等项目，大规模开发小产权房等。在新任村干部任期内，村庄的土地指标、土地性质及土地用途发生了翻天覆地的变化，与此同时，此前空置的土地上也覆盖了密集的各种类型的房屋。另外，村庄的农地也被集中收回，用于各种开发和运作，村庄的土地面貌变化较大。

4. 能人回乡的影响：“自”富

以 G 镇 D 村的情况为例，能人回村之后，回村能人实现了财富集聚，从资产千万的老板转变为资产过亿的老板，围绕在老板身边的村干部等人也富裕了，从之前缺乏资产的普通农户蜕变为资产上百万元的富人；但农民的生活整体上却没有多大改观，除部分在老板工队务工的农户外，绝大多数的农户还是以外出务工为主。能人回乡之后，富者愈富，穷者愈穷，分化较大。

在乡村产业振兴背景下，中西部农村能人回乡的经验内涵比较丰富，同时能人回乡经营的效果与乡村产业振兴的目标差距较大。关于这一反差是如何出现的，能人回乡经营的产业特点是什么，其对农民的生产生活产生了怎样的影响，为什么会产生这种影响，本文将在接下来讨论。

二　乡村产业振兴背景下能人回乡经营的特点：“无发展的经营”

能人回乡如何带来农民被边缘化，这首先要从能人回乡经营的产业特点谈起。中西部普通农村的经济机会有限，能人回乡也很难改变这一结构性特征，能人回乡无法带来增量性产业，而是倾向于在政府的支持下在乡村开发房地产。这在本质上属于政府让利行为，因而称之为“无发展的经营”。同时，能人回乡经营产业目标的达成需要相应类型的村级组织，村级组织的职能从政治治理转向经济经营。故在实践中能人回乡经营既在经营产业，也在经营村级组织。

1. 经营无发展的剩余产业

农村的经济资源、经济机会匮乏，能人回乡创业的机会空间受限。结合G镇D村的调研经验笔者发现，为了获取利益，不少能人将侧重点放在变相开发乡村房地产上。开发房地产需要土地、指标、市场、资本等要素。能人具有一定的资本，但缺乏前面三项要素。为实现目标，能人积极创造条件。首先，他们会积极争取增减挂钩的土地整理项目，以获取建设用地指标。其次，获得建设用地指标后，能人倾向于囤积指标或低价圈占农地，为利用建设用地指标做准备。在土地资源受约束的背景下，建设用地指标供给稀缺，价格逐渐攀升，因而具有囤积价值。能人会以村庄建设的名义向上争取指标，向下获取土地，以每亩几百元的价格长期租用农户土地或者以村集体的名义低价征用农户土地，至于村集体的公共空地等则通常被低价甚至无偿占用。再次，能人获取土地和指标后，会自行并积极借用政府的力量，做好建设规划，人为构建地方性的购房市场。如控制农民新建房屋或翻修房屋，鼓励农民进城买房，借助新农村建设、美丽乡村建设的名义整村搬迁农户房屋，推动农户进城换房、买房。最后，能人老板会利用村干部的身份之便及资本，将低价获取的土地指标、土地转换成房屋，从而变现，获取巨额利润。如此，便是能人的“产业振兴”之路。

2. 推动公职人员为产业经营的执行者

村集体经济为全体村民集体所有，村级管理人员代为统一管理，管理目标是公共性的，服务于全村村民的利益。笔者在G镇D村的调研中发现，在乡村振兴背景下，村级管理人员的职能发生私人化。在乡村振兴背景下，回乡能人具有外生性。外生性能人回乡，并要在村庄实现一定的发展意图，就必须与村庄结构嵌在一起，而这种嵌入需要支付一定的成本。因为按照既有的村庄发展轨迹，村庄内生结构已经生产出相应的权威人物及行为规则，且其相对保守，倾向于维持村庄既有秩序。现有的外部力量要打破这一结构，并重新输入一套规则，就必须对旧有结构尤其是核心力量进行重塑。在实践中，回乡能人倾向于用短期化的手段，用利益收买村级管理人员，并且根据不同类型精英的作用大小来确定其收买价位，村级管理人员的性质发生了转变。

3. 推动公共组织为产业经营的媒介

村级组织的主要职能是政治管理而非发展经济，村级组织的集体资源也需围绕此职能定位用途。能人回乡以后，村级组织的职能发生了变化，村级组织的集体资源的定位也发生了变化，资源逐步被消耗殆尽。在 G 镇 D 村的能人回乡以前，D 村原本有一两百万元存款，年收入十几万元，村集体资源丰富，村级组织运作良好；能人回乡之后，由于积极向政府申请建设类项目、村湾集并建设项目等，村集体资产投入村庄建设，村级组织因此负债几千万元。债务包括能人以村级组织的名义向 G 镇政府借款 400 万元用于村级建设，担保借款几百万元，村级组织欠能人私人 1000 多万元建设款等。此外，村级组织每年需要给能人开发的小产权房提供清洁卫生服务、物业服务，费用支出一年一百多万元，村集体年收入只有十多万元，一年就产生上百万元的债务。村级组织欠债是因为项目建设前期资金和后期支付有缺口，能人和村级组织共同筹集资金，政府拨款后优先分配给能人，项目建设中未足额拨款部分或因不当建设扣款的部分由村级组织承担。而且，项目需要固定自筹的部分资金也由村级组织承担，项目建设的后续管护成本仍由村级组织来承担。

4. 推动公共资源成为产业经营的来源

农村的集体资源具有公共属性，不是某一群体的私有财产，在某种程度上是国家的存量资源，有助于农村社会后续的发展。笔者在 G 镇 D 村的调研中发现，能人在回乡之后替代政府，将大规模农地非农化，获取利益。首先，回乡后，能人首先将注意力放在了价值较高的建设用地指标上，通过申请土地增减挂钩项目及有意扩大项目整理的范围、增加次数，获取了上千亩可灵活使用的建设用地指标，由此能人代表村级组织掌握指标。其次，能人借助项目、身份等资源，低价占用农户土地，以每亩 400 多元的价格将农户的土地征用为建设小产权房的建设用地，面积与建设用地指标一致。最后，能人推进大规模土地流转，并借机将集体土地中水源较好、适合养殖、价值较高的两三千亩垦区土地以每亩100元或无偿的方式据为己有。同时，能人申请了大量政府项目覆盖其中，农村的公共政策及土地均成为其获利的工具。

能人回乡之后，村级治理组织、工作人员、集体经济资源成为能人运营、获利的手段，并被私人化。

三　乡村产业振兴背景下能人回乡经营的后果：“农民被边缘化”

能人回乡的“无发展的经营”特点决定了农民的获利空间有限，具体包括经济获利空间有限、政治空间获利有限。产业上的“无发展的经营”首先意味着能人很难扭转中西部普通农村处于经济机会边缘的结构性特征，绝大多数农户无法像沿海发达地区的农户那样实现就近就业、就近富裕，且在能人经营的过程中农民的经济利益还存在直接受损的可能性。其次，产业上的“无发展的经营”还意味着村级组织性质的变质，农民因此感受到政治治理职能发生变异，政治上的边缘感较强。以下围绕乡村振兴目标，突出农民在能人回乡过程中的获益情况。

1. 农民经济边缘：排斥性的利益分享链条

能人的产业振兴之路带来了乡村市场上的短暂繁荣景象，但这种繁荣是瞬时的，其以大多数农民的利益牺牲为代价。笔者在仔细分析后发现，首先，能人借助政府及村集体的力量，变相将农户土地以租代征，侵占了农民及政府应得的土地增值收益。其次，能人在开发建设的过程中存在大量侵占集体资源的模糊地带，农户本应分享的集体资源受到损害。再次，能人为开拓市场，强行推动农户进城买房，增加农户的居住成本，农户在村湾集中居住后，需支付至少十几万元的装修费用、超出原有房屋面积的购房费用等。最后，能人借助政府力量强制推动大规模土地流转，威胁农民的基本生存保障。另外，能人会根据自己的产业需要，改变局部地区的农业生产条件，如填埋水渠、水田中修路等，限制农户在大规模土地流转后继续投入生产的可能性。

2. 农民政治边缘：垄断性的政治表达空间

能人回乡之后改变了村级组织的公共性，农户的政治效能感降低。首先，能人借助私人化的村干部排斥农户的公共政治诉求。能人回乡之后，以利益为手段，将村干部变成自己的“雇工”，由于村干部的利益来源发生变化，其行为倾向随之改变，逐渐以能人（老板）的意志为行事准则，处理公共事务的原则性逐步丧失，处理公共事务的时间、空间受到挤压。其次，借助去公共化的“精英”农民，排斥农户的意见表达。例如，“钉子户”在一定程度上也是“精英”农户，他们拥有暴力、策略等资源。从治理的角度来看，“钉子户”是个贬义词；从反馈问题的角度看，“钉子户”是个中性词，是群众不规范的意见表达主体。能人介入村庄后对“钉子户”等群体采取了暴力威胁加利益收买的方式，农户的反对意见很难表达，进而政治边缘感加强。

简言之，能人回村后形成了一元主导的寡头政治格局，农户的意见难以表达。能人控制了村级治理事务中几乎所有类型的精英，这里的“精英”是宽泛意义上的精英，凡是有一定能力的，不论是灰色势力还是非灰色势力都算精英的一种。[①] 以能人为中心，形成了层级化的精英体系，排斥了普通农户。

能人回乡之后还衍生出了其他的治理问题，基层治理能力弱化，国家意志渗透基层的难度加大。能人回乡导致村级组织负债，村级组织的资源能力弱化，治理能力相应弱化。另外，以能人为主导的寡头政治格局，使得部分农户开始质疑政府形象的权威性。乡村产业振兴背景下，能人回乡了，但农民的利益并未有效增加，村庄的治理效能反而降低。这种政策实践的反差值得警惕。

四　乡村产业振兴背景下能人回乡经营后果的机制分析

1. 发展性任务的不确定性

从区域来看，中西部农村处于全国市场的相对边缘地带，经济机会有限且分布相对集中，更多的机会主要集中在少量城市，农村本质上还是农业型板块。政府提出的乡村振兴战略，是试图在经济边缘地带振兴经济，发展产业。从工作性质来看，这是项发展性任务，完成此项任务需要大量的资本及对乡村社会的深度动员。这超出了乡村治理组织既有的孱弱的治理能力。农业税费取消以后，地方政府丧失了有效动员农户的手段，与此同时，村级组织统筹农户的经

① 李祖佩、曹晋：《精英俘获与基层治理：基于我国中部某村的实证考察》，《探索》2012 年第 5 期。

济能力也弱化了，政府在取消税费的同时也取消了村级组织统筹农户资金、劳动力的制度性权利。另外，村级组织的组织体系也被弱化了。税费取消以后，政府推进了大规模的撤村并组运动，村级治理规模增大，职数减少，治理能力弱化。弱化的村级组织只能勉强维持村庄秩序，普遍处于“怕出事”“不做事”的状态，无力应对政府分配的发展性任务。但此发展性任务又是政治任务，地方政府必须完成。出于完成任务的考虑，地方政府采取了变通策略，向外求援。

2. 模糊化产权的维权困境

能人回乡后要对村庄建设、规划做出调整，村级集体资源会受到影响。在村级建设发展过程中，农民的集体财产观念淡薄，缺乏分享、保护集体财产的意识，在此过程中易出现村级集体资产流失、村级组织和村民分享不到村庄发展红利的现象。农民的集体观念缺乏制度性、社会性的形塑机制，是农民集体资产观念淡薄的重要原因。以土地为例，分田到户以来，政府在农村的各项土地政策都倾向于一分到底，对统的部分强调得比较少，农民的个体使用土地的权力得到强化，村集体调整、统筹土地的权力受到限制。① 村集体缺乏机制去组织动员、整合农户，农户的集体土地观念弱化，相互之间的关系也进一步松散化，他们很难认识到“村集体土地是全体农户所有”，在集体土地上形成利益联结。同时，村级组织的主体意识也比较模糊，缺乏保护村集体经济的责任意识。在现行制度框架下，村级组织和分散农户对村级资源的产权意识都比较模糊，难以成为保护村集体资产的稳定责任主体，集体资源逐渐呈现“无主化”的倾向。当外部力量介入时，各方村治主体很难基于清晰的集体财产观念、边界与外部力量协商谈判，提高集体资源的交易价格，分享集体经济发展的好处。村集体资产被外来能人侵蚀，出现农户利益得不到保障的情况。

3. 分散农民的议价难题

农民群体的内部是分化的，并不是一个整体，缺乏集体一致行动的能力。这在某种程度上意味着当外部力量侵害农民的利益时，农民是可以被治理和控制的。农民群体中的绝大多数表达自身诉求的能力较差，行为保守，表达利益诉求时倾向于依附少数精英人物。但普通农户与精英农户之间的关联正在逐步

① 仝志辉、温铁军：《资本和部门下乡与小农户经济的组织化道路——兼对专业合作社道路提出质疑》，《开放时代》2009 年第 4 期。

弱化。随着现代化的进程加快，村庄的血缘、地缘结构加速瓦解，农户之间均质化的传统联结纽带也被逐步瓦解。另外，自人民公社解体以来，村级组织与农户的联结程度也在逐步弱化。市场经济兴起之后，村民内部的经济分化越来越严重。总体来讲，精英农民与普通农民的关系愈发松散，农民内部的集体行动能力逐步弱化。当外来能人进入村庄侵蚀集体资源时，精英农民往往也被利益收买，站到绝大多数群众的对立面，不仅不为农户发声，而且利用熟人社会的信息存量去分化、化解群众。农民群众的集体行动能力被彻底瓦解，外来能人损害农户利益也成为成本极低的事情。

4. 地方政府的底线治理

地方政府"不介入"的消极治理状态也是能人获取大量利益的重要基础。地方政府是维护村级治理秩序的重要一环，若村级组织缺乏维护秩序的能力，地方政府可及时介入，进行规则引导，村级治理的秩序因此得以维护。但系列治理变革施行以来，基层政权与村级组织的制度性联结逐步丧失，关系脱嵌程度加深，村级治理效果因此受到影响。税费取消以后，基层政权介入村庄事务的制度性压力丧失，基层政权消极"不作为"的行为逻辑日益凸显，主动介入村级事务的积极性下降。[①] 另外，税费取消以来，基层的治理规则发生变化，逐步从总体性治理向技术治理转变。[②] 技术治理思路注重过程控制，过程控制需要借助大量信息化、文本化的手段。这一方面增加了基层组织的工作量，另一方面带来了基层治理逻辑的转变，即基层组织愿意遵守形式正义逻辑，不追究背后的实质正义逻辑。信访制度可以打破基层组织这一行为逻辑，但只要能人能控制群众，不产生信访压力，基层就会缺乏深入介入的积极性。

五 小结

乡村产业振兴的目标是村庄产业振兴，农民生活富裕，但在实践过程中在普通中西部农村却出现了相反的景象，即村庄产业无发展，农民经济状况未得到改善。这一政策实践反差值得警醒。研究发现，在普通中西部农村，地方政

---

① 贺雪峰、刘岳：《基层治理中的"不出事逻辑"》，《学术研究》2010 年第 6 期。

② 渠敬东、周飞舟、应星：《从总体支配到技术治理——基于中国 30 年改革经验的社会学分析》，《中国社会科学》2009 年第 6 期。

府为实现乡村产业振兴目标，往往借助回乡能人的名义，推动资本下乡，在此过程中村庄未得到实质性的发展，能人侵占了大量的集体公共资源，绝大多数农户被排斥在利益分享链条之外。能人回乡产生上述后果的主要原因是，中西部农村处于市场边缘、农村集体资产缺乏保护性的制度框架等。在经济机会匮乏的中西部农村，能人也很难带来产业的增量发展，产业振兴遂蜕变为分割集体资源。农村集体产权制度的主体相对笼统，与农户之间缺乏直接的利益实践、勾连机制，当回乡能人瓜分集体资源时，农户及相关利益群体无法及时制止，村集体经济资源因此大量流失。

若要减轻中西部普通农村能人回乡经营的恶性后果，需从以下几个方面入手。一是辨析乡村产业振兴政策实践的社会基础，分区块实施乡村振兴的产业创新实践，将创新区域更多集中在靠近城市的机会充裕地带。二是从理论层面进一步明晰乡村振兴的主体。三是加强集体资产产权制度建设，防止集体资产流失。

农村公共品供给“补缺式失衡”：何以生成与强化

——中部三村比较例证

李尧磊*

一　问题提出

税费改革以来，国家由“汲取型国家”转变为“给予型国家”，开始加大对乡村发展的政策倾斜力度，将各类资源打包以专项的形式源源不断地输入农村，有力地改善了我国农村的生产生活环境，遏制了部分村庄衰退、空心化现象进一步蔓延的态势。但不可忽视的是，国家向农村输入资源也带来了一些新问题，或使旧问题复发。其中一个比较尖锐、引发各界关注的问题是部分地区村庄的发展差距拉大问题，即大量资源被政府以行政手段堆砌到某些类别村庄，造成村庄间资源获取的厚薄不均，损害了政府施政的公平性，降低了村民获得感，不利于村庄协调发展。党的十八大以来，随着精准扶贫战略的提出，国家向农村输入资源渐趋高峰。由于国家设定了2020年全面建成小康社会、消除绝对贫困的宏伟目标，国家的精准扶贫战略侧重扶持贫困村，在这样的背景下，存在贫困村与非贫困村之间发展差距拉大的可能。这种发展差距是以村庄整体为单位展开的，主要体现为公共物品的供给差异。本文要探讨的中心问题是在精准扶贫背景下，政府的“有形之手”是如何动态形塑不同类型村庄公共品供

* 作者简介：李尧磊，上海理工大学管理学院硕士研究生。

给“补缺型失衡”这一严峻现实的。

2019 年 7 月，笔者借助熟人关系得以“入场”桥镇，展开为期 20 天的田野调研。[①] 本文的田野资料主要来源于笔者亲临现场的深度参与观察，对桥镇部分村镇干部、村民的半结构访谈，以及从桥镇扶贫站获取的大量文字统计资料。

二 “均衡的匮乏”：精准扶贫前中部农业型村庄公共品供给样态

桥镇地处中部地区 H 省 X 市 Y 县，西北部群山环绕、丘陵起伏，东南部为开阔的平原。本文的调研对象——马村、木村与高村，皆位于桥镇山区地带，是中部地区农业型村庄的代表性样本。

对于包括马村、木村与高村在内的中部地区农业型村庄而言，村庄公共品供给阶段以税费改革为界大致可以划分为两大阶段。在税费改革前，村庄公共品的主要供给方式是村民自筹资金制度外供给，但是由于有限的农业剩余，这种公共品供给方式仅能满足村民日常最紧缺的生产生活需求；税费改革后，村庄公共品供给主要由国家财政投入，国家的村庄公共品供给的主导者角色更加明晰。具体来说，以国家财政投入为主导向农村投入的公共品以普惠性公共品居多。普惠性公共品是相对于专惠性公共品而言的。专惠性公共品的供给对象特定，旨在服务于特定的施政目标，比如镇街形象维护、政绩宣传以及激活乡村旅游资源的经济属性等，而并不在意供给对象的“阳光普照”。一般而言，这类公共品主要被分配到位置优越型、政策青睐型与资源丰裕型村庄。

普惠性公共品则服务于国家统一而非特定的施政目标。这类公共品面向多数村庄，“见者有份，雨露均沾”而不论村庄类型与发展程度。常见的普惠性公共品有新型农村合作医疗、交通通信、农村义务教育、道路“村村通”、广播“村村通”等。普惠性公共品旨在扩大公共财政的农村覆盖范围，但限于我国村庄总量众多、农村基础公共设施投资巨大，有限的国家财政投入会随着村庄数量增多而不断摊薄。因此，普惠性公共品之于农村的主要功能是“筑底”，亦即保障农村最基本的生产生活秩序，不至于广大的中西部农村呈现一派衰败

① 基于学术惯例，本文涉及的村镇等专有名词已做脱敏处理。

景象。本文的研究对象马村、木村与石村的公共品存量主要来自普惠型公共品。

对于马村、木村与石村等农业型村庄而言，由于国家财政资金旨在“筑底”，村庄又缺乏内生经济来源，这类村庄的公共品供给总体呈现“均衡的匮乏”的局面。“均衡”意指普通农业型村庄的既有公共品存量彼此相差无几，“匮乏”意指既有公共品存量仅能满足村民的基本性生产生活需求。总而言之，“均衡的匮乏”是村庄公共品供给进程中的非健康状态，是国家落实“多予、少取、放活”“以工补农，以城带乡”方针渐进进程的非常态状况，需要国家下一步持续加大发力，推进农村更好更快发展。

三　贫困村识别－退出机制的在地化形态

贫困村识别－退出机制是公共品供给“补缺式失衡”生成的制度背景。本部分将分析在中部农业型地区贫困村识别－退出机制的文本规定经过逐层演变后的落地形态。

（一）以贫困户为瞄准单元：贫困村精准识别机制

2013 年 11 月，习近平总书记在湖南湘西考察时首次提出“精准扶贫”，精准扶贫的基本要求是“六个精准”，对于贫困村而言，精准识别构成村庄精准扶贫的前提与基础性条件。2014 年国务院扶贫办印发的《扶贫开发建档立卡工作方案》（以下简称《方案》）指出，贫困村的识别原则上按照“一高一低一无”的标准进行，即行政村贫困发生率比全省贫困发生率高一倍以上，行政村 2013 年全村农民人均纯收入低于全省平均水平的 60%，行政村无集体经济收入。依据中央文件精神，H 省在结合本省实际情况的基础上，制定出台了《H 省扶贫开发建档立卡工作方案》（以下简称《H 省方案》），《H 省方案》的贫困村识别条件与中央要求一致。在基层落实中，桥镇所在的 X 市结合本市实际，执行国家对贫困村“一高一低一无”的识别总体要求，对本市贫困村的识别条件做出了进一步细化，即按照“行政村贫困发生率高于 17.2%，行政村 2013 年全村农民人均纯收入低于 4737 元，无集体经济收入”执行。

对于行政村贫困发生率与农民人均纯收入两项指标内容，其数据统计主要建立在贫困户识别的基础上。一方面，贫困人口与村庄总人口的比例直接构成行政村贫困发生率；另一方面，作为村庄底层人口的贫困户的收入状况是拉低村庄村民人均纯收入的核心变量。同时，村庄农民人均纯收入的烦琐计算也促使基层干部在贫困村识别实践中有意忽略此条件。由此，贫困村识别条件可以归纳为两项内容，一项是贫困户识别情况，另一项是村集体经济状况。对于中西部农村而言，由于推行家庭联产承包责任制以来，村集体“统”的功能消失殆尽，加之缺乏区位、资源与市场优势，村庄没有发展集体经济或者集体经济薄弱是中西部农业型村庄的常态，仅有个别城郊村、中心村与政策扶持村等类型村庄拥有规模不等的集体经济资产。因此，贫困村识别条件中的“无集体经济收入”一项对于大多数中西部村庄而言都符合。笔者所调研的马村、木村与高村以及桥镇的部分其他村庄，村集体经济名存实亡，更不用说固定的村集体经济收入来源了。因此，村庄贫困户识别情况就成为衡量村庄能否进入贫困村的决定性条件，这也是笔者做出“以贫困户为瞄准单元的贫困村精准识别机制”这一判断的制度缘由所在。

（二）以整村推进为考核目标：贫困村精准退出机制

精准扶贫是一个动态管理、有进有出的过程，最终落脚点在于精准脱贫。党的十九大报告提出要到2020年全面建成小康社会，确保我国现行标准下农村贫困人口实现脱贫，贫困县全部摘帽，解决区域性整体贫困。2016年4月，中办印发《关于建立贫困退出机制的意见》（以下简称《意见》）。针对贫困村出列，《意见》指出贫困村退出以贫困发生率为主要衡量标准，统筹考虑村内基础设施、基本公共服务、产业发展、集体经济收入等综合因素。原则上贫困村贫困发生率降至2%以下（西部地区降至3%以下），在乡镇内公示无异议后，公告退出。

依据中央文件精神，H省在结合本省实际情况基础上，出台了《H省贫困退出实施办法》（以下简称《H省办法》）对贫困村出列的条件做出了进一步明确细化。《H省办法》指出贫困村退出以行政村为单位，以贫困发生率为主要衡量标准，原则上为贫困村贫困发生率降至2%以下；基础设施建设达到有一条通村公路实现硬化，具备条件的村实现通客运班车，农村饮用水符合安全卫生评价指标体系要求，基本满足生产生活用电需求等；基本公共服务实现广播电视“户户通”，有综合性文化服务中心，有标准化卫生室，有合格的乡村医生或执业（助理）医师，基本实现通宽带等。同时，统筹考虑产业发展、集体经济收入等因素。

具体到Y市，除“统筹考虑贫困村产业发展和集体经济收入等因素”方面，Y市在对辖区内出列贫困村的考核中除将之作为硬性条件，并规定村集体年经济收入五万元以上为优秀，五万元以下为一般外，其他条件与省级政府保持一致。

综上，通过对各级政府规定的贫困村出列条件的细致梳理可以发现，政策设计是将“整村推进”作为贫困村退出的最终考核目标。也就是说，贫困村退出既要考虑村民个体性的发展，通过对村庄建档立卡贫困户实行精准帮扶，实现分批次有序脱贫，将村庄贫困发生率降低到2%以下，也要考虑村庄的整体性发展，通过向村庄提供种类齐全的公共品，[①] 推动贫困村经济社会文化事业全面发展，夯实贫困村协调发展的基础，增强贫困村自我发展的能力。

四 公共品供给“补缺式失衡”的生成

根据前文分析，桥镇对贫困村的识别条件即村庄贫困发生率，也就是根据有多少村民满足贫困户的识别情况来判定哪个村庄符合条件。因此，对桥镇贫困户识别的分析构成贫困村识别的先决性条件。本部分在对贫困户识别情况的基础上，将结合贫困村识别-退出机制，讨论公共品“补缺式失衡”的生成逻辑。

（一）“虚假贫困户”的生产与贫困村选定

在H省贫困指标逐级分配的过程中，桥镇获得了两个省定贫困村名额。要说明的是，桥镇获得的两个名额并不是基于基层扎实调查、自下而上精准识别出的，而是省级扶贫部门依据测算结果自上而下分配（指标）的。在这种情况下，下级政府获得的贫困村指标与地方贫困情况未必一致。[②] 在实际中，容易出

---

① 广播电视“户户通”、综合性文化服务中心、标准化卫生室等公共服务属于广义公共品范畴，贫困村集体经济发展的载体是政府向村庄供给的项目化公共品，这类公共品属于发展型公共品，旨在借助集体经济壮大推动村庄发展并惠泽全体村民，满足公共品非竞争性与非排他性的基本特征。

② 这一现象在诸多文献中都有提及，笔者相信这一现象在实际中绝不是个例。详见邓维杰《精准扶贫的难点、对策与路径选择》，《农村经济》2014年第6期；原贺贺《贫困村识别的基层政府治理理性解构——以中原M县为例》，《南京农业大学学报》（社会科学版）2019年第3期。

现两种情况：一种是贫困村投放名额少于实际贫困需求，出现符合条件的村庄“争当贫困村”的现象；另一种是贫困村投放名额多于实际贫困需求，为不浪费贫困村名额，一些基层政府就容易形成生产“贫困户”以满足贫困村条件，套取贫困村名额的政策执行变通行为。本文所调研的桥镇就是属于后一种情况。

桥镇产生批量生产“贫困户”的变通行为，在于上级贫困村指标测算与分配的做法在落地过程中与既定社会基础不契合。长期以来，中部农业型村庄形成了以“半工半耕”为主导的家庭生计模式，[①] 村民主要依托传统种植业与养殖业、外出务工作为家庭主要经济收入来源。本文调研对象——马村、木村与高村，便是典型的中部农业型村庄。粗略估计，“半工半耕”人口占据村庄总人口的70% ~80%。“半工半耕”村民群体人数最多，构成村庄的中间阶层。在当前全国统一劳动力市场的情况下，一个农户家庭只要有一个劳动力进城务工经商，其家庭收入就会远超当前农村贫困线。[②] 因此，中部农业型村庄的贫困状况具有浅度贫困特征，精准扶贫重点识别的是村庄少量的由老弱病残幼构成的底层群体。中部农业型村庄的浅度贫困特质表明，村庄绝对贫困人口数量少，一旦村庄绝对贫困人口数量未能达到既定贫困村识别标准，而上级政府对贫困村识别名额进行硬性分解，那么基层政府就具有生产“贫困户”、套取贫困村名额的冲动。

在桥镇2014年对镇域内行政村贫困情况的摸底调查中，即便是作为前精准扶贫阶段镇域仅剩的两个贫困村——木村与高村，村庄贫困发生率也不符合“行政村贫困发生率高于17.2%”的贫困村识别条件。在镇域内村庄贫困情况相对评比的基础上，木村与高村最终被镇政府选为“贫困村”。为使两个村庄的贫困情况符合既定识别条件，两村在贫困户识别实践中，一方面是识真贫，将村庄因病因残、家中缺少劳动力等低收入农户率先识别为贫困户；另一方面是大量动员村庄中间阶层申请贫困户。实际上，在贫困户识别阶段，村庄有些农户连自己被纳入贫困户都不知道，产生了大量假“贫困户”，[③] 这些“贫困户”的人均纯收入高达七八千元，有的甚至上万元，远超既定贫

---

① 夏柱智、贺雪峰：《半工半耕与中国渐进城镇化模式》，《中国社会科学》2017年第12期。

② 贺雪峰：《精准扶贫与农村低保的制度绩效问题》，《江苏行政学院学报》2019年第3期。

③ 贺雪峰对中部地区“虚假贫困户”现象有做详细阐述，笔者相信这一现象在实际中绝不是个例。详见贺雪峰《精准扶贫与农村低保的制度绩效问题》，《江苏行政学院学报》2019年第3期。

困户识别标准。在2014年精准扶贫展开初期阶段，上级政策还未明确贫困户识别的“九条红线”，也未将“两不愁三保障”纳入识别标准，仅仅是规定将“以2013年农民年人均纯收入2736元以下”作为贫困户的标准。也就是说，早期贫困户认定标准的粗疏也为“贫困户”的批量生产留下了制度漏洞。

根据笔者实际调研，这些假“贫困户”多存在于技术缺乏致贫类型中。对三个村庄的致贫因素进行解构可以看到，木村与高村贫困率居高不下，与两个村庄技术缺乏致贫类型与病残致贫类型占比高密切相关（见表1）。其中，技术缺乏致贫是主要原因，病残致贫是次要原因。

表1　三村的贫困类型

单位：人，%

			贫困类型				
			缺技术	缺劳力	因病	因残	因学
村庄	木村	人数	176	20	52	16	8
		占比	64.71	7.35	19.12	5.88	3.00
	高村	人数	106	6	42	12	9
		占比	60.57	3.43	24.00	6.86	5.14
	马村	人数	16	3	8	14	7
		占比	33.33	6.25	16.67	29.17	14.58

实际情况是不仅木村与高村农户缺乏技术，马村农户同样缺乏技术。技术缺乏是三个村的一个普遍性事实，导致多数村民兼业只能在非正规经济领域内就业，这成为限制村庄村民收入增长的重要因素。技术缺乏型贫困属于暂时性贫困，通过短期帮扶可以实现快速脱贫。在2014年贫困户识别初期阶段，桥镇对于所谓的“贫困户”贴上“缺技术”致贫标签，在实际帮扶中并未提供安置就业、发放补贴等实质性经济扶持措施，只是做了几轮劳动力再培训，在当年就“摘帽脱贫”了。

纳入省定贫困村的木村与高村以及作为非贫困村的马村的基本贫困情况见表2，根据Y市执行的“行政村贫困发生率高于17.2%”的贫困村识别要求，高村与木村完全符合，马村则被排除在外。

表 2　三村基本贫困情况

村	人数（人）	贫困户数（户）	贫困人数（人）	贫困发生率（%）	村民人均收入（元）	集体经济收入（元）	村庄公共品供给
高村	595	56	175	29.41	3500	无	匮乏
木村	950	74	272	27.20	3200	无	匮乏
马村	586	23	48	7.85	5400	无	匮乏

（二）公共品供给“补缺式失衡”的生成

木村与高村被评定为省级贫困村，一方面原因是两村存在较多因病致贫的底层农户，另一方面原因是两村生产了一大批虚假“贫困户”；而规模相对庞大的虚假“贫困户”在以贫困农户作为瞄准单元的贫困村精准识别实践中直接推动了两村贫困村身份的获取。

既有政策设计是将“整村推进”作为贫困村退出的最终考核目标，而助推贫困村经济社会文化多维发展的动力来源主要是国家以专项扶贫项目为载体向贫困村投放的种类齐全的公共品，既包括涉及生产生活的基础设施、公共服务，也包括作为发展型公共品的村庄集体经济。也就是说，对于中部农业型村庄而言，既有贫困村识别条件与退出目标形成了一种“因点及面”效应，即贫困村身份获取仅因村庄贫困户识别一点情况确定，贫困村退出却考虑到村庄整体方方面面的发展，这就致使贫困村退出目标涉及的政策福利多于识别条件。在“整村推进”目标的牵引下，贫困村获得了大量政府扶贫项目，而非贫困村由于精准扶贫政策的制度性排斥获取的项目资源过少，这样导致在前精准扶贫阶段两类村庄公共品“均衡的匮乏”状态被打破，并开始向由行政力量所主导的失衡方向发展。

五　公共品供给“补缺式失衡”的强化

（一）压力型体制下公共品的“过度供给”

对于贫困村而言，Y 县政府将贫困村退出“整村推进”的条件分解成一揽子详细指标，并将这些指标纳入与乡镇政府所签署的“扶贫军令状”内容中，规定乡镇政府按照全县脱贫攻坚统一部署安排，按期完成，接受考核。若考核分数偏低，排名落后，贫困村帮扶主体轻则受到全县通报批评，重则被问责记过，影响仕途。同理，由于脱贫攻坚是这一阶段各级政府要完成的重大政治任务，包括Y县在内的下级政府若出现偏差，同样会面临上级政府的问责。因此，在压力型体制下，面对自上而下层层加码的扶贫压力，基于理性算计的下级政府与扶贫干部在脱贫攻坚中始终会围绕着脱贫指标转，呈现“指标中心主义”倾向。而根据扶贫政策设计，脱贫指标、脱贫绩效与脱贫考核与项目制紧密挂钩。一个脱贫指标与数量不等的项目相对应，或数个指标与一个重大项目相对应，可谓“无项目，不指标”。

在“项目中心主义”的倾向下，县扶贫办、乡镇、定点帮扶单位、村两委等扶贫责任单位会对照贫困村出列指标，默契地为贫困村精细供给一批项目，使其满足脱贫条件，能够根据市政府统一部署按时脱贫。但是，由于贫困村的脱贫成果涉及全县统一排名，基层政府为了能够使脱贫成果博得上级领导关注，甚至不惜向贫困村输入更多资源打造“脱贫亮点”，贫困村因此获取的政府项目将超过既定脱贫标准。本文所调研的木村与高村在这方面得到了充分体现。以村集体经济发展为例，上级政府通过“户贷企用”“光伏发电”等形式扶持木村发展集体经济，其中木村年经济收益达到30.22万元（户贷企用年利息10万元，光伏发电年收益20.22万元），高村年经济收益达到20万元（户贷企用年利息5万元，光伏发电年收益15万元），这些都远超过Y县贫困村退出规定的“村年集体经济收入五万元以上”的既定要求，而作为非贫困村的马村，迄今还没有获得任何集体经济发展项目。

（二）“贫困本位”政策惯性下公共品的“优先供给”

自2018年以来，由于精准扶贫工作进入收尾阶段，以及贫困村与非贫困村、贫困户与非贫困户之间的发展差距日益增大，中央政府开始出台文件着手解决这一方面问题。在上级政策号召下，Y县也出台文件规定在提高贫困村脱贫攻坚工作实效为导向的基础上，兼顾贫困村与非贫困村、贫困户与非贫困户均衡发展。为此，Y县制定了一系列具体举措，笔者将之归纳为“三步走均衡法”。第一步是在2018年，市财政专项扶贫资金向深度贫困村与贫困发生率高于4%的非贫困村倾斜；第二步是在2019年，市财政专项扶贫资金向深度贫困村与贫困发生率高于2%的非贫困村倾斜；第三步是从市财政专项扶贫资金特意拨付出来部分资金，给予全县7个深度贫困村每村100万元、57个贫困发生率较高的非贫困村每村100万元的资助支持，目的在于持续巩固53个建档立卡贫困村的基础工作，加大对贫困发生率较高、基础设施薄弱的重点村扶持力度，促进均衡发展。

在前两个阶段，马村因贫困发生率符合要求，所以在村庄道路修建方面引入了两个项目，而同期的高村与木村不仅引入了基础设施项目，也相应获得了集体资产发展项目，且资金规模更大。同时，到2019年，作为刚脱掉贫困村身份的木村，Y县为巩固扶贫成效，又特意拨付100万元专项扶贫资金给予木村发展集体经济。这样看来，在精准扶贫收尾阶段，尽管国家政策旨在缩小贫困村与边缘村公共品供给的差距，但是由于政策制定仍旧着眼于“贫困本位”，将贫困村发展需求作为第一要务，最终以促进贫困村与非贫困村均衡发展的政策并起到缩小村庄发展差距的政策设计初衷，反而由于贫困村同期获批的项目更多，村庄发展失衡呈进一步扩大趋势。

六　结论与讨论

目前我国城镇化发展规模还不足以吸纳全部具有移居城镇意愿的农业人口，农业人口中具备城镇生活经济条件的人也占少数。因此，在我国渐进城镇化背景下，当前乃至未来较长一段时间，中西部普通农业型村庄仍将是大部分农业人口的主要居所，农业也是农民不可或缺的产业形态。从这方面来看，农村公共品足量稳定供给是确保农民增收、农业发展和农村繁荣稳定的重要保障。2013年国家正式提出精准扶贫战略，彰显了国家一以贯之重视解决“三农”问题的施政导向。国家向贫困村输入了大量的财政资源，有力地改善了贫困村的落后生产生活面貌。但是，国家财政资源的大量输入同时导致部分地区贫困村与非贫困村公共品供给出现了“补缺式失衡”问题。

本文通过对中部地区贫困村与非贫困村的个案比较研究，试图探讨在精准扶贫大背景下农村公共品供给“补缺式失衡”生成与强化的深层逻辑。研究表明，基层政府生产“虚假贫困户”的变通性行为，以及贫困识别－退出机制形成的“因点及面”效应是推动农村公共品供给“补缺式失衡”问题生成的关键环节，基层政府过度供给、优先供给的逻辑则又进一步强化了公共品供给“补缺式失衡”的局面。

显然，我国精准扶贫战略是要缩小村庄发展差距，对于村庄发展失衡问题，尤其是公共品供给“补缺式失衡”这种由政府有形之手推动生成的治理问题，政府相关部门应该尽早出台切合实际的政策，做到问题真重视、真解决。

具体来说，要从以下几个方面做起。

一是贫困识别做到因地制宜。国家扶贫政策取得预定成效，一方面要看政策设计是否周密科学，另一方面要看政策落地是否契合地方社会基础。因此，针对我国东中西部大区域分化现实，以及更为具体的连片贫困地区、插花型贫困地区分化现实，国家贫困识别在满足统一扶贫精神的前提下应做到因地制宜，切合本地贫困实际。

二是完善贫困村的识别办法。对于中西部农业型村庄而言，我国目前贫困识别与退出不一致的办法是精准扶贫推行初期经验欠缺、制度疏漏的自然结果。未来，随着贫困治理工作的接力推行，贫困村的评定扶持工作仍将继续，因此有必要完善贫困村的识别条件，使贫困村识别工作更扎实有效。具体来说，一方面贫困村识别内容要全面具体，既要看村庄村民平均收入、村庄贫困发生率、村庄集体经济状况，也要看村庄基础设施、公共服务、村庄治理等各方面情况；另一方面，贫困识别与贫困退出条件要相一致，做到“缺一点，补一点”，而不是“缺一点，补齐全”，避免出现“补缺过度”现象。

三是加大对非贫困村，尤其是边缘村的公共品供给力度。在目前精准扶贫决胜期，从中央到地方各级政府已经开始重视贫困村与非贫困村失衡发展这一问题，财政资源正逐步向非贫困村倾斜。但是应该看到，政府在向非贫困村输送财政资源的同时，对贫困村的政策扶助力度更大，两类村庄之间的发展差距相对扩大而不是缩小了。对此，上级政府在对下级政府脱贫攻坚的考核中，应该提升非贫困村发展的考核比重，倒逼地方政府转变“贫困村本位”的财政资源输入的理念与做法，从而有节奏、有规划地逐步加大对非贫困村的政策倾斜力度，以“调整增量，弥补存量”的做法切实做到施政公平，促进村庄协调发展。

赡养缺位与精准扶贫：有子不养的农村老年贫困户生活困境形成机制的个案分析*

李勇进　李珊珊**

一　问题的提出

反贫困是全世界都在面对的问题。我国自 1978 年开启的自发性扶贫到后来的系统式扶贫再到现在的攻坚式扶贫，已经有 40 年治贫史。① 伴随经济的稳步增长以及扶贫开发工作的顺利推进，中国贫困人口的数量和所占比例都得到大幅度减少和降低，从 1978 年的近 2.6 亿人下降到 2010 年的 2688 万人，② 但剩余贫困人口的贫困程度却在加深。③ 中国共产党第十八次全国代表大会确定了到 2020 年全面建成小康社会的宏伟目标，因此，解决好我国剩余贫困人口的深层贫困问题意义重大。2013 年 11 月初，习总书记到湖南湘西考察时，首次明确提出了“精准扶贫”概念，④ 其改变了过去粗放型的扶贫模式，是适应当前脱贫攻坚艰巨任务的伟大创新。

国务院扶贫办颁发的《建立精准扶贫工作机制实施方案》中提到，精准扶

---

* 本文的调研地点为甘肃省，调研时间为 2019 年 3 月中旬，成员包括来自多个学校参与精准扶贫退出评估的硕士研究生调查员。

** 李勇进，兰州大学哲学社会学院教授、副院长；李珊珊，兰州大学哲学社会学院硕士研究生。

① 刘解龙、陈湘海：《精准扶贫的几个基本问题分析》，《长沙理工大学学报》（社会科学版）2015 年第 6 期。

② 2010 年中国的官方贫困标准线为 1274 元/人（国家统计局住户调查办公室：《中国农村贫困监测报告 2011》，第 12 页）。从 2011 年起中国大幅上调贫困标准到 2300 元/人，当年中国的贫困人口变更为 8200 万人。

③ 李小云：《把深度性贫困的治理作为精准扶贫的重中之重》，《老区建设》2017 年第 7 期。

④ 刘解龙、陈湘海：《精准扶贫的几个基本问题分析》，《长沙理工大学学报》（社会科学版）2015 年第 6 期。

贫的内容包括精准识别、精准帮扶、精准管理和精准考核，核心要义在于“扶真贫、真扶贫”。[①] 随着脱贫时间的日益临近，精准扶贫政策也进入尾声阶段，各方都在为此而努力。这其中包括了奋斗在第一线的扶贫干部、扶贫办的政策决策者、解决贫困户就业问题的企业，以及精准扶贫成效评估的第三方评估机构。笔者有幸多次作为调查员参与其中的考核评估工作，对乡村扶贫实践有一定了解，在过程中也见到了一些现象，产生了一定思考。

在调研中常常引起调研组激烈讨论、争议和唏嘘的现象是：有一些贫困户家庭，儿子一家住在政策性提供的新房子里，而同在一个户口上的老人住在旧房子里，更有一些老人在亲戚家借住，儿子不管老人的生活，且由于目前的贫困退出标准是以户为单位的，只要家庭名下有足够居住的安全住房即可算住房安全有保障，这就使老人因为儿子赡养的缺位形成了实际住危房与名义上有安全住房的困境。因此，笔者意在从社会学的角度出发，对这一类群体进行相关研究，探究其背后的运行逻辑。

二 案例陈述与分析

D 村地处 J 县的东北部，是划定的省重点扶贫村。2019 年 3 月 16 日清晨，作为精准扶贫退出的第三方评估人员，笔者踏入了 J 县 D 村，一排排迁居房在远山、薄雾的映衬中，整整齐齐地映入眼帘。即使是经历了多次评估的调研组，依然被眼前的景象吸引。D 村原来的村落背靠大山，面对一条河，可谓既存在山体滑坡的隐患，又有交通不便的阻碍，导致该村整体发展情况不佳，限制了该村整体的发展。2012 年，该村实行整村生态移民，移民点在原村落的河对岸。

> 我们这里老房子都是土房房了，下雨就漏水，出门也不方便。后来有了政策，我们就在河对面建了移民小区，2012～2017 年，全村分三批进行移民，现在全村搬到移民小区住了，没有一户在老房子居住了，全村都满足了住房安全有保障的指标。（PL-J 县 D 村村主任）

---

① 国务院扶贫开发领导小组办公室：《关于印发〈建立精准扶贫工作机制实施方案〉的通知》，http://www.cpad.gov.cn/art/2014/5/26/art_50_23765.html，最后访问日期：2014 年 5 月 26 日。

本文的主人公属于退出评估中的“举报户”。调研组在另一家进行问卷调查时，那家的主人公提到王鑫（化名）仍然在原来的老村子里住。

> 王鑫有60多岁了吧，原本有两个儿子，因为弟弟没有生养，所以把二儿子过继给了弟弟，所以他现在只有一个儿子王成（化名）。农村人嘛，老了自然要跟儿子一起的，他的户口是在他儿子上面的，之前也一起住过一年，后来老爷子被儿媳妇骂得很（凶），他家儿媳妇厉害得很嘞，直接把老爷子赶出去了。之前嘛（移民搬迁之前），大家都住河对面的老屋，老爷子就一个人住一个破屋子，后来儿子搬了移民新房了，也没喊老爷子去住，老爷子现在就还在老房子住，过年前后会去弟弟王力（化名）家住一段时间，大部分时间都是一个人住在老房子里，老人都快70岁了，啥都自己干着呢，也是苦得很。(PL-J县D村村民)

村民反映的这一情况引起了调研组的注意，事情真的如村民所讲，赡养人在享有政策后，却拒绝、逃避履行赡养义务导致老人处于现实中的住房安全无保障吗？了解到情况之后，调研组立即到王成家进行查证，试图从当事人角度了解具体情况究竟如何。

王成家在移民小区的最后一排，与别的移民房并无不同，院落崭新、屋内整齐、装修温馨。王成因为过年期间打篮球摔伤如今手扶拐杖在家休养，王成的夫人正在厨房做饭，因而王成接受了访问。王成的叙述跟调研组了解到的情况并无不同。当问到王鑫的情况时，王成说道：“我父亲不跟我们一起住，我女人跟我父亲关系不好，吵吵闹闹的，没搬迁之前都是一起住在河对岸那个老房子里，后来搬新房子了，我家的（王成媳妇）不让他来住，我也没办法嘛，一说来住，就要闹离婚。所以他（王鑫）就一直住在老房子，平时的话也不经常来我家里，过年三十的时候我们喊来吃一顿饭就走了。倒是过年前后会在我二爹（王鑫的弟弟王力）家住一段时间，就当过年了嘛，完了就自己回老屋去了。”当问到河对岸的老房子是否安全的时候，王成如实说道：“那肯定是不安全的，都是之前的土坯房，年代太久了，后墙早就裂了，一到下雨屋子漏得不行，连续下暴雨的时候，我爹就去我二爹家住几天。那房子要是安全，我们也不会搬迁了。”当问到村委会有没有来关注这件事时，王成说：“有人来呢，来说了几次，应该就是你说的调解，但是我家情况复杂得很，不是调解就可以解决的，来来回回的反而让我媳妇吵闹得更凶，后来也就一直这样了。”

为进一步核实情况，调研组随后决定前往王鑫居住的老屋子查看实际情况。当去到老屋子的时候，王鑫正好在家。屋子的破旧、漏水漏雨痕迹明显，墙体也有一定程度的破损，从屋外粘贴的房屋的鉴定报告来看，这个房子是C级危房。走进屋内发现其衣服等生活用品齐全，老爷子在此长期居住的言论得到证实。王鑫本人也言道：

> 我在这里住好多年了，从小就住。大的坏的倒是没有，就是房子现在时间长了，漏风漏雨厉害，晚上冷得不行。屋子下雨或者冷得不能住的时候，我弟弟就喊我去他家里住几天，这不，我刚刚在我兄弟（弟弟）那儿住了几天回来，毕竟是别人家，也不能一直住。

随后调研组在村里的老村子查看时，发现住在老村子里的还有五户人家，都是老年人，询问之后发现，都是儿子住在政策搬迁房里，老人住在老屋子里。其中有两户都是跟王鑫一样，因为跟赡养人关系不好，只能住在危房；其他三户跟儿子关系尚好，平时的生活也都有子女照料，只是自己不想去新房子居住，觉得跟年轻人住一起“憋屈”，这种情况属于老人自己的选择问题，在此不做讨论。但是像王鑫及其他两户则属于赡养人对老人的赡养缺位导致老人在现实中无法入住安全住房，这是本文要关注的问题。

建档立卡的农村老年人与农村贫困老年人有着明显区别，“建档立卡户”的名称本身带有特殊性的政治性身份含义，这类群体可以依法享有国家扶贫战略中的各种政策支持，解决生活中的困难。从建档立卡的退出标准来看，他们可基本实现吃穿不愁、住房安全有保障、医疗健康有保障，这样在一定程度上可以改善他们的生活处境。但在实践过程中调研组发现，有的建档立卡的农村老年人享受了移民搬迁的政策，领到了补助款建起了新房，但是没有居住于安全住房，其生活依然存在诸般困境。因此，本文意在通过对实践中案例的记叙，深入“建档立卡户”这个具有政治性身份的群体的生活世界，探究为何在精准扶贫背景下，享受了大量帮扶政策的农村老人依然没有安全住房可住？我们当前的扶贫手段对于这类群体的帮扶偏差在哪里？这背后的运行逻辑和文化机理是什么呢？

三　扶贫困境：多种扶贫方式下老人依然无处可住

经过来来回回的闲谈、文档查证，调研组得知王鑫跟儿媳关系不和已久，在异地搬迁工作进行中，二者的矛盾问题导致老人无法入住政府修建的异地搬迁房而不得已住在老旧危房的事已得到多方印证，确定无疑。其队长说道：

> 唉，这个事其实我们都知道。农村嘛，家长里短的磕磕碰碰总是免不了的，也不是说谁对谁错就能解决的，现在家里基本都是女人管着呢，人家（儿媳妇）说了算。本来农村老人就这样，一个要70岁的老人，半截子都埋进土里了，不赚钱、不能干活，又不是啥本事人（没有钱），在家话都不敢说，遇到像这样一个厉害的儿媳妇（王鑫的儿媳妇），被赶出来也是没办法。

在上文叙述中，可以得知王鑫没有劳动能力、没有积蓄，本身就是农村中的弱势群体，加之家里有个厉害的儿媳妇，所以境遇比其他老人要更惨淡些。从村干部的叙述中可知，王鑫代表了农村中很普遍的一类群体：他们年老、没积蓄、没有收入，只能靠子代维持生活，因此也只能听从子代的话，完全被子代掌控生活。当问题转化为家庭内部矛盾时，我们又该如何介入？

> 这种家庭问题复杂得很，它又不是法律问题，可以对不赡养老人的孩子判刑或者怎么处罚，我们也不能强制让人搬回去，人当家的（儿媳妇）也不让啊。我们能用的办法就是调解，这么多年了，村委会前前后后也调解过很多次，我来了也去过几次，但是没啥用。一开始还能坐下说几句，后来去的次数多了，我们一进去就都被骂出来了，根本没的谈。有一次那家女人还拿着擀面杖赶我们出来，凶得很。（PL-J县D村驻村干部）

家庭赡养问题更多的是道德问题而不是法律问题，所以在无形中，我们对这种问题的解决手段就只能限制在一些“温和”的调解之中，但是在具体的农村实践中，在相对严重的家庭问题面前，这种调解显现出一种“无力”。而作为乡村养老院的“幸福大院”仿佛也遇到了它的瓶颈。

> 村干部有跟我说让我去“幸福大院”，但我没去。“幸福大院”那都是没儿没女的孤寡老汉们去的，我有儿子，我不去，我去了让人笑话，骂我是没儿子养的。再说了，我已经拿了补助的人头钱，我再去住国家的房子，那可真是要被街坊邻居指着我脊梁骨骂呢。(PL-J县D村王鑫)

尽管有这么多的养老方式，但在王鑫的问题面前，好像都显得无能为力。在扶贫攻坚任务和上级一次次检查的压力下，王鑫和儿媳妇的矛盾问题被一次次重提，但一次次以失败告终，在一次次的旧事重提中，王鑫和儿媳妇的矛盾被不断加深，王鑫和扶贫干部间的张力被不断加大。

四 精准扶贫背景下农村养老方式失效背后的文化逻辑

脱贫攻坚是党的十九大确定的三大攻坚战之一，自精准扶贫战略提出，习近平总书记在大会上多次强调精准扶贫工作，并且定下了2020年全部脱贫的总目标。现在已然到了脱贫攻坚的收尾阶段，中央及地方对此项工作的重视和投入程度不言而喻。被建档立卡的农村老年人有着得天独厚的优势可以获取各种脱贫资源，无论是物质资源的获取还是扶贫干部等人力资源的获取都有着独特优势。但在众多扶贫方式下，获得了大量扶贫资源、成为政治“脱贫户”的以王鑫为代表的一类老年人依然身处困境。因此本部分意从上述扶贫方式及语境出发，探索多种扶贫方式失效背后的文化和社会机制。

1. 家庭养老的失效：家户观念

据河北省某县法院对赡养纠纷案件的统计，近年来，赡养纠纷的案例数量攀升，已然成为基层民事案件中的大比例案件。[①] 而在各种赡养纠纷的案件中，因为家庭矛盾引起的赡养纠纷占据了很大比例。[②] 在对此类案件的审理中，由于

① 张德利：《关注农村赡养问题，促进社会和谐稳定》，《人民法院报》2011年10月13日，第8版。

② 于凤一：《农村家庭赡养纠纷成因与社会工作介入实践报告》，硕士学位论文，长春工业大学，2014。

法律规定不够完善不能进行强制执行，且老人只想让儿女尽到赡养责任而不想将儿女推向法院，[①] 因此采用的主要方式为双方调解，但调解的结果往往效果不佳，不能为老人解决实际问题。[②] 而对于大部分农村老人而言，其本身没有相应的法律意识诉诸法律，就算有这种意识，大都也不会去法院起诉。

> 我是跟儿媳妇对不住（不和），跟我儿子没啥关系。儿子也说让我去住新房，一说，两个人（儿子和儿媳妇）就开始吵，儿子最后也没啥办法。我这都半截子在土里了，总不能让儿子因为我离婚吧。再怎么说，那也是我亲儿子，他还得在村子里活人呢，咱不能那样干。（PL-J县D村王鑫）

“社会排斥”的观念最先流行于欧洲，明确提出这一概念的是来自法国的Ren Lenior。[③] 现在社会排斥这个概念被各个国家广泛接纳，并与本国的实际情况相结合，发展出了适合自己国情的社会排斥理论。而在中国的村庄中，也会有一套属于本村庄的正式或者非正式的行为规范，违背这些社会规范的人就会成为“边缘人”，被主流社会所排斥。对于一个遭遇社会排斥的家庭来说，其在村子里的各种资源或多或少会处于匮乏状态，且这种排斥具有代际传递性，其后代遭遇社会排斥的可能性也远远大于其他正常家庭。[④]

中国人的家庭生活，不是以个人为基础的，每个人在村庄中是以家庭为单位的。在生活实践中，每个家庭中个体的社会地位与整个家庭在整个乡村社会中的地位息息相关，个人社会地位的提升或者下降会在一定程度上影响其所在家庭在村庄中的话语权、参与权等。对于王鑫而言，家里吵归吵，但是始终都是一家人，在面向整个乡村社会时，依然是“完完整整的”一家，家庭中的每个个体都是代际齐全的“全活人”，这在追求家庭生活的乡村社会极为重要，其整个家庭可以因此对乡村生活有更多参与、有更多话语权和社会资本。反之，如果家庭关系走向法律这种形式，则会增加其在乡村中的社会排斥。因此，“家丑不可外扬”是根植于心的观念，即使儿子不赡养自己，也是自己的家事，一

---

① 聂绍斌：《赡养制度立法研究》，硕士学位论文，华东政法大学，2010。

② 杜玉双：《论我国老年人受赡养权的法律保护》，硕士学位论文，河北大学，2014。

③ 银平均：《社会排斥视角下的中国农村贫困》，知识产权出版社，2008。

④ 景晓芬：《“社会排斥”理论研究综述》，《甘肃理论学刊》2004年第2期。

家人有内部矛盾可以，但是不能让外人笑话，尤其不能让家人甚至整个家族因此被社会排斥，处于村里的边缘性地位。

2. 机构养老的失效：熟人社会的无奈

在扶贫实践中，为了解决农村孤寡、高龄、留守老人的养老问题，政府开展了农村居家养老服务大院建设工作，初步探索出了一条党政主导、全民参与、以农村老年人为依托的新路子。[①] 各村可用农村集体闲置房舍改建成“幸福大院”，为孤寡、高龄、留守老人提供就餐和娱乐等日间照料服务。同时，通过多种老年活动的开展，让本村的老年人都可以在大院内根据自己的兴趣爱好选择想参加的活动，最大限度地满足农村老年人的养老需求。其建设不仅可以解决对农村老年贫困户的政策兜底问题，也可以为全村老人提供公益性、互助性的养老服务和其他公共服务，为其老年生活增加活力。

D村以村为平台，将旧支部改建成“幸福大院”，对于村里有实际困难的农村孤寡、留守、“五保”老人，政府可以安排至“幸福大院”居住，住房由政府免费提供，住户仅有居住和使用权；吃饭可以到老年食堂，每天三块钱的伙食费；冬季取暖等物资由政府资助。从一定意义上说，乡村养老院的建设，满足了大多数农村老人的离家不离村、离土不离乡的养老需求。而作为乡村社区养老院的“幸福大院”在王鑫的问题上，仿佛也遇到了它的瓶颈。

我们不难发现，由于“幸福大院”还在开展的初期阶段，目前主要接收孤寡、“五保”、留守老人，以为其解决住房等生活困难为主要功能，为全村老年人提供相关养老服务的构想尚未落实。在“幸福大院”的入住群体中，也是以政府政策兜底的群体——孤寡、“五保”、留守老人为主。因此在村民的语境中，这是政府给这些“可怜人”修建的场所，有儿子且儿子在身边的王鑫如果入住“幸福大院”就会是院中的“特殊群体”。而且王鑫已经享受了国家关于移民搬迁人均1.1万元的补贴，此时再入住政府的政策兜底房，会被村民认为要“占国家便宜”。

3. 贫困户补助：不“精准”无“扶贫”

住房安全有保障是脱贫攻坚的重要指标，为此，各地都实行了异地搬迁和危房改造政策，对符合条件的贫困户给予一定的建房补贴，帮助他们改善住房

---

① 李国忠：《多建一些“农村居家养老服务大院”》，《中国老年报》2013年11月6日，第3版。

条件，以推进脱贫进程。按理来说，王鑫是符合异地搬迁条件的建档立卡户成员，有条件享受搬迁建房补贴，为什么现在还住在危房呢？

> 搬迁补贴有呢，但是在我儿子户口上，我也没领到。我们这给搬迁补贴是按照户口本给的，一个户口本上有几个人就按照政策给几份补贴，都打在户主账户上。我们家是2014年给的补贴，当时我已经从儿子家搬出来三年了。（PL-J县D村王鑫）

当调研组向扶贫干部询问此情况时，扶贫人员说道："我们这个都是按照政策走的，我们文件上说的补助都是以户为单位，人家一家人在一个户口本上，自然要一起发放，我们总不能给人家分户啊，撺掇人家分户，是要被人家家里给骂死的。况且分户口这个是要本人提出申请才给分，这个需要本人打申请，然后带着相关证件去户籍那边分，我们这里不管的。"

而当调研组向王鑫查证这一情况时，王鑫则说道："哎，其实当时要能分开发我肯定也想分开发，钱还是拿在自己手里好。你看啊，我自己的钱拿在我手里，我就算给儿子建房贴补一部分，不会全给他们，他们不管我，我自己总要留一部分养老钱，给他钱我还能在儿子那里落个好。现在说这些有啥用，人家干部也不容易，着急忙慌的有任务呢，哪里有时间给你一个人搞得这么细，给你分开发，那人家工作还咋完成嘛。"

官方自古讲究一种提前，地方县市一般会将完成精准扶贫任务的时间提前一两年，政策在一级一级往下传导的过程中，原本五年完成的规划变成了三年完成，这就使得基层的节奏被迫加快，形成了一种"快扶贫"，其目的是到时候有回旋余地，可以查漏补缺，可以在后两年巩固扶贫成果，以更理想的成绩迎接精准扶贫的评估验收工作。[①] 但在脱贫节奏被不断加快的同时，基层官员自主性发挥的余地就会被削减，自然就会忽视贫苦户的个体性和独特性，这就使得我们的"精准扶贫"失掉了"精准"，进而就无所谓真正的"扶贫"。

对于王鑫，如果在当时下发补贴之前，扶贫人员能够对其情况具体处理，对其跟儿子分户，让王鑫自主选择接受补贴还是不接受补贴入住"幸福大院"，

---

① 贺海波：《贫困文化与精准扶贫的一种实践困境——基于贵州望谟集中连片贫困地区村寨的实证调查》，《社会科学》2018年第1期。

也许今日的情况将会大不相同。

五 总结与反思

在农村熟人社会的大背景下，当农村老人与子女发生赡养纠纷时，他们为了不让子女成为村庄的“边缘人”选择“消解”自己成全子女的家庭，而面对村庄的舆论，其往往也选择放弃入住“幸福大院”的机会，成为享受了脱贫政策而没有改善现实环境的“被脱贫人”。总之，在扶贫政策的贯彻过程中，贫困人口本身作为重要的一个主体，并不应该被“一视同仁”，每个贫困人口的现实处境和现实需求应该是扶贫工作的重中之重。

精准扶贫要求精准识别（贫困人口）、精准施策（精准地找到扶贫对策）、精准发力（瞄准贫困人口进行帮扶），[①] 其中的每个环节都需要基层官员自主性的发挥，而上级任务的施压使得他们忽略了政策施行的社会背景和贫困户的脱贫需求。在这样的逻辑下，以D村王鑫为代表的农村老年贫困户则陷入一种享受了政策但是实际没有安全住房的处境。国家虽然也支出了相应的扶贫资金，但是没有改变他们的真实处境，同时对于我们脱贫攻坚任务的实现也毫无作用，反而加深了底层群众对政策的不满。基于以上分析，笔者认为在扶贫实践中必须加强对贫困户所在的生活世界和个体性的关注，只有这样，才能实现精准发力、精准扶贫，真正让我们的百姓从政策中获益。

我国的扶贫工作已经接近尾声，但是这类老年人的生活困境在短时期内不会解决，他们将成为接下来的政策中需要重点关注的群体。如何更好地针对这类群体面临的现实困境，使其充分享受各政策和战略机遇是我们应当关注的问题。基于以上分析，我们有理由相信，在接下来的战略施行中，我们必须加大对政策群体的关注，加强对其生活世界和个体性的关注，以更好地实现全面建成小康社会的战略目标。

① 王曙光、王丹莉：《中国扶贫开发政策框架的历史演进与制度创新（1949—2019）》，《社会科学战线》2019年第5期。

非遗后时代手艺新村建设的田野考察报告*

——以潍坊杨家埠村为个案

荣树云**

21世纪初，我国城镇化进程的加速发展，对所有社会阶层特别是农民阶层而言，既是机遇，亦是挑战。以农民为主体的“美丽乡村”重建和乡村文化的再造，成为当今我国乡村社会发展的显著特质之一。尤其是传统文化丰厚、民俗文化完整、民间艺术知名的传统村落，已成为当地政府文物保护机构、非物质文化遗产保护单位、相关文化旅游部门眼中最需要保护、发展、改造的“地方知识”。①

近年来，随着“美丽乡村”创建活动在不同类型乡村的积极实践，农业部也给出了美丽乡村建设的十大模式。② 杨家埠村的建设模式即属于“文化传承型”。在这些模型的建构过程中，国内各大高校的民俗学家、社会学家、人类学家以及艺术家们也都通过自己的专业为“美丽乡村”建设献计献策。他们利用民俗文化、传统手工艺、古村落建筑等民间传统文化符号来营造某种“地方感”，试图唤醒当地民众的文化自觉。当地政府亦想通过民俗旅游、遗产旅游来吸引国内外的游客，这样不仅“活态”地保留了当地的民俗风貌，还能使没有了原生消费市场的传统手工艺得到有效的保护与传承。因此，当地政府协同高

---

* 本文为国家社科基金艺术学国家重点项目“社会转型与传统工艺发展研究”（15AG003）之子课题“社会转型期杨家埠木版年画的传承与发展研究”的阶段性成果。

** 作者简介：荣树云，博士，山东工艺美术学院人文艺术学院副教授，研究方向：艺术学、艺术人类学、非物质文化遗产发展研究。

① 格尔茨：《地方性知识》，王海龙、张家瑄译，中央编译出版社，2004，第222页。

② 这十大模式分别为：产业发展型、生态保护型、城郊集约型、社会综治型、文化传承型、渔业开发型、草原牧场型、环境整治型、休闲旅游型、高效农业型。

校的学者或民俗专家，利用“非物质文化遗产”这个时代“热点”给乡村建设带来的现实利益，开始了一场“新农村建设运动”。但是，在这场运动中，本土文化的持有者——村民，他们的话语权好像被遮蔽了。这些村民看不清这场“遗产旅游运动”带来的“福利”到底能持续多久，但他们却清楚自己已是“不再种地的农民”，在传统农业低回报的时代，出售土地、发展遗产旅游业会带给村庄什么？本文以人类学的田野调查法与研究视角，以山东潍坊杨家埠村的“遗产旅游业”为个案，讨论在现代化城乡连续体发展进程中，乡土文化的消融与遗产旅游产业文化的重构。

一　杨家埠村的概述

杨家埠位于山东半岛北部的潍坊市寒亭区东南方 1.5 公里处，距潍坊市大约 15 公里。其东靠浞河与东杨家埠村相望；北邻齐家埠；南与东、西三角埠相接；西北与赵家埠相邻。村落呈形状规则的长方形，东西约 860 米，南北约 500 米，面积约 43 万平方米。潍坊自秦汉就是京东古道的重要枢纽，明清时期是国内著名的工业城市，民国时期是内陆通往胶东半岛的胶济铁路线上的中转站。1904 年潍坊开埠，成为贯穿东部地区有名的商埠。西杨家埠村自建村以来就以生产木版年画及扎制风筝而闻名，其中不可或缺的商贸条件是该村地处这些著名的交通要道上，成为东西南北商贸往来的重要集散地。现在村内的南北主干道依然是寒亭区通向潍坊市里的交通要道之一。

据《杨家埠村志》记载，东西杨家埠村的始祖杨伯达于明洪武二年（1369 年）从四川成都府梓潼县迁民至山东潍州（洪武十年，潍州改为潍县）崇道乡寒亭社下卞村。隆庆六年（1572 年），杨家埠的先人因浞河发生水患，下卞村被淹，多数人被迫迁至浞河以西的高地——西杨家埠村（该村命名一是因为方位，以浞河为界，河以西为西杨家埠村，河以东为东杨家埠村；二是因为姓氏——杨姓；三是因为地势——“埠”为高地的意思）繁衍至今。目前，全村共有 420 户 1465 人，除 3 名从云南嫁过来的彝族妇女外，全系汉族。村民中除了 4 户不是杨姓，其余全为杨姓。这 4 户为刘、贾、李、王姓，均为早期住娘家从事年画生产而定居杨家埠的，其中刘明杰就是杨家埠有名的年画艺人。

该村在解放以前，93%的农户以从事农业为主，少数人从事私营商业（非年画业），多为小商小贩式小本经营。祖传的年画、风筝、拉扇、筐箩、碑刻等传统手工艺成为贴补家用的副业。20世纪50年代中期，村里搞农业合作化，大力发展农业。年画、风筝等手工业作为村副业，由村各大队集体生产。此时的年画、风筝不是老百姓家庭生活的经济来源，而是政府用来宣传国家意识形态的文化政治工具。而在“文化大革命”期间，传统年画被列为“四旧”物品，遭到打击。80年代中后期，村内出现了村办工业、建筑业（第二产业）、交通运输业、商业、饮食服务业（第三产业）（见表1），传统年画、风筝不再是迷信物品，反而成为政府保护的民俗文化，家庭式年画作坊得以“复兴”，此时的年画业不仅是村副业，也成为杨家埠村发展旅游业的“核心资源”（见图1）。

表1　1978～2015年主要年份杨家埠村产业结构比例

时间	农业产值（%）	工业（%）	建筑业（户）	运输业（户）	商业（户）	手工业（户）	旅游业（人）
1978年	98				6	120	
1986年	98				16	200	150
1993年	17	42	20	11	28	120	348
2003年	80	2		5	40	70	420
2006年	60	2		2	18	52	400
2015年		3	2	5	60	15	80

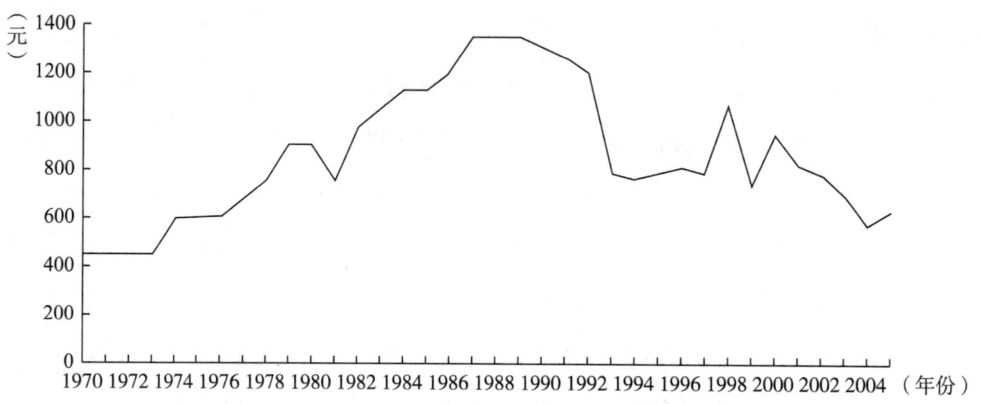

图1　1970～2004年杨家埠传统年画销售量

21世纪初，随着后工业社会的到来，一家一户式木版年画作坊逐渐被机器年画个体户取代，日渐式微。民俗旅游业开始成为村内经济收入非常可观的产业形式。土地生产已经不能满足村民家庭日常生活开销，大部分村民不得不靠外出打工赚取薪金来维持家庭生活。

因杨家埠村的地理位置毗邻寒亭市区，交通便利，近年来，随着非遗与旅游业的发展，周边村落的村民也来杨家埠村寻求非遗旅游业带来的商机，在年画风筝一条街上从事年画、风筝的加工或零售。据调查数据得知，这条街上的店铺1/3是外村人在经营（见图2）。通过观察该村产业结构的变化，不仅能看清不同时期杨家埠年画业的发展状态，还能看清在不同社会转型期，传统手工业与其他产业之间的内在关系、传统手工艺在村落社会秩序中的功能与地位、传统手工艺与村落景观、传统文化变迁之间的联动关系，为遗产旅游业的可持续性发展提供些许的历史依据。

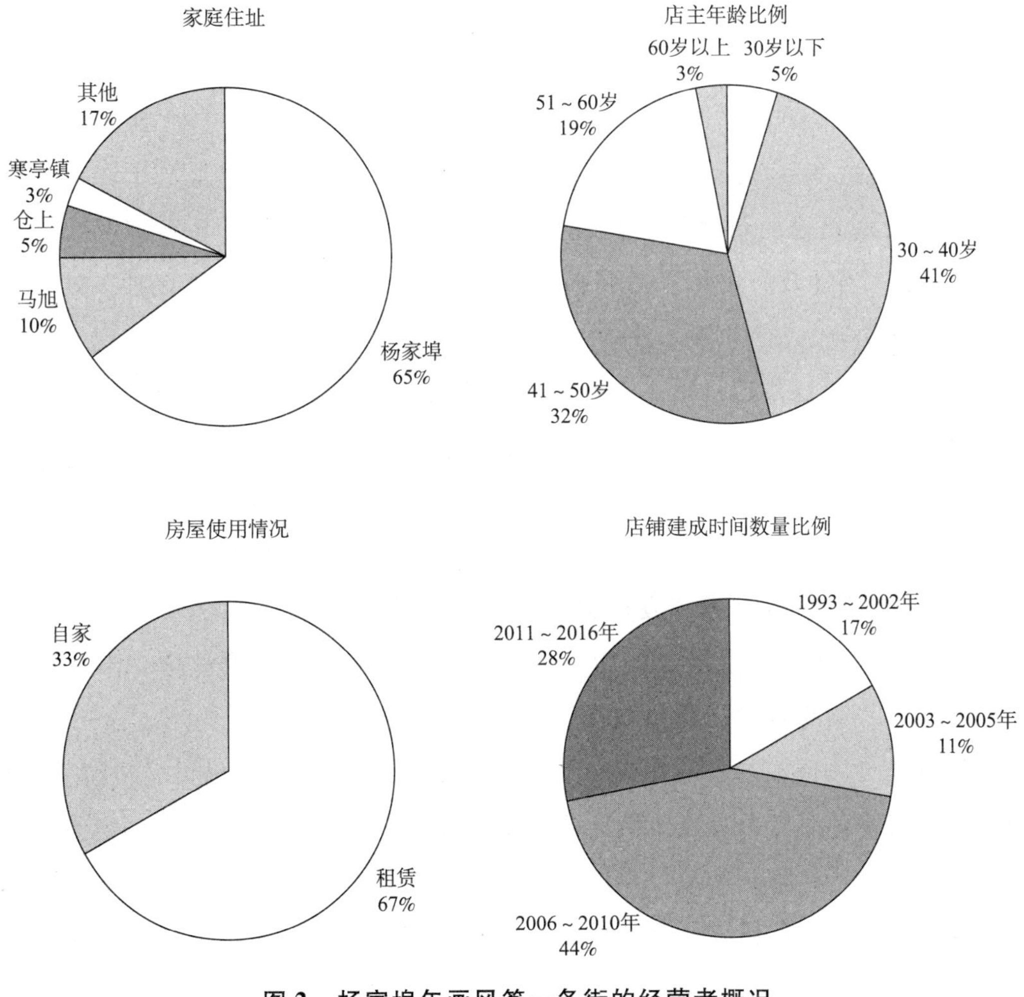

图2　杨家埠年画风筝一条街的经营者概况

二　杨家埠村遗产旅游业的发展路径

有着六百年历史的山东潍坊杨家埠村自明代建村以来，村民就以风筝、年画、拉扇、纸扎等传统手工艺作为“副业”来贴补家用。尤其是杨家埠的木版年画，凭借严格的行业组织规范、需求旺盛的民间市场以及精工细作的“匠人”品质，其在清朝末年达到了鼎盛期，有“画店百家、画种上千、画版过万”的美誉，成为当时与天津杨柳青、苏州桃花坞齐名的“全国三大年画产地”之一，销售范围推至大半个中国，远至越南、缅甸、俄罗斯等周边国家。

20 世纪 80 年代中期，当地政府以该村的“风筝”“年画”这两个民间艺术为依托，搞乡村旅游业，从而提升了当地的知名度，也拉动了当地经济的发展，使名不见经传的一个普通传统手工艺村庄变成了驰名中外的“4A 级旅游景区”。在“非遗”政策的助推下，杨家埠村的年画、风筝于 2006 年被列入国家级“非物质文化遗产”名录。此后，拥有“双遗产”的杨家埠村成为当地政府眼中最值得投资建设的新农村，其也抓住机遇将“民俗旅游”升级为“遗产旅游”。于是，当地政府找到了“一条能将文化遗产与自然遗产的保护，以及和经济发展相结合的新的道路，这似乎是一条真正的人类文化和经济共同发展的可持续之路”。[①] 这条道路正在如火如荼地进行中，并成为当地政府引以为傲的遗产旅游村发展模式的成功典范。

以 2005 年 3 月国务院办公厅公布的《关于加强我国非物质文化遗产保护工作的意见》为标志，非物质文化遗产保护正式进入大众的生活，使“文化搭台，经济唱戏”的地方经济发展模式升级为“非遗搭台，旅游唱戏”。由此，“乡村遗产旅游业”的发展成为后工业时代乡村经济发展的模式之一，这可以说是政府对“文化自觉”积极践行的经济动力机制。

如果说“民俗旅游”的发展保护了建立在农耕基础上的民俗、传统文化、民间手工艺等有形与无形的文化土壤，那么“遗产旅游热”的到来，则使政府只注重以“遗产”保护为出发点的“旅游业”带来的经济效益，却忽视了遗产拥有者在这项“遗产旅游”运动中的主动性与主体性。很多村民还没来得及对

---

① 方李莉：《“文化自觉”视野中的“非遗”保护》，北京时代华文书局，2015，第 64 页。

自己的文化有一个“正确”的认识，政府已经制定出各种乡村规划、建设方案，并加以大力宣传，以招商引资的举措，重建政府眼中的“新社区”。村民就像他们的“文化遗产”一样，只是当地政府“完美”设计方案中的一个“元素”而已。而国家“在场”的媒体宣传以及知识分子的“另眼相待”则误导了村民盲目乐观地对待自己的传统文化。

通常来说，正在使用中的文化往往是不能被“定义”的文化，就像杨家埠村的村民，他们只把年年生产的年画当成用来贴补家用的营生，而不是外界媒体、专家、学者眼中的“艺术品”。因此，当村民把不再印画的木版以“换糖吃”的价格出售给其他画店或者有眼光的收藏者时，面对短短几年内一套老木版的价位以“万”“十万”为单位再次被出售给某些博物馆、收藏者、传统手工艺爱好者时，有些村民后悔得“吃不下饭”，这就是村民对自身文化“后知后觉”的结果。笔者在田野调查期间发现，外地的收藏者来当地农户家中买版的情况并不少见。但是，当今农户家中真正的民国以前的老版少之又少，因为他们并没有意识到他们祖祖辈辈用来维持生计的这门手艺的文化价值、艺术价值、历史价值以及社会价值，在历经了“文革”之后，他们没有想到这门手艺还能有翻身的机会并获得“非物质文化遗产”的标签。类似这样的情况，不仅在杨家埠村，在中国其他地区的手工艺村落中也不少见。当现代化侵染到他们的生活空间时，原有的传统习俗会遭到吞噬，当地人往往把“传统”与“现代”、“机械”与“手工”、“先进”与“落后”等概念进行对立。在后工业时代，“手工”成为落后生产力的代表，因此，“木刻年画”也成为被社会淘汰的“物”，从而转向了“机器年画”。虽然这类年画丢掉了本雅明所谓的“技术复制时代”的艺术品的“灵韵”，[①] 但是它的社会功能没有改变，仍继续服务于“仪式”。而木版年画的根基却发生了根本性的转变，不再是“仪式”，而是一个地方政治、文化、经济的“资源”。

那么，在社会转型期，当原有的文化作为一种生活的“方案”或“手段”发生改变后，缺乏文化自觉的村民毫不犹豫地扔掉他们的“传统”，一心向着“现代化”前进时，我们的政府、知识分子、社会精英在面对这些群体的“传统文化”时，是否能唤醒民众的“文化自觉”意识，并进行具体实践？决策者

---

① 瓦尔特·本雅明：《技术复制时代的艺术作品》，胡不适译，浙江文艺出版社，2005，第92页。

应该站在谁的立场考虑问题？这将是影响手艺新村建设的重要因素。人类学家看待问题的“整体视角”“文化相对论”“他者眼光”等文化理论，将为“文化自觉”理念在乡村传统文化的重构提供另一种研究视角。

三 非遗语境中手艺新村的文化重构

打造“非遗文化产业”的杨家埠村，村内经营的不仅是传统年画、风筝，潍坊地区具有代表性的民间手工艺如剪纸、泥塑、碑刻、红木嵌银、布艺、老粗布等，在年画风筝一条街上都能买到，这构成了杨家埠“遗产旅游文化产业”的主要经营内容。在“非遗”“民俗”“传统文化”“工匠精神”等标签下，作为“非遗”的木版年画已经不是植根于浓厚乡土气息的与生活紧密相连的副业，看起来红红火火的文化产业变成迎合现代都市人群需求的“旅游纪念品”“大众文化产品”“收藏品”“民间工艺品”等。而传统年画的原生消费者——农村百姓，在市场经济机制的调配下，变成机器复制年画的使用者。

非遗旅游业的发展虽然让木版年画的传统手工技艺得到了传承，也让杨家埠木版年画业形成了垄断，现代年画店不再以传统的单页年画为销售主体，而是以不同尺寸的传统经典画样的线装画册为主。如今按照现代市场生产成本计算，没有上百万元的资本，是无法成立一家满足现代市场需要的年画作坊的，这种产业资本的垄断，其实将有意愿从事木版年画生产的普通百姓挡在了门外。传统的家庭作坊式年画生产，只需要一套灶王版，有光纸、颜料等生产资料，就可以用它来换取些许的生活费，而现在这种生产方式使前者已经成为过去的“集体记忆”与“想象的共同体”。杨家埠村的手工技艺建构了该村的传统文化，而该村的传统文化也因传统手工艺的变迁而被重构。

方李莉教授说：“以往的民众虽然是文化的弱势群体，但他们还掌握着一套属于自己的、完整的地域性的文化体系，但在未来的发展中他们有可能会失去他们文化的全部。即使未来的大众文化也不会属于大众，而是属于文化产业、属于商业化的符号经济。”[①] 方李莉教授的这种预言式的对村落文化保护的总结，正是十年后中国古村落、遗产村落正在经历的发展模式。在这种发展模式

① 方李莉：《“文化自觉”视野中的“非遗”保护》，北京时代华文书局，2015，第72页。

之下，乡土文化的生存根基被连根拔起，在遗产旅游热的浪潮下又被重新建构，只是在这种乡村改造的过程中，民众丧失了解释他们文化的权力，致使村民在这场乡建运动中集体“失语”，经济利益最大化成为村落开发的价值依据，导致乡土文化生存土壤的瓦解以及遗产旅游产业的文化内涵被削弱。

四　谁该拥有新村文化建设的话语权?

目前的杨家埠村无疑已经踏出了乡土文化的重建这一步，转变为政府、知识分子、社会精英、媒体等共同建构的“遗产旅游村”。

2010年，杨家埠村基本完成了“手艺新村”的改造，根据村落建设规划方案，改造后的杨家埠的村落景观主要由五部分组成：民俗大观园旅游景区、仿明清二层楼居民区、年画风筝一条街、旅游休闲服务区、别墅区。

据田野调查得知，到2010年为止，新村改造后的村民耕地以及集体用地几乎全部出售完毕，他们不再从事农业生产，村民集体住进了楼房，成为城市打工者。[①] 那么，从土地走出来的村民是如何生活的？首先，村民无论老少一人一年大约有1200元的土地补偿费。其次，村内大约10%的家庭在年画风筝一条街上从事年画、风筝的生产销售，其他经营者都是周围村子的，如马宿、仓上、南纸坊等村的村民。最后，乡村中的青壮年几乎都去城里打工来养活一家老少。

笔者在田野调查中了解到，村里的青年人大多白天去临近的市区上班，晚上回家吃住。老人在家负责照看小孩子或接送孩子上学，丧失劳动力的困难户只能依靠村里的“贫困补助金”度日。该村60岁以下的村民可以通过技术或者关系进入民俗大观园谋得一份工作，还有的村民以一个月700元的工资成为村内的环卫工人以及周边饭店的临时工。这样看来，似乎村内的每个人都找到了自己的位置。

改造后的杨家埠村出现了以下特征。（1）村民生活贫富差距加大。在老百姓眼里，当官的、“有本事”的人都获得了发展，与“非遗”搭边的传承人也名利双收。（2）村民的社会身份、社会地位出现分化。有的村民成为美术大

---

① 笔者走访过许多家村民，这些村民的楼房从外部看几乎是一样的，只是因为盖的时间段不一样略有差别，但是，根据内部的装修，一家的经济状况如何还是可以非常明显地看出来，有的人家的房屋内部连门都没有，还是毛坯房，一家人住在里面，显得格外冷清。

师、国家级传承人、乡土文化的代言人，还经常出国展演，在其他人看来又出风头，又能挣钱，还不累。（3）民俗成为“展演式”民俗，每年正月十五，杨家埠大观园内就有本村或周边村的村民组成的秧歌队、舞龙舞狮队在村内进行商业性表演。

政府对乡村改造真正的受益者是谁？是大多数还是少数？是以政治业绩、GDP为主，还是守住传统文化之根为主？新村规划与改造的策划者与执行者是政府，被改造者是乡民，不同层级的媒体或知识分子成为这场乡村改造的“解释者”。在旅游时代，“国家4A级旅游景区”“全国56个最具民族风情旅游区”“全国农业旅游示范点”“文化产业示范基地”等荣誉对于一个村落的可持续性发展来说，它能起到多大作用？这是笔者一直在思考的问题，也是村民们最为关心的问题。正如赵旭东所说：“今天个体的自觉不但使得个体存在的意识得到了加强，而且对于生命价值的理解也在发生着一种深度的改变。即可以说，这是从集体意识的文化自觉时代的缺少自我意识的生命关怀，转换到以自我为中心的生命价值的判断和衡量上来的一种转变。”[①] 正是因为这种来自关乎个体生命的文化自觉，才能激发村民以“社区共同体”的集体利益为目标的乡村建设。又如高丙中提出的“理解费孝通先生的‘文化自觉’概念的关键，是用社会过程贯通个人之‘自觉’与共同体之‘自觉’，也就是凭借社会过程让个人的自觉成为共同体的自觉”。[②] 因此，只有乡民参与其中的遗产旅游业才能点燃一个乡村可持续发展的生命力，才是激活关乎个人生命的文化自觉之内核。

五　结语

经济全球化时代，置身于市场经济逻辑中的新村建设，村民作为文化的持有者，在“被村建”过程中往往以“文化弱者”的身份被贴上标签，造成乡村文化转型过程中的“不在场”。他们的传统文化随着乡土重建也被重新改写，人为重构的因素不可避免地体现在被观看的“旅游景观”中。以发展遗产旅游业为经济支柱的乡村，主要靠政府出资进行社区基础设施的建设，政府又过于

① 赵旭东：《个体自觉、问题意识与本土人类学建构》，《青海民族研究》2014年第4期。

② 高丙中：《文化自觉的技术路径：非物质文化遗产保护的中国意义》，《中南民族大学学报》（人文社会科学版）2014年第3期。

重视纯文化、纯经济带来的效益，造成乡村过度开发，破坏了乡村原有的生态平衡，最终形成了建立在“非遗”项目名头上的“乌托邦”旅游业。

如何才能实现一个手艺新村遗产旅游业的可持续性发展？本文以一个具体的村庄旅游业发展的前因后果为例，对其进行了细致的分析，并给出了一部分建立在该村旅游业可持续性发展基础上的逻辑性建议。本文认为，应激发群众的文化自觉意识与个体自觉意识，使他们从内心喜欢自己的文化，做一个有地方性文化情怀的村民，更重要的是要培养服务于大众文化的当代手工艺人的传承意识，并能使他们依靠传统手工艺获得体面的生活，而不是被“传统”绑架，只有这样的良性循环发展，才能营造出追求经济利益和文化尊重的可持续的以手工艺非遗为依托的新农村生态环境。

当前经济形势下如何缓解地方基础设施投融资难题

——基于中西部地区调研的分析

姚　云*

一　引言

当前，受国际环境发生深刻变化、国内改革进入攻坚期、结构调整阵痛释放等因素影响，中国经济运行稳中有变、变中有忧，经济面临下行压力。在过去的8年中，中国经济成功地由原来的高速挡切换到现阶段的中高速挡，增长速度向这个阶段的潜在增长率收敛。当前宏观经济政策的主基调应该是稳增长（防止经济过快降速），而保持投资的适度增长是实现这一目标的关键，其主要抓手则是继续大力推进基础设施项目的建设。中西部地区城市化建设正处于加速化发展阶段，其基础设施投融资是未来发展的重要保障。因此，笔者在2017年8月到2018年11月在四川、贵州、云南和河南等中西部省份的十几个城市进行了深入调研，对地方投融资面临的挑战进行了分析，并就促进基础设施投融资矛盾的可持续解决提出了对策建议。

二　当前中西部地区基础设施投融资存在的挑战

本次调研发现，中西部地区基础设施投融资普遍面临以下几个亟待解决的

* 作者简介：姚云，中国社会科学院金融研究所。

问题。

首先，政府财政收支倒挂加剧，基础设施投资资金缺口大，隐性债务增加较快。调研的大部分地区财政总收入增长缓慢，显著低于财政支出增长，对财政转移支付依赖程度高。近几年，西部地区传统的资源加工型企业在产业转型升级中受到产业政策与市场不景气的双重约束而发展不利，新兴产业的增量难以弥补存量的减少，财政收入增长压力日益明显。财政支出中刨除机构运转部分和医疗卫生、社会保障、危房改造、环境保护等重大民生福利支出，余下可用于发展的资本性支出财力非常有限，目前的基本情况就是“保机构运转”的财政支出能力有限，且财政缺口日益增大。同时，近年来中西部地区的由政府投资驱动发展特征明显，保持有效投资的持续增长已经成为区域经济稳定增长的关键。由于这些地区预算内资金供给潜力较小，2015 年出台的预算法（《预算法》第 35 条）又刚性约束了地方政府举债（“只能以发行债券的方式在经批准的债务限额内融资”），基础设施投资面临较大的资金缺口。笔者调研的大部分地区的地方政府债务风险总体可控，但存在隐性债务规模较大现象。河南省部分地区隐性债务在总体政府性债务占比超过 50%，主要集中于政府购买服务、向政策性金融机构进行贷款、成立专项建设基金，以及 PPP 项目等中长期支出事项债务。隐性债务的逐年增长与“土地财政”背景下地方政府以土地资源为核心的融资平台进行融资直接相关。大规模的隐性债务给这些地区“保运转”和“保民生”的财政带来较大中长期支付压力，同时考验着地方治理能力和国企治理水平。

其次，地方“粗放型”扩大平台公司资产规模，但“肥胖”状态的资产并未提高投融资能力。在所调研地区平台公司的市场化转型过程中，一个普遍存在的现象是平台公司（包括退“平”公司）的市场化、实体化转型慢，资产规模“粗放型”扩张，但其中能产生经营性现金流的有效资产比例不高，投融资能力与效益低。城投公司收益率无法覆盖融资成本是普遍现象，2017 年全国城投公司平均 ROA 仅为 1.9%，而同期一般贷款加权利率和 5 年期 AAA 城投债收益率分别为 5.8% 和 4.8%。资产“粗放”扩张首先表现在资产缺乏有机整合与落实。部分地区将原有的各个行业国有投资公司资产“捆绑”在一起组成集团公司，但在资产缺乏有效整合与落实不到位的情况下，各公司在客观上互相牵制与主观上强调“资产短板”的矛盾中陷入互相推诿的怪圈而难以推进相关投融资工作。资产规模“粗放型”扩张还体现在“融资任务千条线，地方平台一根针”的现象上，最终导致企业净资产萎缩而发债融资额相当有限。例如，一家退“平”公司虽然在举全城之力的资产扩张中勉强获得 AA + 的信用评级，但由于该公司是地方棚改项目的贷款承接主体，随着国开行等机构贷款的到位，其资产负债率往往会在棚改项目的启动前发生飙升，其信用评级的维持发生困难，最终导致投融资失去可持续性。

再次，在推进地方政府债务管理改革的同时，从中央到地方都在加快推广 PPP 模式，鼓励和引导社会资本通过特许经营等多种方式，参与有一定收益的公益性事业投资和运营。但这种模式在实施过程中存在项目难认定、制度缺位、收益结构不合理等障碍，导致项目鱼龙混杂、签约不及预期。一是政策口径不一致，缺乏成熟的操作规范，地方上对 PPP 模式理解不透，推进不顺。财政部与国家发改委对 PPP 的认定范围不同，财政部出于防范与化解地方政府债务风险的考虑而对牵涉需要财政补贴的 PPP 项目认定从严把握；而国家发改委则出于拓宽地方项目建设融资渠道的目的而对 PPP 项目界定较宽松。由此带来操作层面的问题较多，例如怎样计算项目的财政补贴问题，如何确定更为合理的期限、收费标准等。二是有些基础设施特许经营权并不属于地方政府权限，市（州）县级政府没有定价权，跨区域的生态补偿机制不能落实，付费主体与定价存在较大不确定性，导致 PPP 项目操作难度大。例如，有些公益性的水库项目，只有允许政府把购买服务这块计算进去，才有可能达到项目收益要求，否则就很难推动。三是固定收益的公益性事业项目很难达到作为股权投资的社会资本的预期收益要求。PPP 项目收益一般规定了上限水平（如不能超过 8%），导致作为股权性社会资本的收益与其承担的剩余风险的不匹配，进而导致社会资本的参与积极性不高。四是制度配套方面存在缺陷，保障力度不够，社会诚信度不高，有的地方政府偿债都很难保证，工程款拖欠比较严重，并且对地方事务具有决定性影响的政治生态方面的人事调整变化，都大大增加了这类项目投资的不确定性。目前来看，除了中央企业与地方政府合作的少数较大项目外，一般社会资本对此缺乏稳定的预期，没有行动积极性，犹豫观望的多，真正落实的少。

又次，PPP 入库项目结构失衡导致整体规模不高。PPP 项目投资资金方面的矛盾主要体现在 PPP 项目规模的限制、入库项目结构欠优和社会资本参与积极性不足上。一方面，PPP规模红线使得一些重点项目入库率低。由于PPP项目受到“当年财政一般公共支出10%”的规模红线限制，一些地区“容易入库”的项目（如环保类、教育类）已占用了PPP规模额度的一半以上，而未来资源环境、城市地下管网、生态建设、产业园区等基础设施工程资金很可能因逼近或者超出此极限而难以入库或继续。另一方面，PPP入库项目质量和结构不优也限制了项目规模。调研地区普遍存在入库项目的回报机制以政府付费项目和可行性缺口补助为主，使用者付费项目的比例非常低。此外，部分地市PPP项目的成规模发展起步较晚，对使用者付费项目的培育与储备不足，大规模的社会资本缺乏参与和可持续跟进投资的动机与动力。

最后，专项债等债券融资举债空间有限。根据新的预算法律制度（《预算法》第35条），地方政府及其所属部门只能在经批准的债务限额内发行债券。地方政府以发行债券的方式进行融资的举债行为因此受到了刚性约束，很难继续为基础设施项目增加大量融资。专项债、项目收益债虽然在国家层面不进入赤字和债务率，但市发债额都要在省级财政批准和分配的总体的债务限额之内。调研发现，中西部的地区存在政策解读的滞后性。部分地区虽然在以往政府债务管理方面相对规范，避免了公共债务“脱缰”，但也错失了在政策上限制较少窗口期及时合理扩大类似PPP项目等融资规模的机会。目前的债务大部分已经置换了政府债券，但是举债空间仍相当有限。值得注意的是，中西部地区发行政府债券在数额、政府信用、抗风险能力以及发行程序上均无法与发达地区相比，市场对其债券认购的积极性也会较低，地方政府发债缺乏自主性。

三　破解中西部地区基础设施融资难题的举措

面对上述问题与挑战，中西部地方现有投融资机制的改革与创新迫切性不言而喻，未来工作主要在以下几个方面着力。

第一，以提高治理和资产质量为抓手加快推进国有投融资主体市场化转型，增强国有资本运营能力。一是地方政府通过深化国有企业改革，适当进行资产重组，向融资平台公司注入有收益性的资产，改善其有效净资产和现金流严重不足的弱点。二是积极探索财政补贴性资金的有效使用途径，可以把部分财政性补贴资金通过特定股权方式投资到融资平台公司，并完善退出机制，以改善融资平台公司的信用结构。三是优化国有投融资主体的内部法人治理结构，增强投融资决策的市场化、专业化和规范化。四是融资平台公司要积极拓展融资渠道，除了以往的银行贷款，还应该积极寻求与保险等长期性资金合作，探索股权融资、中期票据等债券性的多种融资方式，保障融资持续性。

第二，摸清政府债务规模，提高地方政府债务全口径管理能力，合法合规举债。一是建立地方政府资产负债表，提高公共债务预警与管理能力，硬化预算约束，压缩一般性支出，优化债务结构。二是客观把握地区投融资空间与潜力，科学合理确定基建项目，发挥地方人大对依法举债的监督作用，避免盲目立项、违法违规举债和投融资节奏失序。三是在摸清隐性债务规模的基础上，通过多种形式进行有效化解。财政压力小的地区可通过安排当年预算资金、超收收入、盘活财政存量资金来直接偿还，财政资金紧张的地区可通过出让政府股权以及经营性国有资产权益等处置资产方式进行偿还，或利用隐性债务对应的项目结转资金、经营收入偿还。一些具有稳定现金流的隐性债务可以合规转化为企业经营性债务。四是借鉴东部隐性债务化解试点城市经验，因地制宜地创新投融资机制。如镇江财政局下属的资产管理公司作为承接主体，从国开行获得化解地方隐性债务的专项贷款（利率在基准左右），再以普通借款的方式投放到辖区各平台公司以置换纳入隐性债务的高成本非标债务，在降低债务成本的同时化解隐性债务。五是对部分政府性债务风险突出地区实施财政重整，防止财政恶化，降低政府综合债务率以保持中长期的投融资能力。财政重整的依据来自国务院办公厅2016年10月出台的《地方政府性债务风险应急处置预案》的相关规定，即“市县政府年度一般债务付息支出超过当年一般公共预算支出10%的，或者专项债务付息超过当年政府性基金预算支出10%的，必须启动财政重整计划”。2018年四川省资阳市雁江区和安岳县因专项债务付息占比超过当年政府性基金预算支出的10%红线而启动了财政重整计划，两地计划采取一系列增收、节支和资产处置等措施以降低综合债务率，使债务规模与偿债能力相匹配。

第三，深化投融资机制改革，国有资本管理公司统筹摸清、盘活、整合存量与潜在国有资产，切实落实管资产向管资本转变。一是打破行政机构壁垒，理顺投融资机制。理顺各行政机构在职能、人员、资金、资产等方面的交叉和多头管理问题，界定责、权、利，科学高效地进行项目审批和决策，形成国有资本投融资合力。通过国有资本管理公司统筹政府股权、国有企业产权、存量土地资源、标准厂房、交通、水利等基础设施收益权，以及水务、燃气、加油（气）站、健康养老等公共服务资产，车站、城市广告位经营权及文化旅游、交通运输等城市经营性国有资产。对这些国有资产进行科学估值，结合自身金融资产特征，单独或联合开发基础设施项目建设、房地产等相关存量贷款类资产证券化产品，积极探索开发与其他增量固定收益类资产相连的资产证券化业务。

第四，适度放宽西部欠发达地区债券发行额度与种类限制。在分配债券发行地区限额方面，应区别对待西部地区的债务风险、财力状况等因素，不宜采用“一刀切”的标准，以免在完全市场化条件下遭遇过多的不利。在债券发行种类方面，根据新《预算法》第 39 条规定（“中央预算和有关地方预算中应当安排必要的资金，用于扶助革命老区、民族地区、边疆地区、贫困地区发展经济社会建设事业”），发行西部欠发达地区基础设施建设特别债券，直接用于地方公共领域项目的资本金，或者用于地方政府依法发起设立的基础设施、公共服务发展基金。特别债券规模限额单列，由国务院报全国人大或其常委会批准，中央财政负责贴息。

第五，拓宽基础设施项目融资渠道。按基础设施项目分类与政策条件，采取不同融资形式进行投资建设。对供水供气、垃圾处理、污水处理等吸收社会资本参与公益性项目，政府按约定承担特许经营权给予、财政补贴、合理定价等责任，不承担偿债责任。清理不规范入库项目，优化 PPP 项目结构，提高使用者付费项目的比例。对难以吸引社会资本参与的基础设施投资项目，根据政策要求申请国家专项建设基金与开发性、政策性银行融资。对需要举债的公益性项目，由政府按规定发债融资。

第六，确立国有资本和民营资本共赢的投融资理念，撬动社会资本积极参与基础设施投资。应该重点清理 PPP 项目在实施过程中所遇到的各种障碍，妥善处理公共资源配置权、项目使用与管理控制权、现金流所有权、基础设施所有权的关系，对于可持续引入社会资本和国有资本的增值尤为重要。并在此基础上完善基础设施项目的构建、重组和交易机制，加大财税、价格、土地、金融等方面的支持力度，提高基础设施项目对社会资本的吸引力，真正实现国有资产和非国有资产保值与增值的良性循环，确保地区公共设施和服务惠及民生。

以“新刚需”为导向推进公共文化服务供给方式多元化创新

——基层公共文化服务田野调查

安鑫怡*

习近平总书记在党的十九大报告中提出，中国特色社会主义进入新时代，我国社会主要矛盾已经转化为人民日益增长的美好生活需要和不平衡不充分的发展之间的矛盾。构建现代公共文化服务体系是为了实现人民的文化权利，满足人民的公共文化需求，提高国民素质。和经济建设发展不平衡一样，受地理位置、环境条件、人口状况、经济社会发展水平等多种因素的影响，传统的公共文化服务供给已经无法满足人民日益增长的公共文化服务“新刚需”。随着城镇化道路建设持续推进和中国城乡人口结构发生显著变化，人们的文化需求呈现多元化趋势，我国公共文化服务供给与民众实际需求之间存在很大差距，公共文化建设的新路径如何破题？在当前国家政策环境下如何创新公共文化建设？这也就成为新时代公共文化发展的重要内容。

本文以新公共管理理论为指导，以北京市门头沟区公共文化服务现状为实例，对公共文化服务供给方式及老百姓对公共文化服务的新需求问题做了分析研究，探索如何在新时代、新征程下，创新公共文化服务供给多元化创新模式，以老百姓“新刚需”为导向推进公共文化服务供给方式的多元化创新。

* 作者简介：安鑫怡，智慧橙子创始人/总裁。

一 门头沟区公共文化服务供给的体制与机制建设

北京市门头沟区地处北京西部，山区面积占区总面积的98.5%，是北京市唯一的纯山区，也是北京的生态涵养区。该区总人口有31万人，山区承载了门头沟区三分之一的人口。门头沟区毗邻石景山区，随着近几年棚改等民生工程的推进，“门城”地区老百姓各方面的需求接近于北京市中心城区的市民。特殊的地理环境导致门头沟区公共文化服务不能一概而论，因而具有公共文化服务配送机制建设的内生需求，以小见大，城镇文化发展与乡村文化发展的不同路径与现状，更具备我国城市与乡村两级发展不平衡的分析机理。所以门头沟区成为本次调研的主要调研对象。

截至2019年8月，门头沟区13个镇（街）中有11个建有镇（街）文化中心，覆盖率为84.6%，有6个镇（街）综合文化中心实现社会化运营；247个村（居）中有244个建有村（居）文化室，覆盖率为98.8%；建有184个文化广场，覆盖率为82%；设有181个数字影厅，普及率为81%；建有179个益民书屋，普及率为80%。通过三级网络覆盖，基本满足了门头沟区广大群众的文化需求。

（一）“三级联动”文化到家

门头沟区建立了区、镇（街）、村（居）三级联动的公共文化服务配送机制，在配送资源上实行差异化配置：一级（区级）资源配送注重优品、精品；二级（镇街）配送充分利用本地文化及人才资源，为区域群众提供精细化、品质化、特色化的文化产品和服务，加强对区域文化团队的扶持和培训指导，推进“一镇（街）一品”“一村（居）一品”文化品牌建设；三级为村（居）文化室，是公共文化服务配送的需求反馈主体和协调落实主体。目前247个村（居）已经配备了专（兼）职群众文化组织员，确保公共文化服务配送走进百姓生活。公益电影下乡、文化馆培训式演出等“点单式”服务为群众提供了更多的文化内容。同时也有一些社会力量支持基层公共文化服务发展的案例，如城子街邀请中国广播艺术团、铁路文工团、中国说唱团、听云轩、德云社、嘻哈包袱铺等开展了曲艺、相声等高水平、公益性文艺演出，让居民在家门口就能大饱眼福。

（二）基层文化“特色配送”

（1）保证基本需求。图书报刊借阅、文艺演出、电影放映、文体活动（含特殊人群文化帮扶）与培训讲座是乡镇（街道）综合文化中心、行政村（社区）综合文化室必须提供的五类基本公共文化服务，用以满足群众最基本的需求。

（2）深抓特色服务。门头沟区依托主题文化阵地功能区、图书馆阅读功能区、博物馆功能区、公园文化广场功能区、旅游文化功能区、镇（街）特色文化功能区、数字文化功能区、“非遗”文化传承区八大功能区，提供多层次、多样化、差异化、有特色的文化配送服务。

（3）将文化供给与百姓发展密切结合，为有特色农产品的村配送农技方面的“田间讲堂”；将文化供给与旅游密切结合，为特色旅游村配送旅游露天电影、特色戏曲；与高端民俗户合作建立特色书吧。推动文化供给向特殊群体倾斜，提供有针对性、有温度的配送内容：为以留守老人为主的“空心村”配送戏曲点播机设备；为儿童配送儿童绘本及组织家庭亲子阅读活动；为学校配送图书及组织阅读活动、非遗展览教学、播放爱国主义教育电影等；为外来务工人员配送技术技能等公益培训；为驻区部队、企业配送图书及组织阅读活动、公益演出、公益电影、24 小时智能书屋等。

（4）公共文化服务配送“数字化”。在现有的门头沟文化云平台上，智能化配送平台将百姓文化需求、内容供给、服务落实与意见反馈透明化，实现文化配送“问需于基层”，提供“点单式”“定制式”服务，由“单向”配送向“双向互动式”配送转变，配送效果更加精准。基于平台的大数据分析功能，实施配送需求统计分析、内容数据管理、日常监督管理等，通过文化指标分析、指标关联分析、地域对比分析等大数据分析，建立更加完善的公共文化服务需求导向机制，使文化配送更加精准，为引导文化趋势、构建文化舆情提供支撑。

（5）公共文化服务配送标准化管理。探索“政府主导、社会参与”的公共文化配送模式，建立公共文化服务配送标准化管理流程。首先，明确配送组织主体、配送实施主体、资源供应主体、村（居）承接主体之间的权责分工，各方主体紧密协作，互为监督；其次，完善从需求征询、资源征集、基层点单、服务配送到监督评价的公共文化服务配送流程，从各个环节着手制定管理标准，明确操作办法。

二 问题及思考

在人民群众的物质需求得到基本满足的当下，人民对于文化需求愈发呈现多元化趋势，如何让广大群众享有优质、多样的基本公共文化服务，是当前文化建设的核心问题。调研发现，“文化中心能不能有提升课程、托管服务，孩子交给政府职能部门会比商业机构更放心”“能让我们吃完饭就有地方跳跳舞、打打拳”“阅览室的书刊还是太少、更新太慢，能不能常买常更新”“能不能加入日常康养服务，哪怕是有偿的，老人学习康复知识、中年人上班疲惫的时候能有专业的服务就在家门口”“能不能有更多的孩子的文化素养培训，市场上的商业机构太贵，现今孩子的教育都不够均衡平等”等广大群众对于文化建设的呼声不断高涨，问题主要反映在以下几个方面。

（一）基层公共文化服务机制不够完善

群众对于文化的需求越来越倾向于多样化和多层次化，然而基层文化部门没有在表现形式和传播方式这两方面进行创新，没有提升的空间。

（二）公共文化服务有效供给不均衡

城乡之间差异明显，同区域内城区和山区差异明显。门头沟区文旅局副局长在访谈中指出：“目前政府购买服务模式，群众的需求并没有充分得到满足，政府决定购买，但结果群众并不满意。”群众普遍认为，目前公共文化服务供给的数量和质量处于“一般”水平，有些公共文化服务内容缺乏吸引力，不是自己想看、想学、想了解的内容。城子街道文化中心参与群众指出：“课程活动更新已经很快了，但是政府提供的内容还是跟不上市场上的变化。”

（三）文化活动中心市场化、社会化程度不够，服务效能低下

从事公共文化服务的非营利组织不仅数量少，而且参与的公共文化服务活动也很少。基层公共文化服务设施总量不足，建好的公共文化设施并没有得到

很好地利用，造成了部分场地闲置与浪费，这些都与公共文化设施的经营管理机制不够合理、灵活直接相关。我们在东辛房街道社区文化活动中心与管理人员进行访谈时，她指出："目前的文化中心空间使用率比较低，前台休息区使用率较高，其他各功能室周一至周五闲置率较高，资源浪费较为明显。"另外就是公共文化服务供应并不是真的以老百姓的"新刚需"为导向，比如我们在运营的大峪街道文化中心时候，参与活动的几位居民（有老人、孩子家长、小朋友、青年）就明确地指出"场地很好，不过我们喜欢跳健美操但是来了这里报名却是广场舞""孩子很喜欢这里的创意美术课，但是上三四次刚有兴趣，再报名上的课程内容还是和以前差不多""我们来这里看书、聊天但是没有茶饮、咖啡点心等服务，有时候太枯燥了""我们带孩子来上亲子课，老师很专业，想持续上却没有那么多课程""这里没有实体书店，喜欢的书只能看或者借，有时候很想买，觉得不够方便"等一系列问题，当地政府也在运营过程中积极地调整运营方向和思路，但是光靠政府购买服务经费无法满足老百姓不断增长、更新的需求。

（四）基层公共服务体系缺乏完善的监督评估机制

虽然制定了一系列公共文化服务评分标准，但是在具体的操作过程中没有有效实施，而且评分标准在科学、制度、理论方面仍然有所欠缺，没有办法将人民群众对于文化的需求真实地反映，缺乏完善的评估监督机制。

三　基于以上公共文化服务供给机制问题的原因分析

（一）缺乏需求导向的长效机制建设，提升服务精准度

中央提出，要"从组织运行方面改进公共文化服务供给，形成以政府主导为主和社会力量支持为辅的各方参与、群众受益的格局"。北京市门头沟区政府在构建三级联动的公共文化服务供给体系中一直扮演着管理者和提供者的角色。公共文化服务的"低效"供给，即政府文化管理部门主观判断群众需要的公共文化服务内容，然后进行供给，结果出现了大量无效供给，造成政府财政资金浪费、群众响应度不高的现状。我们深入基层的两年中发现，以"政府主观"为主导的公共文化服务供给模式为社会提供公共文化服务供给，与以"老百姓

新刚需”为导向的热心参与服务供给的社会组织提供各种多样多变的服务模式之间的关系，就是公共文化服务刚性供给与老百姓对公共文化服务弹性需求的矛盾。

（二）完善需求反馈机制建设，提升服务效能

以个性化的需求为主导，为老百姓提供满足其实际需求的服务并且根据各地的文艺传统和各自的特色开发独特的文艺创造；要“让群众参与基层公益机构的文化服务民主决策、共同构建需求征集和反馈机制，促使群众能够实现自我管理和服务，自我教育和监督”。我们在两年中吸引了公共文化服务志愿者1.8万人左右，此次田野调查的这些社区的群众也积极地参与其中，甚至帮我们收集了大量的数据，同时提了很多宝贵的建议，我们认为这是需求反馈的最佳桥梁，这与我国几千年的传统文化、邻里文化息息相关，这也最大化地体现了基层公共文化服务机制不可缺失的一部分——“人情治理”“人心治理”，以人为本的指导思想也深入其中。

四　建设公共文化服务生态链，满足公共文化“新刚需”

（一）加强公共文化服务供给的运行机制建设

通过对配送主体、配送内容、配送方式、配送手段、配送渠道等公共文化服务配送要素进行优化组合或变化重组，推动公共文化服务供给侧改革及公共文化服务配送渠道、手段和方式创新，实现公共文化服务供给与群众需求精准对接，有效打通公共文化服务“最后一公里”。公共文化服务配送机制建设项目是贯彻落实《中华人民共和国公共文化服务保障法》、强化公共文化服务供需对接、促进公共文化服务均等化、切实提升服务效能的有效手段。

机制建设主要包括六个方面：一是与科技融合，利用最新技术创新公共文化服务配送体系，拓展公共文化服务云平台，利用云计算、大数据技术提高公共文化服务配送质量；二是结合京津冀一体化，整合各方资源特别是首都的优势文化资源，挖掘区内、引进区外优质文化资源，形成“共享”机制，丰富公共文化服务配送总量，使优质文化活动发挥倍增效益；三是创新公共文化配送机制，优化公共文化服务配送流程，政府通过总分馆制等体制机制创新，优化

公共文化服务配送流程，强化镇街文化中心在配送体系中的作用，实现公共文化服务配送一站式直达行政村/社区，进一步提高公共文化服务的配送时效，同时鼓励市场通过商业化手段提供更多、更宽、更广、更优的惠民提升公共文化服务项目；四是拓宽公共文化服务配送对象，兼顾区内企业、部队及特殊服务对象等的公共文化服务需求，提供适合的服务内容；五是向山区农村倾斜，根据我国大部分山区农村人口较多的特点，在公共文化服务配送经费保障、配送内容提供等方面，适当向农村倾斜；六是完善公共文化服务配送体系的绩效评估，委托第三方机构、建设大数据一张图等对公共文化服务配送绩效进行评估，以提高公共文化服务配送效能。

（二）以城子街道综合文化中心为例打造地区文化高地

2017年的冬天，我们5个“90后”第一次到达门头沟区城子街道文化中心，初见时的场景历历在目，窗明几净但充满办公硬朗氛围的场地成为我们公共文化服务开始的地方，换椅子、贴墙纸、做咖啡、讲故事、弹吉他，我们给孩子读诗、给少年播有趣的电影、给中青年提供放松空间、给爷爷奶奶讲健康的生活方式……我们用两年的时间服务群众，经历蜕变，从浮躁到内心充满使命感，我们知道公共文化服务虽然无利可图，虽然艰辛万难，但是我们找到了一份发自初心的归属感，在区文旅局和城子街道办事处的指导下，不断分析城子地区居民构成情况和走访调研、累计服务经验结果，对文化中心进行了合理化打造，形成了可以满足不同年龄段休闲、学习、参与文化活动的综合文化空间，其中包括：琴茶、书画、非遗、歌舞学习空间，儿童亲子空间，创意休闲书房等，对占地面积1500平方米的文化中心进行了充分规划利用，为周边老百姓提供了丰富的文化选项，形成了区文旅局—城子街道办事处—智慧橙子公司—第三方监管公司—社区居民多方共同参与的生态链的闭环。

五　结论

专业的人做专业的事，在政府指导下最大化地发挥社会力量的潜力，以老百姓“新刚需”为导向发挥市场优势，开展多样化惠民公共文化服务，激发群众自治热情，加强公共文化服务志愿者团队建设，这将在极大降低政府人员压力和财政成本的同时，有效提升基层公共文化服务机制的运行效率和服务水平。

加强政府与社会力量的黏性，一方面了解工作情况与进度，另一方面加强对社会力量团队工作的指导与监督，用第三方监管的模式加大督导力度，及时总结经验并进一步完善社会力量提供服务全链条的机制建设。

公共文化服务的供给侧改革是公共服务领域改革的必经之路，可以有效提升供给效率，让老百姓在家门口就能够享受到更全面、更优惠的文化服务，更多元的文化形式，更深切的文化认同。发展文化配送的意义在于给当地居民在心理上带来获得感、幸福感、满足感和自豪感，让老百姓在我们的文化阵地切身感受到政府精准服务带来的满足感，受益于经济社会发展带来的成果，把“以文化人”真正落到实处。

嵌入性视角下的医疗产品信任与消费

——以 HPV 疫苗消费为例

贾晓菲*

一 引言

2018 年，九价 HPV 疫苗在国内开放引发了广泛的关注。HPV（Human Papilloma Virus）中文名称为人类乳头瘤病毒，99.7% 的子宫颈癌都是因感染 HPV 造成的。目前全球范围内应用的 HPV 疫苗有二价、四价和九价，疫苗价数越高，防治的 HPV 病毒类型越多。在中国，九价 HPV 疫苗属于二类疫苗，是由公民自费并且自愿受种的其他疫苗，不纳入医保范畴，如果三针全程接种，价格接近 4000 元。尽管如此，九价 HPV 疫苗开放后市场的消费热度极高，不少省市出现“一针难求”“万人摇号”的局面。由于内地居民涌入接种，香港地区的多个诊所也出现疫苗紧张的情况。本文旨在对这一现象进行社会学的解释，更具体地说，对中国内地居民的非必需性医疗预防和保健产品的消费及其流行现象进行社会学的研究。

二战后，全球医疗领域发生了巨大变化。[①] 在资本主义国家，医疗消费作为一种与其他领域无异的商品的观念盛行。[②] 由于公众对专业知识不确定性的认识

---

* 作者简介：贾晓菲，剑桥大学硕士研究生。

① Light, D. W., "Institutional Change and Healthcare Organizations: From Professional Dominance to Managed Care," *International Journal of Integrated Care*, 2002, 2 (3), pp. 384 - 387.

② Logan, J., Green, D., Woodfield, A., *Healthy Competition*, Centre for Independent Studies, 1989.

逐渐增强，风险意识逐渐提高，[①] 病人作为医疗产品与服务的消费者，其形象从以往的被动而依赖转变为医疗消费中相对主动的一方。[②] 医疗领域出现了身体商业化、[③] 制药产业对直销广告的策略性利用、[④] 药品开发的无序、[⑤] 医疗旅游[⑥]等新自由主义文化下特有的消费现象。

在过去的二十年中，发展中国家的卫生保健领域也开始了广泛的市场化。在中国，宏观的医疗制度安排发生了更为极端的转变。改革开放前，单位制的制度安排担负起了医疗服务筹资与递送方面的责任；[⑦] 改革开放之后，原本由政府和单位负责供给的公共服务转而由个人和家庭承担，形成了更为广阔的医疗市场，[⑧] 医疗领域的商业性消费也随之活跃起来。在当下的中国社会，韦伯所说的“健康是一种可生产的，因而可为某种实际目的而消费的产品”[⑨] 正随着改革的深入而成为现实。

HPV 疫苗的火爆现象是我国乃至全球医疗消费市场蓬勃发展的缩影。随着保健与风险预防意识的增强和相关医疗制度的逐步补充和完善，预防和保健医疗等医疗消费领域已经在商业化和市场化的道路上走得很远，后单位制时代的医疗消费研究需要紧跟时代的步伐，力求描绘出当前医疗制度下更为全面的消费生态与医疗资源分配图景。

---

① Beck, U., “The Reinvention of Politics: Towards A Theory of Reflexive Modernization,” in *Reflexive Modernization: Politics, Tradition and Aesthetics in the Modern Social Order*, Beck, U., Giddens, A. and Lash, S., eds, 1994, Polity, Cambridge, pp. 1 – 55.

② Lupton, D., “Consumerism, Reflexivity and the Medical Encounter,” *Social Science & Medicine*, 1997, 45 (3), pp. 373 – 381.

③ Almeling, R., “Selling Genes, Selling Gender: Egg Agencies, Sperm Banks, and the Medical Market in Genetic Material,” *American Sociological Review*, 2007, 72 (3), pp. 319 – 340.

④ Fisher, J. A., Ronald, L. M., “Direct to Consumer Responsibility: Medical Neoliberalism in Pharmaceutical Advertising and Drug Development,” *Advances in Medical Sociology*, 2008, 10 (10), pp. 29 – 51.

⑤ Fisher, J. A., “Coming Soon to a Physician Near You: Medical Neoliberalism and Pharmaceutical Clinical Trials,” *Harvard Health Policy Review A Student Publication of the Harvard Interfaculty Initiative in Health Policy*, 2007, 8 (1), p. 61.

⑥ Smith, K., “The Problematization of Medical Tourism: A Critique of Neoliberalism,” *Developing World Bioethics*, 2012, 12 (1), pp. 1 – 8. Misung, L., Heesup, H., Tim, L., “Medical Tourism: Attracting Japanesetourists for Medical Tourism Experience,” *Journal of Travel Tourism Marketing*, 2012, 29 (1), pp. 69 – 86.

⑦ Walder, A. G., “Organized Dependency and Cultures of Authority in Chinese Industry,” *The Journal of Asian Studies*, 1983, 43. 姚泽麟：《改革开放以来医疗服务的责任私人化与医患关系的恶化》，《东南大学学报》（哲学社会科学版）2017 年第 1 期。

⑧ 姚泽麟：《改革开放以来医疗服务的责任私人化与医患关系的恶化》，《东南大学学报》（哲学社会科学版）2017 年第 1 期。

⑨ 科克汉姆：《医学社会学》，华夏出版社，2000。

因此，本文将 HPV 疫苗的流行现象提炼为本文的研究问题：有潜在风险的医疗产品信任是如何形成的？本文首先将消费者分类，通过制度和关系嵌入性的视角，解释消费者在制度与关系的影响下形成对产品有效性和无害性信任，进而进行 HPV 疫苗消费决策和实践的整个过程。最后，本文试图揭示，看似平常的一场医疗消费狂欢背后，制度与关系是如何在成为一群人消费的助推剂的同时，又直接或间接地为另一群人设置了障碍。

二　研究设计

（一）研究框架

本文研究框架如图 1 所示。

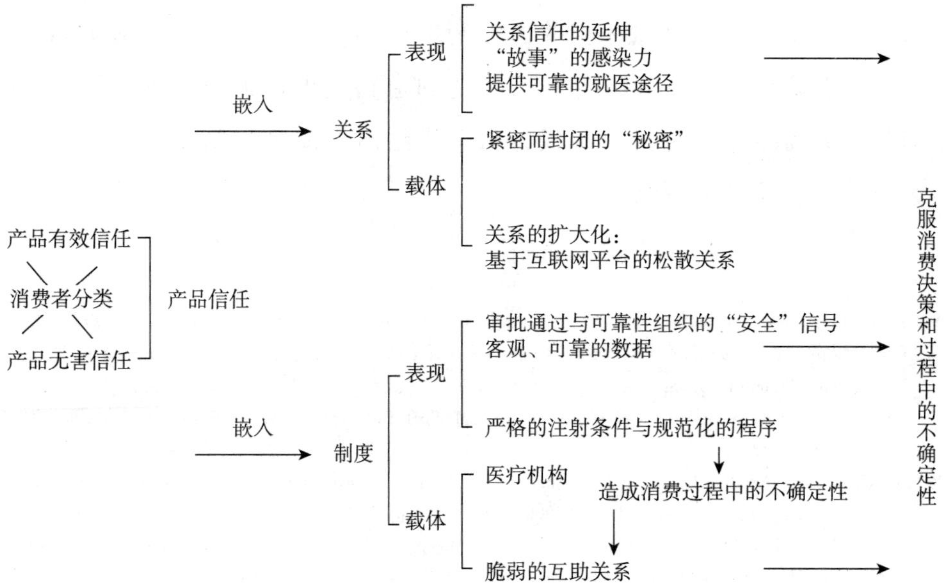

图 1　研究框架

（二）研究方法

本研究主要采取访谈与观察的方法，共访谈了 29 名来自 15 个省市的研究对象，其中 26 人接种过 HPV 疫苗，3 人有了解 HPV 疫苗信息但未接种，1 人有宫颈癌病史但未接种。受访者的接种地点分布在国内外各个城市和地区。在访谈对象的基本人口特征方面，由于九价 HPV 疫苗有接种年龄的限制且价格不非，主要受访对象是26岁以下的女性，经济状况自评均为中等收入家庭。为了深入观察社会互动过程对疫苗消费行为的影响，笔者还加入了几个微信群，包括“11.12 9价HPV新塘”“HPV广州群”“一定要打HPV”。目前每个群内成员约有20人，群成员不定期分享预约和接种经验、发布预约和接种求助问题、“组团”前往社区医院接种疫苗。除此之外，笔者还实地走访了社区健康服务中心，观察疫苗接种流程、了解疫苗接种情况以增加对于国内疫苗消费情况的认识。

三　嵌入性视角下后单位制时代的医疗产品信任与HPV疫苗消费

（一）消费者分类：产品有效与无害信任

与常见的消费行为相比，HPV疫苗的消费具有特殊性。由于HPV疫苗涉及身体与疾病，金钱、时间与精力成本也高，大部分消费者会谨慎考量HPV疫苗消费的必要性和风险性，冲动消费的情况比较少见。在消费决策过程中，当消费者认为必要性大于风险性时，有足够资源的消费者会选择注射；而风险性大于必要性时，消费者会选择暂不注射。从消费信任的角度来说，对必要性与风险性的考量分别代表了HPV疫苗消费信任的两个方面：其一，是对注射疫苗的必要性的知识和建议的信任，即产品功效信任；其二，是对疫苗本身的安全性和无害性的信任，即产品无害信任。由于人们无从对药品本身的有效性和无害性做出专业判断，面临产品效用和风险的不确定性，因此往往借助关系或制度来克服这种不确定性，这就是说，产品功效信任与无害信任孰高孰低，不仅由疾病和疫苗本身的性质所决定，更是嵌入关系与制度之中的。

从产品有效性和伤害性的信任程度对消费者的决策结果和消费行为进行分类，能够形成交互的六类消费者：产品有效信任 - 产品无害信任——直接注射；产品无效怀疑 - 产品有害怀疑——不注射；产品无效怀疑 - 产品无害怀疑——不注射；产品有效信任 > 产品有害怀疑——不注射，但制度/关系增强有效信任或减轻产品有害怀疑后，选择注射；产品有效信任 < 产品有害怀疑——不注射（见图2）。

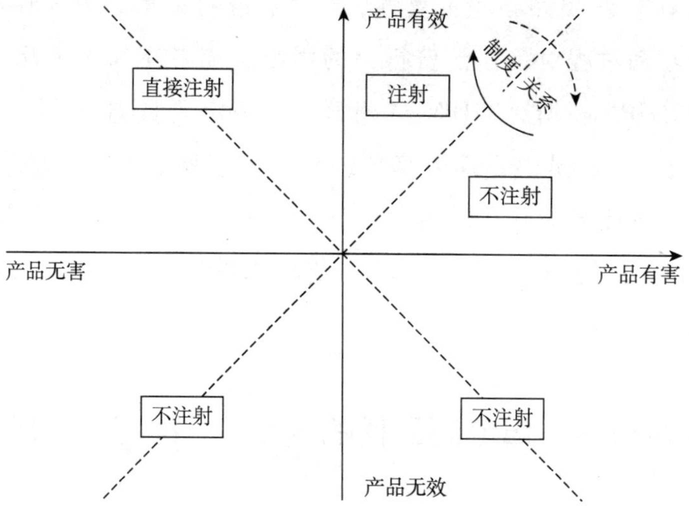

图 2　HPV 疫苗消费者分类

六类消费者中，第二象限中是产品有效信任与产品无害信任兼具的消费者，他们认为风险几乎可以忽略不计，这类人群通常生活在商品经济和市场经济较为发达的地区，受教育程度高，接触 HPV 疫苗的时间最早，对医疗信息的分析和解读能力较强；而且受到年龄节点的影响，容易受到市场的影响，对市场的信任极强，而对风险的考虑较少，通常在医疗产品流行之前就开始尝试注射疫苗产品。这类人对制度的依赖性很弱，甚至存有一定的怀疑心理，更倾向于自主决定，甚至引领时代潮流，是 HPV 疫苗消费者中的“自主决定型”消费者。

第三象限和第四象限的消费者是“依赖国家型”消费者，他们对产品的有效性持怀疑态度，但原因多样，或许是因为顾虑 HPV 疫苗的高风险，也可能是认为 HPV 疾病无风险，这一人群接触医疗信息较少，对国家的信任程度高，认为国家应该承担个人医疗的负担，如果国家没有将这类疫苗划归到一类疫苗，那么说明风险对于人类整体来说是比较小的，自己无须承担这一支出。

第一象限中，具有产品有效信任和产品有害怀疑的消费者能够互相转化，通过嵌入制度或关系中的信任增强疫苗有效性或降低疫苗风险性的认知之后，一些原本有所顾虑的消费者会增强产品有效或产品无害信任，选择注射疫苗。通过嵌入关系的信任增强产品信任的“关系信任型”人群大多在中国境内尚未开放注射的阶段就通过旅行、留学、探亲或其他方式获得了疫苗资源，他们心态开放，往往因为其强大的关系网络和强大的信息搜集能力而对市场信息比较敏锐，能够对市场信息做出比较迅速的判断，自主能力强而对国家的依赖性比较弱，对风险的预估较低，承受能力强。

而通过制度信任增强产品信任的“制度信任型”人群则对风险性的考量更为保守，期待国家代替自己了解信息和做出判断。在后单位制时代的当下相对保留原来的思维惯性——即使国家不承担一部分医疗的经济压力，也应该承担信息过滤的责任，维护国家稳定的医疗秩序。这一人群将国家开放注射的信号理解为安全信号，在国家开放资源之前，即使认为有必要注射，但仍然会因为缺乏来自“官方”的认可信息而暂时观望；通过国家检疫部门审核之后，其理解的注射的必要性增强、风险性降低。

在 HPV 疫苗注射的主要途径逐渐从境外转向境内的过程中，由于资源供给的重新配置，消费者的主要群体也在从关系信任的取向向制度信任的取向移动。制度信任的消费者由于获得了国家对 HPV 疫苗的认可信息而能够增强对 HPV 疫苗的信任，降低对疫苗的风险评估；而国家的资源供给对关系信任的消费者来说影响不大，因此，真正完成整个消费决策和行为的过程的消费者群体，正在从关系信任占主导转向制度信任占主导。尤其是随着 2019 年 HPV 疫苗的供给量增长，更多制度信任型消费者的资源可及性提高，消费者群体的内部结构变化则更加明显。

（二）嵌入关系的产品信任

中国的药物审批流程相比境外滞后，然而在制度缺位的情况下，仍然有一部分消费者出于“对自己身体负责”的考虑愿意花费时间和精力远赴境外进行疫苗注射，这一群体主要是“自主决定型”和“关系信任型”消费者。

不同于“自主决定型”消费者的果敢坚决，“关系信任型”消费者从了解 HPV 疫苗到决定注射，中间经历了一段时间的犹豫和摇摆。其主要顾虑在于：疫苗本身是否会产生负面影响、跨境注射能否找到安全正规的医疗机构。

“关系信任型”消费者获取信息和消除不确定性、建立信任的方式主要来自“圈子”。受到感召去注射疫苗的消费者所建立起的产品信任，是关系信任的延伸。具体而言，信息传递的网络比较亲密且狭窄，多是家人或极亲近的朋友，关系网络内部的成员互相之间的信任度高，因而认为关系网络中所推荐的事物也具备“质检认证”。可以说，因为信任关系的延伸而消除对产品消费的不确定性，是基于情感信任而非理性判断的消费决策方式。

在关系网络中，“自主决定型”消费者常以讲述个人身体实践的方式帮助“关系信任型”消费者建立对HPV疫苗消费的安全感，关于注射HPV疫苗的交流包括对注射场景和流程的描述，往往也带有可靠性信息，例如诊所里的医生“是爸妈的朋友”，注射流程“正规”，医院很“干净”等。消费者也能够通过关系获得可靠的医疗途径，降低在疫苗注射过程中的风险。

在关系网络中对于HPV疫苗的讨论，还涉及不注射可能造成的后果。HPV疫苗与罹患宫颈癌之间的风险权衡，在很大程度上使得消费者对注射HPV疫苗可能带有的不确定性放松了警惕。来自朋友或网络平台po主的分享中，经常包含了罹患宫颈癌的恐怖话语，这种故事是一种带着关心的提醒，而不是冷冰冰的概率数字，让消费者觉得支付一定的费用买平安是值得的。

由于中国人对于身体、疾病等私人化内容在公域的分享较为保守，而且在国内疫苗尚未上市的情况下宣传似乎“不妥”，因此这类信息在闺蜜之间的传播颇有些“秘密”的色彩，也具有社会资本的性质，因此HPV疫苗最初流行时速度并不快，范围也不广。

HPV疫苗的大规模流行是因为互联网平台上燃起的“一把火”。具有一定粉丝基础的自媒体借助大众传媒进行经验的分享，形成了网络上的“攻略”“经验帖”。这种“攻略”与“圈子”中推荐亲友注射疫苗的消费者的讲述类似：分享者拥有来自受众的信任，同时讲述包括了操作步骤的列举，甚至会详细到提供自己注射HPV疫苗的整个视频记录乃至医院地址。这使得读者可以克服一定程度的不确定性，进行情境性的复制和模仿，以追求同样良好的消费体验。

例如W02接种疫苗后在公众号上发表了《关于HPV宫颈癌疫苗的十问十答》。在这篇推文中她介绍了HPV的科普知识、接种流程、注意事项，以及自己的接种机构的名片和联系方式，并详细分享了自己的消费体验。其讲述中所提到的“努力用普通话跟我交流”“主动让我检查疫苗有没有过期”等具体的细节显示注射流程的舒适度和专业性，增加了疫苗注射流程的可靠性和可信度。

关系嵌入与互联网平台的结合使得HPV疫苗从小范围的流行逐渐形成燎原之势，将其从中产以上的中高收入、高受教育程度的女性群体扩展到更加平民化的平台。

总之，关系嵌入性通过紧密的现实社会关系网络和松散的网络平台社会关系网络，以关系信任的延伸、讲述个人经历、进行疫苗注射流程或场景性描述、提供可靠就医途径以及分享身边人的患病故事等方式，从多个角度为“关系信任型”消费者消除了产品消费中的不确定性，使得 HPV 在境内上市之前就已经吸引了相当数量的群体去境外注射。再加上这一人群的消费水平较高，医疗旅行、游学的生活方式也与 HPV 疫苗的消费密切相关。

（三）嵌入制度的产品信任

制度信号的释放能够增强此前持观望态度的公众对药品的信心。审批通过意味着药品得到国家的制度认可，减少了公众对药品潜在风险的担忧，增强了消费者的产品无害性信任。

相比而言，在制度嵌入性中的消费信息更加客观，论据中“背书”的组织往往更为官方和正规。官方信息渠道的消费信息所传达的数据十分细致，例如，中山大学肿瘤医院公众号关于 HPV 疫苗的推送中说道：“宫颈癌是中国 15 ~ 44 岁女性中的第二大高发癌症……在中国，每年约有 13 万新发病例，占世界宫颈癌新发病例总数的 28% ……”以及来自具有政治性和医疗性双重性质组织的认证，让疫苗消费行为更具科学性：“世界卫生组织（WHO）鼓励在合适人群中使用 HPV 疫苗来降低宫颈癌的发病率……”翔实的数据和官方组织的话语打消了消费者对疫苗有效性和无害性的疑虑，使得相对保守的国家信任型消费者坚定了接种的决心。

此外，在内地注射的制度要求更加严格，资源落实的方式更加规范化。境外的 HPV 疫苗注射条件是 45 岁以下均可注射，有的国家甚至不设年龄限制，而中国的年龄严格地限制在 26 岁以内，同时在社区医院预约时需要出示户籍证明。一方面，经过相对严格的预约程序和身份查验，秩序感让消费者感受到产品的信任；另一方面也渲染了一种紧迫性，暗示疾病的风险随着年龄增长越来越高，而疫苗的效果也会随着年龄的增长逐渐降低；此外，对于户籍的限制则暗示了资源的稀缺——事实上，即使有户籍也需要经过漫长的等待才能获得注射的机会。来自年龄迫近和资源紧张的紧迫感使得人们对于 HPV 所导致的疾病的风险感知大大增强了，而目前能够克服这种风险的方法唯有注射疫苗，即便内心还有怀疑，对于疾病的恐惧感使得她们忽略了可能的不确定性，选择信任疫苗的有效性。

（四）制度型消费中的不确定性、关系信任与医疗资源分配

在实际消费过程中，制度化、计划性的漫长程序作为一种“必要的秩序”，除了建立产品信任、建构紧迫感，还创造了新的注射过程中的不确定性，即获取资源的时间和机会的不确定性。

为了解决通过严格而冗长的程序获取稀缺资源的问题，在制度嵌入的医疗消费中，关系依然在其中发挥着不可或缺的作用——消费者建立了抱有相似消费目标的微信群，群里可以分享社区医院发布的信息。但这种关系的联结非常脆弱，甚至很难将其理解为一种“关系”，这突出表现为：群内成员在此之前互不相识、活跃的用户较少、除了注射疫苗相关的话题不会讨论任何其他话题。

在关系型消费群中，HPV 疫苗根本不是一个主要的话题，甚至是可有可无的存在；而在目标导向的制度型 HPV 疫苗消费群中，则能够更多地观察到真正对注射 HPV 疫苗有价值的信息和客套一般的鼓励、象征性的致谢。

以往 Granovetter 所讨论的关系嵌入性往往立足于现实生活中建立的关系网络，但在医疗消费过程中的信任则嵌入一种基于共同目标的“关系”中。社交平台上两个互相在现实生活中不认识但都准备注射 HPV 疫苗的人，可以相约一同去，甚至将自己的个人信息告诉对方，互相帮忙挂号和占位置，以提高预约成功的可能性。在社区医院中，也可以观察到相似的现象，消费者因为共同目的而搭话，分享成功预约的方法，直接互相留联系方式相约下次一起注射，分享注射后的体验和经验。与制度缺位时的“秘密社区”完全不同，这种关系嵌入性更加开放且目标明确。

为了应对制度的复杂、程序的烦琐和资源的短缺，这种基于相似目标而形成的非常脆弱的“滚雪球”式的关系，在医疗消费领域内已经成为一种常态。制度嵌入型医疗消费群的存在在于通过“关系”信任弥补消费者在制度面前的信息不对称和无力感，降低获取资源的不确定性。

可以预见的是，随着供给量不断增加和接种率逐渐升高，制度嵌入型医疗消费信息群的存在会越来越少，直到制度完全覆盖到所有人群。但到目前为止，地域之间的分配不均、身份条件的限制问题一天得不到解决，这种信息群就会有继续存在的必要。

HPV 疫苗资源的分配差异和条件也昭示着当前医疗领域的阶层分化和不平

等。国家主要通过社区医院下放资源的形式对资源进行分配，因此社区医院的分布对于 HPV 疫苗资源的配置有着重要的影响：城市中社区医院的数量比农村多很多，城镇人口获取相关医疗信息的方式也更多样。同时，社区配置资源的形式对于流动人口设置了人为的障碍：其一是可及性的问题，即便不考虑落实情况，对外声明需要户籍人口才能注射的 HPV 疫苗本身已经给非户籍人口的心理上设障；其二是惠及性的问题，深圳已经将 HPV 疫苗纳入医保，但是能够接触到 HPV 疫苗的人则被限制在户籍人口内部，这使得原本拥有深圳户口的人能够拥有更多的福利，而对于没有当地户口的城市新移民来说，高昂的 HPV 疫苗费用无法被医保覆盖，无形之中对他们的选择造成了阻力。

四 结论与讨论

随着新自由主义在全球范围内的流行，中国的医疗改革使得部分医疗产品进入私人消费的领域，而 HPV 疫苗是私人医疗消费产品的典型代表。起初疫苗缺乏国家供应，不仅费用需要公民承担，资源的可及性和信息的通畅度亦不足，消费者只能选择境外注射，需要朋友、网络社群、中介机构等媒介获取信息，而缺乏官方的信息传达平台，因而彼时的医疗消费现象类似于教育领域的“影子教育”——在合法、公开、政府主导的医疗活动之下需要个人主动争取，且会形成分配明显不平衡的“影子医疗”。在这一背景下，对于关系的信任成为消费者消除不确定性、建立产品无害性与有效性信任的重要手段。鉴于国人对“身体”话题的回避和对公私语境的理解，熟人之间更容易获得信息和获取相应的信任，熟人关系网络中的成员将关系信任延伸至医疗产品领域。在来自关系的信息中，包含了个人注射疫苗亲身经历的讲述，讲述中淡化了疼痛感和副作用，而更多强调疫苗安全的注射流程或场景性的描述，使得“关系信任型”消费者减轻了对产品风险的忧虑。此外，要完成整个消费流程，疫苗本身的安全性与其来源的安全性同样重要，提供可靠就医途径进一步降低了潜在消费者的不确定性。而分享身边人的患病故事，患病体验的恐怖话语使得消费者对 HPV 所导致的疾病的风险感知提高了，而唯一能够预防宫颈癌的疫苗的风险感知也就相应地被忽视了。互联网平台在其中也起了推波助澜的作用。由此组成的小消费团体开始形成一种新的医疗生活方式。

制度配套下的医疗消费则提供疫苗接种的渠道信息以及宣传，在很大程度上改变了消费者群体的信任结构。单位制时代所遗留的思维惯性使得部分消费者对直接去境外接受注射感到不安，而他们对来自国家的“认证”更有信心，因为国家的承认对于自己的身体条件是更为“适合”的。在这种心态的引导下，新自由主义时期对HPV疫苗有所怀疑的潜在的国家信任消费者获得了医疗消费的合法性和可靠性保证，国家对于风险的承担使得他们所需要承受的风险降低了。具体而言，制度审批释放了产品“安全”“无害”的信号，更为直接地认证了疫苗的效果和安全性；官方宣传中翔实的疾病数据能够增强人们的疾病风险感知，而注射规定中所暗示的年龄限制与供需的紧迫感，则将对疾病风险的感知推向更高的程度；制度化与规范化的注射流程，能够增强“制度信任型”消费者对制度发挥作用的感受，冗长的计划性资源分配虽然耗时长，却能够给他们以单位制时代的稳定感和安全感。可以说，在面对有潜在风险性的医疗产品时，“制度信任型”消费者甚至会愿意接受“必要的秩序”，效率低但稳妥的消费方式能够降低她们在HPV疫苗过程中的不确定性。从上述意义来说，国家和制度刺激了“制度信任型”消费者对疫苗消费的信任和需要，因此这一阶段的境内HPV疫苗接种量剧增。

然而，资源的有限和程序的必要造成了消费过程中等待时间和资源可及性的不确定性。为了获知疫苗补货的最新信息，或者获得“合法”身份以在境内成功注射，出现了制度嵌入性倒逼关系嵌入性更加广泛而深入的情况，形成了基于共同注射疫苗的目标而形成的消费群体，他们之间因为目标一致而建立起信任，又因单一目标的结束而很快瓦解，在这一过程中他们成功降低了消费过程中的风险。

尽管上述两种医疗消费模式有着时间逻辑的先后关系，其背后所隐藏的共同点却值得我们深思：无论是新自由主义之下瑰丽的医疗新生活，还是通过种种关系享受到国家引进的资源，总是存在一群人难以通过制度和关系的信任克服风险，影响其医疗消费决策，两重医疗模式都无法解决这一问题。此外，本文并未涉及缺乏HPV疫苗相关知识的人群，在这一人群中，医疗资源的不平等也延伸到了医疗信息传递的缺失，同样是值得继续探究和解决的。

老屋的来路与归途

——从老屋看古村落文化的变迁与发展

杨紫陌*

万涧村是我假期在安徽的研学地。村中大姓是杨姓，建于清朝乾隆年间的杨氏宗祠保存完好。我也姓杨，那种奇妙的缘分和若有若无的熟悉感吸引我一步步走近，去了解、去感悟这个村庄。位于安徽省潜山市的万涧村原名皖涧，后因这里小河、小溪较多，2003 年改名万涧。万涧村现存年代较为久远的建筑有杨家老屋、杨家花屋、杨家宗祠、张家新屋、杨家大屋和刘家茅屋等，相较而言，杨家老屋、杨氏宗祠保存状况较好。在诸多年代久远的建筑中，因我的姓氏，也因杨天宇、杨如华老爷爷和杨奶奶对杨家老屋的坚守，我对这两座见证过风雨飘摇和时代变迁的百年建筑情有独钟。

一　杨家老屋的往昔与现状

走在村路上，最先引起我注意的建筑便是杨家老屋，它始建于明代嘉靖十年（1531 年），由杨家十一世崇怀和崇汉修建，与省级重点文物保护单位杨家祠堂相对，直线距离约 500 米。老屋是村里建造年代最久远的房子之一，随后其规模不断扩大，距今已有四百多年的历史。

据《潜江杨氏宗谱》记载，潜江杨姓是在南宋绍定元年（1228 年）由杨氏太大公从江西鄱阳潜江县、由真一公从西堡迁至皖涧村（万涧村）的。据说，

---

* 作者简介：杨紫陌，北京市八十中学生。

真一公喜爱游览山水，迷山恋水成瘾，所以选择小溪众多的万涧村居住。[①] 清代乾隆年间，杨家老屋在桃园旧址上扩建，这栋灰墙青瓦的建筑坐北朝南，呈长方形，面阔75.5米，通进深35米（除后排倒塌未建部分），占地面积约为2643平方米。建筑整体布局内向严谨，空间深广。硬山式屋顶，五架梁，抬梁式与穿斗式配合使用，屋顶砌二级鹊尾式马头墙。在轴线上置二井三厅，轴线两侧——东边以横向四列、西边以横向五列扩展，且廊道或巷道相通，每列由二至三个“回”形单体与“官厅、私厅、倒厅”等组成建筑集合，总共有大大小小97个房间。在中、后厅内有七块字体遒劲的烫金挂件，是清代康熙年间至民国时期的匾额。杨氏家族在那个和平安定的年代里繁衍生息，人丁也逐渐兴旺起来，最多曾居住了36户人家，大家族里的一百多口人和谐相处，彼此守望相助。老屋是万涧杨氏家族生活的缩影，它装着父辈们的沧桑荣辱，情恨恩怨（见图1）。

图1　俯拍角度下的杨家老屋全景

资料来源：万涧村公众号。

20世纪80年代开始，随着家族继续繁衍以及因改革开放带来的经济收入的增加和城镇化建设的推进，曾经恬然自适的乡村被城市的现代文明所吸引。世世代代生长于斯、劳作于斯的杨家后人在逐渐富足起来后不愿再屈居在这年久破败的老屋，于是陆续有人迁出，近者在老屋附近另建新屋（见图2），而远

---

① 过河卒子：《万涧杨氏宗堂四知堂——安庆祠堂系列》，桐城网论坛，2018年9月3日。

者有的已举家搬离本村定居县城甚至更远的省城，他们舍弃了自己的家园，奔赴一个个未知的梦想。杨家老屋也从最高峰时的36户人家，缩小至现在的仅有5户人家共6口人住在里面。

图2　杨家老屋边上的新屋

仍居住在老屋的杨奶奶总会怀念起从前多个小家庭聚居在一起的时候，那时家家户户在自家的小厨房中做好饭菜后，都会端到中央的大堂里来吃。

“小孩子嘛，跑来跑去的，也没有人管呐。”她笑起来，有些混浊的眼睛却亮晶晶的。

“但是现在，房子都倒了嘛，走了的都走了嘛，房子都空了嘛。”她指着远处的断壁残垣，敛了笑意（见图3）。

图3　村里邻家老屋残旧的一角

杨天宇爷爷在老屋里出生、长大，一直生活到现在。在央视录制的《古村落人的心愿》节目里，他回忆起童年时的情景："几十家人就好像是一大家人，那时的小孩子不像现在放假了就喜欢待在自己家里，那时小孩子们走东家串西家，有时碰到谁家饭熟了就在谁家吃。"杨天宇爷爷不愿离开老屋，他表示只要有他在就不会让老屋塌掉。

这一番话使我不禁回想起自己爷爷奶奶的家。依稀记得是在山上，三间屋子一个庭院，前院有桂花和茶树芳香扑鼻，后山有桃树和橘树果李芬芳，院内有鸡鸭欢叫跑闹。去村子里其他人家玩晚了，添副碗筷便可就坐吃饭，回来的路上也总会被邻居塞几个熟透的柿子"满载而归"。如今举家搬迁到北京后，已是多年未曾回去了。去年寒假随爷爷奶奶回去时，很多人已是依稀相识，却不能叫出他们的名姓，与儿时曾经要好的玩伴似乎也已无话可说。我习惯了大城市里人与人界限分明的生活，所以乍碰到那种热情的不加掩饰的好意时甚至会手足无措——我不能再坦然地收下那些柿子了。我知道自家的"老屋"还留着它原本的模样，可曾经居住的人却变了，也很难挣开时光的层层桎梏找回当初的感觉。村子里很多青壮年进了城，村口那张曾经围满夜晚聊天的人的长椅如今已经坐不满了。而村子里并不愿离开这片故土的长辈们，他们守在这里，守着他们的老屋子，像是守着过去灿烂的回忆。我看着杨爷爷、杨奶奶，想着老家里那些关心、爱护我的老人们，鼻头一酸，几近落下泪来，在坚定了寒假回老家、回老屋看看的心愿的同时也想把这座亲切的老屋记录下来。

在革命年代，老屋曾被用作当地地下党的活动中心，在20世纪五六十年代，又曾用作生产队队部。这里曾被家常琐事环绕，鸡、猪、狗等牲畜的叫声与孩童的嬉笑声交织，也曾有庄严肃穆的时刻——那些祭祖、请菩萨等仪式都会在大堂举办。这里挂着明清年间遗留下来的匾额，也贴着新中国成立初期留下来的毛主席语录和闪闪红星。这些百年沉淀的历史就像那些老屋每个房间外贴的对联，是一年又一年层层贴上去的，承载着我们所不知晓的各个年代的故事。就像我们如今所见的老屋，是过去犹如沙砾一般不同年代的生活层层堆砌而成的，每一寸都留给后人以无限的感慨与怀念。这些空寂的村庄也许是国人数千年生形活态的最后一抹痕迹，这些老屋就像是一本厚厚的古书，"只是来不及翻阅，就快要消亡了"。

二　祠堂的家族与地方文化

杨家祠堂于乾隆初年始建。道光九年（1829 年）和道光十九年（1839 年）的两次扩建，使它成为现在的规模。祠堂里供奉着杨家迁潜始祖和各分支的列祖列宗。通过查阅资料，我了解到家族集中居住很大的一个特点是宗族活动的兴盛，凡遇宗族祭祀常常举族观看戏班的演出。杨家祠堂为三厅两厢，总面积 1000 多平方米。一进门，“四知堂”的牌匾引人注目，“四知堂”和杨氏祠堂门楣题词“清白传家、四知家风、关西四地、四杰传芳”的前三句均出自东汉名士杨震，四知是天知、地知、你知、我知之意，是清正廉洁的象征，彰显了杨氏家族的文化底蕴和对家风的重视（见图 4）。杨氏家训、家规各有十条，家训即忠朝廷、孝父母、和兄弟、敬长上、睦宗族、惠邻里、信朋友、恤孤寡、慎婚姻、教弟子。杨姓家规以毋字开头，为毋废旧业，毋好骄矜，毋尚奢华，毋喜争讼，毋狎小人，毋缺祭祀、毋暴亲棺，毋葬祖坟，毋信浮屠，毋溺子女。当地传统的宗族文化与京城的皇室文化不同，这里的气氛平凡而可贵，接地气而真实。

图 4　杨家祠堂的四知堂

古戏楼是杨家祠堂的一部分，用于举办重大庆典、节日祭祀及文娱活动等，属亭阁式木质结构，飞檐翘角，古朴典雅，这里接待过京剧、徽调、高腔、弹腔、黄梅戏等班社演出。杨爷爷告诉我，著名徽剧家程长庚也携其戏班来此演出过。我喜欢京剧，因而知晓是四大徽班进京演出，徽剧和汉调相融合与汇流才逐步形成了京剧，从京剧和徽剧里主要体现的都是忠孝节义就可以看出是一脉相承。而后来我才了解到徽班之所以能够进京演出，也离不开当地徽商们的赞助。在古代，安徽比较盛行儒家文化，所以徽商大部分是儒商，支持徽剧的原因主要也是把忠孝节义的文化通过戏曲的方式教化和引导人们，逐步把传统文化渗透到生活里。而杨氏宗族在这方面也是不遗余力地提供了支持。杨氏宗祠内这座有300余年历史的万涧古戏台，始建于清朝顺治初年。四大徽班均先后在此演出，并在1998年被定为省级重点文物保护单位。无论是建筑还是戏剧，都需要承托厚重的历史文化，才能经得起久久品味。我通过那年岁已久却依然牢固的梯子上了二楼，在两侧不起眼的木板上，写着那些曾在此演出的班底的名字。由于是粉末状的物品涂抹上去的，它似乎在岁月流逝中已经被逐渐消磨得不甚清晰。可我认真辨认着，仿佛能感觉到这些班底曾带来的热闹与欢呼，能感觉到这座祠堂曾经给村民带来的快乐和荣光（见图5）。

图5　杨家祠堂里的古戏台

在生产队时期，祠堂还发挥着别的作用。

“里面有个小卖铺的嘛，”以前开药房的杨天宇爷爷回忆说，“在放牌子的里面。”

“是旁边吧。”杨如华爷爷反驳道。

“以前卖吃的、喝的、用的，都在里面嘞，”杨天宇爷爷又说，“时间太久啦，我们也讲不清楚啦！”

在几位老人的争论中，可以大致确定祠堂牌位的中堂里面，在生产队时期曾设立了小卖铺，可以买到吃的喝的、油盐酱醋等生活用品。祠堂左边的厢房是原来的大队部。祠堂外墙的左侧，曾经是一个小学校，20 世纪 50 年代出生的爷爷们都表示曾在那里上学。80 年代后，小学校拆了，迁移到了山坡上的一处旧房子里面。后来因新的学校建成，学校就把旧的房子卖出去了。祠堂的右侧厢房曾被划分为四个隔间，其中有药房。每天大约有十几二十户人家出入祠堂，可见它曾经多么重要。在戏楼处，曾经也会放映电影，村里的人也不用门票，聚集在一起唠唠家常，看看也许已经看过的电影，恬淡平和的日子也就静悄悄地流淌过去了。

值得一提的是，似乎只有在村里有一定经济条件的或者是有地位的人，才会去祠堂附近参加一系列的娱乐活动。一天到晚劳作的家庭，或者是家里有卧病在床的老人的家庭，表示自己基本上不会去杨家祠堂一带。一些比较贫困的村民，住房位置也比较偏僻，尤其是妇女，平常只是在农田里干活，或是在家里照顾老人和小孩子，便很少参加村庄的公共活动。比如在花屋务农的熊奶奶，自 17 岁左右嫁过来后便从来没有去过祠堂一带活动。

“平常我就干农活嘛，干完农活带孩子嘛，”熊奶奶回忆道，“我男人出去打工了，家里有个老人生病了看不起，就只能照顾她嘛。”

“我们家在山上嘛，很穷很破的。”

20 世纪 90 年代中期，祠堂内的设施被陆陆续续搬离祠堂。直到 1998 年，安徽省政府公布此祠堂为全省重点文物保护单位，便没什么人进入祠堂内部了。曾经作为富有的象征出入祠堂的那些人逐渐逝去，似乎也意味着祠堂逐渐萧条。每年冬至，仍有杨氏的人会来祠堂把前一年过世的人名写在祠堂内的牌位上。清明的时候，杨氏的人也会来这里祭奠祖先。

时移世易，杨家祠堂就像是个时光的见证者，讲述着村落历史的更迭与兴衰，尘封着史书中的记忆，也见证了数百年历史的更替变迁。杨氏祠堂以它一花一木的温存，为这个“没落”的村庄凝聚着永不消逝的精神力量。

三　古村落文化的传承与发展

“文化自觉”是费孝通先生提出的概念，人们通过反思自我文化和外部文化的差别和联系，对自己的文化产生更加深刻和全面的理解，在这一基础上建立起“文化自信”，产生文化认同。

老屋虽然破旧简陋，但它黄昏时袅袅飘荡的炊烟肆意蔓延，铸就最烟火的人间。著名导演吕克·贝松有过一句话：“童年是人类的父亲。”从这个意义上说，村落里的老屋就像是“万涧杨氏的父亲”。中国传统村落保护专家会主任冯骥才先生说：“我国的物质文化遗产最大的是长城，而非物质文化遗产最大的就是村落。”随着城镇化的快速发展，农村人口不断向城市和交通便利的城镇转移，一些曾经热闹的村落人去屋空，甚至名存实亡。荒芜和废弃的院落，从一个侧面反映着社会的发展和变革，但有特色、有文化内涵的古村落还亟待保留下来，不然我们用什么留住乡愁？毫无疑问，杨家老屋和杨氏祠堂就犹如饱经风霜的长者，默默地守护着万涧村，承载着百年来的兴衰与历史。它那稍显腐朽的身躯里有无穷的智慧等着我们这些研究者去一一解读，阐释，感悟。而那些丰富而厚重深沉的文化，是我们不该忘记的“来路”。“如果这些古村落都没有了，都消失了，皮之不存，毛将焉附，我们到哪里去寻找‘乡愁’?”冯骥才先生曾忧虑地说过。自 2012 年起，住建部等六部门启动了传统村落保护工作。目前，中国传统村落名录已经公布 5 批，总数量达到 6819 个。传统村落作为“留住乡愁”的物质载体和文化符号，是重要的乡村旅游资源。

如何在不破坏传统村落原生态的前提下，利用资源进行适度开发，让传统村落重现生机，取得“双赢”? 这其实是一门学问，既需资金的支持，也需要观念的重塑。万涧村在当地政府的带领和引导下，已经做了一些对现有资源的开发。

1. 将杨家花屋改造为乡村客栈

“逢上花屋”由中国城市规划设计研究院将清代老建筑杨家花屋翻新改建，产权和经营权都归属于由万涧村 80 余户村民成立的合作社。据刘琳老师介绍，“逢上花屋”目前有 7 套客房，18 张床位，每间客房均以万涧村的地名命名，于 8 月份开始对外经营，截止到 10 月底，营收共 12 万余元（见图 6）。

图6　逢上花屋内景实拍

2. 菊花种植

万涧村合作社目前已发展生态皇菊种植基地10余亩，每亩菊花收入为7000~8000元（见图7）。

图7　丰收的皇菊

3. 竹子加工业

万涧村的特色是依山傍竹，村落之中随处可见万亩竹海。据说竹子五到十年不砍就会自然死去，适度的砍伐更有利于竹林的生长，对环境也是有益的。目前竹子的加工业主要是做成医用棉签出口，或是作为筷子和烤串用的竹签，竹枝则用来扎扫帚出售。

4. 建立公益图书馆

阅读是开启儿童智慧、探索世界的窗口。共建爱心书屋，点亮萤萤之火。萤萤书屋是由中国城市规划设计研究院帮助万涧村规划设计的公益书屋，希望山里的留守儿童也能和城里的孩子一样拥有平等的阅读机会。目前硬件设施建设已初步完成，陆续已有爱心人士捐赠了一些图书，预计 10 月底能够建成并开放给村民（见图 8）。

图 8　改建中的图书馆内景

古村落中的家族历经数百年变迁，其家族、民俗、民间文化与习俗，乡村生存、生活的知识和智慧等都是弥足珍贵的活态文化遗产。目前依旧生活在万涧村的村民们也迫切希望能增加经济收入，提升生活质量、改善生活环境。如何激活古村落的文化活力，让生活于此的居民真正成为村落文化保护与传承的核心力量，把迁出去的人吸引回来，并更好地传承这些古老的民间艺术、传播地方民间文化、实现进一步的创新与发展是我们必须去思考的问题。本文认为应该从以下三个方面入手。

1. 从青少年入手，激发传统村落的活力

可以通过举办村庄口述史收集、故事会等活动，鼓励村庄青少年了解村庄历史和文化，在这个过程中增强他们的本土意识和文化自信，激发他们的“根”的情怀。也可以考虑通过举办研学营等方式，为城市青少年提供亲近乡土、亲近传统文化的机会，同时在城乡连接中为乡村振兴注入新的活力。

2. 从文化活动入手，激活村庄公共生活

政府可以通过专项补贴等方式，加大对乡村文化活动的支持力度，注重对乡村民间艺术的保护、传承和发展，一方面为仍然留守在村庄中的人提供文化娱乐服务，另一方面为吸引外出人口返乡打开可能的生活空间。丰富的公共生活，也可以成为村庄发展旅游业的有利资源。

3. 鼓励商业进行适度的文化开发

在保护乡村传统艺术的过程中引入商业，一方面，发展基于地域文化的旅游业，如加大对杨家祠堂这类重点文化保护单位的宣传，鼓励外来人员来此旅游；同时可以保证每年定期的修缮，减少甚至杜绝老房坍塌的现象。另一方面，将传统民间技艺（花灯）或重点建筑商品化，使其成为可推向市场的产品，比如“故宫淘宝”加入文物元素后大受好评。这样可以对文化保护起到一定的推动作用，也可以提高政府和村民的收入，促进文化的发展。

费孝通先生在《江村经济》的序言中写道：“对形势或情况的不准确的阐述或分析，不论是出于故意还是无知，对这个群体都是有害的。”城镇化的推行政策让数以万计的古村落正在慢慢消失，从农村到城镇再到城市，人们的居住环境变了，但根本的思维模式仍然有很大的相似处。文化就是这样奇怪，大部分生活在其中之人都感受不到并且难以叙述，但又不得不顺着它生活，比如我们会保持父母子女间的亲密感，我们会走亲访友，尽管已经没有了“族”的概念。保护老屋，保护古村落，实际也是在保护我们的民族和民族文化。费老在书里的最后说：“我衷心地希望，未来的一代会以理解和同情的态度称赞我们，正视我们时代的问题。我们只有齐心协力、认清目标、展望未来，才不辜负我们所承受的一切牺牲和苦难。”

参考文献

费孝通：《江村经济——中国农民的生活》，商务印书馆，2001。

《古村落人的心愿》，中央电视台《印象·乡村》栏目，2019 年 9 月 11 日。

过河卒子：《万涧杨氏宗堂四知堂——安庆祠堂系列》，桐城网论坛，2018 年 9 月 3 日。

李昀姝、叶聆、张润芃、龙泽乾：《乡村传统艺术的现状与传承——以万涧村花灯艺术与黄梅戏为例》（内部资料），2019 年 7 月。

穆雨昕、马蕴涵：《乡村空间活动的发展与变化——唤醒村落记忆》（内部资料），2019 年 8 月。

《起源于万历年间：黄梅人说黄梅戏》，新华网，2016 年 9 月 12 日。

王宾、万晨、龙文军、郭金秀：《传统村落保护的探索与思考——基于安徽绩溪尚村和潜山万涧村的调研》，《农村工作通讯》2019 年第 15 期。

扶贫资产如何保值增值

——山东沂水县扶贫资产产权改革的有益探索

王凤婷　梁腾坚　庄家煜　马　铃　何　磊
王英姿　霍雨佳　孙川东　赵　源

据国务院扶贫办有关研究估算，2016 年以来我国脱贫攻坚资产投入已累计 30000 亿元之巨。这一庞大的资产权属是归政府，归集体，还是归扶贫对象？各地尚未对此产生足够关注。产权不清就难以盘活经营，经营不活就难以实现保值增值。脱贫攻坚尚未结束，扶贫投资力度还在加大，扶贫资产规模还在扩张，在明晰产权的基础之上盘活经营，使这一巨额资产保值增值是当务之急。为了破解这个难题，山东省沂水县围绕脱贫攻坚集体产权制度改革探索出扶贫资产"四权"分置新制度，该制度不仅稳定脱贫效果显著，而且活化了资产、盘活了经营，卓有成效地实现了扶贫资产的保值增值。

一　"四权"分置的主要做法

"四权"分置的做法最早由山东省临沂市沂水县提出，并于 2017 年 3 月开始在全县实施。针对以往扶贫实践中普遍存在的分钱分物分光吃净、扶贫资产产权不明晰、监管不到位等问题，沂水县创新建立了扶贫资产"四权"分置管理机制。该做法得到了党和政府的高度重视：2017 年 9 月 27 日，汪洋同志做了重要批示，要求国务院扶贫开发领导小组办公室（国扶办）、财政部形成全国性的指导意见；国扶办先后 5 次、省扶贫办先后 9 次赴沂水县进行实地调研，在此基础上，省扶贫办、财政厅、农业厅于 2018 年 1 月 12 日制定下发了《关于做好资产收益扶贫工作的意见》，国扶办进行了转发；7 月 26 日山东省委、省政府在《关于打赢脱贫攻坚战三年行动的实施意见》中将这一创新做法列为稳定脱贫的长效机制，在全省试行。项目实施以来，实践反馈良好，脱贫效果稳定，扶贫资产保值增效取得显著成效。沂水县扶贫部门统计数据显示，扶贫资产“四权”分置改革以来，共计整合涉农资金 4.6 亿元，扶贫资产经营性累计收益由 2016 年的 832 万元增加到 2017 年的 1292 万元、2018 年的 1064 万元。改革实施如今已进入稳步推进阶段，其主要做法如下。

1. 一改以往扶贫分钱分物分光吃净，变为厘清扶贫资金资产，明晰扶贫资产产权

以往的扶贫方式多是按贫困户人头直接分钱发物，村集体不留扶贫资金。这种做法可以暂时缓解贫困户的应急之需，但对提高村集体经济的发展能力帮助不大，而且分派到每个贫困户的扶贫资金有限，一旦花光吃净，后续扶贫工作的压力仍不容小觑，尤其是那些经济基础相对薄弱的村，更将举步维艰。

为避免上述问题，沂水县决定从提高内生动力、活化扶贫资产方面入手，对扶贫资产实行“四权”分置改革（“四权”即所有权、经营权、收益权、监督权）。关于“四权”的归属界定如下：所有权归集体，经营权归有经营能力的主体，收益权归贫困户，监督权归属县级农业管理部门，通常是农业农村局（见图 1）。其中，联村建设的项目形成的扶贫资产所有权按各村资金存量划分村所有权归属。

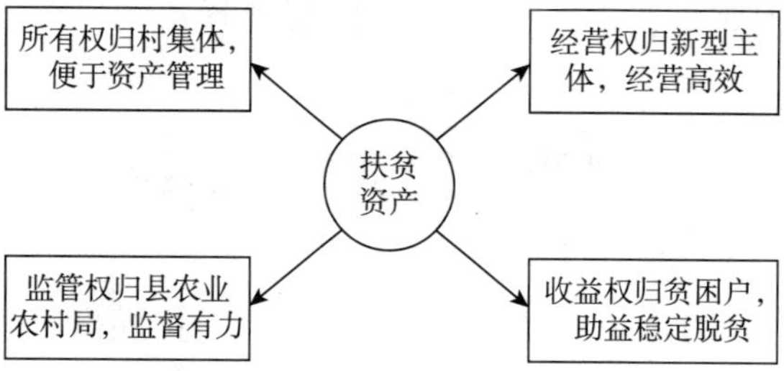

图 1　扶贫资产“四权”分置示意

2. 将所有权与经营权分离，通过多种经营方式，促进扶贫资金资产保值增值、高效利用

扶贫资产经营权是“四权”分置的核心，经营权的分配包括五个环节：第一步，由村集体提出经营性资产的发包、出租、股份合作经营等总体经营权分

配方案；第二步，经村民会议或者村民代表会议讨论决定具体的实施办法；第三步，方案通过后再提交乡镇（街道）经管站审核；第四步，公示无异议后由乡镇（街道）经管站组织公开招投标；第五步，村集体与资产经营方签订正式合同，明确管理资产责任、资产收益数量，然后存档管理。

为了实现扶贫资产的保值增值，沂水县鼓励在项目开展的过程中采用发包、租赁、联营、委托经营、股份合作等多种经营方式。其中，公益性资产由村集体统一管护，乡镇（街道）经管站登记，无偿为村民提供公益性服务；营利性项目由农业公司、合作社、大户和致富带头人等新型经营主体运营。为了管控扶贫资产的经营风险，通常要求经营主体在合同中约定不低于6%的收益率。据介绍，2016～2018年，扶贫资产经营性累计收益分别为832万元、1292万元、1064万元，85%以上的扶贫资产项目完成了当初合同约定的6%的年收益率目标。

3. 在明确扶贫任务的基础上量化收益权，合理统筹村集体与个人的利益分配关系

为优化扶贫资产收益资金的分配和使用，按照“村提方案、镇级审核、县级备案”的流程（见图2），以村为单位研究提出扶贫资产收益分配使用方案，经镇级审核同意后实施，并报县级扶贫部门备案。扶贫资产收益到村集体账户后，在3个月内完成收益分配使用方案的制定并报县级扶贫部门备案。扶贫资金资产投入经营主体所产生的收益，优先用于贫困户增收，按投资分红或直接折股量化到建档立卡贫困户。扶贫资金投入合作社或公司企业等经营主体运营的部分，为了保障贫困户利益，实行保底分红，并规定分红额不得低于按投资额同期银行贷款利率计算的利息。贫困户达到脱贫条件退出或消亡的，其占有的股份归村集体或量化到返贫户。具体收益分配方案需要经村集体、经营主体和贫困户之间协商一致后，报乡镇（街道）经管站审核，由三方签订扶贫协议，明确各自权利义务，确保扶贫资产保值增值并持续发挥效益。扶贫资金直接为贫困户购买的种苗、畜禽、小型农机具、生产加工设备等生产资料归贫困户个人所有，在分配和使用过程中不得截留、不得收取任何形式的费用和押金。

为了提高扶贫资产收益帮扶绩效，扶贫资产收益除重点用于帮扶老弱病残、缺乏劳动能力的贫困人口外，还适度用于设立村内扶贫专岗、奖励补助、发展村级公益事业等各类公益性项目。此外，还高度关注收入水平略高于建档立卡

贫困线的次贫群体，时刻警惕他们因病、灾、学、意外等因素致贫。一旦发现致贫群体，则由所在村提出帮扶方案并经镇级审核同意，可使用扶贫资产收益及时开展帮扶解困，防止返贫或致新贫。扶贫资产收益向贫困户直接分配的，坚持现行脱贫标准，在确保稳定脱贫的前提下，收益分配留有余地，不分光吃净、吊高胃口，不人为划定收益分配到户到村集体的比例，不人为造成贫困户与非贫困户之间攀比。沂水县在扶贫资产收益分配中，首先也主要满足贫困户的收益。以 2016 ~ 2018 年为例，2016 年沂水县扶贫资产收益分配中贫困户占 82%，村集体占 18%；2017 年贫困户占 84%，村集体占 16%；2018 年贫困户占 76%，村集体占 24%。

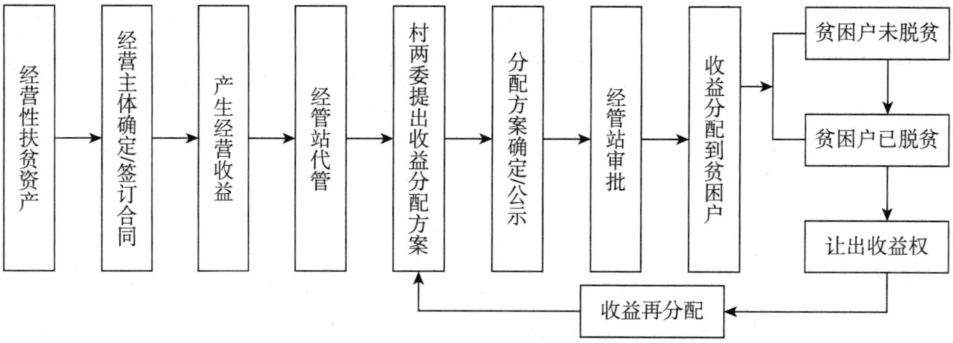

图 2　扶贫资产收益分配流程

4. 实行扶贫资金的统一核算和资产的统一管理，逐级细化监督职能，促进扶贫资产健康有序运营

在对扶贫资金资产监督管理的实际操作过程中，为了资金资产管理的便捷性，资金一般由县级移交乡镇（街道）经管站负责扶贫资金和资产的监管，实行扶贫资金资产的统一核算、统一资产登记和健康有序运营（见图 3）。

统一资金核算体现在，除了跨乡镇实施的扶贫项目外，其他扶贫项目都要通过财政系统逐级下达到乡镇（街道），纳入乡镇（街道）经管站，扶贫资金专户代管，实行专户储存、专人管理、专账核算。为了保证核算的精准和统一，当地政府要求在项目实施过程中必须严格遵守《农村集体经济组织会计制度》并开展相关培训。核算精准后才可进行资金的拨付，由实施主体根据项目进度提出资金申请，经项目村审核，向乡镇（街道）经管站报账。

统一资产登记体现在，乡镇（街道）扶贫办将扶贫项目实施方案、扶贫资金分配使用方案、项目验收报告、项目决算报告等提交乡镇（街道）经管站备案。乡镇（街道）经管站根据乡镇（街道）扶贫办和村集体提供的相关资料建立扶贫资产管理台账。详细登记资产的名称、类别、购建时间、预计使用年限、数量、单位、原始价值、资金来源构成、折旧、净值、所有权人、使用权人和收益权人等相关内容，对扶贫资产的使用变动情况、收益分配情况及时进行补充登记。同时，指导村集体和其他承接扶贫项目的经营主体搞好扶贫资产的会计账务处理。扶贫资产在经营中发生所有权、使用权转移变更以及出现资产损毁时，必须由乡镇（街道）经管站进行资产评估，以评估确认结果作为扶贫资产使用和处置依据。

扶贫资产有效监督体现在，项目实施中各级部门对扶贫项目的动态追踪。县、乡两级扶贫部门利用农村集体资金资产资源（三资）管理平台对扶贫项目进行跟踪管理，及时掌握资产增减变动及扶贫项目实施进展情况，督促指导项目实施主体保质保量按期完成项目建设，确保扶贫资金充分惠及扶贫对象。对不按规定拨付扶贫资金或擅自改变资金用途，截留、挤占、挪用、浪费扶贫资金，偷工减料降低工程标准等行为，及时予以纠正和处理。市、县扶贫部门每年组织有关部门至少开展两次对项目实施、扶贫资金及资产管理使用情况的监督检查，及时总结经验、发现和处理问题，检查结果纳入对县乡工作的考核。乡镇人民政府（街道办事处）每半年组织一次对项目实施、扶贫资金及资产管理使用情况的集中检查，对发现的问题查明原因、及时处理，重要问题及时向上级主管部门反映并提出处理意见。

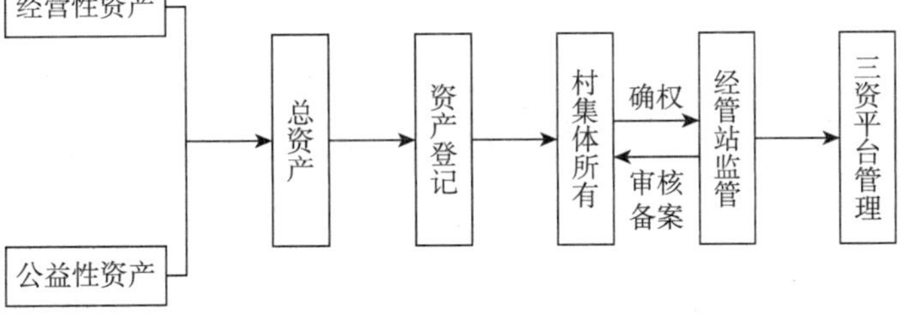

图3　扶贫资金资产监督管理模式

5. 省市县纵向联合，落实分级领导责任，为扶贫提供制度、组织、人才保障

省级各领导部门部署扶贫资产监管责任落实，市级对资产收益扶贫工作进行统筹谋划、指导监督。县级承担资产收益扶贫工作的主体责任，抓好项目实

施，负责组织协调。扶贫、财政、农业等部门承担推进资产收益扶贫工作的职责，研究制定相应管理制度和配套措施，协调相关部门加大对资产收益扶贫工作的支持。市级和县级通过管理干部兼职、教育培训等方式，培养农村基层组织带头人，强化农村基层组织在产业扶贫项目及资产经营管理中的核心作用。

二　对“四权”分置价值的再思考

沂水县扶贫资产“四权”分置，创造了扶贫资产处置的新模式，形成了以扶贫资产经营权为核心，以所有权为基础，以收益权为落脚点，以监督权为保障的格局，解决了扶贫资产管理过程中的难题，合理总结各方面的经验，该做法极具推广价值。

1. 实现了资源要素的资产化，盘清、盘活了项目资金资产

这次“四权”分置改革，不但盘活了扶贫资产，而且充分唤醒了村集体原有的“沉睡资产”，将闲置的资源要素资产化，盘活了集体资源资产，壮大了村集体经济。改革过程中，还借此机会对水面、四荒地、农用地、建设用地等集体资源边界进行全面核查，建立起扶贫项目及资产管理清单，使村集体的自然资源、公共资产资金和农户权益在权属明晰的前提下实现资本化。如此一来，村民可以对家庭资产和可能获得的收益分配产生清醒的认识，政府部门也能够清晰地掌握村里资产资金资源配置情况，明确政府在扶贫工作中更准确的职能定位。

2. 严格界定扶贫资产产权，减少了因利益纷争而产生的经济损失

明确扶贫资产后，资产所有者办理了扶贫资产登记，分类分项记录资产明细，并建立了扶贫资产内部管控制度。扶贫资产划分为经营性资产和公益性资产两部分，除了经营性资产，村集体的土地、林地、水域、旅游文化等资源要素也能形成公益性资产，通过协商评估确定资产股权，按比例获得收益，村集体再把这些收益投入村庄的公益事业中，使得扶贫资产受益的对象不仅局限在贫困户，还惠及村中的非贫困户群体，提高了全体村民的满意度。进而减少因扶贫资产产权不明晰而带来的利益纷争，提高群众对扶贫事业的配合度、拥护度。此外，扶贫资产产权明晰也有助于吸引以民间资本为代表的社会力量参与扶贫及发展项目，使得扶贫项目的规模更大，运行效率更高。从某种意义上看，

产权明晰推动国家、集体、民间团体等为主体的混合所有制的产生，多方力量攻坚脱贫，使得扶贫工作更有成效。

3. 将收益权从所有权中分离，实现了扶贫资金资产长期可持续发展

沂水县“四权”分置改革的亮点之一是将所有权和收益权拆分并分配给不同的主体。所有权在村集体，可以更合理地投资决策。收益权绝大部分归属建档立卡户，贫困群体便有了基础保障。在合理的理财策略下，贫困户可以获得长期稳定的投资收益，在一定程度上缓解了扶贫资金资产的不可持续问题。即使当前扶贫工作暂停，这一群体也不会快速返贫。这种长期的收益机制可以为年老、残疾等失能和半失能群体提供基本的生活保障。

4. 充分利用政策和市场，在效率和公平间找到了合适的平衡点

效率体现在如何生成效益，公平体现在如何分配收益。在效益的生成方面，由政府把关，根据扶贫区域资源禀赋、经济状况、人员配备等实际情况，选取合适的经营主体和匹配的经营方式进行市场化经营，让原本固定的扶贫资金产生增值效应，既发挥了政府“有形的手”的调控优势，又契合了市场“无形的手”的竞争规律，体现了效率。在收益的分配方面，主要涉及两个主体：一是贫困户，对于他们来说，“四权”分置帮其开通了投资的渠道，产生了规模效益，他们既可以拿到持续的保底收入，又可以获得额外的增值分成，相较于原来的一次性兜底发放，平均效益更好，脱贫效果也更持续稳定；二是经营主体，对于他们来说，扶贫资金的入驻可以解决部分资金运转问题，只要运作得当，即可在发放给贫困户的保底和分成外有所盈余。从总体上看，“四权”分置以后，无论是对于贫困户，还是对于经营主体都有所改善，这就在一定程度上实现了帕累托改进，既能公平，又有效率。

5. 扶贫资产监督管理权专人专岗，确保了监督的有效运行

“四权”分置改革改变了以往扶贫资产监督缺位的问题，确保了扶贫资产监督机制有效运行。建立健全产业扶贫项目前期论证评审、中期检查监督、后期评估问效的全程运行监管机制。通过严格的扶贫资产监督机制，减少和预防国家与集体资产被个人侵吞的现象；避免了过去国家扶贫投入直接或间接变成一些强势群体的个人财产，减少了社会不公现象。

6. 注重风险防控，健全了激励机制

利用监督和第三方核查，及时发现和纠正资产收益扶贫工作中的潜在问题，

有效降低区域性、系统性风险。在扶贫资产收益项目实施主体解散或破产清算时，按照有关法律规定清偿债务后，优先保障扶贫项目村和贫困户的权益。同时，把扶贫资产收益工作纳入综合绩效评价范围，鼓励地方发挥主观能动性，促进扶贫工作创新。引导和支持金融资本、社会资本参与到扶贫资产收益中，形成脱贫攻坚合力。

三　存在的问题

从调研情况来看，“四权”分置改革已经初见成效，但“悬崖效应”、人才不足、管理掣肘等问题还需高度重视。

1. 贫困户得到了“看得见”的实惠，但扶贫资产投放的“悬崖效应”仍难避免

由于扶贫资产投放的目标性较强，受益群体的类型区分明显，容易拉大群体待遇，这种现象在贫困户和非贫困户、贫困村和非贫困村之间表现得尤为明显。随着扶贫资产进一步投放，这个差距将会进一步扩大。可能会造成贫困户不愿脱贫、非贫困户不满的现象，阻碍脱贫攻坚任务的推进。更值得注意的是，在扶贫工作中，小部分乡镇为完成脱贫目标，不惜高额举债建设贫困村，导致贫困村和非贫困村表现的“悬崖效应”更为突出，这种扶贫资产的经营方式既加重了财政负担，也让扶贫工作不可持续。

2. 扶贫资金资产的运营虽步入轨道，但管理运营人才仍显不足

人才是“四权”分置改革运营成功的关键要素，但改革实践中贫困村集体、扶贫资产项目各类新型经营主体在运营人才配备上仍有较大缺口。从人才缺口来源主体来看，村集体缺口较大；从人才缺口专业类别来看，扶贫资产项目管理运营及市场开拓等方面的专业化人才缺失问题最为突出。根据沂水县扶贫工作人员统计，2018 年沂水县扶贫资产管理运营人才缺口已经在 3000 人左右，其中，村集体扶贫资产管理运营人才缺口超过 2000 人。扶贫资产经营人才不足导致扶贫资产项目运营潜力发挥有限。

3. 扶贫资产已基本实现统一管理，但在有序管理上仍有待完善

扶贫资金或资产来源渠道分散、管理部门多、资金较为分散，而且与交通、水利、林业、农业综合开发以及地方上支农等专项资金项目在使用方向、实施

范围、建设内容等方面常常有重复和交叉，造成扶贫资产项目多头管理，其他部门管理的专项资金建设内容常常相互交叉，较难形成合力。也使得很多扶贫项目不能形成系统的产业链，造成扶贫资产经营效果有折扣。同时，随着扶贫工作推进，形成了大量的扶贫资金资产，管理工作面临点多、面广、量大的情况，使有序管理难度越来越大。

4. 扶贫资金资产重经营、轻管护的现象值得关注

扶贫资金资产在经营上已初见成效，但在项目管护上仍有一些细节不到位。一是对扶贫项目管护的重视程度不够，项目人员多数时间和精力用于扶贫资产经营。二是管护资金相对不足，有工作人员表示目前用于项目管护的支出只占项目建设资金的1%左右。三是扶贫资产项目缺乏专人专门机构管护，每个乡镇平均只有1~2个管护人员，而且还会经常因其他业务被临时抽调。管护主体和经营主体之间权利和义务不明晰，使得扶贫资产出现损毁、流失等不能发挥使用功能的情况。四是扶贫项目运营中，存在扶贫资产经营合同签订不规范现象，包括主要条款不完备、资产管护约定不合理、合同期满资产处置方式不明确等。此外，还存在扶贫资产管护费用不足、管护主体缺乏激励等情况，导致扶贫资产不能实现有效管护。

四　对策建议

为了促进扶贫资产保值、增值，提高扶贫工作成效，针对上述现存问题提出以下建议。

一是提高对扶贫资产明晰产权、盘活经营重要性的认识。充分认识到2020年之前必须要解决好扶贫资产产权明晰、资产盘活的问题，否则之后不可避免地仍然要面临该问题。此外，建立城乡低收入保障机构，做好应对2020年脱贫攻坚任务完成后，原贫困户收入保障困难问题。

二是建立扶贫资产“四权”分置人才库。通过选派第一书记、先进村支部书记兼职、教育培训等方式，培养“四权”分置运营管理人才后备军。增加刚性招录力度、畅通人才引进渠道、构建重点产业等方式，引进管理运营、市场拓展等专业人才，减少扶贫人才流失。此外，盘活现有扶贫运营人才资源，健全扶贫项目专业大户、合作社及龙头企业等新型经营主体项目管理运营、市场

拓展等方面的教育培训，为扶贫资产“四权”分置提供人才支持。

三是加强财政扶贫资金与其他部门专项资金整合。针对经营性扶贫资金资产零碎问题，综合打包扶贫项目，充分利用市场的手段，提高经营绩效。将扶贫资金与相关部门有相同或相近建设项目的资金综合打包，统筹规划，集中有限的扶贫资金实施优势项目。对一些效益差甚至亏损的村级产业扶贫项目，镇级政府要指导村集体积极对接各类新型经营主体，通过股份合作、业务托管、改善经营等方式，提升扶贫资产运营管理水平和盈利能力，促进项目转型升级。对于扶贫项目投放“悬崖效应”问题，要实行乡镇统筹扶贫项目，将扶贫资产所有权划归乡镇，由乡镇调控，并对扶贫资产进行动态调控。在宏观层面，乡镇要对扶贫资产的实施效果及时追踪，及时调配扶贫资产给新贫困户或贫困村，避免“一顶贫困帽子戴到底”的现象，高效配置扶贫资产。在微观层面，村级管理者要严格扶贫标准，不能降低扶贫标准，打折扣、搞变通，也不能擅自拔高标准，确保靶心不变、焦点不散。

四是建立健全项目后续管护机制，明确管护主体，落实管护责任。根据管护主体对经营性扶贫资产经营方式的不同，确立不同管护制度。对于扶贫资产管护主体直接经营扶贫资产的，要明确经营责任、经营目标。对于采取市场方式经营扶贫资产的，管护主体与经营主体之间要签订合同，明确双方权利和义务，扶贫资产管护费用要从经营收支中列支。扶贫资产出现损毁、流失的，管护主体要及时发现，查清原因，明确责任，分类处置有关资产。

优秀奖

专业嵌入关系：行政脱钩改革中社会组织发展质量的提升路径

薛美琴　马超峰*

一　问题提出

2013 年《国务院机构改革和职能转变方案》提出行业协会商会类、科技类、公益慈善类、城乡社区服务类社会组织成立时可“直接向民政部门依法申请登记，不再需要业务主管单位审查同意”。此项直接登记改革同样对已成立的社会组织产生重大影响，新一轮行业协会商会与行政机关脱钩改革（2015 年启动试点、2019 年全面推开）也因此被赋予新的时代意义。以 1988 年国务院机构改革为契机生成的行业协会商会，虽然承担了改革初期微观管理职能向社会组织的转移，但创建方式的特殊性使一些由政府主办或主管的行业协会商会存在政会不分、管办一体、治理结构不健全、监督管理不到位、创新发展不足、作用发挥不够等问题。① 长期以来，改革的取向便是不断剥离连带的政社关系，包括 1998 年开始的机构、人事（编制）、财务“三脱钩”，2005 年开始的机构、人事、财务、职能“四脱钩”，2015 年开始的机构、人员管理、资产财务、职能、党建外事等事项“五分离、五规范”。

在行业协会商会与行政机关脱钩改革的渐进式推进中，组织成功转型需要

---

* 作者简介：薛美琴，上海交通大学博士，南京理工大学公共事务学院讲师；马超峰，南京大学博士，南京林业大学人文社会科学学院讲师。

① 中共中央办公厅、国务院办公厅印发《行业协会商会与行政机关脱钩总体方案》（中办发〔2015〕39 号）。

政府职能转变，如加快职能转移进程、完善购买服务机制、建立政会沟通和合作机制、加强政策引导、构建综合监管体制。[①] 同时，行业类社会组织能否以及如何提升发展质量，也是理论和实践需要关切的重点。其中，自上而下转制而成的行业协会商会成为脱钩改革难点。但经过20多年的改革进程，许多发展起点较为相似的官办社会组织（GONGO，Government Organized NGO）却渐行渐远，资源禀赋不再相同。本文拟从组织过程角度追溯差异化发展结果的生成机制，为脱钩改革的全面推进提供经验参考，为提升社会组织发展质量提供可能路径，为构建亲清政社关系提供理论依据。

二　行政脱钩改革中社会组织发展质量的提升路径

本文采取多案例比较方法，旨在厘清官办社会组织转型过程中的专业治理机制和政社关系变化对组织发展效果的影响。首先，遵循理论抽样[②]原则，在控制初始资源基本一致的基础上，依据脱钩试点结束时差异化机构分离情况，选择4家全国性行业协会作为观察对象。研究团队于2018年7～8月完成4家组织专职负责人的半结构化访谈，并对相关新闻报道和官方网站公开信息进行收集整理，获得了较为丰富的调研材料和二手资料。每个案例代表了一类政社关系特征，分别显示差异化的行政资源和市场资源匹配特征，案例基本情况如表1所示。其次，采用差别复制逻辑，[③] 对所选协会分别进行案例内分析，描述并展现组织转型的具体情境和过程，随后对组织过程和结果进行跨案例比较，归纳脱钩行业协会提升发展质量的典型模式，厘清不同构想的逻辑关系和差异。

① 周俊、赵晓翠：《脱钩改革后行业协会商会的转型发展：模式与挑战——基于S市A区的实证分析》，《治理研究》2018年第4期。卢向东：《“控制－功能”关系视角下行业协会商会脱钩改革》，《国家行政学院学报》2017年第5期。

② Eisenhardt，K. M.，“Building Theories from Case Study Research，” *The Academy of Management Review*，1989，14（4），pp. 532－550.

③ 罗伯特·K. 殷：《案例研究：设计与方法》，周海涛译，重庆大学出版社，2004。

表 1　案例协会基本情况

基本维度/协会名称		物流协会	品牌协会	电力协会	电器协会
初始资源	成立时间	2000 年成立注册	1997 年成立/1998 年注册	1985 年成立/2002 年注册	1988 年成立/1991 年注册
	注册资金	50 万元	10 万元	100 万元	300 万元
	创会领导	国企经历	部委经历	事业单位经历	部委经历
	领导机制	秘书长负责制	会长负责制	秘书长负责制	理事长负责制
脱钩改革	法定负责人	未变更	2017 年变更非营利组织经历	未变更	2010 年变更非营利组织经历
	办公用房	自有产权	租用	无偿使用	自有产权
	试点时间	2015 年	2015 年	2016 年	2016 年
	机构分离	有业务主管单位	无业务主管单位	有业务主管单位	无业务主管单位
转型效果	会员数量	约 9000 家	约 1000 家	约 230 家	约 380 家
	会费收缴率	小于 50%	75%	90%	92%
	净资产	约 20000 万元	约 1000 万元	约 4000 万元	约 2500 万元
	本科比例	76%	87%	81%	91%
	评估等级	4A 级	4A 级	4A 级	5A 级

注：（1）协会名称已做匿名处理，均登记于国家民政部且拥有相同的业务主管单位，并参与 2015 年开启的脱钩试点工作；（2）“脱钩改革”的时间范围为从 1998 年开始的“三脱钩”到 2018 年“五脱钩”试点结束；（3）“机构分离”指 2018 年 4 月脱钩试点结束后的情况，尽管后期跟踪发现，2019 年所有试点协会均已完成（中国社会组织公共服务平台进行社会组织信息查询时，所有案例协会的业务主管单位栏均显示“已脱钩”），但基于短期内组织行为惯性，试点结束时的机构分离情况仍然成为衡量协会行政关联以及是否完成脱钩的重要显性指标，故将转型效果的测量节点依然定为截止到 2017 年底。

（一）案例内分析

1. 物流协会发展质量提升过程

物流协会是一家成立于 2000 年的物流及采购业的全国性联合会，其脱钩改革难点主要集中于“机构分离”，具体表现为行政机关委托该协会代管的事业单位较多，涉及出版、研究、外事、服务等类型的单位共 8 家。物流协会在行政化程度较高的结构关联下，具有纯粹管理专业主义倾向的负责人获得组织管辖权，其通过管理专业化过程推动协会向科层型发展，以行政资源推动组织规范化比较优势的实现。

首先，组织管辖权配置。拥有国企工作经历的创会秘书长以绝对优势掌握着协会管辖权，领导协会工作近20年，且存在超龄情况。全职管理层（包括会长、秘书长、书记、副书记、副会长）中有长期政府部门工作经验的所占比例达到66%，且为正处级及以上干部，其余管理者均成长于协会内部，从而形成凝聚力极高的领导集体。与此相对，会员群体的凝聚力却形成鲜明反差。会员类型以中小规模民营企业为绝对主体，会员数量多达9000家，而会员所属行业更是千差万别，从而会员对协会的积极参与基本无法实现，会费收缴率常年低于50%。此外，一般专职工作者缺乏争夺管辖权的专业知识储备，本科及以上学历的所占比例仅为76%，而岗位晋升制度缺乏也对其争夺管辖权形成阻力。从而，具有“命令”特征的科层型负责人掌握着组织管辖权。

其次，专业治理过程。拥有绝对管辖权的科层型负责人将其在行政机关习得的科层控制逻辑贯彻到协会运作中，体现出具有纯粹管理主义特色的专业治理过程。第一，以定向购买[①]的方式承接大量政府项目，主要集中于行业研究，年均10余项的承接量远超其他案例协会。第二，将行业调查信息公开化，每月在中央新闻媒体中发布，形成协会最有影响力的特色工作。第三，积极开展行业标准化制度建设，并通过年均160余次的行业培训确保标准化制度向会员企业传递。第四，搭建会员共享的平台经济，精准对接供需。从而，物流协会展现出管理专业化特征：政府成为协会最有影响力的利益相关者，协会正式成为政府事前规范企业行为的重要抓手；同时，协会发挥管理的能动性，通过有形有效的信息公开、行业培训、交易平台等建构起协会的威望。

最后，资源禀赋变化。第一，政治资源更加丰富。一方面，密切的政社合作在给协会带来直接购买资金的同时，也提高了双方的相互信任；另一方面，政府通过协会实现了对其他协会的“组织性吸纳”（代管协会25家、代管事业单位8家），因此赋予协会较多的政治资源，构成其参与协商的政治基础。[②] 第二，尽管协会市场资源薄弱，但其市场介入度较高。常年不足50%的会费收缴率，弱化了协会的规模经济特性，但也驱动其创新出平台经济等公共产品以对会员或潜在会员形成选择性激励。由此，物流协会借助“官方权威”形成类科层的组织发展形态，净资产高达20000万元，并获得4A级评估结果，反映了

① 徐家良、赵挺：《政府购买公共服务的现实困境与路径创新：上海的实践》，《中国行政管理》2013年第8期。

② 肖存良：《资源禀赋与政治吸纳：社会组织协商的政治基础》，《上海行政学院学报》2019年第2期。

“科层型”社会组织在现代社会中的存活力。

2. 品牌协会发展质量提升过程

品牌协会是一家致力于推动中国新兴零售业发展的全国性社会组织，其注册登记时恰逢1998年首轮机构、人事和财务“三脱钩”开始，身为国家部委在职领导干部的创会负责人便以身作则开始以“人员分离”为首的协会去行政化改革。经过多轮调整，协会具备了会长专职、人事编制分离、办公用房市场化、资产财务边界清晰等规范化运作特征，其主动参与2015年“五脱钩”第一批改革试点，并迅速完成相关脱钩任务。品牌协会在政社分开、规范有序的情境下，具有纯粹专业主义倾向的自主专家逐渐影响并获得组织管辖权，其以技术专业化为主促使协会转向合约型，以技术创新资源推动协会占领行业服务的细分市场。

首先，组织管辖权配置。品牌协会管理结构清晰明确，属于精英管辖的会长负责制，无秘书长及理事长设置，理事会主席也仅从企业理事中推选而出。尽管创会会长作为负责人领导协会满20年，但经济学知识背景使其非常重视管理者培养。而拥有经济学博士学位的现任会长拥有长期大型非营利组织的工作经验，在2017年正式成为负责人之前，就已拥有一定的工作自主权。此外，会员单位中除民营企业外包括了众多职业院校，校企合作平台的搭建提升了会员认可度，然而1000余家会员的规模同样对其组织性产生挑战，会员缴费率提升到75%左右后便难以进一步改善。会员满足于协会提供的特色服务，而无意愿去进一步争夺协会管辖权。总之，品牌协会的组织管辖权逐渐被受保护的经济专家所掌握，但其根基是专家得到负责人授权。在一定程度上，案例协会的管理结构反映了集权与授权的共存，而授权依据是双方共同拥有的经济学语言、学科知识以及非正式规范，[①] 体现出学院式控制（collegiate control）[②] 对专业管辖权的影响。从而，具有“自主”特征的知识型负责人掌握了组织管辖权。

其次，专业治理过程。专家自主掌握组织管辖权后，将其在高校习得和经验积累的专业知识渗透到协会运作中，体现出具有纯粹专业主义特色的治理过程。第一，建立行业百强调查和排名发布制度，自2013年开始已形成两项年度百强排行榜，供政府、企业、院校等实务界进行决策和研究参考。第二，大力

① Mather, L., Mcewen, C. A., Maiman, R, J., *Divorce Lawyers at Work: Varieties of Professionalism in Practice*, New York: Oxford University Press, 2001, pp. 41 -48.

② Johnson, T. J., *Professions and Power*, London: MacMillan, 1972, p. 45.

开展校企合作，搭建覆盖华北、华东、华南、华中、东北和西部区域的常态化合作机制，包括共同开发教材、推动培训认证、组织专业技能大赛、设置奖学金、调研合作等。第三，提升工作人员的专业技能，年均组织培训 2 次。综上，品牌协会体现出较为鲜明的学院派技术性专业化特征：以专业技能开展治理合作，以百强排行榜和知识教育树立协会在行业中的威望，以前置的专业学习改善行业秩序。

最后，资源禀赋变化。第一，政治资源逐渐退场。品牌协会初始的政治关联主要体现为负责人的公职特征，但其成为专职会长后，也逐步推动了协会的去行政改革。当百强排行榜和校企合作品牌建立后，以政府购买为代表的财政资源较少进入协会。第二，尽管会员的认可度较高，但零和博弈的百强排行榜以及非直接营利服务，并没有给协会带来较为可观的市场资源。因此，协会借助“专家优势”创新服务品牌，以会员资格交换百强评选的参与权、以校企对接获得细分市场资源，形成近似于有限责任“合约型”社会组织运作形态，发展到约 1000 万元的净资产，并获得 4A 级评估结果，反映了技术创新对协会获取生存权的支撑。

3. 电力协会发展质量提升过程

电力协会成立于 1985 年，并于 2002 年在民政部注册，历经电力行业体制改革各重要历史阶段。其脱钩改革难点主要集中于“资产财务分离”中的办公场所独立问题，即协会占用行政办公用房。① 电力协会借助行政支持优化内部治理结构，积极培育市场资源和吸纳会员参与。从而，组织管辖权被多元主体所分享，负责人、专家和会员基于各自利益和专有才干相互积极配合，通过合作专业化过程推动协会向项目型拓展，实现国家和社会资源的充分调动。

首先，组织管辖权配置。一方面，协会办公场所与行政机关的相连性实际上保证了行政权力的在场，而创会秘书长（兼副理事长）作为法定负责人领导协会工作近 20 年，保证了科层化管理主义成为协会管辖权的一极。另一方面，工作人员的专业技能高，拥有中级和高级职称以上的人员比例分别达到 75% 和 50%，且 3 位专职领导人（秘书长及副秘书长）均是高级专业技术人员，从而

① 据访谈内容，由委办局转制而成的全国性社会组织主要有三种混用办公用房情况，即占用行政机关、事业单位、国有企业的办公用房，由于其分属机管局、财政局、国资委三个部门管理，因而办公用房分离的统一执行具有很大挑战。

保证了技术化专业主义成为协会管辖权的另一极。此外，会员单位对协会形成较高的依附度，进而积极配合协会工作，会员缴费率常年稳定在90%左右，从而成为协会管辖权的第三极。总之，电力协会管辖权呈现多元共治格局，具有“协作”特征的咨询型负责人掌握组织管辖权，以高效应对电力行业庞大的企业需求。

其次，专业治理过程。新型“技术官僚”[①] 获取组织管辖权后，积极推动政府、市场、协会间的合作治理，体现出混合专业主义特征。第一，在管理制度中设置技术负责人和企业管理者代表，同时，秘书长也积极走入各地会员单位进行工作调研，每年保证3次以上，发现新问题、研究新对策，确保协会工作真正符合会员需求。第二，面向会员企业提供专业认证工作，年均认证企业超过5家。第三，设置行业创新奖励制度，包括奖项评选和成果鉴定，引导会员单位主动涉入国家和社会紧缺领域。第四，搭建政企互动平台，组织开展政策讨论与行业交流。总体上，电力协会展现出混合专业主义较为突出的合作专业化特征：以密切的交流互动实现合作治理，以政府和市场的全力支持提供可靠服务，以创新奖励制度撬动市场资源向专项建设任务集中。

最后，资源禀赋变化。第一，政治资源始终是协会发展的强有力后盾。特别是协会可以无偿使用行政办公用房，在减轻其财务负担的同时也获得一定的政治权威，尽管脱钩任务的完成存在较大压力，但协会也因此形成并稳定了比较优势。第二，市场资源不断涌入。特别是专业认证、创新奖励制度、政社互动平台等特色工作对行业企业形成较大的吸引力。据此，电力协会借助“多元合作”不断吸纳政治和市场资源，混合各参与主体的比较优势，形成“项目型”社会组织治理形态，发展到约4000万元的净资产，并获得4A级评估结果，反映了供不应求的社会环境下多元力量集中的治理能力。

4. 电器协会发展质量提升过程

电器协会是一家因1988年国务院机构改革而转制成立的全国性社会组织，除接受民政部门登记管理外，同时受业务主管部门和其代管协会的双重业务指导，呈现“三重管理”特征。尽管协会由国家部委在职领导干部创立，但经过多年去行政化改革，其独立性早已显现，体现为负责人更替规范、人事制度健

① 徐湘林：《后毛时代的精英转换和依附性技术官僚的兴起》，《战略与管理》2001年第6期。

全、资产财务透明化等。协会以调适专业化为主推动协会向自治型组织发展，使协会回归会员性社会组织的互益性本质，但同时保证了协会的公共属性。

首先，组织管辖权配置。电器协会行政权力分散性主要体现为双重业务指导下的多元化专职领导集体设置，包括理事长和秘书长各1人、副理事长2人、副秘书长3人。相关领导者均有企业工作经历，或任公司独立董事或为企业资深评估专家，体现出会员企业与协会专家的结盟，进而渗入领导核心并分享组织管辖权。而驱动结盟出现的环境因素是电器行业旺盛的社会需求及全球化带来的激烈竞争。多元主体之间的机械式合作逐渐被有机式相互融入取代，专业技术、社会需求、管理能力均内化为组织领导者或领导群体的应有才干，从而展现出“组织化专业主义”特征。这种“干中学”的自治倾向推动了会员对协会满意度的提高，会费缴纳率达到92%。总之，具有“代表”特征的协商型负责人掌握组织管辖权，多元主体均可对负责人产生实质影响。

其次，专业治理过程。代表多元利益并拥有复合能力的协商型负责人获得组织管辖权后，积极关注环境变化，权变调整协会结构及其治理过程，体现出组织专业主义的自治逻辑。第一，精简管理部门，降低部门分立对工作联结的消极影响，为此协会将秘书处压缩为4个功能部门。第二，建立年轻化自治型工作队伍，通过设立多样化的创新争优奖项激励工作人员发挥主动性和责任感。工作人员平均年龄仅为30岁，本科及以上的所占比例高达91%，中级及以上职称的所占比例也达到50%，灵活高效的专业队伍不断加强。第三，发挥自治功能维护行业秩序。协会每年会有1~2次代表行业参与集体谈判，并于2010年即开始行业自律制度建设。此外，协会每年均向政府反映会员诉求2次以上，影响了相关政策的制定和执行。因此，电器协会展现出自治逻辑较为明显的调适专业化特征：以工作联结或相互贯通开展自治式协商，以领导和工作人员的主动性和责任感获得会员认可，以自治效果树立行业威望。

最后，资源禀赋变化。第一，政治资源的影响逐渐弱化。电器协会的转制背景使其始终拥有一定的行政职能，但双重业务主管指导单位的存在给予组织自治转型一定空间，特别是两任负责人也给予多元化领导集体设置了较大自由。随着行政职能逐渐剥离，政府委托项目资金逐年降低。第二，协会权力分散化激发了市场资源的涌入，协会与会员企业形成双向需求：协会对行业秩序的维护得以影响企业行为，同时会员企业的行业诉求也能够得到基本满足。因此，协会借助“组织权变”不断调适组织结构和内部治理，以灵活高效的环境应对能力获取会员支持，积累了非常丰富的市场资源，形成“自治型”社会组织治理形态，发展到约2500万元的净资产，并获得5A级评估结果，反映了复杂环境下多元自治对协会发展质量提升的重要作用。

（二）跨案例分析：官办社会组织转型发展模式与质量提升路径

全国性行业协会是一种组织性很强的社会组织，基础条件非常稳定。协会与行政机关的脱钩过程显示，官办社会组织转型发展根植于特定初始政治关联，然其主动创造了自己的内部环境。由于组织管辖权和专业治理过程的差异形成了不同的资源禀赋，展现出政社关系的异质性和复杂性。借鉴迈尔斯和斯诺对组织适应类型的划分——防御型、开创型、分析型、被动反应型，[①] 本文将官办社会组织转型发展模式归纳为规范式、防御式、折中式和开创式。

第一，规范式发展。物流协会与政府的结构关联使其继续延续科层控制逻辑，科层型负责人获得组织管辖权并通过管理专业化不断规范行政资源配置，使政社关系呈科层型联结。随着脱钩改革“机构分离”任务的逐步推进，结构关联会从显性的机构混杂向边界清晰的“行业指导与管理”过渡，规范式发展的适应性依然存在。然而此类模式有其生成条件，即行业的“公共特性”。正是生产过程的公共性促成了行业管理部门对协会指导与管理的必要性。

第二，防御式发展。品牌协会与政府的人事关联被国家政策迅速改变，知识型负责人获得组织管辖权并通过技术专业化不断优化组织有限的业务范围，而政社关系仅限于偶发的合约型联结。在行政资源和市场资源双重缺乏的情境下，协会的发展质量提升必然是艰难的，而专家对细分市场的发掘是关键。但有限的业务范围给予其深耕的可能，精准服务能力使其成为细分市场不可或缺的行为主体。从而，防御式发展的生成条件便是市场中行业的“分层特性”。

第三，折中式发展。电力协会与政府的资产关联成为其调动市场资源的重要基础，然而关键在于咨询型“技术官僚”的出现，使政府、市场和协会间的合作治理得以形成，政社关系呈现项目型联结。而随着脱钩改革“资产财务分离”任务的完成，资产关联会从“直接财政拨款”转向竞争性更凸显的“政府

① 雷蒙德·E. 迈尔斯、查尔斯·C. 斯诺：《组织的战略、结构和过程》，方洁译，东方出版社，2006。

购买服务等方式”。但折中式发展依然有生成条件，即行业“规模特征”。正是巨大的市场需求以及生产过程的规模经济促使多元合作的出现。

第四，开创式发展。电器协会在“三重管理”碎片化权威①中获得创新空间，组织管辖权成为代表多元利益相关者的集合体，从而具有协商型特征。协会以调适专业化激活市场资源，使政社关系呈现自治型联结。随着脱钩改革的完成，社会组织的指导责任由业务主管单位向党建工作机构与行业管理部门过渡。在新型权威指导和管理的过程中，协会开创式发展模式的生成条件同样是行业的“竞争特性”，正是复杂多变的市场环境给予了其自组织空间（见表2）。

表2　行业性官办社会组织转型发展路径

案例	初始政治关联	组织行动		资源禀赋变化	关系特征	发展机制
		组织管辖权	专业治理			
物流协会	结构关联	科层型负责人 “命令”	纯粹管理主义 管理专业化	行政资源强 市场资源弱	科层型	规范式发展
品牌协会	人事关联	授权型负责人 “自主”	纯粹专业主义 技术专业化	行政资源弱 市场资源弱	合约型	防御式发展
电力协会	资产关联	咨询型负责人 “协作”	混合专业主义 合作专业化	行政资源强 市场资源强	项目型	折中式发展
电器协会	“三重管理”	协商型负责人 “代表”	组织专业主义 调适专业化	行政资源弱 市场资源强	自治型	开创式发展

比较而言，以结构关联和资产关联为代表的客观性政社联结是较难解除的，而以人事关联和“三重管理”为代表的主观性政社联结则较容易被政策改变。因此，结构关联和资产关联强的协会，不论市场资源如何培育，其行政资源依然比较丰富；而人事关联和“三重管理”较为凸显的协会，行政资源较容易退场，但市场资源的进场则需要给予其一定参与空间。

三　结论与启示

行业协会商会与行政机关脱钩改革是对政社关系的不断调适，以此实现经

① Lieberthal, K. G., *Introduction: The "Fragmented Authoritarianism" Model and its Limitations*, in Bureaucracy, Politics, and Decision Making in Post-Mao China, California: University of California Press, 1992, pp. 1–30.

济与社会的有效治理。在脱钩政策执行呈现一种低模糊、高冲突特征[①]的基础上，考验社会组织发展的不仅是纯粹的关系问题，而且是政社关系调适所释放的发展空间的有效整合，以及社会组织发展质量提升的路径选择。基于调查分析，本文得出以下研究结论。

首先，官办社会组织发展质量提升的逻辑链条为“组织管辖权配置—专业治理过程—新型政社关系构建”。核心条件是组织管辖权被积极作为的人才所掌握，展开受其知识和经验引导的专业治理，将组织的初始政治关联朝向新的资源禀赋变化。从而形成组织自身的专有性，最终突出组织发展的专业性。

其次，专业治理过程在提升官办社会组织发展质量的同时重构出新型政社关系，使组织呈现差异化的转型发展模式。组织关键要素异质性重构出四种发展良好的政社关系类型：管理专业化重构出科层型关联，使组织呈现规范式发展；技术专业化重构出合约型关联，使组织呈现防御式发展；合作专业化重构出项目型关联，使组织呈现折中式发展；调适专业化重构出自治型关联，使组织呈现开创式发展。

最后，社会组织转型发展模式及其质量提升路径需要考虑市场整体环境。相较而言，行业竞争性越强，自治型组织的适应性越高，而其发展质量的提升越需要开创式路径。而行业的公共性、分层性、规模性均在一定程度上阻碍了竞争市场的出现，因而科层型、合约型、项目型组织的匹配性更高，规范式、防御式、折中式发展成为其次优选择。

本文探索了官办行业性社会组织的转型发展模式及其微观机制，研究结论对全国性和地方行业协会商会与行政机关脱钩改革，以及社会组织去行政化改革有一定参考意义。

第一，脱钩与去行政化改革的最终目的，不仅在于理顺政社关系，更在于助推社会组织发展，而专业治理正是嵌入在政社关系与组织发展中的楔子。专业治理的路径选择，既不简单根据外部环境来讨论组织的成长可能，也不过度强调内部建设来明晰组织自身性质，更多时候是内外环境匹配后的比较优势选择。

第二，将专业嵌入关系之中，是社会组织发展质量提升的内核。正如脱钩

① 吴昊岱：《行业协会商会与行政机关脱钩：政策执行与政策特征》，《治理研究》2018 年第 4 期。

改革所呈现的一样，关系理顺需要借助一定途径，而不是简单依靠指标数据形成“形式脱钩”。借助专业治理逻辑，组织改变内在的资源禀赋特征，寻求组织发展质量提升的最优路径是脱钩与去行政化改革的最终落脚点。

第三，专业主义作为介入治理现代化场域的新兴力量，被认为是新的治理逻辑来调和因权威和程序带来的治理困境。但随着社会工作中“选择性服务”不断吞噬专业化带来的绩效提升，[①] 社会组织便有了反思组织建设的可能。而在此时，拓展的专业逻辑成为政府改革与社会组织发展的共享知识。

① 文军、何威：《社会工作“选择性服务”现象及其反思》，《学习与探索》2016年第7期。

新生代农民工就业的新变化与对策建议

——基于“百企”实地调查的分析

鲍春雷*

党的十九大报告提出促进农民工多渠道就业创业的明确要求，给农民工就业创业以强劲推动力，从中央到地方促进农民工就业创业出现新局面。为了了解新生代农民工就业创业的新情况，课题组选择东、中、西部近百个新生代农民工相对集中的不同类型企业进行实地调研，针对农民工反映强烈和社会关注度高的热点问题进行专题论证，分析经济转型中新生代农民工就业发生的新变化、面临的新问题，提出了需要国家研究制定新政策的建议方向。

一　调查基本情况

课题组选取了新生代农民工集中的先进制造、新兴建筑、家庭服务、家具制作、快递外卖、劳动密集型专业市场、小微企业、“走出去”企业、返乡创业“新城归”等类型共百余家企业和具有典型性的深度贫困县企业进行田野调查，深入了解一线新生代农民工就业、生活变动状况以及面临的困难和发展需求等动态情况。

(1) 先进制造业企业。富士康深圳和郑州工业园区、海尔中央空调智能制造黄岛厂区、蓝思科技智能手机屏浏阳园区、中铁装备盾构机郑州制造基地、福耀新一代人工智能玻璃乐清生产区、北京精密雕刻机门头沟和廊坊制造基地、

* 作者简介：鲍春雷，中国劳动和社会保障科学研究院副研究员，兼任中国劳动学会副秘书长。

北京汽车集团、德阳东风汽轮机公司、大连光洋精密制造公司、宁波韵升公司、欧琳集团等技术设备领先和用工规模大的先进制造企业，吸纳新生代农民工技工数万人乃至数十万人，这类企业大规模使用制造自动化生产线，当原有传统生产线上的农民工大幅裁减后，快速发展的自动化新生产线上正在大批吸纳新生代农民工技工，且大多数是职业技术院校毕业或定向培养的。并非机器替代人后不需要人，而是需要高技能人才。

（2）新型建筑企业。中建集团北京一局和山东公司、中铁建十六局、山西太原军威集团、山东临沂方圆建筑配件等建筑行业企业吸纳新生代农民工数万人到数十万人。在这类型企业就业的新生代农民工正处在初、高中或中专毕业与初中及以下文化程度的交替中。其中，以建筑构件和模块组装为主的新型建筑业更需要高素质的新生代农民工。许多熟练技工因当年没上职业技术院校，现在没有高技能职称却实际干着技师、高级工的工作，甚至建起有较高水准的高楼大厦和桥梁隧道，亟须从实际出发解决他们技能职级问题。

（3）家庭服务业企业。苏州金管家育儿嫂、福州树人小学生课后照料、北京爱侬老年陪护、阳光大姐钟点工等家庭服务业市场细分业态和杭州三替、北京管家帮、宁波管家婆、衢州保姆等“百强”家庭服务业企业吸纳新生代农民工数千人到数万人。这类企业吸纳的农民工以初中文化从业的居多，经过简单培训就上岗，往往是休息日回公司“补课”“充电”或边干边学，且中生代占一定比例，职业技术院校“科班”毕业的极少，员工所学初级技能很难适应快速发展的市场细分和人们日益增长的生活服务需求。

（4）家具制造企业。北京市的元亨利、行之行、宣明典具、太和木作、红马红木、京晋坊；浙江省东阳市的华龙、御乾堂、卓木王、荣鼎轩、紫檀宫、大清翰林；江苏省常熟市的名佳、东艺、大卫地板；广东省台山市的伍氏兴隆、中山市的红古轩、美盈，深圳市的友联祥利，东莞市的国寿；福建省仙游县的三福、鲁艺、大家之家、凯丰里、协力；广西壮族自治区凭祥市的清宝阁、永康、红木城等企业，代表着当今我国的京作、苏作、广作、闽作、桂作五大传统家具制造基地的发展水平，这类在全国有代表性的家具企业中，农民工集中度高、转型升级促进由速度扩张走向高品质发展的压力大，技能上基本是师父带徒弟，因连续四年的市场疲软几乎没有多少新增农民工就业，产业升级正在倒逼技能提升和产品升级，留住技术骨干研发新产品是当务之急，不能坐等市场回暖，也亟须通过技能竞赛等方式对这些能制造高精家具的大师傅或技术“好把式”给予高技能人才认定，使其加入中国工匠大军的行列。

（5）平台（数字）企业。阿里巴巴、京东、美团点评、滴滴出行、海航寻呼服务等平台企业吸纳新生代农民工数十万人到上百万人，这些快速崛起的现代服务大型企业吸引大批新生代农民工投身新业态，工资收入较高、弹性就业居多，数字经济支撑平台经济，劳动效率提高，也使农民工从中分享红利，但以往签订劳动合同的契约式劳动管理在这里得到改变，新的劳动形态变化需要新的劳动权益保障办法尽快跟上。

（6）专业市场（园区）集镇。白沟箱包城、北京新发地农副产品市场、江西省赣州新余箱包制造基地、义乌幸福里电商园区、东阳市集中有上千个家具制造企业的花园镇和横店镇、仙游县集中有2000多个家具制造企业的榜头镇和尾渡镇等农民工高度集中的专业市场/园区属于劳动密集型企业聚集地，可以大量吸纳农民工就业，农民工正从缺乏技能的中低端就业逐步升级到拥有技能的中高端就业。

（7）贫困地区企业。湖南省芷江县，四川省大凉山自治州会理县和普格县，甘肃省定西市安定区和天水市秦安县、甘谷县，山西省灵丘县，江西省兴国县等深度贫困地区企业，能够就地就近吸纳农民工就业、促进精准扶贫，现在十分需要集成优惠政策扶持，加强农民工技能培训，培育用得上、留得住的技能人才，产生精准扶贫的持续效应。

（8）小微企业。北京市昌平区九牧公司、顺义区君德益公司和天辰鸿家具厂、台山县如意筷子加工厂、桐庐县服装定制小铺、五星村风古艺术空间等小微企业，吸纳农民工虽然少但聚少成多，需要给予降费减税支持，引导企业向“专精新特”发展，避免这些企业倒闭后给不少农民工带来重找工作的再就业需要，毕竟从全局来看，中小企业是农民工就业的主渠道。

（9）“新城归”企业。四川省会理县石榴电商、湖南省长沙县浔龙镇、贵州省正安县吉他园区、甘肃省秦安县人力资源公司、甘肃省安定区草业公司等农民工返乡创业的“新城归”，创办企业起步快、经营成本较低、创业成功率高，吸纳越来越多的农民工就地就近就业，但亟须通过创办或盘活现有的工业园区，给予集成优惠政策、集聚生产要素、集中办理有关手续的扶持，甚至给予金融支持，避免创业短周期。

（10）“走出去”企业。东海水晶公司（开办巴西分公司）、江西赣州华坚公司（创办埃塞俄比亚大型制鞋厂）等“走出去”的企业，带出的农民工技工在海外创办企业中发挥着技术专家的作用，也在“一带一路”上发挥着高技能人才的人力资源支撑作用。

二 新生代农民工就业领域出现新变化

农民工与生俱来的市场经济特质与经济转型的要求相契合，调查发现，农民工就业领域与以往相比发生了一些新的变化，而新生代农民工也有独有特点。

（1）先进制造业是规模化吸纳农民工技工的主阵地。先进制造业具有高增长、高带动、高效益、产业链长、资本技术密集、清洁型等特点，既是我国工业化水平的集中体现，也是我国传统制造业实现跨越发展的重要创新方向。发展先进制造业的核心在于推动经济发展的内生动力和活力实现根本性转变，围绕产业转型升级的目标，提高先进产能比例，扩大有效供给，激发创新活力，建立现代产业体系。随着信息技术的广泛应用，先进制造业呈现技术、产业、商业模式、社会需求等相互渗透、相互影响和融合的新特征，也为规模化培养新生代农民工提供了机遇。例如，北汽集团、中铁盾构机组装、北京精雕机、大连光洋数控机床等企业的一线生产和操作人员的70%以上员工是来自职业技术院校的农民工，东风汽轮机精焊大师工作室60%的技师也是新生代农民工。除此之外，先进制造业在空间布局上也呈现区域化、集聚化、模块化的发展态势，为规模化培养农民工提供了新的空间，例如富士康、海尔、蓝思科技等制造企业的园区聚集着数量达到万级的农民工。

（2）新型建筑业是吸纳农民工就业的支柱产业。长期以来，我国一直享受着人口红利优势，劳动力密集型产业得到了快速发展。然而随着我国人口红利的淡出，以建筑业为代表的劳动密集型行业面临生产要素成本上升、劳动力与技术工人严重短缺的局面，开始出现“招工难”“用工荒”等问题且日益严重。在此现实背景下，发展新型建筑工业化逐渐成为社会经济发展的主要方向，特别是近年来，以构件预制化生产、装配式施工为主的新型建筑业发展迅速，快速改变着建筑行业的发展趋势。新型建筑业在运行中需要实现协作化，即必须由不同专业的生产企业协同完成，具有一定的精细程度和规模化要求，可以有效解决大量的农民工就业问题。新型建筑业可以拓展新生代农民工进入技能型产业工人的渠道，吸纳越来越多的新生代农民工，并促进其向产业工人和技术工人转型，为社会经济发展提供宝贵的人力资源支撑。2018 年，我国建筑业从业人数为 5563 万人，80% 是农民工，其中中建、中铁建、中铁工、中电建、中交建五大建筑央企吸纳农民工约 400 万人。在赴海外施工的建筑业农民工中，技工、高级技师约有 80 万人，占到赴海外农民工人数的 80% 以上。总体来看，促进新型建筑业发展和建筑业农民工技能提升能够实现互促共进，良性互动。

（3）家庭服务业正成为吸纳农民工就业的大产业。中国社会正在步入家庭小型化、人口老龄化、生活现代化和服务社会化时代，加之“二孩政策”的实施，家庭服务的需求正在高速增长，已经成为现代社会刚需所在。家庭服务业作为现代生活性服务业中的一种重要业态形式，能够提供涉及居民家庭生活需求的众多服务项目，不仅具有服务业的共性又有其独特的行业特点，其中整个行业劳动力密集程度高的特点尤为凸显。作为一种新兴的服务性行业，家庭服务业现在已经成为关乎我国国计民生的重要产业和当前形势下重要的经济新增长点。受新型城镇化、人口老龄化、家庭小型化、二胎普及化、家庭服务社会化等因素的影响，我国家庭服务业进入快速发展的黄金期，不仅是推动农村劳动力转型就业的重要抓手，而且能够创造大量的新增就业岗位和就业机会，吸纳剩余劳动力。预计 2020 年，家庭服务业将吸纳 3000 万农民工就业，预测 2035 年将吸纳 5000 万农民工就业。在当前的家庭服务业发展中，从业人员以女性农民工为主，超过 70% 的从业者年龄在 40 岁以上，普遍存在文化水平不高、接受新知识的能力低、从业经历短的现象，与家庭服务知识的更新、设施的换代形成了较为明显的差距。此外，这类群体一直具有高度的流动性，其流动率甚至高达 40%，且存在“城市过客”的心态，难以真正融入城市。

（4）劳动密集专业市场和新型集镇的就业容量大。家具制造、批发运输、建筑行业等传统产业进入门槛较低，农民工经过简单培训就能上岗。笔者从调研中了解到，专业市场是农民工的重要集聚地之一，河北白沟 14 个专业市场聚集了 15 万名农民工，北京新发地农产品批发市场聚集了 4.2 万名农民工，温州珠岙村童装制造批发市场吸纳了 1.1 万名农民工。我国传统家具制造高度集中的中山市大涌镇，福建仙游县榜头镇、度尾镇，浙江东阳市花园镇、横店镇等都聚集了上千家家具制造企业，每个镇都吸纳了 5 万 ~ 10 万名农民工就业。近年来，面对销售市场疲软、产业升级和企业并购重组加快，农民工技能提升的压力日渐增大。2018 年，东阳市关停淘汰“四无企业”、环保不达标企业 974 家，输送转移木雕和红木家具从业人员 1.7 万人，尽管农民工就业受到一定影响，但也提升了 1300 多家企业的清洁生产水平，促进了产业升级，提高了就业质量。

（5）新就业形态发展吸引大量新生代农民工灵活就业。在经济持续转型发展的过程中，一些新兴业态开始出现，并开始吸收市场中大量的新增劳动力。随着工业化进程的加快和产业升级节奏提升，出现了一些新的业态形式，也进一步带来了就业结构的改变。例如，以通信、金融、物流和专业服务等为主的现代服务业在国民经济中的比重显著上升，使得服务业就业比重已经超过 40%。数字化成为当今的时代标志，数字经济的到来不仅会为全球经济结构带来划时代的变革，而且创造出更多的就业机会，产生更多样的产品和服务。数字经济所孕育和创造的部分就业岗位存在进入门槛低且工作时间灵活的特点，已经成为农民工就业的重要渠道，也正在吸纳越来越多的新生代农民工进入。美团作为一家数字平台公司，送餐人员 75% 来自农村地区，其中 82% 为“80 后”。同样，在滴滴公司，司机群体中出生在农村的占 76.34%，新生代农民工占 59.3%。新业态在为新生代农民工提供灵活弹性的工作和较高报酬水平的同时，也存在流动性过高、劳动关系界定困难、参加城镇职工社会保险比例偏低等问题，需在政策研究方面有新的设计。

三　新生代农民工就业结构性矛盾日益突出

多家企业的调查结果显示，当前新生代农民工就业正从以总量压力为主向“两难”结构性矛盾突出转变，这种结构性矛盾主要体现在以下几个方面。

（1）技能水平与产业升级用工需求不适应。传统制造业和建筑业吸纳农民工就业的能力在下降，先进制造业、新型建筑业等正在规模化吸纳农民工技工就业，家庭服务业、快递、外卖、寻呼服务等现代服务业正在大量吸纳新生代农民工就业，市场细分的迅速发展正在促进农民工提升技能。调查显示，新生代农民工虽然受教育程度相对较高，但实际掌握技能距离行业需求还有较大差距，反映了技能培训的短板仍需加快补齐，就业结构性矛盾比较突出，招普工难、招技工更难是很多企业反映的突出问题。

(2) 职业期望与部分企业招工条件不适应。新生代农民工未经历过老一代农民工艰苦劳动的磨炼，背负的家庭经济责任较少，一般希望能有和受教育程度相匹配的薪酬回报，职业期望中对劳动条件、权益维护等方面的要求更高。调查中发现，小微企业劳动合同签订率较低、参加城镇职工社会保险比例偏低、职业纵向提升通道需要拓宽、灵活就业劳动权益保护不足、超时加班问题比较突出等问题仍然存在，这都与新生代农民工日益增长的期望高质量就业需求不适应。

(3) 横向流动与企业稳定用工需求不适应。近年来，新业态发展拓展了就业领域，就业形式更加多元，使得农民工有了更多选择空间，如果对工作不够满意，他们会通过“用脚投票”的方式离开企业甚至城市。企业希望员工稳定就业，也愿意通过持续在岗培训提升员工职业技术职称，提高生产效率，减少由人员频繁流动带来的重复培训成本，但是新生代农民工总体横向流动率较大，并倾向追求自由度和灵活度更高的工作，使企业在用工管理和技能开发等方面面临挑战。

(4) 就业流向与产业发展战略不适应。新生代农民工在就业期望上的改变，导致其职业选择也发生了变化，加之新业态的兴起，为新生代农民工就业提供了更广阔的空间。很多人宁可放弃较高收入和技能提升机会，也不愿意去从事一些看上去比较艰苦的工作，如制造业工人、家政服务员等，更愿意去做房地产中介、呼叫服务员等比较“体面”的工作；不愿意到工厂接受管制性较强的工作，愿意选择快递、外卖等自由度比较高的工作。当前我国正处于由制造大国向制造强国转型的关键时期，新生代农民工是现代产业工人的主体，如果不能有效引导他们投身先进制造业，无异于人力资源浪费，不利于国民经济的发展。

四 对策建议

新生代农民工就业领域产生新变化，在经济转型升级过程中，其工资收入、工作条件、技能水平等也出现新需求，结合这些新变化和新需求，也应该有新对策。

第一，提升农民工技能。目前农民工群体中70%是普工，未来要变为70%是技工，优秀的可以成长为技师、高级技师。要继续拓展农民工技能提升计划，将失业保险结余资金拿出1000亿元用于技工培训的补助，滚动到第二轮（2022～2024年），实施包括农民工在内的高技能人才特培计划，实施贫困地区劳动力输出由体力型向技能型转变的特培计划。总之，使大多数农民工告别无技能上岗的现象，使大多数农民工通过职业技术院校学习技能、获得证书后进入劳动力市场，使农民工技能素质有根本性的提升。

第二，积极提高农民工收入水平。当前农民工收入趋于稳定增长，但总体收入水平仍然较低。建议将满足人民日益增长的美好生活需求中最基本的工资收入增长需求放到更加突出位置，欧美发达国家的中产阶级中很大一部分为蓝领，我国农民工中的城归、新工匠等这部分人，将率先进入中国中等收入阶层。同时根治欠薪问题，近期实现基本无拖欠，中长期实现无欠薪。

第三，促使农民工从同工同酬走向同工同保。现在由于农民工已经是一线劳动的主体，他们的工资价位就是市场中行业的工资定价，同工同酬已经基本解决。可是在农村参加新农保和进入城镇打工参加城镇职工社保的农民工数量相差约十倍，所以农民工需要从现在的水平将参加城镇职工社保的比例提升为25%～30%，要有大幅度的提升，“十四五”期间在同工同保方面要有突破性增长。

第四，平台经济下对劳动关系发生新变化，应有新的解决办法。大批新生代农民工投身现代服务新业态，在增加就业机会和提升劳动者创造性的同时，也带来不稳定就业、非标准劳动关系、参保难等问题。当前国家积极鼓励新业态发展，采取包容审慎的监管，需要形成中国特色的模式，如用劳动合同和劳务协议结合的办法调节过渡时期劳资关系，采取加强调解和简易仲裁的办法促进劳动争议处置，研究适合平台经济的劳动争议简易仲裁，探索过渡性的社保缴纳办法等。

第五，修改《劳动合同法》部分条款。根据《劳动合同法》实践进行评估，建议修订《劳动合同法》第十四条关于无固定期限劳动合同的条款，避免部分新生代农民工被动成为劳务派遣工。将企业加强职工纵向技能提升纳入构建和谐劳动关系的主要内容，可将技术职称提升率放到与劳动合同签订率、岗位技能培训率、工资正常增长率、员工满意率、企业满意率等同等重要的位置。

第六，逐步实现农民工子女接受义务教育的平等化。农民工子女应该在学前享受普惠性幼儿园教育，经过义务教育就地中高考，这也是满足农民工合理新期待的措施。

第七，着力改善农民工的住宿条件。现在进城的农民工多数住在城郊小产权房，或住在城市的地下室，仅有部分居住在城市大企业集体宿舍，小部分住在城市公租房。“十四五”应将农民工纳入城镇住房保障体系的政策予以进一步落实，扩建城市公租房并主要面向为城市提供基本服务的农民工。

第八，促进农民工劳动争议和劳资矛盾有新的发展。中国劳动争议调解机制有独特之处，发生集体劳动争议时，由党政主导，有关部门快速行动，劳资双方集体谈判，直至协商解决的机制，在短时间内通过双方集体谈判有效化解。在“十四五”期间继续把农民工劳动争议保持在一个相对稳定合理的区间，创造鼓励和解、加强调解、快速仲裁、裁审衔接的东方经验。

第九，丰富农民工文化生活。新生代农民工的文化素质较高，以初高中毕业为主，10%还是中专毕业，主要通过手机获取较多的信息，应将“十四五”期间丰富农民工文化生活也提上日程。农民工文化是一个富矿，现在有知青文化、军旅文化，还应该有农民工文化。

第十，积极推进农民工市民化。现在大多数农民工在大城市和特大城市，目前中小城市基本可以进城落户，大城市也基本放开落户限制，在特大城市大多数领取居住证。如何在居住证和特大城市落户方面找到一个平衡点，也是“十四五”研究的课题，“十三五”提到2020年有近1亿农民工进城落户，因此需要进一步研究，使中国特色的城镇化实现“以人为核心的城镇化”。

完善农企利益联结机制的探索与实践

——基于对内蒙古杭锦后旗番茄产业农企利益联结模式的调查分析*

吴天龙　王　欧　习银生　何安华　姜　楠**

建立和完善龙头企业与农户利益联结机制，是国家在重要战略转型时期对农业农村工作的重要部署、重点要求，是当前保护农民利益、促进农民增收的重要抓手，有利于全面小康社会的如期建成和“两个一百年”奋斗目标的顺利实现。对此，党的十九大和中央一号文件都已经做出相关指示：党的十九大报告明确指出，要实现小农户和现代农业发展有机衔接；2018 年和 2019 年的中央一号文件连续强调，要发展多样化的联合与合作，把小农生产引入现代农业发展轨道。

内蒙古自治区是全国十三个粮食主产区和六个粮食净调出省区之一，也是国家重要的绿色农畜产品生产加工基地，承担着维护国家粮食安全的重大政治责任。习近平总书记在 2014 年考察时，嘱托内蒙古要在完善龙头企业与农民利益联结机制方面先行先试，为全国探路。在这样的背景下，调研组于 2018 年 11 月赴内蒙古巴彦淖尔市，就农企利益联结工作的进展和典型案例进行调研。在调研中，调研组看到了一些好经验和做法，其中，由内蒙古屯河河套番茄制品有限责任公司牵头的 6 家番茄制品企业在与农户长期合作过程中探索出“协会 + 公司 + 经纪人 + 农户”的利益联结模式，4 年来运行稳定，是一条相对可

* 本文研究得到委托项目“内蒙古建立农牧业企业与农牧民紧密利益联结机制研究”和农业农村部软科学研究项目“健全乡村治理体系问题研究”（编号：2018044）的支持。

** 作者简介：吴天龙、王欧、习银生、何安华、姜楠，农业农村部农村经济研究中心。

行的合作共赢之路，值得推广和借鉴。

一 运行机制

内蒙古屯河河套番茄制品有限公司位于内蒙古自治区巴彦淖尔市杭锦后旗，由中粮屯河股份有限公司和内蒙古河套酒业（集团）股份有限公司合资组建。公司于2004年建成投产，是杭锦后旗番茄制品的领军企业，生产能力达到日处理鲜番茄3000吨，年产番茄酱2.2万吨，带动农民2500户。其做法主要体现在以下三个方面。

1. 公司间成立协会，协商收购量和最低收购价

为了稳定原料市场，在当地政府推动下，从2014年开始，屯河河套番茄制品有限公司与同在杭锦后旗的其他5家番茄制品企业成立了番茄制品协会。协商的内容主要有三个方面。一是商定统一的番茄最低保护收购价。每年协会都会商定一个最低保护收购价：如果番茄市场价格较高，就按市场价格收购；如果番茄市场价格过低，就以保护价向订单农户收购，使农户种植没有后顾之忧。定价之前协会成员要对市场进行预测，保证企业能够运行，同时要保证农户种植加工用西红柿的预期收益高于种植当地其他作物。二是商定种植品种。目前种苗的研发和供给均由屯河河套番茄制品有限公司负责。三是企业根据订单向协会报告当年的预计加工量，再根据加工量和亩产确定需要签约的面积。此外，协会还负责巡查和监督：保证各公司上报的加工量真实可靠；保证在收购期间按照合约收购，不打压或哄抬原材料价格（见图1）。

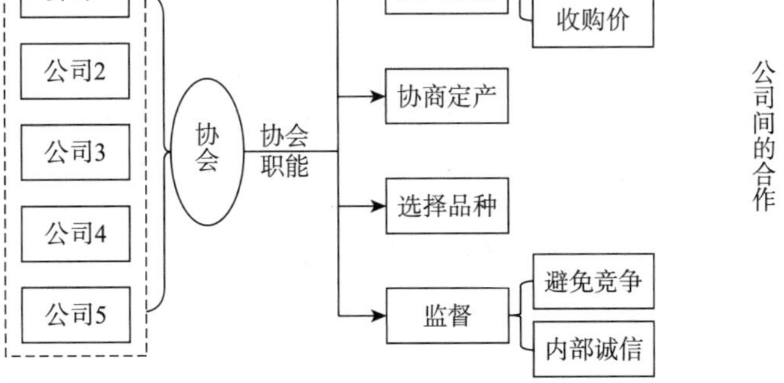

图1 番茄制品协会协商内容与功能

2. 通过经纪人与农户建立利益联结

由于参与番茄种植的农户数量较多，企业与农户直接合作的管理成本过高，所以在具体操作过程中探索出“公司 + 经纪人 + 育苗户 + 种植户”的利益联结模式。具体分工是：公司负责制种、病虫害防治和生产技术服务，并在收购的前两天向经纪人下达采购意向单。由公司标明当日需求量，由经纪人安排农户送货（目前已经推出二维码原料调运机制：番茄企业将所有经纪人和订单农户资料录入系统，根据每天的生产能力和生产进度，分批次将合同的信息生成二维码调运单，由经纪人发送到农户微信群，种植户凭二维码交售原料，可以让农户合理安排采摘时间）；经纪人负责联络组织、综合服务，他们在公司购买指定品种的番茄种子，并将种子交给育苗户育苗，再将育好的种苗卖给种植户；育苗户负责育苗，与经纪人单线联系；种植户按照经纪人的安排，在成熟季节直接将番茄运到公司进行交易，这期间如果农户出现问题，首先找经纪人，经纪人能解决的及时解决，解决不了的由经纪人帮忙联系公司相关技术人员。

在整个利益链条中，经纪人的作用至关重要，所有合同和联系都要通过他们才能完成：与公司签订交货合同，与育苗户签订育苗合同，与种植户签订收购合同。经纪人不但要做好中间人，还要安排错峰种植、统筹进度、提供技术和咨询服务等，有的还身兼育苗户。经纪人多为当地的农村能人，有的还是村干部，他们认为最头疼的事情是 4 月中下旬西红柿成熟以后，一些农户的西红柿同时成熟，但公司每天的加工量有限，需要协调运送时间，送得晚的农户难免着急。针对这种情况，经纪人的办法主要有两个：一是选人，选相对熟悉，可以长期合作，而且“通情达理”、能够接受合理调配的农户；二是协调安排农户在不同时间种植，让农户的收获时间尽量错开，减少因延误收获而产生的损失。

在利益分配方面，经纪人、育苗户和种植户的收益相对稳定，企业收益较高，但需要承担市场风险。具体来看有以下几个方面。

企业的利润与番茄制品的市场价格紧密相关，据屯河河套番茄制品有限公司生产经理介绍，如果按照 2019 年番茄原料价格即 400 ~ 440 元/吨计算，一吨番茄酱的成本在 700 美元/吨以上。近两年国际番茄酱的市场价格下跌较快，从最高时的 1200 美元/吨跌到 2017 年的 700 美元/吨，市场售价高的时候利润可观，但市场售价低的时候甚至赔本，2017 年已经开始略亏运营。最近由于汇率因素，国际番茄制品价格略有上涨，公司稍有盈利。

经纪人的收入主要有两部分。一是采购服务费：根据上市时间，负责的订单农户每交售 1 吨番茄，可获得 6～16 元/吨的采购服务费。经纪人周某负责的农户每年可以交售番茄 1 万吨，2017 年获得采购服务费 8 万多元，去除由于联络、服务产生等产生的综合成本，还能净剩 6.5 万元以上。二是育苗服务费：经纪人在公司购买种子，将种子交给育苗户育苗，再将育好的种苗卖给种植户，从中赚取差价。协会为防止经纪人哄抬价格，对种苗售价有硬性规定，2019 年是 12.5～13 元/盘（一亩地 16 盘），据经纪人说他们可以从中获利 16 元/亩左右。有的经纪人身兼育苗户，还可以获得育苗收入。

育苗户和种植户的收入相对平稳。育苗户代繁种苗，一盘种苗可获得 1～1.5 元纯收入（折合 16～24 元/亩）。种植户获取生产收益，番茄产量是 5～7 吨/亩，每吨收购价为 400～440 元，去掉各种成本，每亩可收入近 2000 元。

3. 为防止违约，设置合同保障金

保证金制度开始于 2015 年左右，是番茄制品公司为保证种植户能如期按照合同交售番茄而向经纪人和农户提出的订单捆绑要求。农户按照订单面积缴纳，一亩地缴纳 150 元；经纪人根据代理的面积每年缴纳 1.5 万～3 万元；农户的保证金由经纪人代收，统一交给公司。保证金分两次收取，第一次是 1 月份，第二次是 5 月末 6 月初，每次缴纳一半，合同完成后统一在当年 10 月份返还。保证金制度既保证了生产，又为公司解决了部分流动资金，到目前为止运转正常，已经得到农户的认可，受访的两个经纪人都表示向农户代收的过程比较顺利（见图 2）。

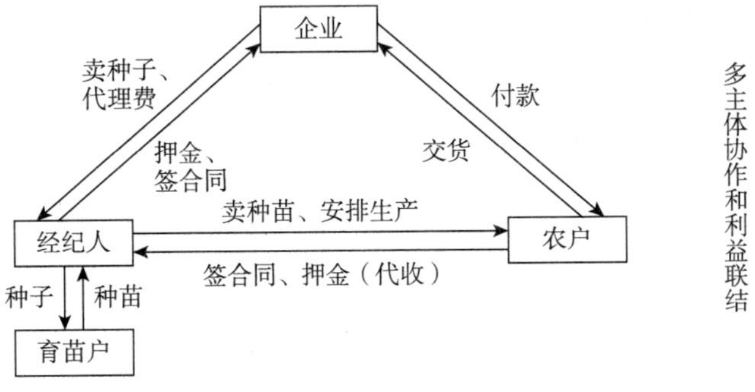

图 2　杭锦后旗番茄产业利益联结示意

二　作用效果

杭锦后旗番茄产业形成的利益共享体系是对“公司 + 经纪人 + 农户”模式的深入探索和实践，在发展特色产业、带动农民增收、稳定龙头企业与小农户利益联结等方面进行了有益的探索，且取得了实质性成效，突出表现在三个方面。

1. 稳定种植收益，保障农民安全增收

对于种植户来说，种什么、怎么卖是每年都需要考虑的重要问题，但多数农民对市场信息缺乏足够的了解，很难及时掌握和判断农产品市场走势，生产经营存在较大盲目性，严重影响农民的稳定增收。访谈中了解到，2014 年巴彦淖尔曾经出现西红柿滞销事件，种植户受损严重。实行订单种植以后，农户收入的稳定性得到了保障，尤其是合同中的最低保护价条款很好地确保了农户的利益。而且，调研组从经纪人处了解到，实施订单合作以来，公司交售结算及时，并未出现拖欠的现象。2019 年番茄的最低保护价为 400 元/吨，按照每亩产量 5.6 吨计算，即使全部按照最低收购价交售，去掉成本还能收入 1500 元/亩以上。

2. 稳定企业生产，实现产业可持续发展

稳定的订单对企业同样重要。公司必须保障货源稳定充足，如果原材料价格波动幅度过大或供应不足，生产就会受到影响。在当地番茄产业大面积订单合作之前，农民多依据头一年的种植收益选择当年作物，随机性很强。农民的随机性选择导致番茄供应不稳、价格波动剧烈，企业货源得不到保障。2012 年左右，很多企业因为货源不足，一度陷入停产。屯河河套番茄制品有限公司生产经理介绍，由于原材料供应和制成品价格下降等，巴彦淖尔市的番茄加工企业已经由鼎盛时期的 40 多家减少到现在的 20 家左右。结成稳定的合作之后，农民种植番茄的收益预期得到保障，种植稳定性显著增强，价格浮动也有所放缓，到目前为止还没有因原料不足而影响生产的情况出现。2019 年 8 月中旬，杭锦后旗 6 家番茄加工企业全部实现满负荷生产，所有企业 24 小时收购，日收购番茄原料量在 7000 吨以上，9 月初顺利完成采收任务。其中，屯河河套番茄制品有限公司收购番茄 16 万吨，生产番茄制品 3 万多吨。

3. 建立起命运共同体，让利益联结长久稳固

这种模式的成功之处还在于通过相互制约和共享将企业、经纪人及农户的利益紧密地联结到一起，无论哪个环节出了问题，都会影响其他主体的切身利益。尤其是当区域范围内所有企业、经纪人以及农户都签订了订单合同以后，在合同当年，农户对企业、经纪人的可选择性小，企业对经纪人、农户的可选择性也不大。农户只能忠于企业，企业为了原料供给稳定也需要为农户负责，形成了一损俱损、一荣俱荣的命运共同体。在这样的命运共同体中，农户是企业的原料基地；企业是农户的终端渠道；经纪人承接二者的委托，进行双向代理，而且代理收益与番茄生产情况密切相关。因此，在实际的生产过程中，经纪人愿意自负成本为农户提供综合性服务，企业愿意提供技术服务并承担规模化、机械化程度较高的病虫害防治工作。良性循环下，利益联结更加紧密，合作更加持久稳固。

三　对“协会+公司+经纪人+农户”模式运行机理的再剖析

在市场经济中，想要实现农户与企业的稳定合作，首先需要解决一些先天矛盾，否则合作很难持续。这些问题包括小农户和大市场不对接、博弈主体不对等、信息不对称、道德风险等。从调研情况看，杭锦后旗番茄产业通过对“协会+公司+经纪人+农户”模式的探索和实践比较妥善地处理了这些问题。在这里我们可以对其运行成功的原因和机理进行深入的分析和思考，总结起来有以下三点。

1. 充分利用了利益联结体系中龙头企业的管理优势和市场优势

在利益联结体系中有真正的龙头企业，而且真正发挥了作用。内蒙古屯河河套番茄制品有限公司由中粮屯河股份有限公司和内蒙古河套酒业（集团）股份有限公司共同出资组建，背景、资金雄厚。这样的公司技术成熟、管理完善、抗风险能力较强，对利益联结体系发挥了多方面的保障作用。一是市场保障。资金实力雄厚的企业对市场波动具有更强的承受能力，可以接受短期亏损，例如现存的6个番茄制品公司都可以在2017年负利润运营的情况下，依然坚持收购生产。二是机制保障。有丰富的管理经验，能够不断摸索和改进合作方式，找到共同的契合点，其中的协会机制、保证金制度既是制衡手段，又是很好的

实践成果。此外，资金雄厚的公司还可以研发、制种，提供病虫害防治、技术指导等生产性服务，有效地降低了生产风险。三是信誉保障。良好的诚信形象对企业发展十分重要，有利于它们扩大市场、提高效益。企业越大，违约成本越高，多数规模型企业都重品牌、讲信誉、注重合同精神，在与农户的合作中也不例外，只要合同条款合理，农户的利益基本可以得到保障。

调研过程中，发现其他利益联结较好的模式也多具备这个特点。例如在另一个比较成功的“协会 + 公司 + 合作社 + 农户”小麦生产加工产业链条中，也是充分发挥了兆丰种业粮食有限公司资金雄厚、管理完善的优势。

2. 通过中间人形成缓冲，实现合作对接的同时弱化主体矛盾

经纪人是企业与农户的“中间人”，可以起到两方面作用。一是实现企业和小农户的有效对接。对于企业来说，一个经纪人可以联系几十到几百个农户，是农户的代表，与其合作能有效减少公司的管理成本。对于农户来说，经纪人多为当地的农村能人，与他们是熟人或半熟人关系，既有一定威信，又有共同语言，与其合作心里踏实。此外，经纪人对公司的了解超过普通农户，对普通农户的熟悉超过合作公司，而且能够与二者对等谈判，无论是传递信息还是解决纠纷，效率都会大大提升。二是弱化企业与农户间的利益冲突。在利益联结链条中，经纪人既要接受双方委托，实行双向代理，又要博弈获利。对于经纪人来说最佳的策略是各主体都正常履行合约，所以在出现矛盾时，经纪人会居中协调。在调节时，面对不同主体，表达不同群体的意见：在与企业协商时，表达的是农户的意志；在与农户协商时，表达的是企业的意志。这就在农户与企业之间形成了缓冲，弱化了两端冲突。

3. 各利益主体间能够相互制约，存在利益的平衡点

在利益联结体系中，弱势群体往往担心利益分配不公平，强势群体往往担心出现违约风险。通过深入分析可以发现，杭锦后旗番茄产业的利益联结模式比较有效地规避了这些问题。规避的办法是利益共享和形成相互制约，这些制约因素有的是天然形成，有的是制度改进。先看企业与农户的关系。企业间虽然通过协会形成垄断，但垄断具有生效区间：企业只能够制定单一品种的收购价格，但农户有种植的选择权，所以收购价格必须高于农户种植其他作物所得收益，农民的利益在其中可以得到保障。企业通过缴纳种植保证金对违约风险的控制也很有效：第一次保证金在种植决策之前，鼓励农户选择种植番茄；第

二次保证金在即将收获之前，鼓励农户履行合同约定；当保证金交齐后，只有当保证金 + 当地企业收购价 < 外地市场价的时候才容易出现违约现象，而且企业可以根据市场波动调节收购价，因此几乎不会出现违约现象。再看企业与经纪人的关系。同企业与农户间的关系类似，经纪人可以根据利润回报选择是否合作，企业可以用种植保证金保证合同的顺利执行。最后看经纪人和农户之间的关系。农户和经纪人的利益相关程度较高，农户种植的产量多少直接决定经纪人采购服务费的高低。经纪人可以卖种苗给农户，从中获利，但由于协会对种苗售价的限定，经纪人获利有限，不会侵占企业为促进良性循环而让渡给农民的获利空间。企业、经纪人、农户之间的相互制约和重复博弈使他们的共同最佳策略是相互合作，而且要给彼此留有恰当的利益空间，这也是这种合作模式可以稳定持续的关键所在。

四　思考和对策建议

近年来，随着市场化、城镇化和农业现代化快速推进，我国小农户发展面临诸多现实挑战。在这样的大背景下，小农户的利益如何保障？利益机制如何建立？这是值得我们深思的重要问题。通过这次走访，调研组感觉到“协会 + 公司 + 经纪人 + 农户”利益联结模式是带动农民增收的可选模式，值得深入发掘。杭锦后旗番茄产业的一些做法很有借鉴经验，但也有继续深入探讨的空间。比如，一旦企业出现致命性的经营风险，农民的利益如何保障？如遭遇严重自然灾害，生产如何继续？中央一号文件中提出的“探索保底分红、股份合作、利润返还等紧密利益联结方式”如何在市场经济中完美实现？这些都需要我们在实践中再探索、再尝试。其间，既要尊重市场，让“无形的手”调节利益机制；又要做好统筹，让政府充分发挥宏观调控和平台支撑的作用；还切记要做到因地制宜、循序渐进，绝不能不顾实际强行推进，更不能照葫芦画瓢、追求形式，否则，极易“用力过猛”，非但无法实现既定目标，还有可能造成误导，干扰市场，让好的政策初衷走弯路。为此，提出以下建议。

1. 因地制宜推广案例经验，鼓励经营主体实现多样化联合

本案例中农企利益联结的模式可以在国内多数地区推广试用，但案例地域和产品上的独特性决定了在推广过程中不能生搬硬套，必须根据当地的市场、

人文等综合因素进行因地制宜的调整。同时，引导龙头企业和协会发挥产业组织优势，联手合作社、家庭农场，以市为单位，通过“公司 + 合作社 + 家庭农场”“协会 + 公司 + 合作社”等形式，实行产加销一体化经营，在获取规模效益的同时合理有序地与农户进行多样化的联合。

2. 清晰明确定位政职责，突出强化政府的引导和服务功能

发挥好政府部门在利益链接机制工作中的“有形之手”，推动利益链接机制的不断完善和发展。一是搭建信息和农畜产品交易平台。加强省级和市级政府门户网站和微信平台建设，定期发布信息，消除企业用工、土地流转、供销合作等过程中的信息不对称问题。不定期推送农企利益联结相关信息和典型案例，做好宣传推广。不定期举办产品交易活动，运用电商平台和实体推介，线上线下共同发力，推动品牌建设，做大产品市场。二是稳定交易市场。由农业农村部牵头，联合各省（自治区、直辖市）相关机构，完善监测预警体系，分品种、分省重点监测农畜产品供需平衡和价格波动。设立主要农畜产品价格调节基金，将价格波动对企业与农民造成的风险控制在可控范围。三是加强监督管理。结合价格监审办法，加强垄断行业监管。对已经开展最低收购价格的企业进行跟踪，对定价异常企业进行约谈和及时了解情况。组建专门的督导小组，对产业联盟进行动态跟进；同时，要对监察结果及时公示，加大第三方监管和监管部门自查力度，防止寻租现象出现。

3. 培育壮大利益联结主体，提高各主体之间的利益联结能力

一是发展壮大龙头企业，拓展联结空间。立足优势产业，支持一批管理规范、带动明显、主业突出、创新性强的龙头企业做大做强。通过设备补贴、运输成本补贴等方式鼓励龙头企业发展精深加工、建设物流体系、健全农产品营销网络。通过创建地区标识、加强宣传推广等手段，重点打造具有资源优势的农产品区域品牌。由政府牵线对接企业和高校、科研院所，共同研究探索科技人员到企业任职或兼职的实施办法，推进产学研一体化。二是提高农民综合素养，满足联结需求。以生产技能和经营管理水平提升为重点，开展定向、定岗、订单式转移就业免费培训。综合采用分段集中培训、参观考察和生产实践相结合的方式，全面提高农村居民综合素质。组织实施新型职业农民培育工程，对新型职业农民培训实行实名制管理，建立真实、完整和规范的培训档案，对累计培训时间和技能达标的学员颁发培训结业证明，培育并向企业输送有文化、

懂技术、善经营、会管理的高素质农民。三是规范合作社和协会运行，搭建联结纽带。对现有合作社进行摸排分类，劝退注销一批空转社，培育发展一批管理民主、运行规范、产业带动力强的示范社。通过组织宣传学习、实践考察、经验共享等方式引导示范社规范化建设，通过设置奖补项目、提高基础建设补助资金、提供信贷保障等方式支持示范社发展。选择培育扶持一批公信力强、功能完备、运作规范、作用显著的行业协会。将市场治理与监管、经济管理与调节、行业统计与分析、行业公共服务和社会事务管理等领域的部分权力移交下放，并采取划拨工作经费、设立奖励资金、政府采购服务等方式支付协会承接政府转移职能的相关工作经费。

4. 健全完善利益联结机制，理顺各主体之间的利益联结关系

一是完善利益联结的要素分配机制。在稳定订单交易的基础上，鼓励和引导农民和企业之间利用资金或生产要素实现更加紧密的利益联结。通过集体资金入股、整合扶贫、产业资金入股等方式帮助农民参与“保底收益 + 二次分红”和“入股分红”。农民自有土地、资金的入股行为主要依靠市场主导，政府负责宣传、推广、建设对接平台和跟踪服务。二是建立完善个人和企业征信体系。利用互联网平台和大数据建设农企征信数据库，针对农民和企业及时开展信用等级评定工作，并分类建立诚信档案。通过信贷扶持、诚信积分换购等方式奖励诚信主体，通过警告、降级、“黑名单”、减少权利、取消资格、媒体曝光等手段惩罚失信主体，以此来加强监督管理，优化信用环境。

项目进村与微治理：村民小组治理何以有效？*

——基于涉农项目落地的多案例考察

向　勇**

一　问题的提出

改革开放40多年来，“项目治国”俨然成为国家面向地方尤其是广大农村区域贯彻惠农政策、配置财税资源、推进社会建设的独特“中国经验”，“项目制”成为使中央与地方、地方政府与基层政权、基层政权与农村社会再次连接起来的一种新的社会机制。[①] 在乡村振兴战略的背景下，“项目制”因其具有在克服农村公共品供给短缺困境、推动城乡公共服务均等化、提升落后农村区域经济发展能力等方面的绩效合法性，近年来被愈加广泛地以诸如农村环境卫生投资建设、农田水利设施建设、村道升级改造、农地整治等具体涉农项目的形式应用到农村基层治理之中。

经验观察发现，“项目进村”并不必然获得顺利推进并取得预期成效，有些项目顺利，有些则出现梗阻迟滞。尤其是近些年在农地整治、道路施工等涉农项目运作中，村干部截留套取项目资金、村民拒绝分担维护建设费用、农户恶意勒索天价赔付等乱象频发。涉农项目的初衷多是利村惠民，为当地发展服务，但在最终落实层面却出现“好事不好办，好事办不好”的结局。对比这些

---

* 本文系国家社会科学基金项目“共享发展理念下的精准扶贫机制创新研究”（项目编号：16BKS061）的阶段性研究成果。

** 作者简介：向勇，东南大学中国特色社会主义发展研究院。

① 渠敬东：《项目制：一种新的国家治理体制》，《中国社会科学》2012年第5期。

项目发现，项目落地的结果往往与“最后一公里”的项目执行主体有某种程度的关联。在贺雪峰看来，诸如水利建设、通村公路等惠农项目所遭遇的“最后一公里”问题几乎都不是工程问题，实质上是一个组织问题和治理问题，关键在于建设农村基层村社组织。① 本文认为，村民小组作为乡村治理体系中的最小治理单元，作为实现“户与村”之间空间联结的关键组织载体，其在协同项目进村过程中的治理功能不容忽视，村民小组应是疏浚项目进村所遭遇“最后一公里”困境的最有效实体。所以，本文将“项目进村”的落地实践环节，尤其是在村民小组层面的运行机制称为“微治理”。在此背景下，本文的问题意识在于瞄准项目进村“最后一公里”的具体实践过程，选取我国中西部农村为数甚多的村道升级改造项目作为主要案例，并辅以土地整治项目和农村环卫设施投建项目进行多案例实证研究，期望在多案例考察的基础上，丰富既有的关于“项目制”在农村基层落地的认知，并在此基础上通过尽可能翔实的细节深描还原村民小组作为一个基本治理单位的事实，具体追问“微治理”应如何实现微观动员和治理有序。

二 案例引介②

（一）案例选取

本研究为避免单一案例研究缺乏论证合法性，选取川南地区 S 县 L 村村道升级改造项目（以下称“修路事件”）为主要案例，并辅以桂北 W 村土地整治项目、晋中 M 村环卫设施投建项目作为补充。选点的三个案例有如下考虑：其一，L 村村道升级项目、W 村土地整治项目、M 村环卫设施投建项目作为国家“乡村振兴战略”在中西部农村地区项目实践的生动缩影，以此三则项目案例为典型的研究样本追问村民小组治理功能，具备个案研究的代表性和普遍性；其二，从所选取的项目案例的性质上看，此三则项目案例已经成为中西部农村地区村庄公共生活中少有的既关乎村庄发展又直接涉及村民个人利益的事件，其间遭遇的丰富治理情境为揭示“村道硬化项目”如何落地、村内各个村民小

---

① 贺雪峰：《最后一公里村庄》，中信出版社，2017。

② 依照学术惯例，本文中人名、地名等称均做技术化处理。

组如何发挥治理功能提供了绝佳的观测窗口；其三，尽管选点的三则项目案例在地域上贯穿南北，但所选点的两建制村在经济结构、人口结构上与普通中西部农村相较并无特殊之处——集体经济体量单薄、打工经济成为村庄发展的一般常量、农村人口由密转疏、“半工半耕”成为当地村民家计模式的主流、村级治理依赖转移支付的财政资源输入。在中华大地上，这样的村庄为数甚多。选点的一般性即代表性，审视中西部普通农村的“项目进村”情况可以更好地把握全国范围内的“项目进村”现状，彰显选点案例的分析优势。

（二）案例概况

1. 川南地区S县L村“修路事件”

L村地处四川盆地南缘的丘陵地带，近些年，国内樟油价格的蹿升让L村村民找到了发展致富的头绪，加之邻近两村先后接通水泥路更是刺激了村民的筑路热情。在项目契机和村民生产生活需求的共同作用下，L村4.5公里村道硬化项目获批立项为S县2018～2019年度“四好农村路”建设项目。L村作为川南丘陵地带典型的农业型山村，村民“以农为主”的生计模式赋予了L村相对单一的村落结构，各生产小组直接继承了人民公社时期生产队的架构。在当地，人们仍习惯将村民小组长称呼为“队长”，村民之间弥散着“村干部是‘干部’，队长是‘自己人’，大事小事，先找队长，队长解决不了再找大队干部”的气氛。在L村4.5公里村道硬化项目落地的过程中，L村“两委”习惯性地将村务分配布置给村民小组长也证明了这种传统的存在。

2. 桂北W村土地整治与晋中M村环卫设施投建

桂北Y县作为广西第三期整县推进高标准基本农田土地整治建设重点县，其建立了村民代表质量监督体系，广泛邀请村民参与具体工程的设计、施工、验收，同时将项目区群众满意度纳入项目质量考评。具体到W村土地整治项目，其核心做法是制定以村民小组为基本单位的项目推进策略。从实施效果上看，W村以村民小组为基本单元的“项目进村”策略调动了当地群众的积极性，极大地推动了各具体工程的建设进度，W村也因此被Y县土地整治项目建设指挥部授予“土地综合整治示范村”的荣誉称号。另一个案例是晋中地区M村环卫设施投建项目，其典型经验在于以村民小组为问题处置主体，成功化解了农村垃圾池、垃圾屋等垃圾收集处理设施选址建设中的“邻避问题”。

三　微治理：村民小组治理的实践逻辑

在“项目进村”的微观视野中，村民小组既具有行政功能又具有自治功能，既实现国家意志贯彻又体现社会有机团结。究其原因，根本在于国家公共财政供给能力的大幅提升以及社会治理重心的下沉，使村民小组既作为农村地区项目运作中最重要的中介组织，又成为直接承接各类涉农项目落地实践的最小实施单元。

（一）治理情境：项目资金与心理预期

在2006年之后的“后税费时代”，村级公共建设和治理活动能否得到本地村民的响应和支持，其关键在于村民个人对成本和收益双方的衡量，这在中西部农村地区俨然成为常态。通俗地讲，在各类涉农项目面前，经济理性的村民往往选择投入成本低的、实现可能性较大的项目。“项目进村”代表着国家“公”资源的再分配原则进入农村社区“共”的场域，实质上则是现代国家政权建设的逻辑对村落地方性逻辑的一种强势俘获。在“项目进村”的整个过程中，作为地方性逻辑代表的“村民小组”目标函数与代表国家意志的“进村项目”目标水平之间的关系构成了理解村民小组治理功能的重要现实情景。换句话说，政府项目资金与村组现实诉求之间的关联程度构成了“项目进村”的真正叙事背景。

在川南S县L村，国内香樟油价格的蹿升让L村村民找到了发展致富的头绪，但“路之糟糕”极大增加了村民将自产香樟油外运的风险和成本，阻碍了他们与外部市场的联系。市场化需要物资的大量流动，而这又以车辆通行无碍为前提，但L村土石村道仅能通行摩托车与农用柴油三轮。L村村民频繁而迫切的生产生活通行需要，让村道不便之感愈加强烈，硬化村道的呼声也越来越高。因此，L村4.5公里村道硬化项目获S县交通局立项则正是因应了L村民众筑路致富的实际发展诉求，而省、市、县各级补贴配套资金45万元/公里而村内仅需筹资10万元/公里的政策优惠，则更是为L村村民筑路致富下了一剂“兴奋剂”。究其原因，根本之处就在于村道硬化项目强烈地满足了村民频繁而迫切的生产生活通行需要，同时代表着“公”的再分配原则的财政项目资金负担着村道硬化的主要成本直接降低了村民负担的经济成本，极大地刺激了村民的团结情绪并在L村形成了公共建设的舆论，进而激发了村民广泛的参与意愿和心理预期。反之，若经济成本较高甚至是超出了村民心理预期，村民则察觉公共建设已经超出自己可接受的控制范围，这样的项目方案不难预见往往会落空。由此可见，在“项目进村”过程中，来自政府“公”的项目资源的供给强度、项目地居民对于公共建设的心理预期，直接关系着项目地居民做出不同的策略选择行为，进而影响着项目进村落地的效果。正如L村党支部书记XZX所概括的：

> 只要国家愿意投钱，那么修通水泥路就基本没啥子压力，村民自掏腰包的钱少，自然也就愿意干。再说，有了政府的支持，村民修通路的信心也就有了，向家坝水电站都修好了还怕修不通村道公路？如果就靠村民单打独斗（完全自筹资金修路），修不修得成，的确不好说。（访谈记录：ZSC20180528 - XZX[①]）

（二）运行基础：村民小组适度的治理规模

治理规模和治理绩效间的关系一直为学界所关注。在川南L村、晋中M村和桂北W村三地的实地考察中发现：在地域范围上，各小组所辖区域面积不过一二平方公里；在人口规模上，小组成员平均规模在20~30户，常住人口在70~110人；在居住空间分布上，村民小组内农户的现居房屋，尽管不是井然有序但大都集中分布，村民小组在地理空间边界上完全重合或大体重叠在聚族而居的自然村之上。按照交易成本学派的观点，村民小组较小的地域空间范围、适度的人口规模、相近的居住空间分布，实际上解决了基层治理中的不完备信息问题并节省了农村基层治理中的交易费用。具体而言，不完备信息问题的解决得益于相近的地域空间、较小的人口规模赋予了村民小组长充分的信息能力，特别是在打工经济兴起和城乡间人口规模流动的背景下，村民小组长成为维系着离土离乡流动家户的社会关联点，在通常情况下也只有村民小组长能够熟知全组各家户在村内的定居地点、家庭情况、个人秉性以及在外经商或务工村民

① 访谈记录编码规则：前三位字母表示地点，中间八位数字表示访谈年月日，后字母表示访谈对象姓名。

的工作地点和联系方式。与此同时，得益于村民小组与自然村大体重叠的居住空间分布延续了传统社会较为稳定完善的宗族、邻里熟人社会关系网络，以及其带来的对所在小组成员强烈的社会、心理认同，在基层治理中心下移、基层治理任务日渐密集的时代背景下，村民小组内部丰沛的社会资本能够极大地降低村民小组承担外部治理任务的协调成本。在L村村道集资款收缴过程中，小组长因熟络组内各家户状况，能够更为有效地联系、动员村民集资捐资，因而成为收缴资的实际负责人。正如L村村党支部书记所述：

> 一个村一两千人的公路集资款，根本不可能村“两委”挨家挨户去收。村“两委”总共就我、刘村长、李副村长三个人，工程量太大。况且近半村民都出去打工了，村“两委”就算去了都可能联系不上这户人。所以说，开会安排各个队长（村民小组长）去收集资款是必要的，只有他们最了解生产队各家各户情况，收起来也更容易，我们村上压力也小些（无奈）。（访谈记录：ZSC20190320 - XZX）

与此同时，相近的地理空间、适度的人口规模造就开放交流意见的“公共场域”（public sphere）。在晋中M村环卫设施投建项目实施过程中，垃圾池、垃圾房的“邻避效应”让项目在选址建设之初便遭遇了诸如垃圾池靠近住宅影响“宅院风水”等村民抵触行为，拟选址周围的农户更是以“垃圾堆放影响健康”为由索要高额赔偿费，另有部分村民对垃圾池建立后的运维颇为担忧。M村以村民小组为单位的“一会两说明”方法，尽管动员形式不一，或是在农家大院简易的“屋场会”，或是小组长发起的小组微信群“群视频聊天”，但均较为有效地将整个小组内各家户组织起来。这样，既宣传和解释了国家项目政策、垃圾池的运维管理、垃圾处理方式等村民最为关心的话题，更重要的是，组员能“打开天窗说亮话”——将自己对垃圾池建设选址的顾虑、利益诉求公开表达，这为“环卫设施建设”的公共议题创造了一个对等沟通的“公共场域”，实现了平等互动与沟通。

（三）行动逻辑：小组社会中的“情”与“理”

伴随着2000年以来中国农村社会的迅速变迁，尽管村民外出务工谋生从事非农产业、周期性异地生活让当前乡村社会呈现典型的流动性、原子化兼具的状态，并在一定程度上引致了舆论失灵、面子贬值、社会资本流散等失序现象，但这完全不同于近代中国农村遭受的“总体性社会危机”。在绝大部分中国农村，生活智慧、“家本位”文化、道德伦理、人缘口碑、风俗习惯等“社会底蕴”仍是乡村社会相对稳定的“恒常”，[①] 村民小组的基本要件仍是典型的熟人社会空间，村民小组一级的治理实践仍依靠“情”和“理”，在“项目进村”的治理实践中则呈现为对乡村社会伦理关系、人情面子、乡土理念的策略性运用。

其一，项目申请环节中的“舆论压人”和“面子有价”。在川南S县，除特殊项目的指标申请——如省级建档立卡贫困村的指标完全规则化、技术化以外，在绝大部分一般项目的指标分配中，S县政府相关职能部门进行项目审批主要依据于乡镇基层政府部门的审核上报情况，而兴隆镇党委政府在挑选村庄项目上报中主要看“哪些村诉求更强烈，哪些村能够将项目落实下去”（访谈记录：XLZ20190311 - ZYF）。这时，村民小组长作为各个村民小组社情民意表达的“通路”，其作用不可小觑。在L村，村民小组长们深谙“没有反映就没有解决”的政治逻辑，通常选择非正式的方式隐晦地将“修路”的民意传达给村“两委”，再由村“两委”将修路的诉求转达到乡镇。正如L村村长LYC所说：

> 县里重点在我们镇打造香樟油生产基地，这几年好几个村都通了水泥路。队长（村民小组长）平时开会、吃酒席、逢场天碰见了，就给我们村上反映。这一来二往，我们看见队长（们）心里都不好意思。当村干部不去争取项目，不仅面子上挂不住，村民还私下说你“吃闲饭没本事”。往深处说，队长都是村民代表，你不重视他们反映的问题，以后换届谁又愿意投你？这都是相互的。（访谈记录：ZSC20190323 - LYC）

其二，在项目落地环节中，村民小组长在协调施工方与当事村民诉求间也遵循熟人社会治理的逻辑。以路面拓宽占压L村大塘组农户的菜地和30棵香樟事件的调解为例：该农户坚持要施工方补偿6000元青苗费，并设置路障阻挠施

① 杨善华、孙飞宇：《“社会底蕴”：田野经验与思考》，《社会》2015年第1期。

工，L村“两委”调解无效并刺激该农户扬言“上访”，矛盾一触即发。但L村“两委”未能及时调解的利益纠纷在村民小组的熟人社会治理逻辑在约束组员越轨行为上却得到了妥善的解决。实际上，在桂北W村土地整治的灌溉排水沟渠和田间机耕道的建设方案选择、晋中M村环卫设施的项目选址过程中，小组社会中的“情”和“理”的治理逻辑亦在推动达成社会共识上扮演了重要角色。大塘组组长LQG在调解中说道：

> 你别“故意扯经”（四川方言，即撒泼耍赖），我是你表叔（伯父），是看着你长大的。占你半块菜土，沿着边上过去挖十来棵矮樟树，你都要工程队赔你六千块，这不是无理取闹吗，你说对不对？……凡事咱们都要讲理，打水泥路是公益事业，修好了你不是也方便吗……当然，当着工程队刘老板、村上的面，有句公道话我也得说，占的樟树，多少还是得补偿一下。你说占了一棵两棵倒是无所谓，但这一溜过去少说也得挖二十几棵，工程队还是要适当补偿才行。（访谈记录：ZSC20190318 - LQG）

（四）关键要素：中农经济与中农群体

“中农经济”，即基于“小农村社”内部的土地流转而形成的中等规模农业经验。中农经济兴起于工业化与城镇化进程不断扩展导致的劳动力非农转移，是乡村社会面对变化的“人地关系”而自发调整的结果，中农经济因其从事农业所得经济收入足以满足家庭大宗性消费支出而区别于“留守农业”，中农经济和打工经济一同构成了中国农村的两类基本经济形态。杨华将这些通过流转进城务工村民的土地进行规模化经营，以获得不低于外出务工的收入的留村农民称为“中农群体”。[①] 在L村，国内樟油价格的蹿升推动了L村“中农经济”的扩张，L村目前已成为当地最大的樟油产地。留居村民不仅管理自家樟林山、承包经营外出务工经商的近邻亲友的樟林山，同时从事着一系列与樟油销售、生产紧密相关的副业，如樟树苗木销售、樟油收购、蒸油器销售和货物运输等，他们构成了L村的“中农群体”。而桂北W村盛产特色稻米，无公害优质水稻

① 杨华：《“中农”阶层：当前农村社会的中间阶层——“中国隐性农业革命”的社会学命题》，《开放时代》2012年第3期。

种植构成了当地的“中农经济”，留居在村从事多季“红香稻”种植和发展乡村生态旅游的村民构成了 W 村的“中农群体”。

实地调研发现，在川南 L 村，无论是在村道硬化项目的筹融资阶段，还是项目正式在村内施工，L 村“两委”和各村民小组长都格外关注村内、组内的樟林承包大户、致富能手等“中农”对“修路”的立场和态度。而在桂北 W 村，各村组干部则特别注意争取当地“红香稻”种植大户对归并细碎地块、新修农地灌溉排水沟渠、改建田间机耕道以及整修晒谷场等项目具体工程的支持。L 村村党支部书记对此表示：

> 农村基层工作不像其他，首先要看村里发展樟树产业的“先进分子”们是否支持工作。他们的态度往往影响很多村民。集多少资、水泥路打多宽、压到的田土怎么协调，首先要给他们一个（明确）说法。你不给这些人做好工作，人家背后坏你几句，基本上就没人愿意听你村干部的了。（访谈记录：ZSC20190315 - XZX）

可以看到，留村的“中农群体”因其致富能力强，同时更多地与诸村民接触熟识，因此可以更轻松地获得民众信赖，在“项目进村”过程中扮演着凝聚民意和稳定农村秩序的角色。同时，“中农群体”是“生于村，长于村，留于村”的村庄生活者，更易发现本地面临的生产和生活困难，也更易察觉推进“村道硬化”或“田水路林整治”对自身发展的积极作用，对公共建设也更在乎。此外，相较于一般村民而言，“中农”拥有更广阔的思想视野、更雄厚的经济能力和更加频繁的生产生活各项需要。总结来说，与打工经济背景下在外务工农民群体面向村庄外生活不同，“中农群体”的生产生活面向均指向村庄内部：不仅所获得的生产资料（耕地、山林等）大都来自亲友近邻间的互惠式自发流转（通常是村民小组范围内），而且在社会交往上“中农群体”作为村庄社会生活中的一员，既加入村庄日常生活中的人情交往和面子竞争，又构成农村政治社会事务中的稳定参与主体。

四 结论

“项目进村”高度契合了基层农村治理资源稀缺的村庄经济社会基础，在回应农村区域经济社会发展诉求、促进农村公共产品和公共服务供给方面发挥着十分重要的作用。本文通过对川南L村“修路事件”的主案例分析并结合桂北W村土地整治项目和晋中M村环卫设施投建项目的考察，发现村民小组作为传统国家治理体系中“生产队”的继承单位，其在“项目进村”过程中扮演的“基层触角”角色是实现项目建设与农村需求衔接的关键，具有治理效度上的比较优势。可以说，在“中农经济”兴起的当今农村，村民小组治理以其适度的治理规模、熟人社会治理逻辑，实现了治理效度的比较优势。因此，积极培育村民小组治理能力，是激发村庄内生发展动力、实现乡村振兴发展的长远之道。

但是，鉴于我国国土面积辽阔、人口民族众多、地方文化差异巨大等异质性特征，也需要意识到并非所有农村地区的村民小组均能发挥其应有的治理功能。第一，应关注的是在村庄内部因农村本地经济环境变化正逐步导致农民职业、社会阶层的多元化的趋势。换句话说，“项目进村”将要面对的是一个异质性很强的村庄社会，如何平衡村内各个村民小组、村民之间的受益和负担已逐步成为村落政治的焦点。第二，“项目进村”的落地实践是多重因素共致的结果，村民小组治理与“项目进村”之间的逻辑自洽性应予进一步厘清。本文认为村民小组治理功能的发挥可以确保“项目”运作落地，L村4.5公里村道硬化项目、W村土地整治项目和M村环卫设施投建项目顺利的落地实践就是明证。但个案研究的案例深描恐难以厘清村民偏好、村庄惯习文化等因素的作用，这仍需要定量研究加以因果证明。

广州中非家庭的子女抚育策略与社会认同研究

周　阳*

一　引言

随着中国的政治、经济与文化影响力不断增强，越来越多的外国人、海外华人华侨、港澳台等地区的人来中国大陆旅游、探亲、投资、工作和学习。特别是2000年以来召开的中非合作论坛加深了中国与非洲国家之间的南南合作，双方在各个领域有了更加密切的交流合作；① 2007年中非发展基金开始运作，为中非合作计划的实施提供了更多支持，② 由此推动更多非洲商人、学生、学者、游客来中国进行商贸活动、学术交流、旅游探亲。全国入境非洲人从2007年的37.91万人次攀升到2017年的62.91万人次。③ 广州作为亚洲重要的非洲人聚集地，2017年入境非洲人约28.6万次，常住非洲人近1.1万人，④ 非洲人已逐渐成为广东外籍流动人口的重要组成部分。⑤ 伴随着非洲人在广州的不断聚集，中非伴侣和家庭不断涌现。据广州市民政局统计，截至2017年广州非洲人

---

* 作者简介：周阳，（德国）科隆大学社会与文化人类学博士，南京农业大学人文与社会发展学院社会学系讲师。

① 《论坛机制》，中非合作论坛，https://www.focac.org/chn/ltjj/ltjz/。

② 《基金简介》，中非发展基金，http://www.cadfund.com/NewsInfo.aspx? NId=10。

③ 中华人民共和国国家统计局：《非洲入境游客》，http://data.stats.gov.cn/search.htm? s=%E5%85%A5%E5%A2%83。

④ 广州市公安局-平安广州：《广州市公安局副局长蔡巍参加市政府部门新闻发布会》，https://mp.weixin.qq.com/s/_XzUKE8HpijvOEZEpBhHPg。

⑤ 广州市公安局：《广州市副市长谢晓丹举行新闻发布会》，http://www.gzjd.gov.cn/gzjd/gaxw_gzdt/201411/9aa2f7f044094926836a9098a1e8bf3f.shtml。

与中国人的结婚登记数量已经达到253对，2012年至2016年每年登记都不超过20对。[①] 田野调查发现，中非家庭发展时间较短，中非儿童年龄普遍偏小，就学问题暂不明显，未来户籍将对此类学生的中考和高考显示限制性影响力，且随着越来越多中非儿童进入青春期，其父母的抚育策略、学校教育和社会环境将对此类群体的社会认同产生决定性影响。

二 研究回顾与研究思路

有研究者认为广州的非洲社区起步于20世纪80年代，之后非洲人有两次移民潮。第一次是20世纪90年代，第二次是21世纪前10年，其中在2007年达到顶峰。特别是从2002年开始，大量非洲人涌入广州进行商贸活动，且快速占领了广州越秀区小北和白云区三元里一带的对外贸易市场并形成“族裔飞地”。[②] 兰珊珊曾调查中非婚姻中尼日利亚伴侣的合法身份问题，认为法律政策限制和社会歧视是影响中非家庭经济和稳定的重要因素；[③] 马修斯（Mathews）主要梳理了非洲人在广州的生存方式以及对文化交流的潜在影响，并简要描述了个别中非伴侣的日常生活；[④] 周阳与李志刚从社会制度着手调查研究中非伴侣的社会适应现状和社会适应制约条件，简要论述了外在社会制度对中非儿童和青少年就学的限制。[⑤] 另外，有民族学、人类学研究者关注西南边界地区跨国婚姻中外籍女性与子女在法律限制与社会排斥的背景下，表现出复杂的国家认同和文化认同焦虑，导致跨国家庭儿童的社会化问题加剧。[⑥] 同时，中国东北边境

① 张建华：《广州市公安局：广州常住非洲人约1.1万人》，https://cn.apdnews.com/XinHuaNews/601598.html。

② Li, Zhigang, Michael Lyons, Alison Brown, "China' s 'Chocolate City': An Ethnic Enclave in a Changing Landscape," *African Diaspora*, vol. 5, No. 1 (2012), pp. 51 - 72.

③ Lan Shanshan, "State Regulation of Undocumented African Migrants in China: A Multi-scalar Analysis," *Journal of Asian and African Studies*, vol. 50, No. 3 (2015), pp. 289 - 304.

④ Mathews, G., "African Logistics Agents and Middlemen as Cultural Brokers in Guangzhou," *Journal of Current Chinese Affairs*, vol. 44, No. 4 (2015), pp. 117 - 144.

⑤ 周阳、李志刚：《区隔中融入：广州“中非伴侣”的社会文化适应》，《中央民族大学学报》（哲学社会科学版）2016年第1期。

⑥ 周建新：《中越边境跨国婚姻中女性及其子女的身份困境——以广西新县壮村个案为例》，《思想战线》2008年第4期；龙耀、李娟：《西南边境跨国婚姻子女的国家认同——以广西大新县隘江村为例》，《民族研究》2007年第6期；李雪岩：《中越边境跨国婚姻问题研究（父女篇）——以广西大新县德天村为例》，《世界民族》2008年第4期；罗柳宁：《例论中越边境跨国婚姻建立的基础——兼论“无国籍女人”的身份》，《广西民族研究》2010年第1期；梁世承、磨月华：《桂越边境跨国婚姻家庭子女的民族认同教育研究》，《湖南科技学院学报》2016年第7期。

地区由于毗邻日本、韩国，加上两地都存在婚姻资源失衡问题，也存在依靠中介促成跨国婚姻，但是文化和价值观念差异导致家庭矛盾尖锐，一度引发家庭暴力并对儿童身心造成伤害的情况。[①] 由此可见，政策法规、家庭关系，教育和抚育方式将直接影响子女的身心发展。

现阶段，对中非儿童抚育方面的研究尚显不足，但是中非儿童抚育研究是在华跨国婚姻家庭研究中重要的组成部分，它对我国外籍流动人口管理，特殊身份儿童的家庭抚育、学校教育、教育公平、社会认同等方面都有重要的参考价值。社会认同是儿童、青少年建立紧密家庭纽带、友好社交圈和团体成员资格的基石，是完成社会适应和生存的重要一环，也是获得安全感和归属感的必然路径。本研究认为，社会认同强调中非伴侣及其子女作为国外和国内移民在移入广州后的行动能力：移民既可以对先赋性社会文化认同，也可以根据移入地的制度环境选择认同不同的社会文化。如果移民选择认同移入地社会文化，意味着他们期望通过融入增强自尊并获得归属感。

调查发现，大部分中非儿童不具有外国国籍，无法就读广州国际学校。作为“土生土长”的中国人，因义务教育与地方政策紧密联结、公立教育仍然以户籍为主、中国家长没有广州户口，中非儿童无法在居住地广州享受和户籍儿童同等的受教育权利和机会。同时，非洲伴侣入境困难、中非伴侣关系不稳定、经济资源不足、职业环境复杂、劳动时间较长等原因造成儿童教育缺失和家庭教养方式不当，进一步加剧了中非儿童的教育弱势地位，并且在安全感和归属感方面出现困扰。本文着力剖析社会外部因素、家庭内部因素和个人因素对当代中国跨国婚姻家庭儿童抚育策略和社会认同的影响，及其互动性、多维性和复杂性。

三　调查方法

本研究通过 2012 年、2014 年在广州 8 个月的田野调查以及 2018 年的回访，对 40 位中非伴侣、16 位亲友，以及 14 位年龄在 4 ~ 17 岁的混血儿童和青少年

---

① 高莉：《多元价值观取向下的中日国际婚姻研究》，《河南工业大学学报》（社会科学版）2008 年第 2 期；尹清水、中嶋和夫、全信子：《东亚国际婚姻移民女性遭受虐待的心理状况比较研究》，《沈阳师范大学学报》（社会科学版）2012 年第 6 期。

进行访谈。被访家庭中5对伴侣各有1个孩子，3对伴侣各有2个孩子，只有1对伴侣养育3个孩子，6对伴侣未来计划养育孩子，3对未打算生育，2对伴侣选择堕胎。

首先，调研组走访中非伴侣家庭、工作地、学校和教堂等地，参与观察并直观体验中非家庭及其子女的日常生活。深入了解中非伴侣互动状况、儿童抚育方式以及亲属间复杂关系。通过幼儿园和学校内的深度访谈，获得中非儿童在学校与老师和同学互动的第一手资料。分析在社会排斥环境下他们所展现的社会适应状态，包括其社会认同的建构过程以及能动地应对社会问题的经验。其次，通过半结构式访谈采访中国伴侣的16位亲友，以及非洲伴侣的10位非洲朋友，了解中国亲属和非洲男性互动的状态、家庭成员关系、非洲人对融入中国家庭的态度，以及代际抚育儿童的合作与冲突。最终，借助典型案例分别从微观、中观和宏观层面上探讨中非婚姻家庭的社会适应现状，中非儿童抚育困境和复杂的社会认同心理过程。

另外，由于非洲人使用的语言种类繁多，如英语、法语、葡萄牙语、阿拉伯语、斯瓦希里语、豪萨语等，只得将非洲被访者界定在能使用英语或简单日常英语表达的对象上。因研究内容涉及中非家庭私人生活，起初不少中非家庭不愿意接受访谈。一方面，受社会舆论压力，不想过度曝光家庭内部事务引起过多关注；另一方面，考虑子女合法身份和户籍问题的敏感性，他们试图避免深入讨论无户籍和不就学状况。在访问中非儿童和青少年时，需要经过家长允许或者在场看护且要注意语言表达方式。在这种敏感且高防御的环境下，通过长期交流与被访家庭建立良好的信任，调查空间得以进一步拓展。

四　抚育困境与社会认同

（一）家庭环境

社会学家、心理学家米尔斯提出“重要他人”（significant others）的概念，即个体在社会化进程中对其自我发展具有重要影响的人物。[①] 在中非家庭中，中

① Gerth Hans Heinrich & Mills, C. Wright, *Character and Social Structure: The Psychology Structure of Social Institutions.* London: Routeledge, (1961), pp. 80 - 106.

非父母作为子女人生中的第一抚养者、第一人生导师，对其子女的身心发展具有强大且持久的影响力，特别是中非儿童在社会歧视和学校教育无法企及的情况下，家庭教育对他们的社会适应和社会认同建构极为重要。然而，不同中非家庭在是否抚育子女、生育子女个数、抚养方式、亲子关系以及心理健康等方面水平差异较大，导致中非子女家庭教育质量差距较大。

胖姐来自潮汕地区，丈夫埃里克来自马里并受过高等教育，两人在结婚前后都各自独立经营店铺。胖姐凭借 15 年的外贸经验为丈夫介绍中国的供货商和客户。埃里克认为中国的教育质量和资源比马里更好，同时夫妇双方在中国生活可获得胖姐父母的帮助以减轻生活压力，所以支持孩子在粤就学。不过，胖姐比埃里克花费更多的精力教育孩子。胖姐几乎每天接送娜娜上幼儿园和监督孩子完成家庭作业，周末会关闭店铺，与娜娜在家里或在户外活动。胖姐不让埃里克接娜娜下课并带到他的公司。一方面埃里克不认识汉字，无法指导娜娜完成家庭作业；另一方面埃里克工作的场所是商住合一的写字楼，人员流动频繁，她担心埃里克忙于工作无从照看娜娜导致意外发生。胖姐经常提醒丈夫周末花一些时间陪伴女儿，埃里克表示由于工作繁忙，目前无法做到。

团姐和胖姐一样，也在广州打拼十几年，有独立的商铺和长期合作伙伴，收入较为稳定。团姐支持女儿莉莉参加芭蕾舞培训，认为此举可以培养孩子的兴趣爱好、锻炼身体以及建立良好的伙伴关系，而安哥拉伴侣兰迪因为信仰问题坚决反对。兰迪近三年在香港进行贸易活动，很少回广州，团姐偶尔带莉莉去香港看望兰迪。因为兰迪陷入生意困境无法支付扶养费，团姐要独自支付孩子的学费、舞蹈培训费、日常开销、店铺和住房的租金，生活压力较大，加上两人长期两地分居，积累了大量家庭矛盾，2014 年以分手告终。团姐的父母从开始就不接受兰迪，但是受中国传统“家”文化的影响，加上团姐作为全职单亲母亲无法获得社会支持，他们认为自己对抚育孙辈具有义不容辞的责任和义务，便从老家到广州帮忙抚育外孙女。

小楠也经历了养育孩子和维系婚姻的挫折。她的母亲在照顾她产褥期后回到山东老家照顾其哥哥的孩子。与此同时，小楠的伴侣基尼暂时回到尼日利亚销售货物并回收款项，留下她独自照顾第一个孩子乔伊。产后基尼催促小楠尽快照看店铺生意，因为雇用不到合适的保姆，她不得不请邻居帮忙看护孩子并偿付费用。基尼专注生意往来，很少关心小楠产后的身心状态，两人在工作、生活和价值观方面产生矛盾并一度处于分手边缘。小楠的母亲为了孙子拥有完整家庭，努力劝导两人复合。2016 年两人有了第二个孩子肯尼。为支持家庭经济，在生下二胎四个月后，小楠再次回到店铺工作。两人没有雇用保姆，而是将两个孩子带到店铺内边做生意边照顾。小楠和基尼对儿童抚养的看法不同，比如，乔伊在其他经营者店铺内不经同意随意翻找东西、偶尔会打破杯子或者打翻餐具，小楠会打乔伊的手以示惩戒，而基尼则认为男孩子淘气一点显得有胆识，没必要因为“小事”而惩罚。乔伊明显知道如何利用父母的不同教育方式获得更大的自由空间。

从家庭抚育方面看，中非父母作为子女的第一任老师，对孩子的文化价值培养和身心健康塑造起关键性作用。尽管因收入和家庭关系不稳定，少数女性选择放弃做母亲的机会，比如小梁和尼日利亚男友分手后选择堕胎，但是大部分女性积极面对抚育问题，并努力建构一个完整家庭。中国伴侣比非洲伴侣花更多时间陪伴孩子、教孩子基本的行为规范、培养孩子的良好品质、积极帮助孩子发掘兴趣和特长、培养孩子的合作精神。少数中国伴侣因自身情绪问题，或者缺乏抚育经验，在育儿方式上表现得简单粗暴；极少数非洲伴侣能够积极沟通并支持中国伴侣的教育方式；有些非洲伴侣不赞同中国伴侣在孩子教育问题上的方式，但是考虑到自身对中国教育了解不足，再加上中国伴侣承担主要抚育责任，他们就比较少干涉；但有些非洲父亲不仅不赞同妻子的教育方式，且不配合育儿。中非儿童因为父母教育理念和方式不统一，在行为规范、自我认同方面容易产生混乱，同时父母关系的复杂性使得孩子有强烈无常感、自卑感并缺乏归属感，因而时常通过各种出格的行为获得父母的关注和关心。

（二）学校环境

中非儿童受到户口制度的限制，必须在中国父母的原籍地注册户口，除非父母有广州户口，否则该子女不能成为广州的户籍居民。而公立学校的入学制度是根据户口所定义的孩子的原籍地进行招生的。因此，中非儿童和广州的其他“外地人”一样难以在当地的公立学校就学，即便按照国家规定，当地公立学校应招收少数非户籍学生，他们也不得不变相支付较高的“赞助费”，因而大多家庭选择私立学校就学，其中的国际学校只招收外国国籍学生。被访的 14 名中非儿童中，1 名为尼日利亚籍，其他上学或未上学孩子的母亲倾向未来为孩子选择中国籍，所以他们无法进入国际学校，且有些家庭无力承担一学期 10 万元以上的学费以及各类杂费；其他民办学校则因软硬件、师资力量、生源等条件制约教育质量参差不齐。质量略好的民办小学一年收取 3 万 ~ 12 万元的费用。考虑到户口和经费问题，被访的中国家长只得为孩子选择软硬件水平较普通的民办幼儿园或者小学。此外，非婚生子女需要通过复杂的法律程序认证才能获得中国户口，这大大增加了中非儿童就学的困难。

团姐将莉莉送往慈善机构开设的幼儿园就学，主要考虑莉莉是非婚生的子女暂时没有户口，该幼儿园经人介绍花钱即可入学。莉莉所在的民办幼儿园的同学主要来自国内移民家庭，其家长是新疆、宁夏、广西等地到广州的务工人员。2014 年，团姐托人为莉莉在汕头老家办理了户口，但莉莉没有广州户口无法就近上公立小学，综合考量后团姐将孩子送入收费相对低且入学程序简单但离家较远的民办小学。据班主任表示，莉莉头脑聪敏，但有时学习态度不认真，专注力不足，她分析与孩子在母亲商铺里做作业，学习环境不佳、家长管理不严有关。有两次团姐因为莉莉没有完成作业，不得不到学校与老师沟通。团姐认为学习是孩子个人的事情，一味要求家长监督孩子学习，对孩子学习能力的培养没有益处。孩子未完成作业接受老师留校批评可以理解，但是老师应该避免在其他学生和家长面前批评莉莉，否则容易打击孩子的学习积极性和自尊心。节假日，团姐会约莉莉同班同学的家长带孩子到白云公园游玩，分享抚养孩子的心得，帮助孩子建立良好社交圈。

胖姐也非常关心女儿娜娜的学校教育，幼儿园老师表示，娜娜是一个活泼开朗的孩子，过于健谈以至于扰乱课堂教学秩序，老师和胖姐多次讨论过娜娜的上课专注力问题。老师说：

> 不是所有父母都关心（教育），有些人觉得在学校，都是老师的事情。家庭教育更重要……是有人对他们（中非儿童）有偏见，这些孩子挺好的。除了皮肤之外，都一样的。每个孩子都是好的，就看怎么教他们。（2014 年 9 月）

其他学生家长有时语气温和地询问胖姐的丈夫埃里克为何长期不接送娜娜，真实目的是打探胖姐的婚姻存续状况。因为不少人对中非家庭关系的稳定性持否定态度，认为非洲人在华短期做生意，婚姻关系难以维系。

萱姐在广州生活了近 10 年但没有广州户口，她坚持将儿子迈克送去足球学校培训，她认为足球学校的老师更看重孩子的运动天赋而不是考试成绩。在足球学校里迈克获得了极大的认可，获得了强烈的团体荣誉感和归属感。但迈克患有癫痫症，训练后病症复发，医生建议退队休养，迈克回家后始终没有接受正规的学校教育。他的尼日利亚父亲乌伦则希望迈克在自家店铺里工作，否则没有一技之长未来难以糊口。

尽管中非儿童在幼儿园和小学阶段受到户籍制度的一定限制，还是能在没有广州户口的情况下在民办学校完成初等学业，但未来不得不返回户籍所在地参加高考，这意味着这些孩子迟早要与广州断绝关系，重新适应户籍所在地的社会生活。对于当前孩子遭遇的校园欺凌或不适应，没有相应的机构为中非父母提供教育咨询，有些家长会与老师积极沟通，帮助孩子建立良好的认同感；有些家长缺乏有效引导且鲜少与老师沟通，导致孩子处于教育弱势地位，造成孩子强烈的自卑感、厌学情绪以及极低的学校认同和社会认同。

（三）社会环境

被访的 14 位中非儿童主要由中国家长抚育，主要用普通话或广东话交流，少数可以进行极简单的英文或法文表达。因此，中非儿童很难被视为在双语文化环境中成长的。

青少年时期的中非儿童，还没有形成有效的自我评价能力，通过和他人的比较希冀获得良好的感觉，但发现自己成为被排斥的群体后反而更加自卑。这种被中国社会排斥，又不能积极认同非洲文化的孩子，常常处于生存夹缝中。少数父母能有策略地告知孩子非洲的社会环境、文化习俗，让孩子对所属的不同文化有所理解，培养自豪感。有些家长尝试加入宗教团体和中非家庭协会等团体，以获得社会支持帮助孩子结交相同身份的朋友，获得归属感和安全感。

五 结论

中非家庭关系中的亲子关系和中非儿童的行为习惯、性格培养和价值观的塑造都直接相关。婚姻中，如果双方能够相互信任、相互支持，合理解决分歧，婚姻或伴侣关系就会和谐，孩子会在安定的家庭环境中获得归属感，即便存在社会歧视还是能获得家庭的情感支持。当存在语言障碍、文化差异、价值差异、性别不平等、长期分离或经济压力时，中非婚姻或伙伴关系会产生动荡，对孩子的心理影响较大，孩子会对非洲家长产生疏离感，会对自己的非洲裔身份产生怀疑，甚至持强烈的否定情绪。

在儿童教育方面，中国母亲比非洲父亲更用心，她们参加学校活动并努力与教师联系。但是一些母亲也对抚养孩子感到焦虑，允许孩子不就学以免受社会歧视。大多数非洲父亲对中国教育体系知之甚少，几乎不参与孩子幼儿园或学校的活动，不了解孩子在校园里的表现。有些伴侣很难理解或者不支持中国伴侣关于子女教育的决定。只有一位父亲使用流利的中文参加过一次学校活动，帮助孩子适应学校。

从长远发展来看，只有首先通过国家法规调整，确保非洲人出入境权利、保证中非家庭的稳定性，才能保障孩子最基本的安全感需求。其次，社区和社会组织应积极帮扶中非家庭解决孩子就学问题，并且对孩子做心理健康方面的辅导。再次，应关注儿童的心理健康，鼓励孩子就学并积极参与社会活动。最后，媒体和网络平台在发布有关非洲人的各类信息时，应该注重信息准确性、真实性，避免“污名化”非洲人群体。在全球化的今天，跨国婚姻早已是常态，只有不断完善各项制度，才能为在华中外儿童的身心发展提供多元化的支持。

能量学视野下的乡村社会变迁与土地可持续*

——基于世遗古村落河坑村的田野调查

袁晓梅　朱锦心　关蓓婷
李　凌　刘斯曼**

一　引言

土地是人类社会经济活动主要的物质载体，对土地利用的变化是人类社会变迁的一个重要表现。① 国际著名地理学家段义孚认为："土地利用是社会的一面镜子。"② 社会变迁的时空格局不可分离地被转移到作为主要载体的土地上，造就了十分复杂的土地利用格局。格局的变化又会影响区域的自然、生态等环境系统，进而影响社会发展进程。因此，保障土地可持续利用是人类社会得以生存发展的基本前提。

乡村是农耕时代人类聚居的产物，人类通过生产生活与大自然进行着物质

* 本调研获得福建省南靖土楼院士专家工作站启动项目"河坑古村落世界遗产土楼及村落可持续保护利用研究"的资助，华南理工大学建筑学院风景园林系 2017 级硕士研究生颜晶晶以及 2018 级硕士研究生李素衣、陆小曼、王雨佳协助部分调研工作，特此致谢。

** 作者简介：袁晓梅，华南理工大学建筑学院教授，博士生导师，亚热带建筑科学国家重点实验室固定研究人员，广州市景观建筑重点实验室成员；朱锦心，华南理工大学建筑学院，博士研究生；关蓓婷，华南理工大学建筑学院，硕士研究生；李凌，华南理工大学建筑学院，硕士研究生；刘斯曼，华南理工大学建筑学院，硕士研究生。

① 龙花楼：《中国乡村转型发展与土地利用》，科学出版社，2012，第 5 页。

② Tuan，Y. F.，"Geography，Phenomenology，and the Study of Human Nature，" *Canadian Geographer/Le Géographe canadien*，1971（3）.

与能量交流，谨慎地维系着大自然整体运行的能量系统平衡，保障了几千年农业社会的土地可持续。随着人类社会的现代化进程推进，乡村的人口与劳动力流失、经济衰退、环境污染，社会结构也逐渐瓦解，这些问题的产生与土地可持续有着千丝万缕的联系，孤立地解读难以找到问题的起因。①

按照生态系统的能量学方法，太阳是地球上一切能量的源泉，构成生态系统的所有部分（包括人类）都遵循支配物质运动的热力学定律。② 人类以其文化性存在参与到生态系统运行，其生产、生活方式直接影响着村落的物质与能量循环过程。透过不同社会发展阶段生物、环境、人类在能量系统中的位置与流动，可以使乡村社会变迁与土地可持续的互动关系直观显现，有利于对各种问题的起因做一些结构性分析，③ 从而建立整体的解决方案，此应是乡村社会转型及可持续发展研究的有效途径。

本研究选择位于闽西南山区的南靖县河坑村作为调查对象。这一地区素有“八山一水一分田”之称，人地关系极其紧张（见图1）。勤劳的客家人长期生活在这里，成就了举世瞩目的土楼聚落形态，以及与特定自然环境适应的客家共同体文化。自明代开基以来，河坑村经历了传统农耕社会向现代社会转型的各种发展阶段。尤其2008年河坑土楼群申遗成功并开始商业化旅游开发，引发了不少可持续发展困境，在我国传统村落中具有典型性。研究其社会变迁和土地可持续的内在关系，有利于厘清各种现实困境背后的原因，对制定我国乡村可持续发展战略有积极意义。

二　河坑村的调查进入

本调查主要采用人类学的文献研究、口述历史、参与式观察等方法，结合社会学的问卷调查与访谈，系统收集当地县志、族谱、文史资料等基础文献，并对拥有丰富在地知识的长者进行重点访谈，梳理出不同社会发展阶段河坑村的土地利用格局与生产、生活方式，绘制出典型社会发展时期的土地利用格局，以及物质循环与能量流动系统示意。并就不同社会发展阶段的人口、制度、经

① 龙花楼：《国内土地利用转型研究的前沿探索》，中国新时期土地资源科学与新常态创新发展战略研讨会暨中国自然资源学会土地资源研究专业委员会30周年纪念会论文集，2016，第18～29页。

② Odum，E. P.：《生态学：科学与社会之间的桥梁》，何文珊译，陆健健校，高等教育出版社，2017。

③ 全京秀：《环境人类学》，崔海洋、杨洋译，科学出版社，2015。

图 1　河坑村聚落环境现状

济、文化等主要社会因素，以及村落动植物、水资源、土壤等环境要素进行调查。对村干部、留守村民、外出务工人员等进行访谈，分析河坑村面临的各种现实困境的深层根源，并就可能的解决方案提出建议。

课题组从 2017 年 8 月 10 日入驻河坑村，先后开展了 4 次有组织的系统调研，以及多次零散的补充调研。其中，2017 年 8 月 10 日至 2017 年 8 月 29 日主要依托土楼管委会的行政资源，在较短的时间内初步熟悉了河坑村整体的现状情况。包括了解管理者、村民、相关利益群体的发展意愿，以及当地的自然条件与生产、生活状况，并就土地利用、居住空间，以及文化风俗等进行调查。鉴于管委会工作人员陪同，在涉及一些较为敏感的话题时，村民难以真实反映情况，为了确保调查的独立性，2018 年 7 月 18 日至 2018 年 8 月 14 日、2018 年 11 月 12 日至 2018 年 11 月 17 日，以及 2018 年 11 月 27 日至 2018 年 12 月 1 日的 3 次系统调查，乃至零散的补充调查均借住在村民家庭。调查组成员尽量与村民同吃、同住、同劳动，保障调查结果更加贴近土楼村民生活的真实状况。

同时，课题组成员还亲自体验了 2018 年 3 月祭拜曾黄二婆太的添丁坟祭奠、2018 年 11 月 27 日到 11 月 29 日做“冬福”等重要民俗活动。观察了 2018 年 7 月 23 日的村长换届大会，并利用大量外出务工村民回乡之便进行问卷调查，收集了大量一手资料，修订了一些疏漏和前后矛盾的信息，确保调查结果的准确性。

三 河坑村的社会变迁与土地利用

社会是“人们交互作用的产物”，是人们“物质生活关系的总和”。[①] 根据调研目标，本文将本次调研的社会因素集中在与土地利用方式密切相关的土地制度、经济模式、人口结构与分工三个层面，主要调查结果如下。

1. 土地制度

明清至新中国成立前，河坑村一直沿袭宋元时期的土地私有制。土地都归私人拥有，地主视土地为传世财富，十分用心保护。雇农们为了多产粮食，对土地也从不懈怠，土地按照族规宗约进行管理。

人民公社时期土地收归集体，河坑村每人分配约 0.4 亩自留地。由于生产队实行工分制，多劳无多得，社员们往往出勤不出力，在自留地上投入精力较多。由于粮食产量不足温饱，自留地又太少，人们自行开荒种植番薯、甘蔗、烤烟或蔬菜等农副产品，山区出现过度垦殖，水土流失严重。“文化大革命”时期，自留地、集市贸易、发展家庭副业、饲养家禽家畜等被视作“资本主义尾巴”批判，严重挫伤了广大农民的生产积极性，土地的可持续保育也无人关心。

1980 年底，河坑村实行家庭联产承包责任制，分田到户，充分调动了村民的生产积极性。河坑村的土地以偏远的贫瘠山地为主，人们按照市场的需求，将大片的林地开垦成果园、茶园，以换取较高的经济收益，既有的生态林被破坏，土地被过度开垦。

20 世纪 90 年代后，政府推广植树造林将原有荒山复绿，不准随意开发，野猪等动物日增，农田常遭破坏。近年实施的生态政策将野猪等列入保护动物，不准捕杀，村民农业生产安全无法保障。随着年轻人外出打工，河坑村的农业劳动力严重不足，大部分农地被弃耕。2008 年申遗成功后，部分最好的耕地被改作旅游开发用地。村落规划主要考虑旅游开发，服务于农业生产、生活的既有土地利用格局被破坏。

---

① 卢汉龙：《补课集——中国社会学新探》，上海人民出版社，2016，第 9 页。

2. 经济模式

早期河坑村以农业生产为基础，辅以造纸、养猪等副业。男人一般负责犁田、耙田和插秧，妇女负责提秧（把秧苗拿给插秧的人）；造纸则以男人为主力，女人上山割草供造纸烧火之用。这种“男耕女织”的小农经济以乡村自身的物产资源为基础，保障了一种环境友好型的经济模式。

20 世纪 60 年代，经塔下村华侨张荣汀引入茶叶生产工艺和品种，河坑村凭借地域优势迅速发展茶叶加工业。80 年代开始大量种植橘子、香蕉、柿子等果树，土地不再按照自然的特性来安排。

改革开放后，青壮年劳动力流向城市，家庭主要生活来源不再依靠农业生产。2008 年申遗成功后，河坑村将最好的洋田改作公共绿地，保护区内禁止圈养猪、鸡、鸭等家畜，农业和副业生产活动均无法开展。许多村民转行做旅游服务，目前开设的餐馆、旅店已由 2017 年的 5 家增长到 2018 年的 14 家。

河坑村经济经历了早期自给自足的小农经济（种植业、畜牧业占总产出比分别为 19.76 %、73.36 %），到规模化种植烤烟、茶叶为主的经济作物（烤烟占总产出比为 46.58 %），直至依靠现金投入的商业化旅游服务（旅游业占总产出比为 90.02 %），其经济模式已逐步脱离农业社会的土地依赖。

3. 人口结构与分工

据《张念三郎公派下族谱》记载，河坑村开基祖张念三郎于明英宗正统八年（1443 年）迁至石桥社东山凹头，二世祖张石荫生四子，第四子张仕良于河溪与坑溪交汇处建首座土楼朝水楼，由此开枝散叶。[①] 随着家族人口增长，河坑村有限的适耕地无法满足温饱，人口开始外迁。直至 1947 年，河坑人口一直保持在 525 人左右，这应是当时生产力水平下河坑土地最大的人口承载量，有效避免了人口增长带来的土地过度开发。

新中国成立后受“人多力量大”思想的影响，河坑村人口急剧增加，粮食生产已无法自足，靠政府回销粮救济。1984 年包产到户，农业劳动力过剩，有限的适耕地又无法满足生活需求，大片山林被开垦成果园和茶园，土地被过度垦殖，生态破坏较严重。

20 世纪 90 年代，青壮劳动力开始到周边城市（如泉州、厦门等）打工，

---

① 念三郎公派下修谱委员会：《张念三郎公派下族谱》，1994。

原本几乎清一色的农业劳动者分化为农业生产者、私人手工业者、外出打工的农民工三种职业群体，乡村人口的社会群体开始分化。2017 年河坑村总户籍人口约为 1413 人，常住人口 500 人，主要是小孩与老人，人口老龄化和空心化趋势明显，农业劳动力明显不足，大量土地弃耕。

目前河坑村非农人口约占总人口的 64.61%（50 岁以上劳动力基本不再种地），目前村内大约只有 8 户人家种有少量水稻自食。

四　河坑村的土地利用格局及其可持续状况

河坑村自明代开基以来，其土地利用格局随着社会变迁不断变化，直接影响着土地的可持续状况。自 2018 年 7 月起，调研小组选择清乾隆时期至新中国成立前、20 世纪 80 年代至申遗前、申遗成功至今 3 个时期进行调研，分别代表河坑村发展过程中的传统农耕、工业化农业及商业化旅游三个典型时期。小组成员对不同时期土地利用格局及生产、生活方式进行调查，绘制出对应的物质循环与能量流动系统示意，从中分析其土地可持续状况。

1. 传统农耕时期

作为典型的闽西南山区型村落，河坑村目前集体用地总面积为 9076.85 亩。其中，农用地 8573.43 亩，占总用地面积的 94.45%；建设用地 428.79 亩，占总用地面积的 5.39%；未利用土地 11.39 亩，占总用地面积的 0.16%。坑溪与河溪交汇后注入曲江溪，形成一个面积不足 225 亩的河谷冲击盆地，包含村落为数不多的适耕洋田。张氏族谱记载，至清乾隆时期，河坑村的生产空间已拓展至盆地及山陇所有适合农耕的地带，初步形成了集水田、旱地、山林、池塘于一体，种植与养殖相结合的山乡型农业化土地利用格局。

种植的粮食、蔬菜的使用是多样而高效的，除了基本的食用，无法食用的厨余及草料用来饲养猪等家畜，家畜无法食用的部分则用作燃料。这个时期的家畜对于村民来说是珍贵的，牛为人类在耕作中提供动力、猪在盛大的节日与祭祀中才会变为佳肴，人畜的排泄物（粪便）及燃料灰烬等则当肥料回归到土壤，为植物生长提供养分。就作物而言，从种植生长到人畜食用，再到变为排泄物后回归土壤提供养分。雨水经植物根系固定后下渗汇入地下水，或汇集在地表成溪涧；人们引溪入农田灌溉、凿井供日常生活与消防，生活废水也被小心收集起来浇灌耕地;[①] 这种涵盖山、水、林、田、湖、草保育，集农业、家畜与人于一体的生存策略，很好地维护着这一地区的资源再生与平衡（见图2）。当地流传着“作田无饲猪，好比秀才无读书”“禾苗全靠水，无山断水闹饥荒”“山是摇钱树，只砍无种空白想”等农谚，充分反映了传统客家文化对土地可持续保育的深刻理解。[②]

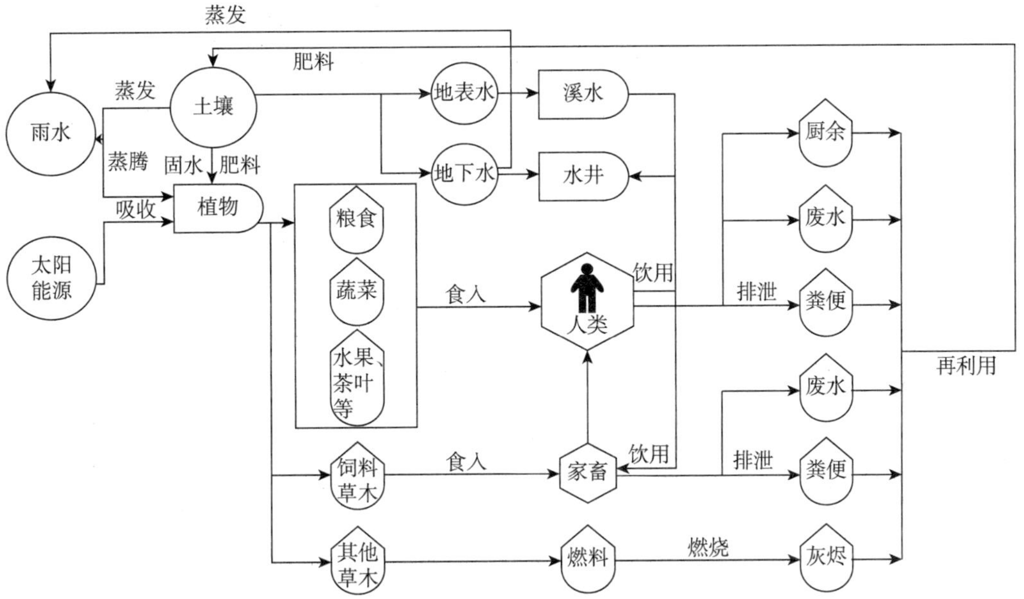

图2　传统农耕时期的村落物质循环与能量流动系统示意

在这样一个良性的再生循环系统中，人类作为自然的有机组成融入整体系统，将生态破坏限定在可接受的范围内，保障了土地利用的可持续，把水土恶弱的闽南“瘴乡”建设成客家人世代繁衍的安乐家园。

2. 工业化农业时期

新中国成立后，人口增长带来了居住空间的压力。“文革”期间河坑村一口气建起了7座圆形土楼，占用了最好的适耕洋田，清代以来稳定的聚落格局由此改变。1978～2000年又建新房12座，房前屋后还见缝插针地搭起简易厂房，把原本和谐有序的聚落空间变得面容奇特。

随着工业化农业在全国推广，其低投入、高产出的生产方法与经济目标迅

① 南靖县地方志编撰委员会整理，《南靖县志（光绪版）》，1995。郑丰稔：《南靖县志（民国稿本）》，南靖县地方志编撰委员会整理，1994。

② 政协南靖县学习与文史资料委：《南靖文史资料第六辑》，1986，第79～95页。

速普及，打破了村落既有的物质循环与能量流动平衡。在农业种植方面，由于化肥促进农作物生长的效率远高于堆肥的效果，在化肥普及后，村民不愿再费力气收集厨余、人畜粪便、生活废水等肥料，这些“垃圾”被随意排放到溪流中，造成环境污染。

除了农业种植外，村民在饲养家禽家畜时也开始大量使用工业化饲料、疫苗及抗生素，这增加了家畜排泄物的化学危害。这些化学残留物经土壤渗入地下或汇入溪流，严重污染水源。据《南靖县水利水电志》记载：“70 年代以来，水中鱼类锐减，沿江两岸再无人挑水饮用，部分河段已不能游泳。”[①] 大量使用的化肥还导致了土壤板结、涵水能力下降。溪水污染又迫使村民开始开发山泉以满足日常生活所需，加之工业化发展导致的能源压力，曲江溪上游加建了 5 个水电站，溪水流量锐减，改变了既有的河流生态系统，农业灌溉水源也日益紧张。[②]

这一时期，化肥、农药、激素等现代工业产品的施用极大地促进了河坑村农业的产量，为村民带来了经济收入上的增长，但这导致了原有农业生态系统的能量循环与再生平衡被破坏（见图 3）。资源被浪费，环境开始遭受污染，癌症、心脑血管等疾病患者数量呈上升趋势，表面的经济增长潜伏着深层的土地利用可持续性危机。

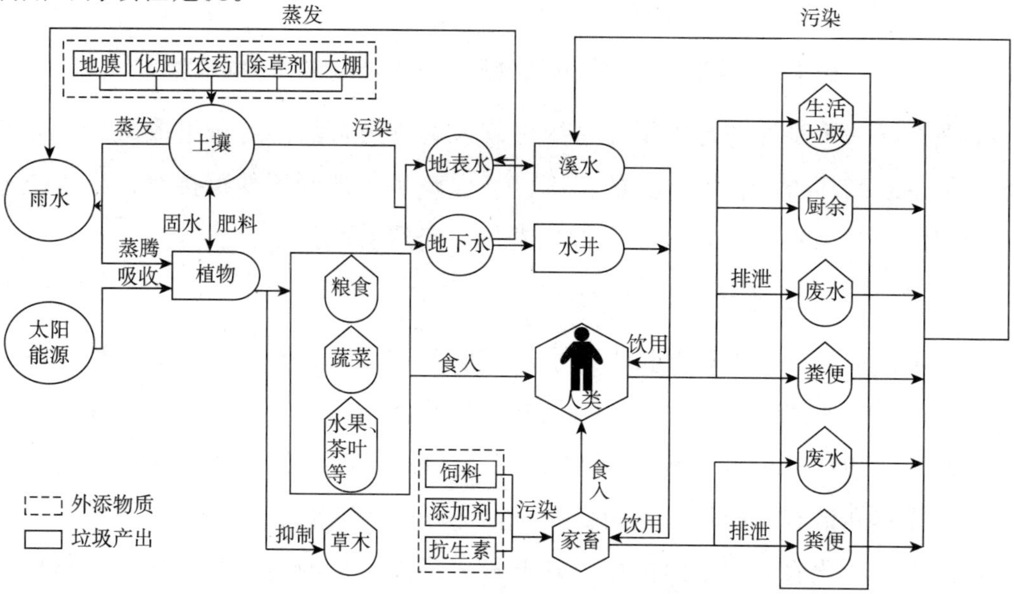

图 3　工业化农业生产时期的村落物质循环与能量流动系统示意

① 南靖县水利水电局：《南靖县水利志》，福建省地图出版社，1999。

② 南靖年鉴编纂委员会：《南靖年鉴》（2000～2017）。

3. 商业化旅游时期

2008 年，河坑土楼群被联合国教科文组织正式列入世界遗产名录，文物保护遂成为河坑村面临的首要任务。按照2009 年1 月修编的《福建（南靖）土楼保护规划》，河坑自然村以村界外50 米为基准划定了核心保护区，拆除了核心保护区内的猪圈、旱厕、茶叶加工厂等对遗产建筑保护和空间形态影响较大的设施，另在曲江溪北岸和曲江村规划了安置点，房前屋后耕地划定为住宅用地，土地性质变更为“文物古迹用地”，开通562 县道及梅塔线直达景区，初步形成了今天以世遗土楼建筑保护为核心的旅游景区用地格局。

从村民的角度来看，这一用地格局使河坑村民失去了赖以生存的住房与耕地，加上农产品附加值不高，村民大多不愿意种地。按照管委会规定，土楼内不允许养殖鸡鸭等牲畜，这样导致的结果很明显——村民在饮食上无法自给自足。

为了满足文保消防及旅游服务用水需要，政府建设了200 立方米的简易供水池，同时铺设了电网提供生活、生产能源，建造公厕、冲凉房供村民及游客使用，人畜粪便排入化粪池，污水引入村口的污水处理池，垃圾统一到焚烧点焚化。河坑村的各种功能空间被有序规划，卫生条件得到了改善，但其背后的农业生态系统却遭到了破坏，村落既有的物质与能量系统被彻底改变。

如图4 所示，以前可以自给自足的粮食、肉类等现在都需要现金购买，溪水、井水被自来水所取代，草木、畜力被电力取代。大量种植农作物以及养殖家禽牲畜时期的河坑村并不需要处理的粪便、厨余、污水等垃圾，如今却需要付费处理。虽然目前河坑村的卫生、用水及垃圾处理均由管委会负责，但本质上河坑村已经失去再生的循环机制，成为高能耗、高排放，靠经费投入的旅游景区。传统自给自足的生产、生活方式必须彻底转变。

4. 现实的社会困境

目前河坑村的生产、生活严重依赖外部资金投入，教育、医疗、交通、居住等都陷入了复杂的现实困境之中。

（1）教育

据族谱记载，清代河坑村已开办2 处私塾供宗族子弟求学读书。民国期间，返乡华侨回村创办了河坑小学，为适龄且家庭条件较好的孩子提供学习机会。1933 年，曲江归侨张汶玉创办“南靖县私立曲江民众图书馆”，馆址设在曲江市场里，内有藏书室、阅览室，成为20 世纪三四十年代周边居民的“精神粮

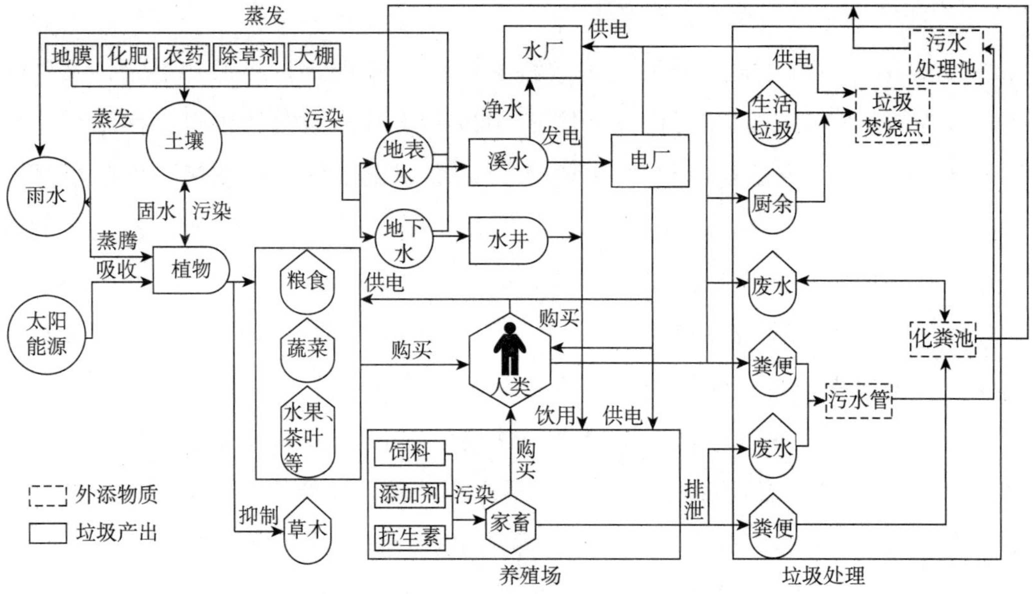

图 4　商业化旅游开发时期的村落物质循环与能量流动系统示意

仓”。1957 年 9 月曲江中学开办图书馆，张汶玉因年事已高，将馆内《辞源》《辞海》《鲁迅选集》《高尔基文选》等较有价值藏书悉数捐赠。

根据 2017 年河坑村人口数据统计，18 岁以下的青少年共有 298 人，其中 0～5岁的儿童有 78 人，6～12 岁的儿童有 132 人，村内仅有 1 所村民自办幼儿园。绝大多数小孩跟随在外务工的父母到南靖、厦门、漳州等地念书，有小部分留守小孩就读村里的幼儿园，或者到隔壁曲江村的华侨学校就读。

但因为村里生源越来越少，曲江村的华侨学校也逐渐无法维持。目前河坑小学的生源合并至曲江中心小学，原曲江华侨学校的高中部也并到了书洋镇。教学资源的整合有利于提供更好的教育条件，但过去在村内就能享受到的教育资源没有了，幼儿远距离上学的接送问题、临近村落就读后不易当日往返从而带来的住宿生活费用等，也给留守的村民带来了经济压力。

（2）医疗

医疗支持着村民的繁衍与发展，在乡村中生活的人们都掌握着或多或少的草药知识，而这种知识的传播是极具有乡村特色的口口相传。河坑村在清朝时期，村中药铺开设在村中靠近观音厅处。到了民国时期，河坑沿河滩开设河坑墟，墟内也开设有药铺。为了改善乡村的医疗条件，1985 年华侨张荣谷捐资在临村曲江修建了曲江医院。医院占地 2000 多平方米，前座为两层门诊楼，后座有八间病房，设备完整。曲江医院的建设改变了山村缺医少药的面貌，村民患病可到医院门诊或住院治疗，不能处理的重病号即用救护车转送县市医院，对经济有困难的患者，医院实行半价或免费治疗。

现阶段曲江市场和河坑村只有卫生所，但在调研小组调研的过程中，并未看到河坑卫生所开门看诊。河坑村里的村医主要经营着一家商店，贩卖茶叶笋干等旅游特产，平时可以开一些处方药，不负责打针输液等。村民患小病会自己采点草药吃，或者去曲江甚至更远一点的距离村子2公里的石桥村看病，重大疾病村民则选择去南靖县城或厦门等地看。

（3）交通

申遗成功后开通了562县道及梅塔线，河坑的对外交通确实顺畅了许多。由于走路的山道小路逐渐废弃，对于不会骑车、开车的老人、妇女、青少年而言，想要出门时需要家人、朋友开车接送或长距离沿马路边缘行走。访谈中了解到，20世纪80年代左右河坑村是有班车可以到达的，但旅游公司和政府根据景点交通需要重新规划了公交线路，如到云水谣的公交车每20分钟就有一趟，但河坑村未被纳入公交线路，村民生活出行很不方便。

（4）居住

自从河坑村土楼群被联合国教科文组织正式列入世界遗产名录，文物保护成为河坑村面临的首要任务。因此当地对于核心保护区范围内建筑及空间形态进行了严格的控制，村民不能自行搭建房屋甚至是构筑物，同时将影响土楼遗产建筑与空间形态的建筑与设施进行了拆除。第一批拆迁的8户居民已被安置于曲江村，而第二批拆迁的33户居民，政府在曲江溪北岸（石桥村方向）规划了安置点，但由于各种矛盾安置点并未接通水电，以至于许多村民已经拆迁十几年了（2008～2019年）还未得到安置。一些无法搬入新房的村民只能向其他人租土楼里的老房子住。根据本次调查结果，“没有地方住”成为河坑村民离开村落外出的第二大原因，占到25.32%（第一大原因是进城务工，占比67.09%）。

五 思考与建议

透过能量学的视野，我们不难发现，河坑村面临的各种现实困境的根源，其实在于人与土地关系的疏离。传统农耕时期，村民将农业视为一种生活方式，土地是大地母亲，人们谨慎地维护着村落能量循环系统的再生与平衡，力求把乡村建设成安居乐业的幸福家园；工业化生产时期，村民逐渐将农业视为一种挣钱手段，土地被视为氮、磷、钾构成的生产材料，土地的可持续利用格局被打破，表面的经济增长潜伏着深层的危机；商业化旅游开发时期的农业是被大众消费的旅游资源，村落失去了赖以成立的农业社会基础，成为靠现金支付才能生活的商业景区，村民逐渐被边缘化。结合调查，本文就河坑村可持续发展策略进行以下三个层面的思考。

第一，遗产保护理念。河坑土楼群及村落环境是特定客家文化与所处自然环境及生态系统互动共荣的杰作，其背后的农业生态系统，以及生产、生活方式是保障其遗产价值成立的根基。因此，土楼保护必须突破纯粹土木工程的建筑保护框架，从大自然生态圈整体运行规律来审视，才能形成与之对应的保护策略。

第二，农业生产技术。随着现代社会发展，早期农耕文明的物质与能量再生模式已不再适应现代村落的发展要求。如何在科学方法的指导下，建立基于物质与能量全过程管理的新型生态农业体系，保障土壤、水系、动植物等资源的合理利用与循环再生，从而在更高的层面上实现人与自然和谐，才能把遗产保护行为转化成新时代村民生活世界中鲜活生动、可感的文化实践活动与生活过程，保障世遗土楼保护目标的全面实现，并为村落繁荣发展创造条件。

第三，景区管理模式。目前河坑村面临的世遗土楼保护与村落可持续发展困境，已经不再是纯粹工程技术与资金投入问题，需要在公众参与的整体实践中去修复破损的农业生态系统与社会运行机制，但目前的旅游景区管理模式无法满足现实要求。根据国际上的成功经验，村民自治或景区与村民共治是实现这一目标的理想模式。由于目前遗产核心保护区土地基本为政府征用，探索一种政府引导下的村民共治模式，把遗产保护与生态修复从政府专家行为转化为村民内在自觉的行动，综合解决经济、医疗、养老、教育、文化、就业、文化传承等各种问题，应是河坑村遗产建筑保护与村落可持续健康发展的可能途径。

为情所困

——华北某省农村女性家庭暴力犯罪的文化解释（2002～2014）

高美慧　佟树华*

一　导言——与情何干？

近年来，媒体频繁报道农村女性家庭暴力犯罪的人伦惨剧。2012 年四川李彦杀夫案件、2013 年 6 月“南京女童饿死家中”案件、2016 年 8 月甘肃杨改兰杀子案件，震惊全国。中国自古以来就有“家—国”文化传统，家庭是最小的社会单位，也被视为和谐社会的根基。家庭暴力犯罪虽然犯罪率低，但社会危害性极大。农村女性往往被视为被父权文化规训的温顺主体，其暴力行为也被学界所忽略。为探究农村女性家庭暴力犯罪的社会文化机制，笔者于 2014 年 11 月至 2015 年 8 月在华北 H 省女子监狱进行了长达 9 个月的田野调查，在监狱中查阅的 136 份档案中，有 122 个案例是农村女性家庭暴力犯罪，主要是夫妻、恋人、婚外恋对象之间的情感纠纷引发的。笔者开展了 48 例深度访谈，并补充了 8 起案件的案发地调研。暴力犯罪女性对于犯罪经历的自述往往与“情”或“爱”有关，应该如何理解她们的情感话语？而情感如何成为暴力犯罪的推动因素，实在令人困惑。

* 作者简介：高美慧，中国社会科学院社会学博士，广东海洋大学社会学系讲师；佟树华，内蒙古自治区警官学校高级讲师。

二　情感模式失范的三种形式：情义破裂、爱情悲剧和欲望紊乱

本文的调研对象包括不同代际的农村女性家庭暴力犯罪者：第一代以50后、60后为主，第二代以70后为主，第三代以80后、90后为主，犯罪时间也由1998年跨越到2014年。出于保护调查对象隐私等研究伦理，本文所有人名、地名均为化名，引用资料全部来源于田野调查访谈记录。本文选取了13个典型案例进行分析，三代犯罪者经历了不同的情感失范形式。

（一）情义破裂

第一代农村女性家庭暴力犯罪者虽然大部分人被迫接受“父母之命，媒妁之言”的传统型婚姻，但也接受了国家自主自由的情感话语，肯定夫妻之间感情的重要性。此外，她们深受传统的情感模式影响，坚持“贤妻良母”的身份认同，把贞洁、孝顺、从一而终作为道德话语去评判他人。她们的生命历程早期经历了传统文化和国家规范的激烈冲突，中后期经历了私人生活的转型和市场化进程，终身之约的亲密关系被打乱。她们批判他人的“无情无义”，暴力犯罪是一种以不义之举追求正义的“情义破裂”。

1. “没有感情”

丽荣，1951年生，2003年伙同情人杀害丈夫，被判处死缓。她于19岁在父亲包办下结婚。她表示和丈夫没有感情：“结婚以后，我就是过日子、干农活呗。我对象心不在我这儿。他就是跟王国花在一起混。他一直对我挺冷淡的，不真拿你当自己媳妇。他要是打你，就是把你袄领子抻过来，啪啪地扇嘴巴子。”丈夫把婚姻当作一种仪式性关系，同时仍和以前的恋人通奸维持情感关系。丽荣基本认同“过日子”的婚姻生活模式，渴望通过沟通交流和丈夫培育出真挚的情感，达成婚姻的名实相符。但是丈夫对自己的冷漠、不尊重使情感的互惠性失去可能。在公婆去世、儿女成年后，2003年，52岁的丽荣与村里的光棍小王产生婚外恋，并合谋杀害丈夫。她对情感的追求，超越了法律和道德边界。

2. “想不开”

鼓瑟，1969 年生，2003 年杀害丈夫无仪。她说：“无仪人事不懂，不过日子。他性格就是特别暴躁，他对他爹妈也没有一点孝顺，喝了酒更是六亲不认。”鼓瑟性格温柔，一再忍让。尽管家庭愈发贫困，鼓瑟认为自己对无仪有“感情”。直到她发现无仪去县城的娱乐场所“找小姐”：“我觉得生活看不到希望了。我叫孩子到我身边来，看了他最后一眼。就背着他们爷俩喝了农药。后来药劲上来了，我开始吐，人也开始迷糊。可还是被他家人发现了，给我送医院抢救过来了。”

无仪在妻子自杀未遂后，没表现出任何悔过之意，只是一再指责鼓瑟让自己“丢面子”。案发当晚，无仪发现鼓瑟借钱给亲戚随礼，就狠狠地打了鼓瑟，最终惨剧发生：“他睡着了以后，我躺炕上怎么也平静不下来。那时候心里想的全是他的不好，这人就没有一点好了。他在外面闹事，在家里闹事，我在他爸妈之间操和着，过日子把孩子带大，心都要操碎了。别人都能有个躲闪，我躲不了啊。他对老人、对孩子没有进一点责任，他就不算个人。我想不然我死了算了，可又担心我走了我婆婆带我儿子这一老一小还挡不住他闹事，这家里还是过不下去。我当时就想干脆带走他得了。我就摸黑拿了菜刀，当时恨的呀，他那双手不是总打人砸东西嘛，我就先往手上砍。砍完了以后，我手软得不行。”

鼓瑟用“想不开”来解释自己的暴力犯罪，无仪外出打工一再失败，加剧了自身的失范行为。鼓瑟自身坚持传统文化的情感模式，但以此反观无仪不慈不孝，不遵守任何伦常；无仪处处闹事，不遵守任何道德规范，严重伤害了鼓瑟的“情”义。而鼓瑟因情施暴却触犯了法律的正义。

3. “气急了”

康华，1969 年生，2006 年故意伤害丈夫的情人好乐致其死亡。康华生活在一个富裕的村子：“我丈夫无荒不过日子，没事的时候他也赌钱，也去跟别的女的混来混去。我是过日子的人，在村里开了个可大的超市，开了十好几年。我俩有一儿一女，我心疼孩子就没离婚。出事前一个星期，我老公告诉我，他在好乐家睡觉，被好乐老公发现了，人家就在他脸上砍了一刀。”好乐夫妇趁机向康华和无荒敲诈十万元。“出事那天，我在我家超市待着呢，好乐先是来电话了，还是找我要钱。我就骂她臭不要脸，把电话挂了。没想到没过几分钟，好乐就到超市来了。她带着一瓶农药，递给我，说：你是喝药还是离开这个家，你选一样吧。我气急眼了，案子上有切猪肉的刀，我拿着刀就想攮她……我们就在好乐家门口打起来了，我一刀就捅在了好乐屁股上。”

在康华的情感话语中，她自己是“好女人”，好乐是“坏女人”。她坚持了作为贤妻良母的性别角色：开超市维持生计，给家里积攒了大量财富；对儿女非常爱护、对公婆也很孝顺。而好乐代表着色情和淫欲。所以在受到好乐敲诈时，她非常气愤，认为自己是站在“好女人”的立场上，维护情感的尊严，维护正义。

江荣，1972 年生，2012 年因故意伤人罪被判处死缓，也属于一个类似的个案。她和丈夫原本感情深厚，日子也过得红红火火，但在她无意中发现丈夫和村里名声很差的妇女桃环有外遇，就感到非常伤心，乃至得了抑郁症。桃环十分泼辣，多次上门找她哭闹，还一再催促江荣的丈夫离婚。江荣就在一次争吵打斗中用斧子砍死了桃环。

4. “良心”

谷雨，1966 年生，2012 年因故意杀人（未遂）罪被判处有期徒刑四年。1990 年，她与邻村贾风一见钟情。婚后，夫妻二人去林市打工，生活窘迫，住在破烂的出租屋里。谷雨长期在肉联厂冷库做分割冷冻肉的工作，每月收入 1500 元支撑家用。贾风尝试在建筑工地当小工，逐渐熟悉多数工种。经过 10 年奋斗，贾风用家庭积蓄开始包工项目，事业刚一成功，就开始移情别恋。谷雨曾卑微地劝说贾风：“家里红旗不倒，家外彩旗飘飘，这个道理我懂。”后来，谷雨的健康状况也开始恶化，2011 年 6 月，她被医院诊断出肾部坏死，需要切除一侧肾脏进行治疗。贾风只在手术第二天探望过谷雨一次。2012 年 3 月，谷雨与贾风进行离婚谈判。贾风拒绝分割任何夫妻共同财产给病弱的妻子，只是一再催促签署离婚协议。谷雨面对“无情无义”的丈夫，心里充满了愤怒和悲伤：“他有钱就坏了良心，干脆打死他，我也不活了。”她把贾风被打成重度颅骨损伤后自杀未遂。

谷雨受传统文化的情感模式影响，她把与贾风的婚姻当成一个终身的情感契约，认为自己为家庭奉献的传统美德会得到回报。贾风成为包工老板后，实现了社会阶层的飞跃，原有的社会网络不再有约束力量。他有了新的情感和欲望——和年轻貌美的女性结合，拥有现代化和城市化的生活方式。绝望的谷雨以暴力犯罪和自杀这种谬误的方式追求情感的正义，最终走向了正义的反面，受到了法律的严惩。

（二）爱情悲剧

第二代农村女性家庭暴力犯罪者的婚姻以自由恋爱为基础，可她们往往会说：为什么当一个女人爱一个男人会爱到杀死对方呢？一方面，爱情并没有带来相应的文化转型，传统文化的道德规范和男性中心主义的爱情话语依然在起作用；另一方面，爱情具有走向自我中心主义和反社会倾向的风险，反而使夫妻和恋人之间的矛盾变得夸张而尖锐。爱情引发的暴力犯罪以悲剧结束，既没有滋长幸福，也没有成就人格。

1. 贞节

孟美，1976 年生，2002 年因故意伤害罪被判处无期徒刑。孟美 21 岁时（1997 年）与初中同学桑中自由恋爱。孟美年轻漂亮，精明能干，把自己的理发店经营得红红火火。在她心目中，桑中虽然家庭贫困，但英俊潇洒，善于表达感情、懂得浪漫。在桑中的一再要求下，孟美和他发生了婚前性关系。恋爱三年，两人开始谈婚论嫁时，却逐渐产生矛盾。桑中父母在接下来的两年里一再拖延婚事，桑中也移情别恋，两人分手。孟美分手后找到新的男朋友，却引起桑中不满。因为桑中对爱情的理解是男性中心主义的，认为孟美寻找新的伴侣严重伤害了自己作为男性的尊严，便将与孟美有过婚前性关系的隐私公之于众。尽管农村社区中有关婚前性关系的“清规戒律”已经开始松动，但对女性而言，失去贞节仍然意味着名誉的损失和巨大的社会压力。男性中心主义的爱情话语不断地给孟美带来羞耻感，于是孟美开始怀疑桑中感情的真诚性，就去质问：“我现在只问你两个问题，第一，你有没有真心喜欢过我？第二，你有没有跟人说过我们这几年你是白玩了？”他没承认也没否认，满脸都是很不在乎的表情：“你怎么想那随便你了。”桑中言语中的轻蔑只是以往男性中心主义爱情话语的延续，他们的爱情反而使两人之间的矛盾夸张又尖锐，最终引发了孟美的失范行为。

2. 爱情婚姻的脆弱性

淇凤，1978 年生，2006 年因故意伤害罪被判处死缓。淇凤和氓生是初中同学，深爱着彼此。因为两人是未出五服的亲戚，父母强烈反对。经过几年的抗争，两人才举办婚礼。淇凤的婚姻生活却充满烦恼：一是公婆看不起自己，言谈话语间讥讽她“不正经”；二是氓生在她怀孕期间出轨，爱上了同在砖瓦厂打工的“贾妹”。她说：“我也没办法，氓生对那个女的就像他当年对我一样，也是谁也管不住。”淇凤希望可以与爱人从一而终，但并没有让氓生回心转意。

她在绝望之下，准备硫酸伺机报复，但并不忍心下手。半年后，氓生在和情人约会后深夜归来竟然辱骂淇凤：“他睡下以后，我忍不住哭，他看我哭也不理我，我就一直掉眼泪掉到早上。那时候我心里的恨已经达到顶点了……我就拿起藏在床底下的硫酸，一下子全泼他脸上了。”变化无常的爱情和不平等的性别规范反而使这对夫妻的矛盾变得夸张而尖锐，最终以悲剧结束。

3. 爱情与家庭暴力

顾则，1977 年生，2005 年因故意杀害丈夫终风被判处无期徒刑。顾则和终风的婚姻很有戏剧性——19 岁时，她和父亲因为小事争执后，就离家出走投奔外地打工的男朋友终风。等几个月过去，父亲找上门时，她已经有孕在身。但婚后曾经甜蜜的爱情很快就转变为赤裸裸的家庭暴力，甚至愈演愈烈。终风认为自己是一家之主，禁止顾则去村里的塑料大棚打工、外出串门、和朋友玩牌，一旦违反就大打出手。顾则一旦提出离婚，他就把顾则打得头破血流。

结婚十年，家境越发贫困，顾则也尝试过报警，终风被拘留 15 天就很快被释放，回家后变本加厉。“出事那天是 2005 年 3 月，那天晚上他在他四哥家喝酒，喝醉了回来就又开始闹，把家里的盘啊、碗啊都给我摔地下，砸得到处都是。那天我就下定决心要往死弄他。九点多他睡着了……我就用铁锤把终风砸死了。”自由恋爱并没有改变传统家庭的性别分工和权力分配。终风作为施虐者，爱情反而让他变本加厉地去控制妻子的一举一动，以暴力的方式建立绝对权威。

缁衣，1982 年生，2010 年因故意杀人罪（未遂）被判处有期徒刑 10 年。她和丈夫也是通过自由恋爱而结合的。她生下女儿的时候，剖宫产手术对身体造成损伤，无法再次怀孕。丈夫因此嫌弃她无法为自己生儿子，就经常找碴儿毒打她。缁衣对生活失去信心，自己也打算投井自尽，还赌气把 7 岁的女儿推入井中。但她中途后悔，打 110 报警说自己杀了女儿，并寻求救援。幸好女儿灵巧地牢牢抓住井口铁链，很快被救出。案发当天有记者采访缁衣，问她当时为什么要这样做？她回答：委屈。她还爱丈夫，想用自己和女儿的死来惩罚丈夫，换取他的后悔和真情。

（三）欲望紊乱

第三代农村女性家庭暴力犯罪者以情感和性经历换取自己生活的便利，成为欲望主体。潘毅指出："新生代打工妹"试图在消费领域进行再造，渴望成为更自由、平等、有价值、受尊重的"消费主体"。但消费社会赋予打工妹的自由选择和行动空间是有限的。由此，亲密关系成为打工妹抵御市场化风险的最后一重堡垒。她们往往表述"我这是感情纠纷，又是经济纠纷"。她们并不讳言自己的欲望，但欲望不仅是个体的主体性，其实现依然受制于国家、市场和传统文化的结构限制。第三代女性暴力犯罪者身上体现了阎云翔所言的"没有个人的个人主义"，自私、自我、犯罪手段多样化，也最为残忍，是最危险的一代暴力犯罪者。

1. 消费主义的浪漫

婉春，1985 年生，2011 年因故意杀害情人洪成被判处无期徒刑。婉春看中丈夫蒙荆的经济条件结婚，但认为丈夫的外表缺乏吸引力。2008 年，蒙荆的姐夫洪成从北京打工回乡，竟然开始了对婉春的追求："他给我发短信，说从我嫁到这个家里，他一直都喜欢我。我喜欢打扮，他就总送我那种带钻的发卡，还有漂亮的高跟鞋。送我的衣服也都是牌子的。我和我老公吵，蒙荆来劝架也总是护着我……这样我就对他慢慢产生了感情。"婉春渴望通过消费拥有青春、靓丽、时尚的外表，洪成则投其所好。

2010 年县城拆迁，婉春和大姑姐小梅就公婆财产分配发生冲突，她认为公婆的财产全部属于蒙荆和自己，大姑姐没有继承权。她的主张未被家人接受，就提出离婚："要是没家产，我也就没感情了。"洪成最初承诺要带她去北京一起生活，但她很快在亲友的劝说下开始动摇："他们说他比我大 12 岁，现在我愿意跟他，万一他老了呢？而我又是个连原配都能舍弃的女人，能对他死心塌地吗？"2011 年 7 月 20 日，婉春和丈夫正式办理离婚手续，洪成却表示不再继续来往，不接她的电话。婉春无法接受他的"绝情"，就准备水果刀等在洪成家门外，趁机杀害洪成。洪成有在大城市生活的经历，有较好的经济条件，因此善于用赠送礼物的方式表达浪漫的情感。他的感情虚伪而脆弱，在婉春离婚后他反而坚持男性中心主义和传统情感话语：认为婉春是不忠贞、不专一的"坏女人"。自我中心主义的婉春把洪成的亲密关系当成抵御风险的最后一道堡垒，被抛弃后爱就转换为恨。

2. “既没得到人，也没得到钱”

何欢，1983 年生，2011 年砍伤并烧死情人承幡。她和丈夫原本生活得幸福富裕，结婚 10 年后却出轨 40 多岁身有残疾的离异男性承幡——“他是市残联的副主席，在车管所上班”。何欢以没感觉为由提出离婚，开始与承幡同居，既包揽了全部家务，也帮助承幡利用职务便利获取灰色收入，自称“在一块做了点生意”。这包括给不符合条件的车上牌照和违规放行载重过大的汽车并收取回扣。“做这些事是违规的，他一般不露面，雇几个带刀的小混混去司机那儿帮他收钱。我是每天开着车，跑下面的这些县，帮他联系这些事。我们在一起干了将近半年，算下来每个月能挣两三万块钱。”

但两人感情愈发不好。一是分赃不均，“我们挣的钱他一个人拿着，都是今天高兴了，就给我几百，过段时间再给你点几百块钱生活费，从来没有大大方方把挣的钱分给你”；二是承幡和前女友藕断丝连。案发当日，何欢发现承幡又一次和前女友联系，因而产生激烈冲突。何欢说：“他就想同时和我们两个女人来往，继续控制我。他还威胁我，如果我离开他，没人帮他跑生意，就会找人报复我。我如果分手，他也不会给我一分钱。”何欢用“我既没得到他的人，也没得到钱，后来连句好话都没落下”来解释自己的犯罪动机。

3. “喜欢女人”

常棣，1969 年生，2014 年故意杀害情人老周，被判处无期徒刑。她是电焊工。2000 年前后丈夫出轨，夫妻在不断地争吵后决定离婚。2003 年前后，常棣与老周相识并成为其情人。五十几岁的老周已婚，是一个铁艺店的老板。常棣表示自己最在乎的是感情：“我们俩主要是一种感情上的关系。他对我非常温柔体贴，非常照顾，和他在一起你干啥他都让你干，你去哪儿他都陪着你去。”老周的特点除了“脾气好、有点钱”之外就是“喜欢女人”。作为在市场转型中把握机会、积累财富的商人，老周通过占有女性的情感、性和身体来彰显市场地位。老周的妻子在感情上是传统和隐忍的，对老周的出轨听之任之；而常棣认为自己爱老周，假装分手或寻死觅活，荒唐地要求老周对自己忠诚。

2008 年，常棣和前夫复婚。她在情感上摇摆不定，一方面认为家庭应该维持形式上的完整，理由是“为了孩子”；另一方面为了和老周来往方便，她带着丈夫去老周的铁艺店打工。老周和棠棣之间不平等的经济地位造成彼此不平等的情感关系，老周拖欠棠梨夫妇十几万元工资，以经济控制的策略来达成情感控制。2014 年，棠棣发现老周和其他女人有不正当关系，就故技重施，假装自杀要求还钱和分手，争执中杀害了老周。

4. 包养关系

绮梦，1994 年生，2011 年伙同好友金巧敲诈包养自己的木材老板南康，被判处有期徒刑 8 年。她初中主动辍学后去林市娱乐城打工做陪酒小姐，好朋友金巧在吧台卖酒。木材老板南康看中了漂亮的绮梦，就以带绮梦去外地买新手机为借口，引诱绮梦与他发生性关系。绮梦认为南康对待自己不好："不够意思，给的钱很少，很少买东西。"2010 年底，绮梦怀孕后堕胎。她和金巧就开始发手机短信威胁南康，要求支付 20 万元的营养费，否则去向南康家人告发此事。南康很痛快地支付全款，两个女孩开始买各种高档服装、化妆品，整天混迹于酒吧娱乐场所。挥霍一空后，就继续敲诈南康。不到一年的时间里，两个女孩一共敲诈了 100 多万元。南康因此欠下了高利贷，绝望之下自杀（未遂）。家人报警要求对绮梦、金巧严惩不贷。

三　情感秩序的重建与犯罪预防

正如前文所述，农村女性家庭暴力犯罪的文化解释在于：情感不仅是一种生理现象，更是一种社会文化建构。新中国成立后的华北农村亲密关系经历了一个复杂的文化转型，爱情也成为一个复杂的能指，包括：本土化的"情"、国家主导的"自由恋爱"和市场化进程中自下而上兴起的"欲望"。情感失范意味着不同情感模式的碰撞、冲突、离散，造成了个体的迷茫、困惑、无所适从。通过研究不同代际农村女性暴力犯罪者的"为情所困"的犯罪过程与犯罪心理，我们可以反观社会主流文化如何一步步发生偏差，情感的文化模式和彼此冲突的情感话语是如何走向失范的。

本文提出的"情感失范"理论框架，不仅适用于解释农村女性家庭暴力犯罪，也可以尝试解释其他类型的犯罪和自杀行为。如何维护一种性别平等、自由自主的情感关系，从而重构个体与国家、社会的情感整合是未来值得深入思考的问题。此外，为减少农村女性的家庭暴力犯罪，除了提升其经济地位、社会保障水平和建立社会支持，更重要的是增加其文化资本，培养其处理婚恋纠纷的理性态度。这是未来犯罪预防的关键。

社会转型中的人民调解制度*

——基于定州人民调解工作的田野调查研究

孙书彦**

社会转型给社会治理带来了新的机遇和挑战，尤其对复杂的基层工作提出了更高的要求。长期以来基层政权的两大任务分别是发展经济和消化矛盾。① 矛盾纠纷的化解和社会稳定息息相关，在维稳目标导向的基层工作中采取有效措施积极化解矛盾纠纷是基层政权的首要任务。矛盾纠纷的化解往往需要动员多方面的力量参与，相关责任主体涵盖了地方政府、公安部门、检察院、法院、司法行政机关等机构，纵向牵连村级自治组织、乡镇和县级行政机关等相关部门。基于社会转型期日益复杂的矛盾纠纷，亟须动员各方力量参与，通过分工协作建构一个多元化的纠纷解决机制，以实现社会治安综合治理，保障社会的和谐稳定健康发展，维持良好的社会秩序。② 人民调解制度是建立在我国基本国情和历史文化基础上的工作方法，作为基层社会的安全阀，其对于化解矛盾纠纷、维持社会和谐安定具有重要作用。

党的十八大以来，全国各地积极探索社会治理新思路新举措，学习“枫桥

---

* 田野调查研究依托中国人民大学“中国农村社会变迁与治理转型——河北定县农村百年演变的调查研究”（项目编号：15XNLG04）重大规划项目展开；调查从 2019 年 1 月持续到 2019 年 8 月，累计调查时间 2 个月；调研地点为河北省定州市，调查范围辐射县、乡、村三级；调查对象主要是乡镇、村级人民调解委员会，司法行政部门和相关法律职业者。

** 作者简介：孙书彦，中国人民大学社会学硕士研究生，研究方向：法社会学、农村社会学与基层治理。

① 傅郁林：《农村基层法律服务研究》，中国政法大学出版社，2006。

② 范愉：《当代中国非诉讼纠纷解决机制的完善与发展》，《学海》2003 年第 1 期。

经验”,[①] 把矛盾纠纷化解在基层，创新社会治理，维护社会和谐稳定。近年来，定州市在这方面进行了一系列积极的尝试和探索，充分发挥人民调解在维护社会稳定中的“第一道防线”作用，充实农村民调、法律顾问队伍，抓早、抓小、抓苗头，建立人民调解、行政调解、司法调解“三位一体”大调解和“三调衔接联动”工作机制，形成全方位、立体化的矛盾纠纷排查调处化解大格局，将社会矛盾化解在基层，努力打造人民调解“枫桥经验”的定州升级版。定州作为一个县级市（130 万人口，25 个乡镇办，517 个村街社区），以县城为依托，面向农村社会，所呈现的纠纷形态更能反映中国基层社会的实际情况。本文在对定州多次调研和大量一手资料的基础上，以定州人民调解工作的经验为视点，进而在较宏观和理论层面上分析我国社会转型期人民调解制度的现状和发展趋势。

一 社会转型期农村纠纷的基本样态

社会转型带来社会方方面面的变化，现代化、市场化和城市化打破了传统村庄的封闭性，也打破了原有乡土社会的格局。相对于传统的封闭型村庄，开放性无疑是当今村庄最大的特点，传统村庄从过去那种紧密内聚的“熟人社会”更多地转化为“半熟人社会”,[②] 并逐渐向“陌生人社会”转向。尤其是 20 世纪 90 年代以来农村劳动力的大规模离土离乡流动，对农村生活方式造成了非常强烈的冲击。村庄社会基础、社会关系、生活方式、价值观念等方面的变化使得农村纠纷基本样态在数量和内容上发生了一些变化。

整体来看，近些年“送法下乡”等普法活动带来农民法律意识的增强，农民对于法律的边界有了一定程度的了解，从而减少了违法犯罪行为；此外，由于农村劳动力大规模流动，外出打工人口的增加直接造成村庄纠纷数量的减少；而且市场经济下“多劳多得”的观念深入人心，受经济利益的驱动和忙碌的现代生活影响，农民无暇纠缠于矛盾纠纷。但是伴随人际关系的金钱化，涉及经济赔偿的纠纷数量明显增加，现在村民之间的纠纷往往离不开一个“钱”字，

---

① 20 世纪 60 年代初，浙江省诸暨市枫桥镇干部群众创造了“发动和依靠群众，坚持矛盾不上交，就地解决。实现捕人少，治安好”的“枫桥经验”。1963 年毛泽东同志曾亲笔批示“要各地仿效，经过试点，推广去做”。“枫桥经验”由此成为全国政法战线一个脍炙人口的典型。

② 贺雪峰：《论半熟人社会——理解村委会选举的一个视角》，《政治学研究》2000 年第 3 期。

涉及经济利益的纠纷最多也最难调解。农民法律意识总体的增强对于农村纠纷的发生和解决既有积极影响也有消极影响。一方面，伴随农民法律意识的增强，维权意识也随之增强；另一方面，产权私有化使得农民对自己“买来的”权利格外重视，丝毫不容侵犯。[①] 但农民对法律的认识往往是支离破碎的，停留在一知半解的程度，常常基于自身的立场和利益援引“只言片语”的法律条文，从而出现“强词夺理”的现象，给人民调解工作带来了更大的挑战。

地区经济活力和经济发展在很大程度上决定了该地区的纠纷数量和纠纷种类，集体经济、土地流转比例、外出打工人口所占比例等因素都会影响纠纷的数量和类型。根据定州市司法局以案定补的汇总材料，最近十年定州的纠纷数量没有大的波动，整个定州 2014 年、2015 年、2018 年每年纠纷数量大概在 2000 件，平均每个乡镇每年纠纷数量在 100 件。[②] 总体来看，定州各村庄的纠纷主要围绕婚姻家庭、赡养、交通事故、人身损害、土地宅基地、债务等问题发生。具体来看，农村纠纷主体仍旧为家庭内部纠纷和村民之间的纠纷，其中家庭内部纠纷尤以婚姻和赡养纠纷最为突出；村民之间的纠纷类型比较庞杂，涉及农村生活的方方面面，主要包括邻里纠纷、宅基地纠纷、经济纠纷（借贷、债务、生产经营）、人身伤害（打架）、土地等。随着村民对经济利益的追求，涉及经济的纠纷类型数量在上升，人身伤害（打架）的数量相对减少；村民与村集体之间的纠纷最能反映社会制度的变迁，因为计划生育政策和农业税的取消，与之相对应的纠纷也随之消失。近年来，土地确权也带来土地纠纷和宅基地纠纷数量的下降，其不再是农村纠纷的主体，但仍旧占有一定比例，其中农村宅基地纠纷的数量普遍多于土地纠纷。随着国家政权的“下沉”和城镇化的发展，村务管理和征地拆迁成为村民与村集体之间的主要纠纷来源；随着社会流动的加剧，村民越来越多地与村外的世界发生关联，出现了一些新的纠纷形态：劳动纠纷（工资、工伤）、交通事故纠纷、经济纠纷（合同、生产经营、债务、借贷、租赁等）、医疗纠纷等，其中经济合同纠纷、借贷纠纷最为突出。

根据以上农村纠纷基本样态在数量和内容上的变化我们可以得出以下结论：近十年定州矛盾纠纷数量没有发生大的波动，社会发展以稳定为主旋律；家庭

---

① 郑杭生、黄家亮：《论现代社会中人民调解制度的合法性危机及其重塑——基于深圳市城市社区实地调查的社会学分析》，《思想战线》2008 年第 6 期。

② 资料来自定州市司法局以案定补汇总材料，其中 2016 年、2017 年响应国家民调通政策，以电话费的形式下发补贴，故没有统计，2018 年第四季度开始恢复统计。

内部纠纷始终占据主体地位，是矛盾纠纷的核心内容；村民之间的矛盾纠纷类型比较分散和多元，没有特别突出的矛盾纠纷，反映了农村社会没有突出的大问题；农民仍旧嵌入在农村的乡土社会中，但与城市的勾连越来越密切。

二　社会转型期与人民调解的发展及问题

社会转型带来的结构性转变使得人民调解制度原有的社会基础发生了变化，因此在实践中产生了一些问题。一些学者基于社会转型期调解纠纷数量的减少和民事诉讼案件数量的大规模增加，认为人民调解制度将会逐渐萎缩直至消失，但这一观点却忽视了在农村社区纠纷调解中占有很大比例的未记录在册的非正式调解。[①] 本文基于定州的实践经验，认为以地域（社区）组织为依托的人民调解制度在今天乃至未来很长一段时间里都会是一种基础的和必要的纠纷解决机制。

（一）市场经济带来矛盾纠纷的复杂化和多样化

随着市场经济的发展，矛盾纠纷逐渐复杂化和多样化，从小纠纷升级到大纠纷，牵扯到的社会关系错综复杂，新的纠纷类型层出不穷。市场经济使传统的封闭型村庄走向开放，流动性大大提高，因此出现了跨地区矛盾纠纷。此外，市场经济带来社会分工的专业化，出现了新兴市场和职业，新的纠纷类型也随之出现。总之，社会转型期矛盾纠纷的复杂化和多样化对人民调解工作提出了更高的要求，单纯依靠社区权威、依托地域组织的纠纷解决机制已无法满足社会需求。传统的人民调解制度只能应付自然经济或计划经济下简单的纠纷形态，在处理一些新的纠纷类型时往往“心有余而力不足”。

矛盾纠纷的复杂化和多样化不仅给人民调解工作的水平提出了更高要求，还对基层人民调解队伍建设提出了迫切需要。通过实地调研发现，目前定州人民调解队伍老龄化现象严重、规模较小、调解力量相对薄弱，新的调解力量补充不进来。据了解，人民调解队伍老龄化问题在全国范围都比较突出，如何扩充人民调解队伍以实现人民调解队伍的年轻化和专业化是人民调解工作下一步

---

① 范愉：《社会转型中的人民调解制度——以上海市长宁区人民调解组织改革的经验为视点》，《中国司法》2004 年第 10 期。

需要思考的方向。因为目前人民调解队伍还达不到人民调解专业化、规范化的发展需要，相关激励政策不能起到很好的效果，比如以案定补相对繁杂的程序导致人民调解员在具体实施过程中存在困难，从而影响调解员补贴的发放，也就不能起到很好的激励作用。以定州经验为例，目前人民调解制度在很大程度上还是依靠人民调解员自身维护村庄秩序和谐安定的责任自觉。但是这种基于传统“长老统治”的人民调解已然不能适应新的社会变化，但基层纠纷化解仍旧离不开村庄传统权威的参与，这对人民调解队伍专业化建设提出了挑战。从这个意义上讲，大部分传统村庄并没有完全脱离传统，实现现代化意义的转型，人民调解队伍规模的扩大还需依靠村庄内生的权威力量。

（二）传统村庄解体带来人民调解合法性危机

市场经济的发展带来所谓从熟人社会、乡土社会向陌生人社会、契约社会的转变，导致以自治为基础的纠纷解决机制相对弱化。传统村庄的解体带来社会关系的陌生化、传统社区权威的弱化、集体道德约束力的下降。一方面，我国法律体系日渐完善，法律条文的增多对人民调解员提出了专业化的要求；另一方面，互联网时代高度发达的信息传播通道使得村民可以随时随地利用“法律的武器”来捍卫自己的利益，这都给人民调解工作带来了困难。以往人民调解工作依靠援引人情事理即可化解矛盾纠纷，但随着传统村庄的解体，传统的人情、面子等机制在化解矛盾纠纷上也失去了原有的效力，传统权威不再具有独一无二的决断权。因此，人民调解组织及人员的专业化、职业化和规范化问题成为解决人民调解合法性危机的关键。传统“动之以情、晓之以理”的调解方式固然重要，但调解员的法律专业知识的重要性也日益凸显。

（三）法律服务市场割据导致人民调解地位尴尬

长期以来，我国法律服务市场存在割据的结构性分化，多个主体之间一直存在定界不清的问题，多个行动主体都负有调解的责任和义务。人民调解作为我国调解制度的一个重要组成部分也面临主体责任不清、地位尴尬的问题。我国的调解制度主要由三个部分组成：法院的司法调解、国家行政机关的行政调解和人民调解委员会主持下的人民调解，三者有机结合，互为一体，但在基层矛盾纠纷化解中三者却不能做到有效区分。人民调解本来是要调动人民群众自治的主动性和积极性，但在具体实践过程中受制于农村现实情况，往往由村干部兼任调解员，因此人民调解具有了一定的行政调解色彩。而基层政府机关的司法调解和行政调解往往作为一种控制农村纠纷以及防止农民上访的重要方式。国家司法管理体系各主体利益诉求超过了人民群众的实际诉求导致司法服务提供主体各行其是，造成司法服务资源的混乱和浪费。而地方的民众却并未从中获益，基层纠纷解决途径仍然不畅，因此目前亟须重新整合配置纠纷解决及司法服务资源与市场，明确人民调解的责任主体以结束法律服务市场的无序状态。

三　人民调解的定州实践

定州人民调解的经验是在特定的时代背景之下和一定的社会基础之上出现的。近些年，国家十分重视人民调解工作在基层社会治理中的重要作用，连续出台相关文件鼓励、支持和发展人民调解制度，表达了维持和发展民间调解制度的坚定决心。2019 年定州市司法局基层科发布《矛盾纠纷例会制度》红头文件，建立健全人民调解员的培训制度，组织编制《人民调解工作手册》辅助培训，实现对人民调解员管理的制度化、规范化，积极鼓励、推动人民调解工作的实施和开展。从一定程度上讲，定州人民调解工作的实践具有一定的借鉴意义，存在的一些问题具有普遍性，对于人民调解制度的发展或许具有启发意义。

（一）人民调解队伍建设

人民调解员是矛盾纠纷化解的主体，调解员的专业素质和职业素养直接影响矛盾纠纷的化解效果。首先，在调解员的选择上定州市的做法是提倡由两委干部兼任民调委员，这一政策背后的社会背景和现实情况是：村庄日益衰落的传统权威使得人民调解的权威性受到威胁，而村干部不仅是村庄自然内生的社会声望较高的人，也是得到国家官僚机构认可的村庄治理人员，因此权威高于一般的精英。在“小事不出村，大事不出乡镇”的政策逻辑导向下，所有的乡镇干部和村干部，包括公安人员和司法行政人员都承担着化解矛盾纠纷的责任，人民调解正向“大调解”的方向发展。村干部本身肩负维护村庄和谐稳定的责任，村干部担任民调员有利于调动村干部工作的积极性，却减弱了社会力量参与民间纠纷解决，损害了人民调解的自治性；而且调解不应当成为官方控制的职权行为，应当是当事人双方的授权行为。其次，定州十分重视对人民调解员的培训和管理，通过培训促进人民调解员对法律知识的学习，整合现有资源以提高人民调解队伍的整体专业素质。最后，除了专业素质，人民调解员的职业素养也非常重要，主要体现在调解员对于调解纠纷的义务感和责任感，以及由此产生的主动性和积极性。笔者在调研中接触到很多颇有资历的人民调解员，发现他们无一不对调解工作充满热情和积极性，而是否具备这一素质直接决定了调解员在化解矛盾纠纷时是否具有权威、能否取得老百姓的信任，从而影响调解效果。

（二）调解程序的规范化和灵活性

调解程序的规范化有利于增强农民法律意识，树立法律权威。但在实际调解工作中又需要兼顾情理，灵活化解纠纷。农村基层纠纷的解决主要遵循两套逻辑：一是符合老百姓的公平正义；二是以解决实际问题为导向。随着送法下乡和普法活动的开展，农民的法律意识也随之增强，他们在发生矛盾纠纷时会利用法律，以法律为准绳维护自身权益。因此调解员既要考虑到从习俗视角来评判道德上的对错，也要考虑到从法律角度来看待合法性的现实，在日常实际调解工作中主要运用情和理的原则和方法，同时援引法律。调研中笔者发现人民调解员在实践中都遵循了一个调解原则：在无过错（以及双方都有过错，或双方都有合法主张或同等义务等）的事实情况下采用调解，而在有过错和侵犯权利时则采用法律，即所谓的“小事从理，大事从法”。调解程序的规范化和灵活性还体现在人民调解登记表的落实上，因为农村矛盾纠纷化解的即时性和登记程序的烦琐之间的矛盾往往导致人民调解登记落实不到位，影响调解程序标准化、正规化和调解员补贴的落实。因此定州推广口头协议登记表，简化登记内容，落实人民调解员的补贴，以更好地激励人民调解工作。

（三）构建人民调解的组织网络体系

定州正在构建纵横交错、相互补充的人民调解组织网络体系，力图打造网格化纠纷化解机制。在纵向上在司法局的领导下开展工作，以乡镇司法所为核心，由乡镇人民调解委员会牵头，联合各村级人民调解委员会，整合各村调解资源，集中发挥人民调解优势，增强人民调解力量；在横向上加强各村调委会之间的沟通交流，分享人民调解的工作经验，建立各村调解员之间良好的合作关系，这是解决跨村矛盾纠纷的重要工作经验。此外，积极打造公共法律服务体系，在每个村建设法律服务站、落实法律服务热线12348和民调通的建设，构建人民调解的网格化组织体系。专业性矛盾纠纷主要由定州市第三方调解中心承接化解，目前以化解医患纠纷为主，正在筹划建立其他行业性专业调委会，以实现各机构之间相互补充、相互交叉，逐步形成立体化的调解网络。

（四）打造基层法律服务良好生态系统

定州人民调解接受各乡镇司法所的工作指导，与律师事务所、法律服务所、法院、派出所、法律援助中心等建立了业务合作关系，各主体在实践中自动分割业务，各自有相应的市场需求和生存空间，合作共生大于竞争冲突，形成良好的生态系统。定州人民调解和律师事务所、法律服务所形成了良好的互动关系，律师和法律工作者在基层矛盾纠纷调解中提供咨询服务，为人民调解工作提供准绳，保证调解在法律范围内进行，为人民调解保驾护航；反过来律师和法律工作者作为村级法律顾问拓展了一些案源，当事人可以根据需要选择调解或诉讼。此外，人民调解与法院诉讼程序也形成了良好的衔接，不仅在诉前分流了大量纠纷，而且在进入法院之后，仍有设立在法院的人民调解窗口为其提供诉讼前调解的机会。

四　人民调解的发展趋势

从定州基层司法实践中可以窥探人民调解的发展现状，总结一些工作思路和经验，以思考人民调解的未来发展方向。这些问题关乎基层社会治理和法律服务，具有普遍性和现实意义。下面将结合定州基层法律实践和学者对当前法律服务市场化、多元化纠纷解决机制建构以及基层司法制度改革的一些思考对人民调解的发展趋势做以下分析。

第一，人民调解的公益性定位。人民调解委员会是依法设立的调解民间纠纷的群众性组织，这决定了人民调解的群众性、自治性和公益性。人民调解服务属于一种公共服务，不向当事人收取任何费用，免费提供法律服务和政策咨询，免费为当事人调解纠纷，为了保障这种公益性，政府需要给予人民调解以必要的财政支持。人民调解的补贴由地方财政支付，这就导致在基层实践中往往出现地方资金不到位，影响人民调解工作开展的情况。因此国家需要设立专项资金补贴人民调解制度建设，明确和坚持人民调解公益性的定位不动摇。

第二，人民调解的内涵延展。社会转型带来社会矛盾的凸显，需要充分调动人民调解的资源，发挥人民调解的优势，构建维护社会和谐稳定的安全防线。近些年人民调解工作正向“以人民调解为基础，实现人民调解、行政调解、司法调解、仲裁调解、有关行业协会调解及社会各方力量共同参与、相互配合的大调解工作格局”的方向发展。[①] 人民调解内涵的延展推动了建立以纠纷解决功能为中心的大调解格局，有效预防和化解矛盾纠纷，提高基层的社会组织化程度，以维持必要的社会控制和秩序，同时产生了人民调解的不同组织形式。

第三，人民调解参与多元化纠纷解决机制建设。多元化纠纷解决机制是相对于依靠法院诉讼解决纠纷的一元化的纠纷解决机制而言的，是指“一个社会中多样的纠纷解决方式（包括诉讼与非诉讼两大类型）以其特定的功能相互协调、共同存在，所构成的一种满足社会主体多种需求的程序体系和动态调整系统”。[②] 新时期矛盾纠纷主体多元化、类型多元化、诉求多元化的特征，决定了需要采取多元化的纠纷解决机制来应对社会日益复杂化的矛盾纠纷。主要包括诉讼程序和非诉讼程序（ADR）两大部分，具体又分为协商、调解和裁决三种基本方式，人民调解制度作为非诉讼程序的重要组成部分参与了多元化纠纷解决机制建设。

---

① 史德保：《纠纷解决：多元调解德方法与策略》，中国法制出版社，2008。

② 范愉：《纠纷解决的理论与实践》，清华大学出版社，2007，第221页。

网络时代基层政府面临的新治理困境

——基于对驻马店市上蔡县的调查

赵祥云[*]

一

2019年7月中旬，在骄阳似火的天气里，课题组成员到达提前联系好的调查地点，河南省驻马店市上蔡县。上蔡县下辖11个乡镇，4个街道办事处，总面积1529平方千米，耕地面积为165.5万亩，是国家优质小麦种植基地县，它的“岳香”牌小磨香油畅销全国。上蔡县文化气息浓厚，历史悠久，是古蔡国所在地，也是秦相李斯、汉相翟方进的故乡，还是“重阳文化”的发祥地。而让全国人民都认识上蔡县的却是一篇网络热搜新闻，2019年6月7日的文章《担心扬尘污染，河南城管要求农妇70亩小麦必须用手收割》里提到“上蔡县刘女士家70亩小麦因刮风下雨大面积倒伏，部分小麦开始发霉，急需加紧收割，但因其麦田附近300米左右有个省级空气质量监测站，为避免机器收割产生扬尘，影响监测站数据，上蔡县城市管理综合执法局要求其只能用手割，但这速度太慢，必然影响收成”。该文章刚一发出，就迅速引起轩然大波，被各大网站转载，成为全国人民关注的焦点，网民们纷纷指责基层政府竟然为了得到漂亮的环保数据、为了自己的政绩，而置农民大半年的辛苦于不顾，竟会忍心让农妇手割70亩小麦，竟在小麦大面积倒伏、开始发霉的紧急情况下仍然禁止

---

* 作者简介：赵祥云，南京大学社会学院博士研究生。

机收。无数网民在文章下方评论希望记者持续跟踪事件的进展，希望政府对相关人员进行问责。在全国人民的密切关注下，事情也很快有了处理方案。第二天，农妇在接受媒体采访时，说收割机已经进地收割，一天就可以全部收完。对于整个事件，河南省生态环境厅办公室工作人员也对媒体表示，驻马店市上蔡县相关工作人员的做法过于简单，“让人不可思议，不把人民群众的利益当回事”。河南省污染防治攻坚战领导小组也很快发布通报，对驻马店市上蔡县城市管理综合执法局阻止农户机收小麦这种不作为、乱作为问题进行了通报批评。该事件能够如此迅速地得到解决，要归功于媒体的推动和网民的持续关注。中国互联网络信息中心第 44 次《中国互联网络发展状况统计报告》称，截至 2019 年 6 月中国网民规模达 8.54 亿。不得不说在网络时代，随着自媒体和网民群体的壮大，基层政府的行为又多了一种监督力量。网络时代，信息传播速度快、影响范围广、网民参与热情度高，这些特点决定了网络可以对基层政府形成隐性制约力量，一旦政府行为不当，就有可能被放到网上，受到全网民的舆论批评。

课题组成员在与基层工作人员访谈的过程中恰巧谈到了此事，这些工作人员一下子打开了话匣子，但他们给出的却是另一种说法。他们讲道，那位农妇种的地原本就不是她的承包地，而是村集体的地，但是因为她的兄弟原来是村干部，凭借她兄弟的身份她就无偿使用了村庄集体用地十多年，现在政府想把这些地收回来，做统一规划，但与这位农妇多次沟通，都无果而终，不得以才想了这个办法，事实上根本就不是为了空气质量数据。农妇对基层政府的这种阻挠办法很生气，就拨打了媒体的热线电话，记者对其进行了采访，最后发出的文章却完全变了样子。这些工作人员都认为这篇文章完全是断章取义、扭曲事实，“是记者为博取眼球，赚取流量的伎俩”。但在各大媒体纷纷转载的巨大的舆论压力下，政府为了稳定网民的情绪，避免事态发展恶化，就只好采取简单化的处理办法，承认这确实是基层政府的环保形式主义的表现，是基层工作人员的失职。对此，基层政府工作人员都非常无奈，他们普遍表示“目前基层事务非常难办，基层政府很难发声”。一方面，在工作过程中，一旦工作人员与农民出现争端，上级政府就立马追究基层政府的责任，“他们怕被‘株连’”，不会去考察清楚事情真正的症结在哪里；另一方面，随着网络的普及，“老百姓都会玩手机了，一有事他就可以到网上骂政府”，说基层工作人员没有做到为人民服务，这严重限制了基层政府的治理能力，有些人甚至在网上公开一些政府工作人员的私人信息，威胁到工作人员的私人生活。一位农业局的工作人员还说了一个例子：2019年农忙时候，一个农民来农业局反映他地里的麦子出现了问题，希望农业局的工作人员可以跟他一起去地里看看情况。当天农业局其他人都下乡了，只留这位工作人员在单位值班，他就给这位农民说其他人都出去了，他还得值班，不能离开单位，以防有其他人来办事找不到人，等其他工作人员回来了就安排人去他那里。但这位农民就不愿意了，觉得是这位工作人员不想去故意找的借口，开始对工作人员破口大骂，说他白吃国家粮食不为老百姓做事，是国家的蛀虫。这位工作人员也生气了，对这位农民说“国家是养了我，我是要为人民服务的，但人民不是你一个人，我这一走，别人办事怎么办”，这位农民就拿出手机对着工作人员拍视频，说要传到网上去，让全国人民看看现在政府的人都是怎么对人民的，“老百姓养了你们，你们却当起了大爷”。对于此类事件，基层政府的工作人员只能谨慎处理，以免事件发酵闹大。基层政府的事情千头万绪，“上面千条线，下面一根针”，很多基层工作人员抱怨天天忙得团团转，但一点成就感都没有，工作了几十年到现在这个网络时代感觉事情还是不好做。这些政府官员坦言，几乎没有基层政府官员愿意让自己的子女以后继续在基层政府工作的，而这也是问题，没有成就感的工作如何可能留出人才、吸引人才，如何可能提升基层政府的治理能力。

二

在网络时代，无论地点在哪里、事件本身为何，都可能被操作为网络热点，而事件一旦转变为网络事件，性质就会发生变化，其事态发展就很难在意料之中，最终事件的解决也会超出事件原本的范围。因为网络热点追求点击量，一旦一篇网文营造出一个冲击性特别强的事件，尤其是事件主角双方地位悬殊时，就会激发网民对弱者的同情、对强者的谴责，最终在跟风效应的影响下，舆论就会呈现一边倒的极端情况。例如在前文提到的两个事件里，都存在基层政府和农民两个主体，在人们的心里农民相对于基层政府处于天然的弱势地位，因此一旦农民与基层政府之间出现矛盾和冲突，在多数情况下，网络舆论都会首先对基层政府发起舆论攻击，认为在这个事件中基层政府是为了自身利益而牺牲了农民的利益，存在强者对弱者的欺压。我们也会发现只要是有关政府与农民的冲突的文章一般都会成为网络热点，而网民的评论风向也基本一致，网络媒体和网民似乎总处于道德制高点上，对政府工作人员进行指责，然而真实情况是什么却没有多少人去认真追究。在这种舆论压力下，基层政府为了能够快速平息网民的激愤情绪，一般都会以舆论导向为标准来处理问题，而不是去向网民澄清事实，让网民根据真实情况来做出评判。

事实上，当一个线下的争端事件转变为线上事件时，基层政府就会处于夹心层的位置。一方面，多数网民都会受到新闻报道隐含的价值判断的影响，也会受其他网民态度的影响，强烈要求对基层政府问责、对相关工作人员直接给予处分，而不是要求查清事实。另一方面，基层政府的上级政府为了控制事态发展，避免舆情发酵导致引火上身，使自己承担责任，也选择响应网民的要求，对基层政府问责，对相关工作人员给予处分，而不是督促基层政府查清真相，向公众澄清客观事实。最终，在网络舆论和上级政府的双层压力下，基层政府只能选择向公众道歉，并对相关人员进行处分。这种对网络热点事件的处理机制，让基层政府看到冒险澄清事实是不可能的，更看到在网络时代，稍有不慎就可能成为众矢之的。因此，在综合考量下，对他们来说最优的选择就是不要跟民众起冲突，最保险的做法就是不要做事，不要太冒尖。而一旦这种治理态度形成，就会恶化治理环境，并形成恶性循环，网民看到基层政府不作为的表现，意见会更大。面对政府与民众的网络热搜新闻时，网民更是直接站在民众的立场上去批判政府，而不是根据事实真相来判断。长此以往，政府的公信力就会大大受损。

事实上，网络时代下这种处理机制的形成是受两个因素的影响。第一个因素是上级政府与基层政府的关系。当事件发生时上级政府会立即开展问责，对相关工作人员进行处分，这是与上级政府的行动逻辑相关的。在税费改革前，基层权力很大，有的地方甚至存在基层干部想收多少税费就可以收到多少税费的情况，20 世纪 90 年代沉重的税费压力就是这一情况的鲜明写照。但税费改革后，这种情况发生了 180°大转向，基层权力没有了，各级政府的收入都来源于上一级，利益导向开始向上转变，上级政府为获得利益，得到更上一级政府的赏识，就需要做出政绩，尤其不能在自己在任期内出大问题。“下级犯了事，出了错误，处理的是上级，所以上级不让下级随便做事，免得出事。”因此，每一级政府都对下一级政府进行强力施压，要求下一级政府配合好工作，做出成绩，同时严密监督，谨防出现问题，最后各级政府的压力都集中到了基层政府，因为基层政府是离治理对象最近的。“基层政府在这中间成为最弱势的力量”，压力也是最大的。当出现问题时上级政府在多数情况下会责怪基层政府，认为基层政府没把工作做好，捅出了这么大的娄子，这当然是上级政府维稳和维护政绩等行动动机的作用，受此影响基层政府就要承担责任，相关工作人员也会面临处分，而这种逻辑一旦形成，基层政府就很难再为了公平正义、为了事情真相而行动，更多的时候只是一味地妥协退让，以保证事情不会恶化，不会被上级政府通报处分。这种情况进一步限制了基层政府的治理能力，影响到我国建立现代化的治理体系以及政府治理能力的提升。

网络时代治理机制形成的第二个影响因素是网络舆论的作用。网络时代中网络舆论产生的压力对地方治理的影响是不可忽视的，在现实生活中可以看到很多事情都是首先在网络上受到网民的关注，当浏览量和评论数量达到一定程度，关注度得到很大提升后，就会进一步倒逼基层政府做出处理，在这种网民甚至可以说全民的监督和推动下，很多事情由此得到及时、妥善地处理。然而深入事发地，也许会发现很多事情只是草草了事，并没有弄清楚真相，根据真相做出客观有效的措施。网民可能受到媒体记者的引导，只看到了表面甚至片面的东西，而基层政府又迫于舆论压力和上级压力只能选择快速处理，先将舆论热度降下来，这时候难免会导致问题并没有真正得到解决，很多情况下是由于网民占据了舆论中的道德制高点，基层政府受到道德绑架，只能采取退让的办法。笔者在调研中甚至听到基层政府工作人员说有些记者凭借自己在媒体工作、具备舆论导向的优势，以此来敲诈基层政府。有地方官员表示，一些记者过来白吃白喝，基层政府也只能敢怒不敢言，生怕一旦不能哄这些记者开心，他们就会以偏盖全，在网络上乱写一气。在网络舆论中，政府部门天然不具有道德优势，最终只能是给自己带来麻烦，所以只好好吃好喝地伺候着，临走的时候有些记者还会说“我的车没油了”，基层政府还要给一些油费。当然这些政府工作人员所说的这类记者并不能代表所有记者，但至少说明的确存在这种情况。而就是因为存在这类记者，政府官员提前并不知道自己的言行会不会被放到网上，成为网络热点，自己的言行会不会被一些记者断章取义。这里面存在不确定性，而只要有不确定性，就有风险，为了避免风险的发生，基层政府的工作人员就会两害相权取其轻，选择不作为，“不出事就是最好的作为”。一些地方官员说如果在网络时代能把老百姓和地方官员同等看待，那有很多问题都可以避免，“为什么老百姓永远站在道德制高点，老百姓打你骂你，你为什么不能反击，就是因为这种区别对待，使得很多地方官员采取多一事不如少一事，不断退让的态度”，“现在哪有基层政府的治理？现在分明就是老百姓治理基层政府。现在环境中方方面面的力量都在抹黑政府”。

其实，民众与政府工作人员之间是存在信息不对称的情况的，网民与基层政府工作人员之间也存在信息不对称。这就导致民众和网民都是凭借自己过往经历中积累的经验来猜测政府工作人员的行为，不自觉地就认为这些工作人员都是玩忽职守、损公肥私的，民意最终被舆论所裹挟。在现实生活中这种情况大量存在，笔者在调研中了解到一位农民表示他们的土地被征走了，现在还没动工，也不知道要建什么，但他从网上了解到征地要赔偿16万元，而当地政府并没有给他这么多的征地补偿款，因此他觉得这里面肯定有猫腻。实际情况是每个地方的征地补偿款标准存在差异，而且根据用途不同也有区别，而农民由于对这方面知识的欠缺，对基层政府产生误解，认为基层政府私吞了一部分钱——当然我们也不能排除的确存在这种贪污腐败行为的存在。但这种信息不对称对双方关系的处理是非常不利的。基层政府工作人员认为这些农民是坐地起价，根本没有这么高的补偿，这分明就是“刁民的敲诈行为”。坐地起价的情况也的确不少见，但多数民众并非刁民，只是因为土地是他唯一可以依靠的财产，当土地被征走后，他很难找到其他可靠稳定的收入来源，在这种情况下，他只能拿土地做筹码，为自己争取尽可能多的资金补偿。而农民凭着自己的印象认为基层政府的工作人员都是贪官污吏，两者存在的信息不对称，使得两者之间的交易成本极高。而这种情况在网络媒体时代就更明显了，因为网络空间具有不在场性，网民对事件的真实情况更是知之甚少，由于记者媒体的舆论导向造成网民舆论向普通民众一方倾斜，这就使得在民众与基层政府的博弈过程中，基层政府的治理能力大大受限，甚至丧失话语权。在上级政府等其他主体的压力下，基层政府只能采取快速解决、简单处理的策略，而不会再深究背后原因。这在表面看来似乎是维护了这些农民的利益，但真实情况可能更为复杂，真正的弱者也许并未受到保护，国家治理能力则更为被动。长此以往，受到不利影响的就是更多的民众。因此在网络舆论影响越来越大，每个人都成为自媒体的时代，基层政府在进行社会治理时要时刻警惕可能产生的舆论风险，我们需要思考如何保证政府治理能力不被舆论压力裹挟。

三

在网络时代，基层政府会面临许多新情况，这对基层政府的地方治理提出新的挑战，因此，政府需要从多个角度采取相应措施来应对地方治理的新困境。基于上述调查情况的说明，本文提出以下几点建议。

第一，要加强网络法制建设，制定全面有效的网络法律对一些传播谣言、发布煽动舆论信息的网民进行法律约束。网络空间为我国公民提供了有效的表达空间，是我国民主化、法治化建设的重要途径，网民在网络里享有言论自由，也为我国基层治理提供了多样化的方法。但网络空间并非法外之地，网民在享有其言论自由的同时也要遵守国家法律，不能因为网络空间的不在场性、匿名性等特征就肆意发表不可信言论。对于那些为赚取流量故意扭曲事实、突出官民冲突意味的网络言行要在核实真相的基础上进行规范，要为网民营造客观真实有效的网络空间，为追求客观真相的网民、为寻求民主的网民提供良好的环境。

第二，要完善上下级关系，对于“上面千条线，下面一根针”处境中的基层政府来说，其本身的工作压力已经非常大，在网络时代更是处于舆论风险中，其治理能力和工作期待更加受限，在此背景下，上级政府要给基层政府一定的支持和足够的空间。对于承接几乎所有事务的基层政府来说，上级政府只要将政务公开，将边界规定澄清，给基层政府自由创新的能力就可以了。“现在的情况是上级政府给基层政府下派了任务，让你去完成，但他又不给药，你自己有药方，他又不支持，最后弄得你都不敢弄。”尤其是在网络时代，上级政府下派了工作任务，基层政府根据具体情况来落实，没有出问题时，上级政府什么也不说；一旦出问题，上级政府马上认为是基层政府没有领会精神，没有具体问题具体分析。然而在落实工作与民众打交道的过程中，难免会出现个别的小冲突，一旦被人放到网上放大，被网络空间的舆论关注，上级政府就会马上进行“甩锅”，撇清关系，让基层政府单独承担所有责任，这似乎找到了责任主体，但这种上下级关系更不利于双方工作的协调。基层政府在了解上级政府的行动逻辑后更可能为了保证自己的工作不出错而不作为、被动作为，这就使得基层治理陷入困境。

第三，基层政府要创新政务公开的途径，要采用新形式、新途径展现基层政府的日常工作环境、日常事务，采取直播、公众号等网络形式，让网民真正了解政府，了解基层具体处理的事务，了解政府工作人员的日常工作和具体工作细节，降低网民和广大民众与政府之间的信息不对称的程度。对网络事件要敢于澄清事实，而不是只要发生网络事件就立刻采取逃避的态度，甚至不分青红皂白直接采取简单应付的做法，立马向公众致歉，并对相关工作人员进行处分。事实上，这反而不利于公众对政府的了解，每次事件的发生都是政府向公众展示其治理能力和治理行为的机会，政府应该利用这种机会查清事实，向公众解释清楚事件的全部细节，让公众更加了解政府。否则，只会加深公众对政府的刻板影响，降低政府的公信力，直接危害到基层政府的治理能力和治理成效，以后再发生网络事件就更难澄清事实。

第四，需要建立起网民的道德体系和媒体的职业道德体系。呼吁网民上网要理性，摒弃情绪化言行。特别是在匿名化的网络空间中，不负责任的言行似乎成本很低，因此，一些网民挣脱道德规范的约束，在网络空间里随意发表言论，甚至发表偏激极端的话语。但网民应该认识到网络社会也是社会的一部分，自己作为社会的一分子，任何言行都会对其他网民产生影响。特别是在面对热点事件时，网民具有强烈的社会参与欲望，但也是在这种情况下，其思想很容易受他人影响，形成跟风效应。因此，需要建立起网络社会的道德体系，让网民用道德来约束自己的言行，学会冷静、理性地对待网络事件，在真实详细的客观事实没有得到澄清时，要避免轻易下结论，做出非此即彼的极端化判断，避免单个网民的言论被无限放大后主导了网络空间的风向。同时网络媒体要用职业道德约束自己，尊重事实的客观性，在新闻报道中不加入自己的价值判断，保持价值中立。

讨价还价与互通共融：基层权力非正式运作的新尝试*

——基于某服务型项目在北京D镇农村落地的案例研究

孙薇薇　董凯悦**

一　问题的提出

村庄事务的偶然性、复杂性、非规范性需要国家权力的灵活介入，而国家权力在村庄内的行使也需要以非正式的治理手段进行调节。本研究通过一个从镇政府下达的“服务型”项目，观察在项目落实过程中基层政府与村一级互动的方式。与大型国家项目不同，本次的研究对象是一个小的研究项目，呈现没有国家政策压力却保留自上而下运作中镇级权威的特点。镇政府根据项目的性质选择更适合推行该项目的策略，体现出基层治理过程中更多元的灵活性和变通性。与以往侧重“治”或“管理”等强制型项目权力落地过程的研究不同，本研究定位于“服务型”项目，隐藏着更加丰富的基层治理元素与精神，预示着基层治理不仅有“治”还有“服务”，且在基层政府逐步纳入“服务”理念的背景下，治理过程中的行动者呈现新思想、新逻辑、新定位。

---

* 本文系国家社会科学基金项目“社区整合与农村空巢老人心理干预研究”（15BRK020）的阶段性成果。

** 作者简介：孙薇薇，中央财经大学社会与心理学院副教授；董凯悦，中央财经大学社会与心理学院硕士研究生。

二 研究设计

（一）研究背景

本研究基于一项中国农村老人心理健康与认知干预项目，于 2017～2018 年在北京市延庆区 D 镇 B 村和 S 村开展。[①] D 镇政府主要领导对项目给予了关注与支持，社会事务管理科张科长与项目组进行工作接洽，并安排镇政府负责老年人事务的小王跟进项目。项目涉及的村一级执行和参与人员是本研究中老年心理关爱“守门人”；根据村庄的规模，本研究最终在 B 村选择 7 位村民、S 村选择 2 位村民作为“守门人”。“守门人”是村一级的关键人物和具体执行者，负责开展定期走访，组织开展老人心理干预科普活动、同伴互助活动、家庭关爱活动等内容，“守门人”对项目的执行过程即项目落地的过程。笔者在整体项目实施中承担组织、督导等工作，并同时进行田野调查。

（二）研究对象和方法

1. 研究对象

北京京郊 B 村和 S 村，都处于 D 镇的管辖范围内，B 村全村有 652 人，60 岁以上的老年人有 150 位左右。S 村全村有 193 人，60 岁以上的老年人有 37 人。

本研究的研究对象为参与项目的各主体。参与访谈人数为 14 人：镇政府工作人员有 2 名，是镇政府面向该项目工作的核心领导和执行人员；“守门人”有 9 名，即两个村所有的“守门人”，其中 B 村有 7 名，直接面对和干预 56 名老人，S 村有 2 名“守门人”，直接面向和干预 16 名老人；还有 3 名老人，通过他们来辅助了解项目落地过程及成效。

“守门人”负责执行村一级的具体工作，构成基层正式权力的非正式运作的基本网络。根据以往研究对非正式运作网成员的含义，本研究对“守门人”的身份进行了区分和界定。村支书、残联专职委员、会计为村干部，即体制精英，他们在村中各自管辖事务范围内都是必不可少的重要角色；文化组织员、

① 该项目由中央财经大学与北京市委党校两家单位合作实施开展。

护林防火员、统计是村委边缘任职人员，即非体制精英，他们在正式或重要的村庄公共事务中不具有参与决策的权力和资格；另外，将参与项目的普通村民称为村民志愿者。访谈对象见表1。

表1 访谈对象信息

受访人编码	镇/村庄	性别	年龄（岁）	身份
张 D1	D镇	男	65	社会事务管理科科长
王 D2	D镇	男	40	残联、老年人事务工作人员
董 B1	B村	男	52	村支书（“守门人”）
刘 B2	B村	男	40	残联专职委员（“守门人”）
董 B6	B村	男	51	会计（“守门人”）
李 B3	B村	女	39	文化组织员（“守门人”）
谷 B4	B村	男	58	护林防火员（“守门人”）
赵 B5	B村	男	55	护林防火员（“守门人”）
孟 B7	B村	女	47	统计（“守门人”）
谷 S1	S村	女	48	前期为村民，后期成为村支书（“守门人”）
柳 S2	S村	女	44	村民（“守门人”）
杨 A1	B村	男	68	老人
许 A2	S村	女	86	老人
刘 A3	S村	男	65	老人

2. *研究方法*

2017年4月至2018年1月，笔者每月前往项目地调研一次，每次持续1周，共实地调研6次。在调研过程中，笔者作为督导参与项目工作，对各主体进行观察，在向被访者阐明知情同意和资料仅供研究之用的基本调查原则后，获取研究所需的资料，并对这些资料进行分析和归类。

笔者参加了走访、同伴互助小组活动、“守门人”座谈会以及其他大型活动，通过参与观察法、无结构访谈、集体访谈对参与进项目的各个主体进行研究。笔者跟随9位“守门人”走访了17位老人；参与了三次座谈会，参与人员主要包括参与项目的“守门人”、老人、镇干部。

三　正式权力的非正式运作：过程与逻辑

（一）非正式运作网的建立

基层权力与政策的落地，最初始的步骤为定“人”，即谁负责、谁执行、谁参与。正式权力的代表，在本次研究中为乡镇政府工作人员，社会事务管理科张科长负责统筹项目的进度、人员安排等事务，镇政府编外人员小王负责村一级的沟通和推进；非正式运作网（本次项目中，则为“守门人”的选取）的建立则是一个谨慎细致的过程，它的选取甚至决定了未来项目的成功与否。

研究者不会干涉“守门人”筛选过程，张科长可以根据村庄的具体情况进行安排和调整。最终，“守门人”名单中既有村支书、会计等村一级权力系统的核心代表，也有统计、护林等村庄权力体系的边缘人物，同时有村民志愿者。

1. 人员的选择：“为什么是他们？”

“守门人”名单中囊括了体制精英、非体制精英、普通村民志愿者等角色，呈现一个完整且适合此项目的非正式运作网络。而这些“积极分子”被吸纳进此次项目存在一定的“必然”性。

（1）体制精英：村干部

村支书作为村中具有权威性和号召力的体制精英，是镇一级在做基层工作时必须吸纳的核心人物。因此，B 村的董书记进入“守门人”名单在情理之中且理所当然，但在项目推进中，他一直处于隐形的状态。

> 书记这几次座谈会他都没有来，他也算“守门人”，但是你做活不做活这事你得让他知道……你有空就参与，没空就得……但是先得跟他打个招呼。要不成你到我村瞎忙活事，我还不知道咋回事，你到我这里瞎指挥。我跟你打声招呼，你说同意，你说行，你要知道我的意图，打招呼，不能说我瞎闹，对不对？（张 D1，D 镇社会事务管理科科长）

镇级领导张科长并没有因为董书记不常在项目中而有不满的情绪。在他看来，在村推行任务，与村支书事先打好招呼，是一个流程和形式上都必须走的环节。

（2）非体制精英：村委任职的边缘人物

村委任职的边缘人物属于非体制精英群体。他们不是由村民选举产生的，在村委的工作也较为边缘，但能够成为镇政府与村民联结的桥梁，在项目中运用他们的人际网络和影响力，完成政府托付的任务。

> 张科长：……他（刘 B2）在那村虽然不是干部，但是他说好，这事儿就办得成。
>
> Q：他家的势力比较强？
>
> 张科长：所以我就利用他这个。有什么事我说你就找他。还有这个人（赵 B5），他是护林的，虽然不是官，但是个好人，在村照顾空巢老人。
>
> Q：他们家也还挺厉害是吧。
>
> 张科长：对，所以说我找的都是在村里能说话的人。

这些普通村委职务人员虽是村委中的边缘人员，却是项目的真正参与者。在张科长看来，日常的村务工作使他们对村庄各家各户的情况都较为了解，同时，非体制精英在村务中本身就具备一定的影响力，所以符合“守门人”的定位。

（3）作为志愿者的普通村民

除了与以往研究呈现的“套路”无本质差别的体制精英和非体制精英，也存在“套路”之外的普通村民志愿者群体。

在项目中，S 村动员了一个村民志愿者参与进来。S 村人口少，随着年轻人外出工作，留在村里的老人成为主要成员。柳大姐不是村委会成员，但她和谷书记关系比较好，谷书记是老年人餐桌的负责人，柳大姐经常会去给谷书记帮忙，并在日常生活中对老人多有照顾。这次选“守门人”，出于服务老人的项目性质的考虑，两人被选为“守门人”。

2. 动员方式：“如何让他们参与？”

单纯依靠正式权力的规则程序难以动员村一级精英。镇一级干部更倾向于通过正式权力的非正式运作，运用私人关系、软硬兼施以“软”为主等手段进行动员。

建立在私人关系上的人情、面子是基层干部常用的方式。“村里确实是没有处的关系好的，工作确实不好做”（王 D2），所以镇级工作人员在工作中会主动交几个“哥们”，方便日常工作的处理。笔者在询问小王“守门人”是不是村委会成员时，“村委……应该不是吧，我也不太清楚他们是不是”。这种不确定的态度进一步表明，他们与村一级联系时，“守门人”的村中职务是被模糊掉的，他们的私交与人情才是显化的行为动机。

Q：我们现在采用的是一套什么样的办法，能让村一级的基层治理能够服从或者是贯彻上面的意思？

张科长：很简单，第一句私人感情，第二句权力。

Q：私人感情的部分大一点，还是权力大一点？

张科长：我认为还是私人感情。

除了私人关系，基层干部还会用“软”为主、“硬”为辅的手段去推动项目的进展。在项目督查中，项目组发现“守门人”很少开展随访和同伴互助活动，张科长为此特意召集“守门人”会议，“我给他们开会了，项目这样下去可不行，办不成事儿。我都嘱咐过了，以后还有这种情况，我就要一对一地说他们了”。“硬”手段是正式权力不得不行使的策略，上级领导在关键时刻用“硬”的态度向村一级施压，使得项目在非正式运作的推动下保证镇领导的治理权威。

（二）进入非正式运作网的动机与意愿

1. 情感与行政双重压力：体制精英的不得不参与

B 村残联的负责人（刘 B2）在许多日常任务安排中，都很难推脱镇上的安排：一是他与张科长在日常工作中建立的“哥们”感情，这种私人关系可能会成为村庄精英无法推脱的负担；二是作为残联负责人，他仍受上级残联的管理，工作态度和效果的好坏会影响到上级领导对他的印象。小王提到过：“……区残联都给村里的专职委员（刘 B2）开着工资，甭管多少钱……你让他干工作就比较好干，所以咱说村里的很多事情都去找他……因为他拿着钱呢，他就得听。”因此，他也曾向项目督导打听过领导对项目效果的评价和态度。

2. 政治地位的升级：非体制精英的额外收益

自上而下传达任务的过程赋予了村一级可以去组织和号召村民来完成某项事务的权力。当“守门人”特别是村委边缘职务人员进入项目的体系时，就获得此政治权力地位上的收益。“以前，我跟他们在村里见了面……就开玩笑，想说啥就说啥，但是现在不一样啊，咱这个事儿是代表政府来的，就不能嬉皮笑脸的，是代表领导来关心你们了，就得严肃点儿。”（赵 B5，B 村护林防火员）

3. 乡土情感：民间互助与情怀

在人际关系日渐疏离的乡村社会中，此次项目以“服务”关爱老人为核心的性质成为村民重建地缘关系的重要机会。

> 我组里这个陈秀英，她老头子走了，她一个人过……她一个人吃，出来进去的，也弄得不干净，身上衣服也比较脏，她岁数也不是很大……这两天有些变化。我就觉得咱这个项目能帮帮她就挺不错。（董 B6，B 村会计）

4. “服务”的合法性：为善意正名

在当今疏离化的村庄背景下，主动去服务他人需要一定的合法性。人们不愿意去参与别人生活，也不希望别人来评价自己的生活，并且民众还会质疑主动关心和帮助他人的行为。

体制人员在本质上是认可项目的价值导向的。“俗话说‘老吾老以及人之老’，我通过这个活动深有体会。原来不是各自孝敬个人爹妈，不了解别的情况，现在参加这个活动嘞，从侧面、从别人的父母，能侧面再了解自己的父母，从自己的父母，也能衍射到别人家的老人。”（董 B6，B 村会计）在这个过程中，他们拉近了与村民之间的关系。“以前常常有事才去找老人，缴水费呀，村里安排事情呀，但现在经常去看看他们，感情也亲近了。”拉近干群干系，获得百姓认同，是任何一个干部的初衷与愿望。

村民志愿者需要为自己的志愿精神和服务行为“正名”的机会。由于 S 村柳大姐（柳 S2）既不是村委会成员，也不是老年人饭桌的工作人员，她在自愿去照顾老人时会顾虑到他人的眼光，“现在人都自己过自己的日子，你去关心他们，他们可能就想着你是不是有什么打算，是要想当个官啊，还是其他的”。柳大姐亟须一个“名头”来证明自己的善意行为并非有所企图，而此项目恰恰给予了她一个合法的身份。

（三）运作逻辑：讨价还价与互通共融

1. 项目过程：讨价还价的惯习

“守门人”参与项目时并非竭尽全力地完成任务，而是希望以最少的投入完成工作，不断与研究者、镇政府讨价还价。

项目初期：试探边界。“守门人”会在执行初期存在消极怠慢的情绪和状态，并不断地去试探镇政府的“底线”。如“守门人”被要求走访组内老人，定期组织同伴互助活动时，他们会以“老年人忙着收杏子，没有时间参与”（谷 B4，B 村护林防火员），“老人他们不愿意随便出门，你要去她家里看看她还行，让她出来她就不愿意了”（李 B3，文化组织员）等理由阐释自己无法完成任务的原因，致使项目初期效果和设定要求有所出入。

项目进行：明确边界。前期任务完成不理想时，镇干部开始量化并考核部分任务，如明确规定“守门人”开展活动的周期、内容，要求填写走访记录表。当然，即使有量化指标，有的“守门人”仍会寻找弹性的空间。如有的“守门人”在走访时，并不会严格遵守两周走访一次的要求，“有时间了，溜溜达达的就去了……（走访）时间定不了，定时间了，你不去了，人家说你怎么个事儿，哪回想起咱哪回就去了，说不定今天去了我明天还来，但也可能在路上碰见了就聊一聊”（谷 B4，B 村护林防火员）。但总体而言，量化的手段成效依然显著，在后期评估时，“守门人”基本上都能完成走访记录，按照项目的标准完成相应的任务。

项目落地：适当地完成。镇一级和村一级会对各项任务进行考量。对于镇政府认为不能让步的部分，镇一级会制定量化考核指标，如中期考核之后设定了对于走访频率的考核方式，村一级就会在面临可能被直观检查的考核时按时完成任务；有些没有进行量化考核的部分，实际上是镇政府和研究者对村一级做出的让步，如每次随访的时长、同伴互助的参与人数等，这种任务的完成会有很大的自主性，也就给予他们一定的自主权。

项目落地的整个过程，以讨价还价的弹性机制呈现，以边界从模糊到明确过渡，双方在试探与妥协中适当完成并结束任务。

2. 未预结局：互通共融

> S 村的谷书记是 S 村老年餐桌的负责人，自 2012 年老年餐桌设立之后，谷书记就负责在老年餐桌做饭。因为 S 村人口较少，青壮年更多是外出打工，并且村庄多为山路，老年人出行和活动都多有不便，所以老年餐桌成为老年人联系感情的重要场所。谷书记作为餐桌的负责人，与老人的关系比较密切，在老人有需要的时候，就会积极为老人解决困难。所以，她对此次的老年人心理干预项目的价值也极为认可，并在镇政府和村委会组织"守门人"队伍时积极地加入进来，成为"守门人"一员。在中期评估时，谷书记在村委会换届过程中成功被选为 S 村的村支书。

在此案例中，谷书记参与到"守门人"队伍中的主要动机是对项目的价值认可和关爱老人的志愿行为，这种"为善"的精神，使她完成从普通村民向村干部的身份转变，对她来说是个"未预结局"（unintended consequence）。[①]

（1）"干部"的转身：从管理者走向服务者

而本研究项目是"服务型"项目，往常以"管理者"形象自居的村干部及镇干部，都可能由于项目性质的变化而逐步实现形象的转型，走到群众中间，实现一次华丽的转身。

村干部，作为"守门人"重要主体，通过服务路径从管理型身份向"管理与服务"的多元身份转变。"以前都是老人们有啥事儿就来大队找我们，现在没事儿我们也会去找他们。"（孟 B7，B 村统计）他们也因此得到民众的支持、尊重和认同。谷书记说道："有一天我去看一个老太太，她看我来就往这处走，我说干什么，给我一包冰糖，（我）特别感动。一个老人，你有事，你对她好，她也对你好。"（谷 S1，S 村村支书）

对于村委会成员来说，此项目唤起了他们部分成员的服务精神和情感，他

---

① 未预结局（unintended consequence）：未预结局是社会行动理论之一，景军参照并综合默顿、Blok 和 Elias 三人的看法做出如下定义："未预结局属于社会行动者既没有刻意制造也根本没有预想到的社会行动后果；这种后果不应该简单地被解释成为由于意外事件所导致，因为它与社会行动者的具体意图和行动方式有着直接或间接的因果关系。"参见景军《移民、媒体与一位农村老年妇女的自杀》，载《中国乡村研究》（第 2 辑），商务印书馆，2003。

们开始理解和认同这类项目，并有意识地转变基层治理的角色。这也是项目后期能够顺利开展的重要原因之一。

镇干部则呈现较强的推动项目进行的内在动力，他们甚至自己亲身参与到老年关爱的服务中去，“张科长也是很关心我们这些老人，经常来看我们”（许A2，S村老人）。其中最重要的原因，一方面是项目本身的“服务”理念和关爱精神让镇干部能够产生认同，“我觉得，这个项目的意义在于你现在关怀别人，对自己的家人更应该关心，大家推己及人，推人及己，应该这个是重点”（张D1，社会事务管理科科长）。另一方面是在将项目推进入村、监督“守门人”执行的过程中，他们也会更有底气，更有把任务推行下去的责任感。

（2）有志愿精神的村民志愿者

村民志愿者在项目中的融合，在于他们的志愿者精神在这种正义性和合法性的平台上得到了彻底释放，并获得了村民的认可。他们是“守门人”队伍中是较为积极和投入的一类人，这种态度会感染到其他“守门人”和村里人，他们主动去投入村庄的志愿服务和建设。S村的谷书记，从一个有志愿精神的老年餐桌的负责人到最终成为村书记，就是一个典型。

（3）老人

在走访时发现，有些老人对村委会的人员其实有很大的不满，“人家是当官的，怎么指望人家来看咱们……有什么好事儿也是当官的干”（杨A1，B村老人）。在老人的心目中，村干部是有隔阂的身份，且老人一开始对活动的抵触情绪有很多——既不给钱，也不能解决当下的生活难题。但是随着项目的推进，“守门人”明显感受到老人态度的转变：“最大收获就是老人跟他聊天，从刚开始介入聊天，老人有一些抵触，不愿意说。但是他做活动多了，次数多了之后……就说心里面不高兴的事想跟你说了。还有做活动，比如说最近手指操……一开始也说身体不好，不愿意做这个。但是一次两次之后，往那一坐，也都愿意做了。”（刘B2，残联专职委员）在此过程中，老人也更加期待政府和体制精英的关注：“领导和亲人都一样。只要关心我们就行。我们也希望，甭管啥，村里能多组织点活动，跳跳舞呀，唱唱歌呀。”（刘A3，S村老人）

整体看来，本次项目是在一个讨价还价的过程中达成了项目适当完成的结果，但是它又出现了一个“未预结局”。干部向“管理者/服务者”多元身份的转型、村民志愿者的被吸纳与价值实现、村民和老人的认同与支持，使项目逐渐从过程形式的讨价还价与博弈走向实质意义的多方互通与共融。

四 总结与反思

本研究立足于一项在北京郊区农村开展的以“服务”为核心的老年心理干预项目，探索正式权力的非正式运作在基层治理中的过程和逻辑。

在“服务型”项目落地过程中，无论何种角色，他们都更多的是“服务者”或者“管理者/服务者”的多元定位。因此，其中所体现出的正式权力的非正式运作和以往的以治理与管理等强势项目所体现出来的逻辑有较大差异。中国的基层治理走过漫长的汲取和悬浮状态，干群危机与干群疏离都不是理想的基层治理形态。一直以来，国家提倡向“服务型”政府转型。党的十九大报告提出要“打造共建共治共享的社会治理格局”，习近平总书记强调，要进一步优化基层政府服务职能，加快形成社会治理人人参与、人人尽责的良好局面。[①] 因此，基层政府如何向“服务型”政府转型、深入农村动员和组织社会各方力量都是基层治理中亟待解决的问题。本研究所基于的农村老年心理干预的项目，与当前国家推行以服务和改善民生为导向的国家政策一致，其落地过程呈现基层权力走向“服务型”功能的新特征与新经验。道德上无可争议的正义性，使这一“服务型”项目在落地过程中呈现与以往项目不同的生命力。

参考文献

贺雪峰：《村庄精英与社区记忆：理解村庄性质的二维框架》，《社会科学辑刊》2000 年第 4 期。

黄博：《村庄精英治理的生发逻辑与优化路径——基于政府、精英和村民视角的分析》，《湖南农业大学学报》（社会科学版）2017 年第 5 期。

景军：《移民、媒体与一位农村老年妇女的自杀》，载《中国乡村研究》（第 2 辑），商务印书馆，2003。

---

① 《形成社会治理人人参与人人尽责良好局面》，人民网，http://theory. people. com. cn/n1/2018/1105/c40531 - 30381855. html。

油房营村2020的向往

王化军*

人类存续所不可欠缺的条件，就是要对自身的态度、目标和行为进行不断地变革，摆脱贫困，实现对美好生活的向往。

一　将目光投向贫困

笔者的父亲过去是民族干部，2006年去世时留给我们唯一的财产就是几十本日记。几乎一年一本，笔记本上列出了不同时期农村生活的各种困难，他设想了很多摆脱贫困的计划，并且认为十分有必要尝试一番，更希望别人能最终做得更好。的确，要摆脱这一困境并没有其他办法，必须着手将各种事实和理论综合起来，正视贫富不均和公共保障不平等日益严重的问题，动员全社会的力量创建体制机制，着手建设中国特色的社会福利制度，达到对所有人更加有利的生存状态。自治区对脱贫攻坚的时限要求是2019年基本完成，测算一下，意味着每月要减少1.54万人，每天减少508人。本文中被调查的内蒙古乌兰察布市卓资县旗下营镇油房营村，是国家级贫困县的一个重点贫困村，而笔者就是驻村扶贫干部之一。

读者看到的，就是此时此刻脱贫攻坚路上的油房营村，这里有徘徊、思考、奋斗、艰辛、喜悦和向往。

---

* 作者简介：王化军，内蒙古自治区文史研究馆办公室主任，目前在内蒙古乌兰察布市卓资县旗下营镇油房营村驻村扶贫。

二　了解油房营村

内蒙古通志馆馆长邢野先生判定油房营村人的祖辈源于明末清初持续到民国期间“走西口”。他查阅了1988年内蒙古自治区地名委员会出版的《内蒙古自治区地名志·乌兰察布分册》，该书记载该村有种植大葱和进行食用油加工的传统，故在1982年乡镇区划命名时，定名“油房营”村。“油房营”这三个字被历史文化风化后可以变成一种消费概念，具备在市场同类产品中的特性。

从地理位置上看，油房营村坐落在内蒙古首府呼和浩特市边缘，距离北京400多公里。全村面积为12平方公里，由4个自然村组成，处于大青山自然保护区的核心区域，紧邻G7高速和105省道。按数学术语说，油房营村的临近城市应该具有驯服性和稳定性，实际并没有明显的激励和创新因素。油房营村的这种模型，在中国北方有一定的比例存在，这恰恰回答了中国农村类型的一些细节问题。

1. 这里的人们

全村户籍人口有753户1769人，实际外出流动人口为1076人，占户籍人口的60.8%，常住人口有345户693人。常住人口中，60岁以上的有355人，占51.2%，青壮年劳力有306人，占44.2%。其中，建档立卡贫困户有130户282人，占常住户的37.7%，占常住人口的40.7%。2019年清零达标之后，还有38户80人待脱贫。油房营是国家级贫困县的重点贫困村，45.4%的建档立卡贫困户是因病致贫。

户籍规模总体没有改变，但是流向城市人口并不是稳定的比例，随即发生了留守老人、留守儿童增多，劳动力不能回流，经济发展缺乏持续来源，无村集体产业，单身以及离婚率增高，乡村党支部会议党员缺席率较高等问题。继续观察就会发现，该村有108个常住单身男村民（下文称“鳏夫”），占据常住人口的15.6%左右，占常驻男性人口的三分之一。邻村也有类似情形，但是油房营村的比例实属较高。

2. 这里的土地

油房营村有耕地4100亩（其中水田3200亩），按户籍人口计算人均耕地不到

3 亩。实际耕种 2730 亩，闲置地面积 1370 亩，流转了 500 亩。该村产业以种植业和养殖业为主，有种植大葱的传统。农村改革的核心是土地问题，但是农民们认为阻碍了他们种植愿望和改变他们生产生活方式的不是土地而是水，这正是农民正在普遍关注的问题，也是一个狭隘的现实问题。因为国家投入了 50 多万元已经解决了 4 个自然村人畜饮水安全问题，而作为旱地和水浇地产量调节手段的“水”却依然困扰着村民。

三 贫困和政策

实例 1：贫困户与产业化链条。130 个建档立卡贫困户中缺资金的有 17 户 33 人，占 12.5%；缺劳力、发展动力不足的有 19 户 28 人，占 11%；缺技术的有 16 户 35 人，占 13%。实际上这里面包括两个维度，一个是贫困户，另一个是非贫困户，两者都是产业化链条上的重要人口。贫困户是实际存在的，非贫困户也不是抽象存在的。他们的劳动力和资本，都是生产要素。两者的财富都可以用来分配，特别是非贫困户劳动创造的财富占全村的份额更大。如果用长远的眼光来看的话，贫困人口财富的增长应该取决于全村财富的积累，并逐渐占有更大的利润份额，而不是单纯地把贫困户强加到产业链条上，期待其异军突起。我们不能编剧和导演市场，必须在经济规律内铺垫角色适应演变。

实例 2：住房与自有住房。2018 年和 2019 年全村一共改造危房 132 户，其中 C 级（除险加固）改造 48 户，D 级改造（除险或拆除重建）84 户。无论是贫困户还是一般户，大多数人对待房屋的心态要比我们想象的更平和，不过事实不总是这样，这里列举几个与这种情形对应的例子：村民帅钱印说他的房屋没有维修，经查他不是常住户；韩三板和石德英申请房屋维修，经县住建局鉴定不属于危房；石三板申请盖房，实际她和他人共同生活 16 年，而与她共同生活的人的房屋已经维修；赵老女及其儿子张占文就又特殊了一些，他们未拆除旧房且重建了 26 平方米新房，且不入住。村民们把安全稳定的住宅排除在自己的资本之外，强调自有住房的价值，这给驻村工作队的干部开展房屋评估带来了误差，修正值总是在变化。为了帮助村民更好地理解安全住房的具体形式，强调住房与自有住房的差异性并不影响安全稳定居住的评估，租住、合住、自住、借住以及入住幸福院等都属于住房安全有保障，理解政策非常重要。

实例3：贷款和利益。这一方法非常吸引人，全村小额扶贫贷款有22户100万元。扶贫小额贷款的对象为建档立卡贫困户。如果发放的贷款能够让贫困户渡过难关，并能让借贷人如期归还贷款，我们一般认为群众增加了财富。扶贫小额信贷是“5万元以下、3年期以内、免担保免抵押、基准利率、财政贴息”的贷款，期限上一般不超过1年。大多数村民贷款用于发展养殖业，这种附加值较高的养殖业的加工业周期一般需要2年以上或更久，非常短期的贷款创造新资金的实际情况应该不多见，这就是贷款期限与农业生产周期如何匹配的问题了。从调查阶段上看，大多数贫困户能如期还贷，笔者本来以为这是个奇怪的事情，实际上部分贷款的农户在紧急情况下会借助一些高利贷（2~3分利息）提供的资金，以保障按期归还贷款，接续下一年的贷款。这一事实并不是贷款状况反常的标志，因为几乎所有的激励工具和手段也相应存在局限性。

实例4：慢性病与政策优惠。油房营村整体农民的医疗保障问题得到了重视，不过从整体退出贫困来看，还是存在村民尚未办理慢性病专用病历而无法享受政策性兜底问题。全村患有慢性病建档立卡的贫困户，由于经济困难没有进行住院治疗，或病情不需要住院等情况未能申报办理门诊慢性病病历的并不多，但基本被列为贫困边缘人员。他们中间任何一个人被重新识别为贫困户，整村退出贫困就难以保证。如果上级医疗部门开启慢性病“家门口”办理模式，现场为贫困户进行慢性病筛查及慢性病现场证件办理等服务，漏评的可能性就更小了。尽管现场办公在很多细节方面与村民会有争议，但是有助于村民理解很多令人困惑的问题，比如“为何我没有被列入慢性病兜底”。

实例5：丧失劳动能力者和“懒人”户。全村老年人、重度残疾人、因病致贫以及无劳动能力的户别中享受低保（乡村最低生活保障）的有325人，直补（中央粮食种植直接补贴）的有77人，“五保”（保吃、保穿、保医、保住、保葬，孤儿保教）的有37人，享受残疾人补贴的有9人。贫困户中的159人列入了低保，占贫困人口的54.6%。

不可否认的是，低保政策在村里客观上确实已经存在“养懒人”现象，引起了部分非低保户的不满，“懒人”户不止一两户。当然，为了避免误解，笔者走访了“五保户”李宝柱和低保户李文清。孤身一人的李宝柱62岁，智力和听力不属于正常范畴，如果他没有积蓄且劳动力随着时间消退，那他的养老权将受到制约和挑战，因此享受“五保户”兜底政策。事实上，对于60岁以上的人来说，劳动力的退出并不是“偷懒”，而是他的年龄使他获得了养老资源的配置权利。再说李文清，他47岁，如果在几年内进行比较，前后差距显著。比如他经营过小饭店，耕种过田地，有妻子和两个女儿。嗜酒的李文清在追求不同的具体目标时都懵懂地半途而废，并对烫伤落下的残疾负自主责任。虽然国家有改造危房的配套资金，但他依然交不起自筹部分而搬进了幸福院。如果将其归为“懒人”不予低保，那么他的两个孩子的教育权和患有残疾的妻子的健康权将无法获得保障。

四　财富和现代化

在村委会的广场上村民正在辛勤地晒红豆，一亩半地生产了400斤，每斤3.5元，合计1400元，除去化肥、种子、地膜、人工等，剩余800～900元，每亩纯收入500元左右。辛辛苦苦一年，利润这么低吗？这不是错觉，笔者认为这是相当合理的。土地的收成在过去的很长时间内并没有显著提高，流向土地的资本也越来越少，劳动力开始流向城市。现在可以说，产量增长不一定是因为劳动量增加了，农业资本积累出现与技术、知识关系更为密切的现象，这不是直觉，这是农业文明发展进程显示的新特征，或者说是当地农民耕作方式习惯及种植资源优势需要与工业化的交锋。于是，我们提出了就地取材，建设以玉米、葵花、大豆等为原料精炼植物油加工企业的计划。经村民代表大会通过，报镇党委、政府领导批准，油房营开始第一次建设集体经济实体。注册了商标“油坊营”，制定了《卓资县“油坊营”食用油加工厂项目企划方案》。

在实践中，我们观察到一个规律，就是周围乡村的杂粮、豆腐、水果等产品的市场正逐渐缩小，导致部分生产作坊停产。尽管缺乏长期的观察数据，我们也可以测算继续生产的企业并没有多少利润，还没有实现给村民的福利和分红。这告诉我们一个信息，他们的农产品在市场机会和地位与他们预期的实际不平等。显然，没有定义产品和进行供给侧研究，这一结果是事先注定的。

此外，包扶单位镇政府2019年投资的户外擎天柱广告牌成功出租，每年6万元，合同签订了两年。在植物油加工厂还没有产出之前，这是集体经济的主要来源。相邻的乡村也要建设广告牌的时候，笔者说油房营村广告牌之所以能出租出去，是多种力量共同作用的结果，不可简单模仿和武断建起，在信息传递多元化的形势下，户外擎天柱广告牌挣钱不是必然逻辑。

财富有不同的来源，功能各不相同，让村民有获得感才是比较过去真正的变化，财富与人的关系才会真正密切。我们计划用集体经济收入逐步担负全村常住人口基本医疗保险个人缴费部分，如果未来利润继续增长，我们会逐步减免每户的水费、电费和其他公共服务支出等。由此，我们要设法让集体经济获得长足发展，保证这个福利的连贯性，这需要勇气和担当。

五　贫困户和非贫困户的波折与起伏

8月份的某天，县里对脱贫攻坚的成效进行了初验评估，群众的满意度为81.25%。这一结果让许多干部处于巨大的压力之中。国家第三方评估将贫困户错退率、漏评率以及满意度都作为主要考核指标，其中错退率高于调查样本的2%，漏评率高于调查样本的2%，满意度低于90%，贫困区县就不能摘帽。主要问题在于一是可能存在漏评、错退人口12户13人；二是群众对脱贫政策理解有误，需要政策解释的有21户；三是危房改造、基本医疗保障、社保等方面需要继续办理的有28户。

上文说到，贫困村里始终存在贫困户和非贫困户两个维度，随着扶贫政策的不断落地，贫困户的生产生活条件发生了显著变化，但与之而来的是部分非贫困户心理不平衡，可能影响认可度的问题。非贫困户的初验的满意度为87.5%，不足90%。如果不耐心地梳理事实和专项治理，这些数字未来仍存在变化广度，非贫困户的满意度是不会自动平衡的。

现实问题是，无论是贫困户还是非贫困户，都是同属地的，是有机统一的整体，提高生活水平是贫困户和非贫困户的通用途径。我们的目的不是深究贫困户和非贫困户的不平等问题，而是想改善一下粗糙的做法，让每个村民都能获得合理和连续的知识、技能和收入分配。对人群可以进行精细的划分，包括待遇的划分，但对于知识和技术，非贫困户、贫困户共同学习并不矛盾，能给他们带来共同的社会与经济现实。

没错，贫困户和非贫困户是一个历史动态，贫困将无限接近零。历史视角和共同富裕的数据告诉我们，只有所有农民增强实力、延续优势，他们的生活水平才会提高，否则财富收益将永恒补贴给收入越来越少的人。9 月末，工作队向帮扶贫困户责任人印发了《一般户邦联档案问题清单》，并建立了《一般户基础信息台账》，及时进行走访调查，摸清底数，解决非贫困户的相应困难。

六　体制和政治因素的关键性作用

纯粹的技术和经济是没有极限、道德的，民主和管理的进步依赖于政治力量，所以体制和政治因素在脱贫攻坚中具有关键性作用。

1. 村“两委”的运转和待遇

2019 年 7 月 25 日，村党支部和驻村工作队党员共同举行了 7 月党日活动，与会党员重温入党誓词，缴纳了当月的党费，上了 15 分钟的党课。57 岁的党员郭金秀展示党费收据的镜头被刊发在 7 月 28 日的《内蒙古日报》上。不过，当天的党日活动应到全体党员 28 名，缺席 10 名进城务工党员。此外，党员队伍的年龄差异也很大，党员武福喜 86 岁，杨文香、陈芳芳 29 岁，平均年龄 50.4 岁。一部分优秀青年进城或外出务工经商，导致青年党员和入党积极分子缺乏。令人眼前一亮的是大学专科以上学历的有 5 人，占了 17.9%。

在绝大多数情况下，依靠学习、教育、工作和典型事例这些可靠途径可以转变生活现状。如果程度较大，发挥关键作用的还是组织制度。资料显示，2018 年 8 月，结合村民委员会、村支部委员会换届，上级机关对村民集中反映的村主任、村支部书记违纪问题进行了处理，优选一名建档立卡贫困户担任村支部书记（兼任村民委员会主任），强化了民主议事，规范了村务公开。实际上，现在接到的诉求，并没有较去年增长，很多是促进工作的建议，以及对处理遗留问题的一种回顾，这种动态是很正常的，表明新的干群关系正趋向平衡。

扶贫需要钱，在和村“两委”干部探讨干部队伍待遇的时候，自然而然也谈到了“钱”。村“两委”5名干部中，只有村党支部书记、村委会主任李虎俊有基本报酬2万元/年。李虎俊在上任前也是建档立卡贫困户，从2018年落实基本报酬后稳定脱贫。由此，他进一步加强和规范村干部工资待遇的管理，逐步提高村干部报酬待遇，做到干有所酬，退有所养，不断激发干部的工作热情，充分调动村干部的工作积极性、主动性和创造性，这也是加强农村基层组织建设和村干部队伍建设的客观需要。比如，进一步规范村级干部工资待遇标准，推行工资“保底”制度，对特困村的状况要适当给予政策扶持，建立村干部工资增长机制，满足村级干部的基本生活需要，确保村级组织正常运转。当然，也要建立村级干部工资待遇的考核和监督机制。村干部工资待遇还可以与培养村集体财源联系起来。

2. 驻村工作队的工作和成就

在还有一个月就要进行省级评估验收之际，130户贫困户已经脱贫92户，剩余的38户也有了脱贫的工作措施。然而，工作队果断提交了13户可能存在漏评的贫困户，这个数字让督查总队的领导为之一震。这个数据是否存在近似的估算，仍然不够确定，但是漏评、错退率大于2%，可能存在对脱贫成效的一票否决。各个村的漏评、错退率近乎为零，而油房营村此刻的数据远远高于2%。这是一个事实，我们对各种原因的剖析也改变不了在逻辑上存在必然，因为贫困不能假定为零，工作队必须把精准的数字抓在手里，让脱贫率不断上升，与全面建成小康社会齐头并进。

七　绿水青山与金山银山

习近平总书记巧用“绿水青山”和“金山银山”来作比，形象地揭示了环境保护和经济发展之间的关系。

1. 没有撤掉的通告牌

油房营村的最北端就是绿水青山，是国家级大青山自然保护区的核心区。伴随着绿水青山应运而生了国家级4A级景区九龙湾旅游区。景区计划耗资2.3亿元，到2020年将九龙湾生态旅游区建成综合服务性生态旅游养生基地。2017年8月5日卓资县委第8次常委会议研究，发布了《卓资县人民政府关于对红石崖寺、九龙湾两处旅游景点停业整顿的通告》，责令进行停业整顿，待生态环境治理完成、相关手续审批后重新开放景区。通告并没有限定整顿结束时间，如今两年多已过，通告至今立在油房营村的防火检查站。

2. 没有到来的绿水

河水被附近的旅游景区隔离后当地村民被迫种植玉米等旱地作物，村民们对此提出了严厉的批评。旅游区开发商可能还没有注意到错误的严重性，觉得村民适应了土地的变化就好，而截留河水变成观光的人工湖也带来了商业收入。数据显示，全村有2000多亩水浇地变成了旱地，这种土地面积的变化还会继续，减产也还会继续。如果，本报告在撰写时在许多方面回避这个情况，笔者认为是错误的。油房营村的土地能够让适应它的生物生长，但环境不会自己调节也会造成衰退，最明智的方式就是采用制度和法治尺度进行干预，生态文明不是喊出来的，那个通告牌久立不撤，并非无缘无故。

3. 没有现成的金山银山

从实践来看，油房营村周边一些有地域优势、有特色资源的绿水青山通过民宿经济、旅游经济、产业经济等已经变成了金山银山，有的环境与发展已经进入良性循环。首先需要的是一个能够联系村民和市场的供给抓手，把绿水青山变成金山银山的实践和全面脱贫攻坚的实践有机地结合起来。

驻村工作队和村“两委”的干部也曾考虑贷款或者引进资本大力发展旅游，但也不得不慎重。油房营村虽然是在内蒙古首府呼和浩特市的辐射圈内，利用九龙湾的自然资源和美丽村庄的人文资源发展民宿经济和农家乐经济，理论上可以取得成功，但是上文说到成功不可以复制，甚至越来越难以复制。其中缘由，一是城镇购买力总体不足。近几年，生态旅游遍地开花，但受制于交通不便、经济基础弱、人文资源缺乏特色等因素，很多规划的绿水青山还没有变成金山银山。二是让村民具备把绿水青山转化成财富的能力，改善收入状况，过上小康生活，资源并不是唯一的问题，人的技术和技能因素是关键。绿水青山要长效地转化为金山银山，村民们必须学会自己设定目标以及承担风险。三是乡村经营与诚信也要持久和相对稳定，才有利于资本和游客的聚集，这些地方的发展转型或者脱贫致富才有真正的希望。

就在前不久，油房营村沿着去往九龙湾旅游区公路建设了270多亩的经济林，里面有5000多棵李子树。按照《旅游景区质量等级的划分与评定》《旅游景区质量等级评定管理办法》，4A级景区年接待海内外旅游者应在50万人次以上，那这片经济林的前景将十分可观了。不仅仅是水果的采摘，还可以发展林下的笨鸡饲养、蔬菜与药材种植等。这一设想甚至引起了周边乡村干部的共鸣，我们反复地提醒油房营村的经济林绩效目标是不可复制的，我们的分析数据是一种自动获取，我们还要进行必要的游客流动性调研，然后制订一个具体的投资和开发计划。之所以这样说，是因为虽然周边乡村经济林与油房营村还没有相同的例子，但操之过急引起损失的例子却不缺乏。

八　近期以及 2020 的向往

全社会都对“两不愁、三保障”报以严肃的关切。对于油房营村的村民来说，2020 年或者更具体的某一天就是他们摆脱贫困的日子。

此刻，我们正密切关注三个问题，一是植物油加工厂的建设，已经建起厂房，设备已经确定型号，有关手续几近完备，力争 11 月份投产。二是秋季到来，加深了村民农产品销售的无助感。自治区扶贫办的干部向我们提供了财政部、国务院扶贫办、中华全国供销合作总社关于印发《政府采购贫困地区农副产品实施方案》的通知，以及内蒙古自治区财政厅、扶贫办的《关于运用政府采购政策支持脱贫攻坚的实施意见》，我们及时填报了《国家级贫困县重点扶贫产品供应商推荐名录》，将油房营村的植物油和大葱等特色产品做了推荐。同时，我们发挥农牧业农民专业合作社的带贫模式，与贫困户建立利益联结机制，经县扶贫办推荐参与自治区农校对接，农牧业产品订单优先贫困户销售受益。笔者跟老乡们说，市场有足够的购买能力，但是小推车、小拖拉机沿街叫卖的方式，恰恰切断了与市场的联系。只有在宏观层面推行国家的应对措施，困境才能高效解决。可见，经济和政治是紧密交织的，如果想解决长期的发展趋势，必须一起研究，而不能凭想象力。三是 13 个可能存在漏评的贫困户。9 月 26 日，自治区扶贫开发领导小组按照国务院扶贫办的要求，印发了长达 44 页的《内蒙古自治区 2019 年度扶贫对象动态管理和数据信息采集核查核准工作方案》的通知，要求“认真进行数据比对和入户调查核实，准确掌握新纳入贫困户信息，确保应纳尽纳”，这与驻村工作队提出的“应进尽进，不设上限”完全一致。这 13 个贫困人口将在 11 月中后期开通的全国扶贫开发信息系统中完成新识别贫困户数据录入工作，2020 年一并脱贫。

贫困乡村产业发展实践调查与发展机制研究

——基于贵州省修文县岩鹰山、崇恩两个村的田野调查

熊德斌　李佳欢　王雪纯　华　南

余嘉淇　石　聪　彭仕兰　欧阳洪姝*

一　引言

农村贫困问题一直是困扰中国的重要社会问题，主要表现在村内各类要素禀赋生产效率低下、发展严重不充分。党的十九大明确把精准脱贫作为决胜全面建成小康社会必须打好的三大攻坚战之一，鼓励通过开发式扶贫，助力产业兴旺。产业兴旺是农村彻底摆脱贫困陷阱的有效方式，其核心地位在于：一是承载贫困乡村村民“两不愁、三保障”的物质基础；二是发展与壮大贫困山村集体经济的前提；三是改善贫困乡村社会治理的途径。

全国各地贫困乡村产业发展实践丰富多彩，在经历多轮扶贫战略的实施后，已经逐渐从单纯依靠外在扶贫力量的初级发展模式过渡到主要依靠内生动力的更高层次的持续发展模式。本文基于产业发展的视角，通过实地调研贵州省修文县的两个相邻的贫困村落，从时间维度对比分析两村的要素禀赋、产业结构、基础建设、发展成效和经济组织等基本情况，探究贫困村产业发展实践与转型升级的机制，以期在脱贫攻坚大背景下，为贫困地区的经济发展提供经验参考。

---

* 作者简介：熊德斌，贵州大学经济学院教授。李佳欢、王雪纯、华南、余嘉淇、石聪、彭仕兰、欧阳洪姝，贵州大学经济学院硕士研究生。

二 调研理论框架与方案

（一）调研的理论框架

林毅夫指出，一个经济体在每个时点上的产业和技术结构内生于该经济体的要素禀赋和结构，与产业、技术相适应的软硬基础设施也因此内生决定于该时点的要素禀赋结构。经济发展过程是动态的过程，随着时间推移，人口、资本都会发生变化，要素禀赋结构也随之改变。在农村经济发展中，经济组织是发展产业的主体，产业与经济组织的发展内生于要素禀赋。在既有要素禀赋约束下，贫困乡村发展不充分导致传统的家庭农业经营方式退化、经济组织缺乏内生能力，进而农村劳动力大量流失，乡村长期陷入贫困陷阱，图 1 给出了贫困乡村恶性循环形成机制。

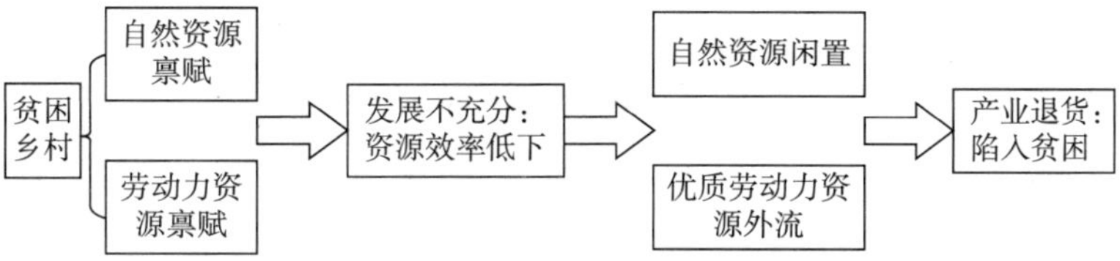

图 1 贫困乡村恶性循环形成机制

改变贫困乡村产业退化，实现产业兴旺，必须以要素禀赋的改善为前提。产业发展一是需要完善公共基础设施以降低产业对外交易的成本；二是需要企业家发现贫困乡村的潜在红利；三是需要资本提升生产力水平，提高生产效率；四是需要合适的劳动力，推动产业发展。公共基础设施、企业家、资本与劳动力四大要素不会同时涌现，而是一个随时间逐步集聚的过程，因此构建了如图 2 所示的贫困乡村产业兴旺的理论机制。

（二）调研方案的基本构成

本次调研主要通过三种途径了解产业变迁过程：第一，通过与村委会访谈了解公共基础设施情况、当地要素禀赋及产业变迁；第二，通过农户问卷调查了解农户的就业变迁、收入情况；第三，通过与大户、经济组织访谈了解当地产业发展具体成效和发展困境。

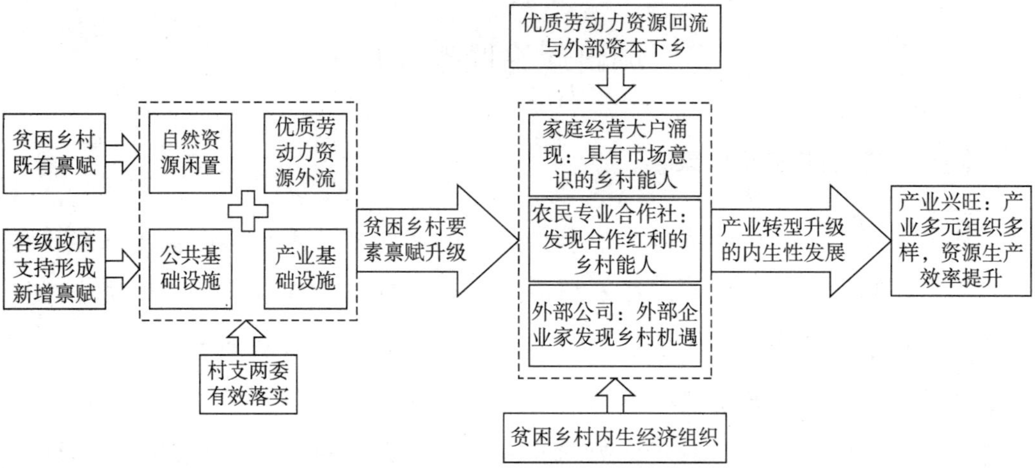

图 2 贫困乡村产业兴旺的理论机制

三 岩鹰山、崇恩村产业变迁调查分析

岩鹰山村与崇恩村位于贵阳市修文县小箐镇地界，距乡政府 9 公里，两村相接，产业发展趋势相同，都实现了“贫困村”脱帽。本文从以下几个方面展示调查内容。

（一）岩鹰山村基本情况

1. 要素禀赋

（1）土地及耕地分布情况

岩鹰山村呈东高西低梯形状，总面积约 20 平方公里，耕地有水田 849 亩，旱地 1515 亩。156 公顷的森林覆盖山头空地，环境水土保持良好，村内种植猕猴桃、西红柿、辣椒等经济作物。

（2）人力资源禀赋

全村辖 19 个村民组、815 户 3460 人，主要居住有汉、苗两个民族，其中苗族 182 户 860 人，占全村总人口的 1/4。20～60 岁劳动力人口有 800～1000 人，外出务工人口众多，村里缺乏劳动力，60 岁以上老人有 1000 多人，老龄化严重。

2. 产业发展

岩鹰山村于 2013 年由“三村一组”合并而成，村民以传统农业和外出务工为主要收入来源，村内劳动力外流现象明显，经济发展落后。随着脱贫攻坚战略的实施，岩鹰山村的产业开始转型和升级，并取得了一定的成效，当地于2016年实现“贫困村”脱帽，其产业变迁如表1所示。

表1 岩鹰山村要素禀赋与产业变迁

时间	要素禀赋	产业与新增产业	发展新困境		解决之道
			外部因素	内部因素	
2013年	自然禀赋优异	肉鸡养殖场、蔬果基地、猕猴桃种植	道路条件差	年轻劳动力外流、缺少产业发展资金	“返乡创业”优惠政策的推进
2015年	夏季天气凉爽、自然环境保护良好	建立了首批避暑山庄农家乐	道路条件差	避暑旅游产业初创时期成效较差	“组组通”项目的实施
2017年	道路条件得到改善	避暑旅游业规模扩大、初创猪养殖产业	避暑旅游业管理混乱，出现宰客现象	旅游产品单一	村委协调管理，促进避暑旅游业规范
2019年	道路条件进一步改善	各产业规模扩大，新增蜜蜂养殖产业	基础设施有待改善，农旅行业缺乏统一标准	产品销售半径小	—

岩鹰山村扶贫攻坚初期，各项基础设施不完备，但良好的自然禀赋吸引了公司入驻。一方面，山村的自然环境良好，为种植业的转型提供了良好基础；另一方面，当地土壤满足猕猴桃生长的土质要求，是种植优质猕猴桃的重要条件。这一期间，山村也面临诸多困境：一是从禀赋上看，山村缺乏资金、大户能人稀少、道路条件差；二是从政策上看，产业发展的政策扶持力度不够。

截至2019年7月，岩鹰山村的避暑旅游产业带动了当地消费近2000万元，福裕众源公司流转土地规模达3000亩，种植了1000亩猕猴桃、1000亩蔬菜，此外，新建的蜜蜂养殖基地规模已经达到400箱，并种植了包括枇杷、桑葚、猕猴桃、樱桃等在内的多种经济作物。

3. 党支部发展与村集体经济

岩鹰山村充分利用良好的生态环境优势和基层党组织的战斗堡垒作用，通过发挥驻村干部优势，培育党员致富带头人，带领岩鹰山村困难群众40户发展种养殖业增收致富。2013 年，农业园区成立党支部。岩鹰山村党支部与农业园区党支部凝心聚力，共同致力于岩鹰山村的脱贫攻坚工作，升级创建市级创新型党建示范村。园区党支部通过近 6 年的合作，使岩鹰山村的群众看到了希望、获取了实惠，两个党支部并驾齐驱，为打赢脱贫攻坚战提供了坚强的组织保证。

（二）崇恩村基本情况

1. 要素禀赋

（1）土地与水资源情况

崇恩村总面积为 11.6 平方公里，耕地总面积为 8502.39 亩，其中承包地面积为 5819.34 亩，其他耕地面积为 2683.05 亩，392 公顷的森林覆盖山头空地，植被和水土保存良好。村内水资源丰富，饮用水基础设施完善，蕴含丰富的天然温泉水资源，温泉井深 1973 米，水温 40℃左右，为碱性水，水质较好可以直接饮用。

（2）人力资源禀赋

全村辖 17 个村民组、864 户 3285 人，以汉族为主。20～60 岁人口有 2013 人，长期外出打工人口有 852 人。2014 年评定 23 户为贫困户，共 67 人，属于贫困村，截至 2019 年贫困户有 9 户 20 人，边缘户有 4 户，成功实现“贫困村”脱帽。

2. 产业发展变迁

2014 年以前，崇恩村产业结构单一，主要是以家庭为单位的传统种植业，种植效率低下。自 2015 年以来，当地政府进行招商引资，拟建设森林公园，并预设把温泉水引入其中。由政府牵头建设的“天池云根田园综合体”项目，已投资 5000 万元左右，但由于投资方资金链断裂现已停工。截至 2019 年 7 月，村内有 3 家农家乐，发展了 14 户避暑经济的农户，共 150 个床位。调研得知，崇恩村产业变迁如表 2 所示。

表 2　崇恩村要素禀赋与产业变迁

时间	要素禀赋	产业与新增产业	发展新困境		解决之道
			外部因素	内部因素	
2014 年之前	气候条件适宜、水资源和土地资源丰富	以玉米种植为主的传统种植业	道路与灌溉设施条件差	劳动力外流严重	完善基础设施

续表

时间	要素禀赋	产业与新增产业	发展新困境		解决之道
			外部因素	内部因素	
2014 年	道路和灌溉等基础设施相对完善	蔬菜育苗和猕猴桃种植	—	机械化水平低；土壤质量较差	更新生产设备
2015 年	探测到村内蕴含丰富的温泉水资源	避暑旅游业	缺少产业开发资金	—	招商引资
2018 年	自然禀赋优异，基础设施完善，政策支持力度大	村内新增扶贫产业，并成立了合作社	—	合作社缺少资金和专业的运营团队	—

3. 党支部发展与村集体经济

2018 年以来，崇恩村致力于党支部建设，一是通过建立党员微信群，丰富党员的学习交流形式，进一步提升党组织的凝聚力。二是通过选举产生党小组组长，以党小组为单位开展党支部活动，让无职党员找到了发挥自身能力的位置。三是开展示范评选活动，围绕“兴业致富、孝老爱亲、助人为乐、环保卫生、勤俭节约”等方面，评选示范党员。

在集体经济发展方面，崇恩村党支部通过建立村集体经济组织，以城乡“三变改革”为杠杆，2018 年征收土地 144 亩，流转土地 920 亩，采取“公司 + 村集体经济组织 + 农户”的模式，积极发展果蔬种植、康养旅居、精品民宿、避暑经济等产业同步推进，将村民闲置的土地、富余资金、剩余劳动力、房屋资产、自然资源进行整合，切实解决崇恩村存在的问题。2018 年以来，建成富美乡村广场 1 个，荷花池 1 处，苗圃基地 300 亩；种植甜柿 10 万株，刺梨 40 万株，蔬菜 400 亩，中药材 100 亩。

（三）乡村能人

调研得知，岩鹰山村的部分外出务工者近年选择返乡创业，表 3 分析了当地养鸡场和休闲山庄的发展历程。

表 3　乡村能人创业产业发展

<table>
<tr><th rowspan="2"></th><th rowspan="2">要素禀赋</th><th colspan="3">产业</th></tr>
<tr><th>规模</th><th>组织形态</th><th>盈利路径</th></tr>
<tr><td>肉鸡养殖场</td><td rowspan="2">初创阶段：资金积累较多、社会观念改变、政策支持
产业现状：资金借贷优惠、小型机械使用、互联网发达、公共基础设施完善</td><td>2019 年 8 月养鸡 10000 余只，收入 10 万～30 万元/年，属于乡龙头企业</td><td>个体养殖的家庭农场</td><td>主要销往固定的鸡肉屠宰店</td></tr>
<tr><td>夏爽溢休闲山庄</td><td>硬件设施属于村级同类最优、月租 2000 元/人，收费属于全村最高</td><td>形成了水果种植＋个体户经营的农家避暑产业</td><td>熟人介绍客人，招揽客人出租旅社</td></tr>
</table>

养鸡场和休闲山庄老板都属于返乡创业者，外出务工的经历，为走出自然经济生产模式的村民积累了返乡创业的各类资本条件。第一，外出务工的收入大大高于传统农业生产收入，务工期间的储蓄为返乡创业积累了资金资本；第二，外出务工期间发展的人脉关系将影响产品的宣传和销售，为返乡创业积累了社会资本；第三，外出务工期间掌握的技能在创业过程中可以成为有效的技术资本，如休闲山庄老板在外务工期间做过水电安装工作，使山庄建设节约了不少成本；第四，外出务工期间学习的各类金融和产业资讯，对产业认知和金融意识的提升大有裨益。养鸡场老板积极响应国家“返乡创业”政策，在个人贷款达到上限的情况下，采取“借名贷款”的方式开展产业，与周围小农不接受银行贷款的保守行为形成鲜明对比。此外，休闲山庄老板受到当地旅游规划的影响，返乡开创农旅产业，这种对新产业的敏锐认知能力和学习能力使其目前创业成效良好。

（四）基础设施

1. 农村公共性基础设施

农村“组组通”公路建设是打通“最后一公里”的关键，对发展现代农业、繁荣农村经济、增加农民收入具有积极的促进作用。在岩鹰山村“组组通”公路建设中，由于村民土地纠纷问题，加之村委会协调未果，有一段村路未建设成功；反之，崇恩村“组组通”公路总长 40 多公里，道路建设达到了全乡最优，这一现象主要有两个方面因素。

第一，村民利益“短视”问题是根本阻碍。岩鹰山村大量的年轻劳动力外流，使村内老龄化、空心化问题严重，大部分村民仍然处于传统保守的状态。村组道路建设不可避免的会面临土地占用问题，保守意识与非合作态度使岩鹰山村村民更重视短期的私人土地资源，不愿意合作修建带来长远利益的公共物品，农民利益纠纷给项目实施造成了极大的阻碍。

第二，村委统筹协调能力不足是突出问题。村委会在“组组通”项目实施中，应做到统筹兼顾，协调各方利益。农村土地纷争问题，一直是基层工作中的难点和重点，岩鹰山村采用“村民责任制”，通过自荐或选举负责人协调农户，然而村内有一个组无人愿意承担项目建设的协调工作，导致道路漏修。从两村“组组通”项目成效的差异，可看出村委在乡村治理方面的统筹协调能力存在差距，这个问题将严重束缚岩鹰山村未来的产业发展。

2. 农业生产性基础设施

建设农业园区。岩鹰山村自 2014 年来，乡村两级从实际出发分析区位优势，为增强经济活力，开展了农业园区建设，改善了农业生产条件。一是以精准扶贫统领园区建设。采取“公司 + 基地 + 农户”模式，带动农户和贫困户发展猕猴桃、脆红李、软仔石榴等种植，促使产业建设、就业带动、脱贫攻坚长足发展。二是带动产业发展。土地流转费的户均达到 3200 元，人均年收入为 9000 ~ 10000 元，园区建设带动全乡农业产业结构调整，带动了群众增收和产业发展。三是五项利益连接机制。第一，在保障群众基本流转费的基础上，村集体经济每年获得不低于 5 万元收益；第二，猕猴桃产生效益后，公司向村集体赠予 5% 股份；第三，村集体用扶贫资金入股公司，每年可产生 12% 的收益；第四，凡是流转土地的农户自动成为供销社社员，享受社员优惠政策，按土地流转费作为计算基数，每年猕猴桃利润的 5% 用作分红；第五，探索以管理分红的模式，公司与农户进行利益分成。

养殖场工业用电问题。特殊用电设施应属于生产性基础设施，岩鹰山村肉鸡养殖场的饲料加工需要采用工业电压，养鸡场老板多次向村委反映，但是一直没有得到解决。电压未成功升级，导致肉鸡养殖场无法更新大型机械设备，进而无法扩大养殖规模。

（五）经济组织

农户经济组织是农村经济发展的基本细胞，在政府土地制度改革的推动下，形成了土地流转高效率经营的新型农村土地管理制度，岩鹰山村和崇恩村出现了以下四种经济组织模式。

1. “公司+农户”模式

农户家庭生产模式是一种风险自担、盈利空间有限的经济组织。随着要素禀赋结构变迁与产业升级，当地家庭联产承包责任制转型为“农户+公司”经营模式。这种模式在一定程度上减少了交易费用，缩短了搜索客户时间，增加了经济组织抗风险的能力，当地的肉猪养殖场正是这种经营模式，通过与公司达成合作关系，实现收入100万~200万/年，具体从以下两点展开分析。

“订单式与自由议价”的双重定价体系。养殖业的持续发展依赖于资金的稳定循环，一是需要养殖过程顺利，能够稳定地产出成熟的牲畜；二是需要高效、稳定的销售渠道。订单式的定价方式，能使养殖场的交易成本达到最低但无法使利润最大化。产出的牲畜价格随市场价格波动而波动，当市场价格高于订单价格时，猪养殖场则更愿意采用自由议价的方式。但是在自由议价的定价体系下，养殖场在交易过程中需要担负找寻牲畜收购商的时间成本、无法找到合适收购商的风险等。因此，猪养殖场采取了双重定价体系。一部分猪由养殖场与公司合作饲养，这部分猪出栏后由公司收购；另一部分猪则由猪养殖场自行饲养，并通过自由议价的方式出售，这使得猪养殖场在风险和利润之间达到较为平衡有效的状态。

多重因素阻碍了肉猪养殖场的规模扩大。调研发现，肉猪养殖场场主对于养殖场的现状表现出满足的态度。场主缺乏扩大生产规模的意愿，是难以扩大肉猪养殖场规模的表面原因，但是从深层次来看，其根本原因较为复杂：一是养殖场要扩大规模，必须有足够的空间、完善的厂房及设施、优质高产的母猪等，需要巨大的资金投入，而目前缺乏足够的金融支持，只能依靠生产经营进行缓慢的资本积累；二是小户生产扩大规模有限，经营方式升级遇到障碍。对于养殖场来说，“公司+农户”的方式是一对一的简单产销行为，随着产业的发展，经营方式应往“公司+大户+农户”或“公司+合作社+农户”的形式发展，其中大户或合作社充当“桥梁”，以降低农户与公司直接对接的交易成本，但也会增加管理和监督费用，然而周围小户意识薄弱、监督管理成本过高、利益分配协调问题都阻碍了经营方式的升级。

2. “龙头企业 + 大户”模式

福裕众源公司于2013年进驻修文县，成为当地龙头企业，该企业的主要经营模式是与大户达成合作协议，签订销售合同，以“龙头企业 + 大户”模式经营。目前公司具有完备的组织构架、成熟的管理与技术、固定的上游与下游产业链等，其专业化、系统化以及标准化的分工模式，节约了销售环节的成本。其集中使用流转的土地，高效整合当地资源，使生产和销售都达到了规模化。

然而租赁式的合作模式对农户收入提升较弱。福裕众源公司在流转土地后，聘用当地妇女、年迈的村民进行务工，能解决当地一部分村民的就业问题。但农业生产具有很强的季节性、地域性和周期性，公司只能在农忙时给农户提供就业机会，淡季聘用的农户很少。失去土地的农户只能通过少量的土地流转费提高收入，大多仍选择外出务工。这种合作方式中，企业获得了经营权和控制权，而被雇用的农户由于没有额外的分红收入，在固定工资模式下并没有很大的积极性，最终农户收入提升效果不明显。

3. “协会 + 大户”模式

蜜蜂养殖场属于“协会 + 大户”的生产模式，养殖场老板担任修文生态循环养殖协会理事，当地的蜜蜂养殖基地属于贵州省分属基地。协会由修文县农业局带头筹办，旨在整合资源，解决销路、宣传等问题。在市场经济体制下，传统农户经营模式难以抵御市场风险，而养殖协会具有的社会资本解决了销售难题，并且通过电商平台与微信平台，发展线上客户，拓展了销售方式。然而由于蜜蜂采蜜区域有限，无法延伸至很远，因此一定区域内适宜的养蜂数量是有上限的，这使得养蜂规模在达到上限后，即使继续投入资金也难以增加产量。

4. “公司 + 村集体经济组织 + 农户”模式

崇恩村于2018年牵头成立“修文县耀祥福种养农民专业合作社”，采取“公司 + 村集体经济组织 + 农户”的模式，资金来源主要是村集体经济和村内道路建设清算资金等村级内部资金。该模式以村委会为桥梁，带动合作社发展，积极发展果蔬种植、康养旅居等产业。本文从村委、合作社、村社合作三个维度探寻“村社合一”这一发展模式的运作内核。

“村社合一”是村委会合法性地位巩固的组织基础。对于村委会这一基层政治组织来说，合作社为其乡村治理工作提供了可依托的工作平台，能契合当前各级政府和部门推动农业供给侧结构性改革的要求，符合精准扶贫、精准脱贫工作的需要。

“村社合一”是合作社有效运行的制度保障。调研地之前成立的合作社由于存在组织涣散、管理低效等问题，只能使私人获益，没有真正惠及广大农民群众。以村集体作为桥梁将政治力量注入合作社，维护了广大农民的利益，是“统分结合”的农业生产经营机制的一大创新，使农业生产的运作成效得到保障，实现了经济效益、生态效益、社会效益的有机统一。

“村社合一”是村社关系协调发展的有力支撑。合作社在村党支部主导下，能充分调动驻村工作组、党员干部、在外成功人士等各方面人脉资源。较大限度地丰富和延伸了合作社的功能和范围，提升了乡村社会关联度，促进了农村和谐稳定，从而使整个村庄的运作处于高效有序的状态，有效推动了农业产业发展。

四 两个贫困村产业发展实践的经验启示

两个贫困村尽管仍存在基础设施滞后、村民合作意识较差、村支两委能力有待加强等问题，但是相较于脱贫攻坚之前，两个村都能把握好当地的比较优势，因地制宜，通过完善基础设施、政策吸引乡村能人，使村内劳动力回流，激活生态优势，产业得到较为大幅度的发展，根据前文分析得出贫困村产业升级路线如图 3 所示。

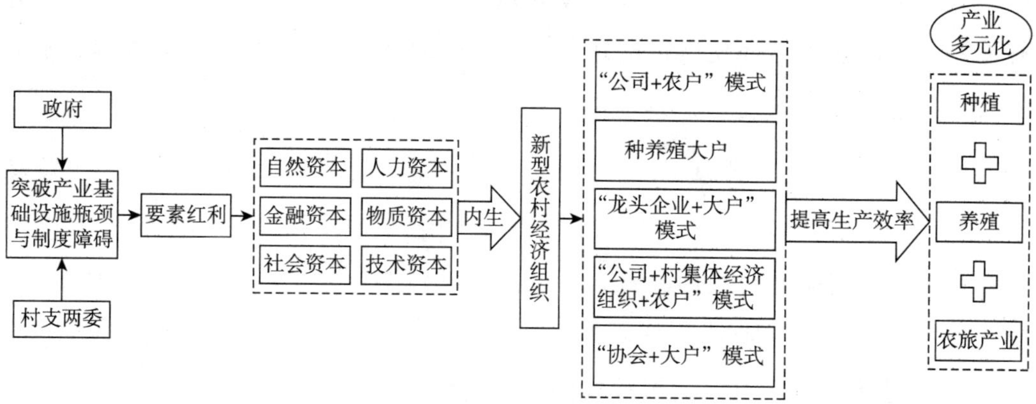

图 3 贫困村产业升级路线

第一，县、乡两级政府要发挥好农村经济发展的统率作用。一是及时发现乡村基础设施短板并有效推进建设，降低产业发展成本；二是有效协调产业中不同利益主体，为“返乡创业”者提供风险补偿，强化乡村产业发展内生性动力；三是积极引进外商投资来培育新产业，充分释放乡村资源禀赋优势。

第二，村支两委要发挥好农村经济发展的枢纽作用。一是村委会作为集体经济组织的发展主体，需要协调完善产业兴旺的基础设施、充分挖掘集体资源的红利；二是平衡集体经济组织与新型农村经济组织之间的关系，切实提高集体经济发展活力；三是协调集体经济组织与农民之间的关系，让群众享受到集体经济壮大发展的红利。

第三，充分发挥乡村能人潜力与加大产业培育力度。乡村能人是农村产业内生性动力的重要力量。产业发展需要完善软硬件基础设施，引入外部经济主体，增强乡村产业发展活力。

总之，贫困村要想富起来必须发展产业，贫困村的产业升级不是一朝一夕能够完成的，需要协调经济组织、村委会、政府这三大主体同步发展，做好要素禀赋培育与结构升级，才能完成现有产业模式的逐步优化升级，最终实现产业多元化发展。

基层扶贫中的“问题户”：生成逻辑与应对机制

张　照*

一　引言：扶贫工作中的“问题户”

早在2014年，习近平同志提出，基层工作的关键是“下大气力解决好‘最后一公里’的问题”，[①] 只有拉近干部与群众之间的距离，疏通“最后一公里”，才能让政策以合群众利益、心意的形式落地，解决好群众关心的问题。扶贫工作亦是如此，只有在最后的政策实施阶段做好工作，群众才能得到真正的帮助。

2020年是脱贫攻坚工作的决胜年，笔者跟随团队调研的J县[②]是国家级首批重点贫困县，2019年该县面临率先脱贫不返贫的艰巨任务，这使得全县各级机关及工作人员皆处在完成脱贫的紧张和高压状态。这样的背景下，笔者于2019年7月以扶贫工作的推进为主题之一，进行了为期七天的遍及A省J县5个村镇的以参与观察、深入访谈为主要方式的田野调查。在研究团队接触、访谈到的多位驻村干部、乡绅、村民中，笔者注意到，有三个村镇的驻村干部在讲述扶贫工作在基层的推进时，都提到了所谓的“问题户”，他们将其描述为在驻村干部工作过程中，因各种原因、动机采取妨碍型行为，阻碍扶贫工作的推进、

---

* 作者简介：张照，同济大学政治与国际关系学院硕士研究生。

① 郑艺：《下大气力解决好“最后一公里”问题》，中国共产党新闻网，2014年3月17日。

② 此为笔者参加同济大学暑期研究生调研项目。

完成和考核的农户，这些“问题户”是驻村干部工作中的难点，也是他们必须应对的工作。“问题户”的存在，反映了扶贫政策在基层落实过程中出现的问题，对其进行分析和反思，无疑有利于我们更好地认识、做好打通“最后一公里”的工作。

那么，“问题户”有哪些类型？他们为何出现？驻村干部是如何应对的？这一整体过程深层次的原因是什么？这样工作的整体应对是怎样的机制？我们可以从中发现哪些问题和可取之处？这是本研究关心和意图回答的内容。

二 动机各异的“问题户”与干部的应对策略

在团队调研过程中，驻村干部提到的“问题户”多种多样，但相同的一点是驻村干部关注“问题户”为的是什么，即行为动机。不同的行为动机体现着村民的不同需要。因此根据其讲述的“问题户”的动机，将其分为两种主要类型。第一种是谋利型，“谋利”是一个中性词即运用各种手段获得利益，可以是正当手段也可以是不正当的，而为了将“问题户”的动机进一步区分，这里的利益界定为物质利益。那么这种类型的“问题户”就可以理解为，为一些物质利益，影响政府的工作推进、完成、考核的住户。第二种是谋情型，本文将其界定为运用各种手段获取情感需要，可能是对政策的质疑、不满，要一个说法，也可能是只为了宣泄个人情绪。无论具体情况怎样都是以情感需要为主。

需要注意的是，在现实中会存在很多夹杂的类型，但在本研究调研获取的案例中，将其主要的个人动机划分至单一类别中，并不完全涵盖所有未调查到的情况。

根据“问题户”的不同动机，驻村干部选择理性手段如留档、录像，和感性手段如感化、教育、震慑等并用，由此呈现多样的应对策略。

（一）谋利的T镇村民——道德施压、感化与技术辅佐

首先，是道德施压和感化。

T镇村民认为异地搬迁并不能解决自己孤身一人的养老问题，想借用搬迁补偿款自用谋生，但是干部不同意，因此他拒绝下山搬迁。干部们通过找到该

户邻里亲戚对其进行劝说、教育，当对方承受的道德压力达到一定程度的时候，干部和专业人员一起给他分析住在新房屋的好处，借以国家的好政策等一类的话语表示国家肯定会照顾困难群众，不要担心养老问题等，对村民进行进一步感化。当道德渐超过利益占“问题户”的思想主位时驻村干部即决定趁热打铁签完搬迁的两份合同。

其次，是技术保证。

为防止村民事后出现反悔，签订合同的过程政府干部会全程录像，将签字的合同备案，这样就有了防止村民反悔和对其事后不当行为处理的依据，并告知其这一做法，如若反悔，则钱款追回，即使村民闹事，政府人员亦处在有理有据的位置，不至于被问责。

（二）谋情的 D 村村民——建立共情、说理、许诺

首先，是建立共情关系。

D 村村民因为评比贫困户落选而来到干部工作的居委会喝酒闹事。干部认为，安稳住对方在酒精作用下人的感性状态是疏通对方的好机会，于是干部把他拉进屋，和他讲知道作为男人的不易，评不上困难户养家责任又重了，其实干部也驻村快一年没怎么回过家，大家都是家里的顶梁柱等一系列划齐双方立场的话语。这样一番话过后闹事者有了情感共鸣，吞吐着说就是怕家人看不起，没想为难谁，村干部的工作也看在眼里之类。这样，一种互相理解的沟通环境建立了起来，双方出现了共情的可能。

其次，是趁机说理并许诺。

在对方有了共情心理之后，干部趁机说理，大意为政策的制定和落实是公开透明的，虽然指标的不合格影响他评选成功，但是符合标准贫困户都是真正困难的人，甚至多数比他更困难；这样的结果也不是暗中操作，应该理解；脱贫方法很多，村里后续还有就业机会，自食其力的赚钱可以更好地承担养家责任。男主人逐渐想通，认同了干部的说法。随后，该“问题户”被说服，表示不会再闹事，而在这之后也没有过激行为。

（三）谋情的 H 村村民——震慑、疏导、许诺

首先，“镇住”对方，为疏导提供环境。

因母子矛盾独居扶贫新房的村民总在干部走访过程中胡闹，影响后续的抽查考核。驻村干部利用其身上传统农村女性的一些共有特点，比如对权威主体的潜在服从和对儿子的包容等对其进行处理。某天女村民又在大吵大骂时驻村干部来到现场对其进行厉声呵斥，其撒泼行为逐渐停止。将其带入一个稍微冷静的氛围之后，进一步的疏通工作得以进行。

其次，是情理疏导和许诺、建议。

该妇女的撒泼行为主要是内心的苦闷、委屈等行为无处发泄导致，所以对其进行心理疏通和情绪开导就成为主要的任务。选择缓和的语气并提出理解类的劝导，干部和村民处于一个共通心理环境之下，妇女的戒备性下降，理解性上升，继而跟进理解年轻干部难处之类的话语。该妇女渐被说通表示不是故意为难，心里想不通的事太多。干部应答，这样的问题可以找大家帮你解决，家庭的事也是他们的工作，但是闹事不是好的解决办法。就这样的反复劝说之后，该妇女便停止了相关行为。

三　“问题户”的生成逻辑

通过上述内容，我们可以看到“问题户”是如何产生、被关注到进一步解决的，这样的政府与乡村的碰撞、官员与村民的交涉，为我们提供了切入点与进一步分析这种现象的生成逻辑。笔者分析思考，将其总结为背景差异、动机差异和加剧的压力型体制。

（一）背景差异——官僚体制的理性与传统乡村的感性

新时期以来，政党清除旧有的宗族等乡村治理方式的不良影响，通过国家的基层政权建设实现政府在农村的直接互动与管理，[①] 现代官僚体制是一种基层治理的典型组织形式。驻村干部通过基层政权下放到村落中，其工作中有官僚制的显著特征，如对上负责、照章操作等。这种理性的行为方式在基层乡村的工作中遇到村民的感性承接。传统乡村治理，一般是人情疏通、道德教化等，虽然基层政权建设的工作基本将现代的政治形式带入村庄，但是很多村民仍留

① 参见于建嵘《国家基层政权建设与治理方式变迁》，《文史博览》2011 年第 1 期。

有旧式治理方式的思维，比如当官为民做主、办事可以通融。这种背景差异，使二者对政策重心的理解产生冲突：干部认为政策的一切相关内容，皆以体制为核心；村民认为，政策可通融、以满足人民利益为核心。

（二）动机差异——避责升迁与谋利谋情

在“问题户”产生过程中，除去二者背景差异，其中也掺杂着两者行动背后隐含的不同需要，即行为动机差异。当村民的诉求与干部需要产生分歧后双方就陷入矛盾中。

1. 驻村干部：避责升迁

驻村干部多是上级政府下放到基层完成当地的帮扶工作，虽然其作为一种外力嵌入方式，体现着国家将官僚人员与基层乡村融成一体的努力，但是其根本身份仍是官僚人员，是政治体制的一部分。完成政策、应对考核，避免问责、保住饭碗乃至升迁，是官员的一套行为动机。[①] 这就决定了驻村干部在扶贫工作中以落实政策为主要标准，无论是不做通融、不打折扣还是适当变通甚至违规操作，都是为了官职生涯。那些会影响其扶贫工作完成、考核的“问题户”，无论其需要的是什么，和干部的动机基本不一致。

2. “问题户”：谋利谋情

城市化扩散到乡村影响的主要体现就是村民逐利趋向的增强，[②] 而这体现在村民与政府及其工作人员的互动中就是谋利倾向的出现。如有些农民选择将强调中央政府的政策作为自己的话语资源，同时夸大地方政府的责任，对地方政府提出很高的赔偿要求。[③] 尽管市场经济的发展让逐利倾向逐渐渗透进乡村，但是利益追逐也没有成为人们行为的唯一取向，情感需求仍体现在日常的生活和行为中。比如对于美满的家庭、孝敬的子女的需要，对于村内亲朋邻里风评的看重，对于一些事情要讨个说法的诉求等。[④]

---

① 参见倪星、王锐《从邀功到避责：基层政府官员行为变化研究》，《政治学研究》2017 年第 2 期。

② 参见熊凤水《流变的乡土性移植·消解·重构——一个外出务工型村庄的调查》，社会科学文献出版社，2016，第 123 页。

③ 参见项飚《普通人的“国家”理论》，《开放时代》2010 年第 10 期。

④ 参见应星《大河移民上访的故事》，三联书店，2001。

村民与驻村干部的行为动机出现差异，二者的冲突进一步体现，使得“问题户”可能出现。

（三）示范区下加剧的压力型体制

背景差异和各自动机只是使“问题户”成为一种可能。若干部选择稍微退让，比如出于同情在政策范围内尝试着对评选指标略做通融，对异地搬迁数量稍微调整，也是可能的行为选择，“问题户”可以事先避免；又或者村民稍做退让，不一定要满足某种需求，不是数个月与干部僵持，这种“问题户”也不会出现。两种可能避免问题户的选择，都没有在干部、村民身上体现。其背后的原因本文认为是加剧的压力型体制。

第一，加剧的压力型体制影响干部们的行为。作为中央点名的全国脱贫示范县，J县要率先在2019年脱贫，通过考核不能返贫。这样一种示范形象的树立，使得该县的脱贫工作较其他县市处在一种更大的压力之下。首先，J县有来自中央、地方政府的压力，如中央直接的不定期巡查、上级对任务完成的催促；其次，它面临全国的监督，典型表现就是不断有全国的脱贫工作干部、政府来此处考察学习；最后，官员为保住自身，选择主动加压，将积极表现、率先脱贫作为工作目标，让自己的负责区不落后甚至做反面典型。

这样，压力来源增多、强度加大，干部们对脱贫工作的完成和考核更加在意，就要更加严格执行政策、严格满足指标。同时，其中的一些官员腐败、伪造隐瞒情况等行为几乎没有了施展空间，扶贫工作进行得格外清廉、到位。这样就出现了干部们最初的不通融、不共谋，只等村民完全配合政策。

第二，加剧的压力型体制影响村民行为。干部对工作完成、考核的在意，全国对此地区的关注等让村民意识到，这种情境下的不配合具备更大的谈判资本，如果一直不做妥协，面临任务完成、考核压力的干部，很可能会选择退让。于是坚持几个月的不理会、闹事等成为村民的选择，做了政策中的“问题户”。

因此，“问题户”的生成可以看作上述三因素所致，可以将“问题户”的生成逻辑呈现如图1所示。

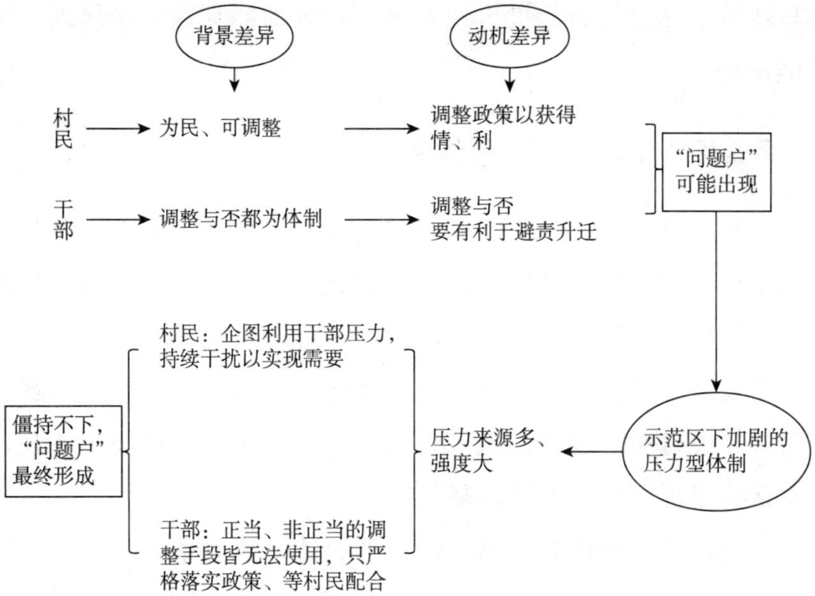

图1　“问题户”的生成逻辑

资料来源：笔者自制。

四　“问题户”的应对机制

面临脱贫验收日期的逼近，驻村干部开始思考怎样解决“问题户”，而来自中央、全国的监督，又让其积极采用可用的正规手段，针对“问题户”的不同类型，研发出多种应对策略，在此对“问题户”的整体应对机制进行进一步提炼。

（一）情景转换与进入

“问题户”的生成体现着驻村干部作为理性官僚的行为特点，但是“问题户”的实际解决需要驻村干部的情景转换与进入，适当运用符合其感性承接的方式的策略，减少做通工作的障碍。比如，三村的村民皆运用到了道德施压、感化、共情建立等方式。当然这并不表明驻村干部放弃了自己的官僚身份，其行为的驱动力仍是理性官僚的背景，而这样的方式也是为完成工作、呼应体制。

（二）动机分析与策略选择

进入村民情景中意味着需要运用一定的感性方式，但是如同前文所讨论的，村民的行为也夹杂着个人动机。针对具体情况采取不同策略，具体应对，技术和情感手段并用，是驻村干部的选择。如T镇村民的谋利行为，利益需求以实物为载体，很难保证其不被转移，于是驻村干部辅之以技术手段，进行留档、录像记录，留作法律证据，就防止了“问题户”行为的再度出现，即使出现也可以做到避责。

（三）随机应变的互动式过程

“问题户”的工作，是一个与村民反复交涉的互动式过程，完成了情景转换与进入，分析其具体动机和选择策略之后，仍需要根据对象、情景等各个因素的随时变换，做到随机应变。如在面对H村村民的时候，先针对农村妇女的特点进行震慑又趁机利用母亲身份进行感化，使该户成功被说服。因此，做通村民工作没有一套严格的章法可循，需要干部们有针对性地、灵活地处理问题，不是单纯地照章办事。

我们可以将问题处理的应对机制呈现如图2所示。

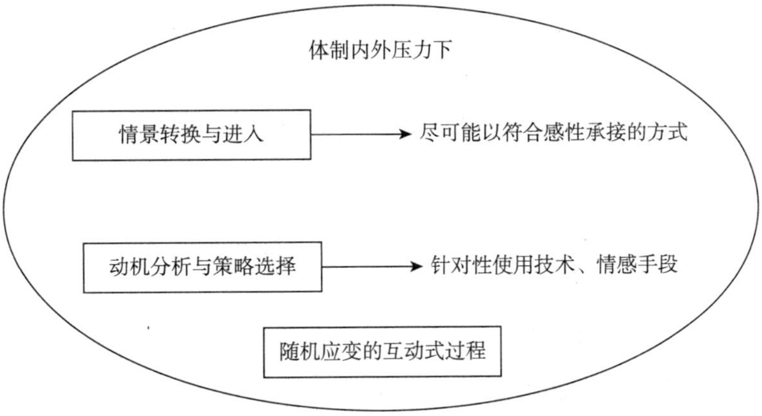

图2 问题处理的应对机制

资料来源：笔者自制。

五 思考与建议

通过案例的呈现与分析，本文对调研中的三种“问题户”进行了类型、应对策略的梳理，并借此进一步总结出“问题户”的生成逻辑和应对机制，我们可以看到，在“问题户”的生成中体制的问题是最后的促进因素，在“问题户”的解决中体制又是各种正当应对策略的推力剂。这些可以看作国家的特定行为会导致问题的产生但同时又有预定行为之外的影响，而国家仍旧是最终问题的解决者。因此，本文认为这样的现象背后需解决的问题，最重要的是国家能够做些什么，为此本研究做出以下的思考和建议。

（一）处理“问题户”：扶贫政策下达的同时，配套其他资源

在分析“问题户”的产生时，发现其具有多种需求，但是扶贫政策中的资金和资源，是一种典型的项目制政策，驻村干部也很难申请调整，这些需求最后是被疏通的而不是被满足的，即使干部们给了承诺，但也是缓兵之计。仔细思考案例中三户村民的需求，反映的是贫困区各种资源的匮乏。T镇村民实际存在对下山之后个人生活和养老问题的担忧，H村村民是农村内典型的独居妇女的心理问题，D村村民缺少就业机会，也面临传统农村男人养家的舆论压力。因此，关注到贫困区其他层面也处在较普通农村更薄弱的情况，借助扶贫的机会了解其他的农村问题，并配套相应的人员、资源，比如相应的养老设施、疏通心理问题的社工人员等可以从更早的源头避免“问题户”的产生。不单是完成脱贫，机械地按照一种方式硬脱贫，更重要的是帮助贫困区实现全面跟进、发展。

（二）下放干部的形式：让政府工作更好地融入基层

很多驻村干部基本为局级干部，平时很难下到基层，其政策制定中的信息来源也很难从基层获取，这导致很多政策的内容、执行方式与村民需求不符合。驻村干部无论是驻村办公还是走访农户，都是将工作人员下放并了解基层情况。体制内培养出的行为遭遇水土不服后，他们学会采用体制之外的正当手段解决问题，这有利于政府整体把自身工作和基层实际结合。虽然J县的“问题户”产生彰显了体制内人员的固有缺点，但是其解决却体现了缓解体制人员行为弊端的可能性。应寻求打破政府工作闭门造车的类似长效机制的建立。

（三）强化监督：更好地利用体制外压力

国家资源的倾斜、注意力的转换，会使压力型体制呈现时间和空间上局部

加剧的情景，J县因成为2019年率先脱贫的示范区，获得更多压力。好处是，任务加快完成，同时面临更多方监督，工作的透明度、清廉度皆增加了；但是弊端就在于，短时压力带来的工作高效、清廉因为缺少长效机制的建立未必能够长期坚持下去。

无论是中央的直接监督还是全国的间接监督，如何利用地方政府外部压力的长效化去避免政策扭曲、腐败不作为等行为发生，是应思考的问题。

六　结语

本文选取调研中三个涉及“问题户”的案例进行了分析和呈现，通过“问题户”的类型与应对策略，探讨了“问题户”的生成逻辑和应对机制，并对此进行了总结和思考，提出相关建议。本文无意对驻村干部、村民、上级政府等某类主体做出价值判断，诚如在调研中了解到但未在此呈现的，驻村干部也忙碌到无暇顾家，村民渴望早日脱贫。希望对这样问题的探讨，能为扶贫工作的推进提供新的认识，为扶贫工作中的问题提供新的思路，让贫困区不只是脱贫，更多的是实现发展，让政府不光是完成任务，更多的是在基层实践里更好地融入乡村，获得更多的治理智慧。

参考文献

陈柏峰：《征地拆迁上访的类型与机理》，《华中科技大学学报》（社会科学版）2016年第1期。

费孝通：《乡土中国》，北京大学出版社，2012。

贺雪峰、刘岳：《基层治理中的“不出事逻辑”》，《学术研究》2010年第6期。

贺雪峰：《论熟人社会的人情》，《南京师大学报》（社会科学版）2011年第4期。

贺雪峰：《论乡村治理内卷化——以河南省K镇调查为例》，《开放时代》2011年第2期。

贺雪峰：《最后一公里村庄》，中信出版社，2017。

孔德斌：《嵌入式扶贫的悖论及反思》，《理论与改革》2018年第2期。

林曾：《扶贫对象主体性与组织化·中国扶贫攻坚前沿问题丛书》，湖南人民出版社，2018。

吕德文：《简约治理与隐蔽的乡村治理：一个理论述评》，《社会科学论坛》2010

年第8期。
倪星、王锐：《权责分立与基层避责：一种理论解释》，《中国社会科学》2018年第5期。
欧阳静：《压力型体制与乡镇的策略主义逻辑》，《经济社会体制比较》2011年第3期。
王雨磊：《项目入户：农村精准扶贫中项目制运作新趋向》，《行政论坛》2018年第5期。
邢成举：《压力型体制下的“扶贫军令状”与贫困治理中的政府失灵》，《南京农业大学学报》（社会科学版）2016年第5期。
徐勇：《挣脱土地束缚之后的乡村困境及应对——农村人口流动与乡村治理的一项相关性分析》，《华中师范大学学报》（人文社会科学版）2000年第2期。
徐勇：《“政党下乡”：现代国家对乡土的整合》，《学术月刊》2007年第8期。
许汉泽、李小云：《精准扶贫背景下驻村机制的实践困境及其后果——以豫中J县驻村“第一书记”扶贫为例》，《江西财经大学学报》2017年第3期。
杨雪冬：《压力型体制：一个概念的简明史》，《社会科学》2012年第11期。
张国磊、张新文：《制度嵌入、精英下沉与基层社会治理——基于桂南Q市“联镇包村”的个案考察》，《公共管理学报》2017年第4期。
张琦、万君：《扶贫机制的理论与创新·中国扶贫攻坚前沿问题丛书》，湖南人民出版社，2018。
周雪光：《基层政府间的“共谋现象”——一个政府行为的制度逻辑》，《社会学研究》2008年第6期。

革命老区贫困县脱贫工作的调研报告

——以江西省上犹县为例*

邹宇春　刁鹏飞　杜慧平　毕　林　贾　聪**

一　研究背景

党的十九大指出，我国社会主要矛盾已经转化为人民日益增长的美好生活需要和不平衡不充分发展之间的矛盾。这就要求我们必须重视短板，补齐、补好、补牢短板，而实现贫困地区和贫困人口的“脱真贫、真脱贫”是其核心要义之一。2020年是扶贫攻坚的最后一年，也是我们党实现庄严承诺的决胜之年。罗霄山区作为集中连片特困地区，是新一轮扶贫攻坚的主战场之一，是连片贫困地区的典型代表，是革命老区集中所在地，总结革命老区脱贫的经验，对全面打赢脱贫攻坚战具有借鉴意义，也能为巩固脱贫成果、提高脱贫效果的可持续性提供重要参考。

2017年9月开始，课题组以江西省赣州市上犹县作为调查切入点，深入调研分析革命老区的脱贫之路。① 作为国家扶贫开发工作重点县，上犹县具备罗霄山片区贫困县的贫困面积大、贫困人口多、贫困程度深、自我积累能力差、扶贫难度大等典型特征。2013年底，全县建档立卡贫困人口有13118户44194人，

* 本文受到中国社会科学院国情调查特大项目百县市调查资助。特此感谢，文责自负。

** 作者简介：邹宇春，中国社会科学院社会学研究所发展社会学研究室主任，副研究员。刁鹏飞，中国社会科学院社会学所科研处副处长。杜慧平，中国社会科学院服务局党务人事处副处长。毕林，中国社会科学院研究生院硕士研究生。贾聪，中央民族大学民族学与社会学学院博士研究生。

① 2019年上半年上犹县已完成脱贫摘帽。

“十三五”省级贫困村45个（其中6个深度贫困村）。截至2017年底，上犹县仍有贫困村25个（其中6个深度贫困村），贫困人口4406户13440人，贫困发生率为4.86%，[①] 距江西省脱贫标准的2%尚存在一定差距。同时，上犹县位于赣粤湘三省交界处最大的生态功能区，森林覆盖率达81.7%，是全国生态保护与建设示范区，难以依靠工业完成积累，因而如何开发现有资源是本地脱贫发展的一项重大议题。

二 贫困原因：历史与现实的局限

回溯历史，可以将上犹县贫困原因归纳为：一是劳动力与生产要素的整合效用偏低；二是周边区域经济的发展格局限制；三是发展理念与资源禀赋的非结构性矛盾。三者共同作用，导致上犹县形成叠加式的贫困。

（一）劳动力与生产要素的整合效用偏低

上犹县在不同的经济发展阶段存在相同的问题，即劳动力与生产要素的整合效用偏低，县域经济发展受限。首先，上犹县是革命老区和中央苏区，为新中国的成立做了巨大贡献，数以万计的青壮年劳动力或远离故土或壮烈牺牲。在新中国成立初期，上犹县劳动力存在一定程度的空缺。其次，上犹县早期修建了大量水库，先后占用耕地12.6万亩，全县2/3的人口成为库区移民，人地矛盾进一步凸显。而今，大量老区人民外出务工，又导致当前经济建设中劳动力的有效供应不足。不同阶段的劳动力不足导致当地农村经济的内生增长不足，生产要素难以得到有效发挥。

（二）周边区域经济发展格局的限制

上犹县所处的经济地理位置也是制约其经济发展的重要原因之一。在省际层面，江西省是长江沿岸的经济低谷区，工业化程度较低，境内亦无强大的经济增长极。[②] 同时，赣州市又深受广州经济发展影响，处于广州发展的边缘地区，各种生产要素不断向广州流入，本市经济发展缓慢。就上犹县而言，其地

---

① 数据由上犹县人民政府提供，以下数据若不做特殊说明，一律视为上犹县人民政府提供。

② 俞勇军、陆玉麒：《江西省经济区位特征及其区域发展空间结构研究》，《经济地理》2003年第4期。

理环境（北、西、西南和东多高山，东南为丘陵和河谷盆地）和周边县域经济（北部的遂川和西部的桂东县为国家扶贫工作县）存在极大的发展局限，而其县政治、经济、文化中心均偏居东南的东山镇，经济实力不强，对全县的经济辐射和带动作用有限，经济中心作用难以发挥。

（三）生态功能定位与经济发展的非结构性矛盾

上犹县贫困的另一重要原因是生态功能定位与经济发展的非结构性矛盾。上犹县有相对丰富的矿产资源、水资源和林木资源等，具备较好的先期经济发展条件。然而，国家对其发展要求和其本身的发展方式的定位为“生态发展，做好南方生态屏障的建设工作”，无形中“限制”了各种自然资源的开发。但是需要强调的是，这种“限制”并非结构性矛盾，存在很大的转换空间。随着绿色发展观念深入人心、生态（农村）旅游兴起、国家对生态发展的重视与扶持都给绿色产业的发展留下足够的空间。①

三　脱贫建设的经验：谁在干？如何干？

自开展扶贫工作以来，特别是进入“十三五”规划以来，该县按照中央、省、市的部署，各项扶贫工作取得了明显成效。主要成就表现在五个方面，它们分别是：基础设施条件显著改善；住房保障全面落实；医疗与环境卫生体系建设逐步健全；村集体经济持续壮大，发展基础逐渐夯实；贫困人口持续减少，贫困发生率不断下降。那么这些脱贫建设的成就是如何取得的？是谁在做？又是如何做的？

（一）坚守脱贫建设道路的“有限创新，无限实干”原则

1. 有限创新

在全县统筹的前提下，本地充分考量县域内部条件和不同扶贫主体的差异性，有效促进本地资源的容量、可开发性与县域经济发展、扶贫需求相衔接，

① 目前上犹县正在探索将“限制点”转换为“增长点”，走出一条特色经济发展道路，并且取得了一定的成就。

进而有效避免激进、冒进、资源浪费等盲目创新的不良后果，是一种理性的有限创新。具体来看，主要分为两类：自上而下的创新和自下而上的创新。

（1）自上而下的创新

自上而下的创新主要是指由县、乡镇、村等各级党政干部和扶贫工作人员在扶贫实践中总结研发并通过行政途径推广至全县的脱贫创新，如“6＋1”就业扶贫新模式等。[①] 通过“6＋1”扶贫，主要解决了三个问题：一是解决了县内就业空间有限，平台数量不足的问题；二是解决了链接机制问题，通过政府有限资金的投入带动社会资金的持续注入，将经济效益与贫困户深度链接；三是解决了贫困群众的就业能力问题，借助职业教育平台的理论训练与实际操练，提升贫困人口的人力资本，为后期脱贫效果的巩固打下了坚实基础。

需要强调的是，诸如“6＋1”就业平台等创新行为是需要依靠政府力量才能大力推动的实践行动。首先，政府是扶贫资金的筹措者；其次，政府是创新行为的协调者和组织者；最后，政府具备与市场进行谈判的能力。上犹县政府主导的自上而下的扶贫创新行为有一个显著特点，即最大限度地调动本地资源，同时对自然环境进行保护性开发，具有可持续发展的潜力。

（2）自下而上的创新

自下而上的创新是指群众通过对日常生产生活的总结与概括，得到各方认可并加以推广实施的创新做法。如上犹县梅水乡茶园建设，梅水乡具有种茶的天然优势，部分群众逐渐积累了丰富的种茶经验。镇政府发挥这种优势，建立了茶产业工作小组，动员全乡党员群众参与茶叶开发，提出“把山当作田来耕作，把茶比作稻来种”的发展思想，积极组织种茶群众外出考察学习，这些群众学到技术后回到该地从事茶叶开发工作，总结创新并提炼出更加适合本地的种茶经验予以推广，逐渐形成万亩茶园的壮丽景观，为当地脱贫工作做出了巨大贡献。

梅水乡茶叶园的建设和发展，是由当地居民自发摸索、当地政府自发推动，呈现的具有一定规模效益的、自下而上的创新经济。这种创新是群众智慧先行，政府行为跟进的一种互动合作行为，是本地居民和政府在充分把握自然特征和

---

① “6＋1”就业扶贫模式：“6”指的是建立乡村工业就业扶贫车间、就业扶贫农业基地、新型农村就业合作社、就业扶贫专岗、小微企业创业园和以农村能人为核心的非正式就业组织；“1”指的是健全资金奖补、就业服务、动态管理和督促考核等一整套工作机制。

资源背景的前提下所开展的理性的、有限度的脱贫实践，具备持续发展的可能性。

2. 无限实干

与“有限创新”相辅相成的是上犹县全体干部群众的“无限实干”精神，具体表现为从扶贫干部到普通群众都满怀激情地投入脱贫建设当中，将每一层级的工作压实，使脱贫措施切实落地。

最典型的做法是，上犹县扶贫干部通过“共吃一顿饭”的方式将与居民的关系从弱关系变为强关系，将“单薄”的公对公的业务关系转变为“立体”的带有丰富情感色彩的“亲密”关系。贫困户更加愿意和扶贫干部交心，更加愿意接受扶贫干部的脱贫发展建议。扶贫干部也相应能够更加真实地掌握贫困户的实际情况，然后根据需要并结合实际政策施策，使扶贫效果得到最大优化。除了扶贫干部的“实干”，贫困户也在“实干”。调研发现，一些贫困户的脱贫经历充分显示了老区人民群众不屈不挠、艰苦奋斗、自强不息的奋斗精神。

“无限实干”的行为将整个上犹县的党群人员凝聚成一个相对团结而统一的集体，不同的层级有各自明确的分工，同时能够给予对方相对较高程度的信任、依赖，使各项扶贫政策能够以最小的代价落地实施，最大限度地实现原初设计的目的。

（二）以科研扶贫为引领，激发多维扶贫的内生动力和可持续性

1. 科研扶贫有效优先化

上犹县是中国社会科学院的定点帮扶单位。在其脱贫建设工作中，中国社科院为当地扶贫工作提供了源源不断的智力支持及适当的物质支持。上犹县的脱贫建设逐渐形成了以科研扶贫为引领的良好局面，不断激发了脱贫的内生动力。中国社科院在参与上犹县扶贫过程中形成四大模式。[①] 一是驻点帮扶带动模式，二是示范项目带动模式，三是理论知识推动模式，四是院地合作推动模式。

通过四大扶贫模式，交互作用于产业扶贫、健康扶贫、文化扶贫和教育扶贫等多个方面，对当地扶贫干部和群众产生潜移默化的影响，群体成员更加注

① 自定点帮扶以来，中国社科院在上犹县实施扶贫项目23项，投入扶贫资金678.42万元，成功脱贫684户2330人，发挥了科研扶贫的独特作用。

重科研论证工作，重视对贫困问题的深入思考，加强扶贫工作的科学性和严谨性，有效提升了扶贫资源的使用效率。

2. 多维扶贫的真正精准化

（1）搭建“6+1”就业平台，为脱贫成效的可持续性提供保障

脱贫攻坚在一定程度上被认为是革命老区乡村振兴的必经之路，但如何实现脱贫之后的乡村振兴是当前农村发展必须思考的问题。

上犹县通过产业项目建设，邀请各方专家分析各村的产业潜能，确保45个贫困村“村村有产业”，村集体经济发展得到有效保障；此外，着力打造“6+1”就业平台，逐渐确立了一套扶贫工作机制，既解决了劳动力尤其是贫困劳动力“挣钱顾家两不误”的需求，又缓解了企业发展面临的用地用工问题。贫困户通过参与“家门口”就业能够树立劳动信心，消弭社会和个体内心存在“无力感”，为广大人民群众脱贫致富提供了培育平台和示范效应，也在具体工作中提升了技术能力，为将来脱贫政策结束后的自我发展打下良好的基础。

（2）促进扶贫干部“无缝对接”贫困户

上犹县在脱贫建设过程中表现出一大突出特点：扶贫干部对扶贫政策与帮扶对象的情况十分熟悉，其背后的经验值得推广。首先，定期组织扶贫知识考试，不合格者将被重点帮助学习。其次，充分考虑居民的生产生活习惯，集中利用晚间时间，常态化开展“乡间夜话”活动。以多样化的形式将具体扶贫政策传达给贫困户，也将群众反映的问题对接到帮扶干部和帮扶单位，要求限时回复和整改，并定期对办结情况进行督查，倒逼帮扶干部熟知扶贫政策的各个部分，对自身帮扶对象的需求也要有高度明确的认知。最后，坚持开展“周末扶贫日”活动。全体扶贫干部每周利用周末时间看望定点帮扶对象，了解帮扶对象的思想动态，掌握贫困户的扶贫项目发展情况。

通过上述方式的推动，广大扶贫干部对政策和项目了然于胸，对帮扶对象“知根知底”，实现了宏观扶贫政策和微观脱贫实践的有效结合，扶贫干部与贫困户的“无缝对接”。

（三）注重扶贫干部队伍建设，增强脱贫软实力

上犹县在充分利用自然资源和人文资源创造经济社会效益的同时，也充分利用老区精神和客家精神引导和武装扶贫干部队伍，增强脱贫软实力。

上犹县委县政府意识到精神建设对增强扶贫队伍软实力的重要作用，积极开展各类扶贫队伍建设活动，持续培育扶贫干部精神成长的良好氛围，如开展“感动上犹十大人物”专项表彰活动。这些活动为全体扶贫干部和人民群众树立了典型榜样，发挥了示范效应，使精神文化的传承具备鲜活载体，进而增强脱贫干部队伍的软实力。

扶贫干部田某为及时将“30多户贫困户产业直补的材料”上报，带病坚持赶赴几十公里外的驻村点，被当地人民群众称为“扶贫路上的铁娘子”。扶贫干部刘某实心实意帮助帮扶对象，相处融洽胜似家人，被帮扶对象当成女儿、家人来对待。而这类扶贫干部并非个案，问卷调查数据表明，上犹县扶贫干部有近50%的人在三个月内休息时间不足7天，90.7%的干部休息时间不足12天，77.3%的人有过为帮扶贫困户而自掏腰包的经历。大部分扶贫干部在扶贫工作上呈现较强的主动性和内生性。

总结来说，有以下三点值得肯定和强调。首先，通过学习党建知识，扶贫干部们能内化“从群众中来，到群众中去”的思想，并能外化于工作实践。其次，客家文化和老区精神的长期涵养，两者都强调“坚忍不拔，艰苦奋斗”等优良品质，催生了扶贫干部们为民吃苦的实干精神。第三，上犹县委赖书记非常重视扶贫干部的队伍建设，带头帮扶、雷厉风行、以身作则，产生“领头羊效应”，带动整个扶贫干部队伍经得起群众监督的考验。

四 问题、启示与展望

（一）存在的问题

1. 金融扶贫效果核查存在难度

为做好精准扶贫脱贫工作，上犹县按照市政府统一部署，在全县推行“产业扶贫信贷通”工程。以2017年为例，全县累计发放贷款7.38亿元，参与或享受政策贫困户11721户，占当时全县贫困户的89.35%，由此可见金融扶贫覆盖面广。但也面临核查和监管问题，全县共有个人贷款户5000多户，面广人多，且个人素质参差不齐，单凭金融机构的有限力量难以具体监管到每一笔贷款的具体使用，存在部分贫困户将产业贷款资金挪作他用（建房、还债等）的情况。脱贫工作实践中存在一种“过度借贷”的现象，金融扶贫的资金回流存在风险，在一定程度上难以实现金融扶贫旨在“激发贫困户内生发展能力和自力更生能力”的目标。

建议金融机构携手政府单位全面梳理全县贫困户的贷款数据，积极挖掘符合贷款条件的对象，做好金融审核工作，确保金融扶贫资金既能够“无缝”对接贫困户的发展需求，又能最大限度地降低回收风险；要进一步完善申贷考察机制，进行分阶段发放；发放贷款前要对产业项目进行全面的合理性评估，部分放贷后要定期对产业发展进行监督核查，并将相关信息对接政府单位，共同考量下一阶段的资金发放工作。

2. 教育扶贫成效尚未完全凸显

调研结果显示，随着教育扶贫力度的持续加大和工作内容的不断深化，已有效实现了没有一名学生因家庭贫困而失学的目标。然而，教育扶贫尚存在一定的不足，扶贫成效未能全部显现。一是教育扶贫系统需要更新，目前的教育扶贫系统只能输入学生姓名和一卡通卡号等有限的基本信息，导致学校、年级、家庭住址等其他重要基本信息被“遗漏”。二是教育扶贫资金在各教育类型中分配不均，教育扶贫资金向义务教育阶段倾斜，而成人教育和技术培训资金被压缩，原定的教育扶贫措施出现“短板”，整体教育扶贫效果被“打折扣”。三是教育扶贫中的文化扶贫成分较少，上犹县的教育结构并未配备足够的心理干预人员和驻校社工等，未能有效为建档立卡户学生提供更多的心理疏解和关爱。

基于上述论述，应当补齐教育扶贫中的短板，构建多种形式的教育扶贫体系，确保平衡发展，实现不同群体、不同层次的贫困人口都能享受到有效的教育资源，提升人力资本；创新和深化教育扶贫方式，特别是需要重视文化扶贫建设，动员社会力量参与，配备更加完备的心理辅导力量和专业的驻校社工，全方位助力贫困学生的健康成长；最后，要改变贫困学生的生活方式和生活理念，构建资产建设能力，真正阻断贫困文化的代际传递。

3. 干部队伍关怀略显欠缺

上犹县在脱贫建设中能取得如此成就，重要原因之一便是拥有一支有干劲、有能力、有情怀、有党性的扶贫干部队伍。然而，精准扶贫工作已历时数年，脱贫工作的难度在不断提升，脱贫创新要求持续提高，扶贫干部的工作压力也日益加大，但是对扶贫干部的关怀力度略显欠缺。一是程序性工作过于繁重。数目众多的扶贫会议、各类相关文件的学习、记录繁杂的台账，这不仅考验着扶贫干部的工作能力和学习理解能力，更是占据了扶贫干部的大量时间和注意力。二是缺乏给扶贫干部的心理健康和业务能力提升的相关课程。随着冲刺阶段各项整改工作接连推进，广大扶贫干部长期“暴露”在高强度的脱贫工作压力下，但并未设置对干部进行情绪疏导的组织和工作人员。此外，目前极少安排有助于专业知识提升的课程，存在部分干部反映的“扶贫工作越来越难”的情况。

基层扶贫干部作为脱贫攻坚的生力军，应当重视其需求，加强其队伍的持续性建设。一是建议成立专项领导小组，关注基层扶贫干部的精神状态；二是建议研发贫困评估系统，减少不必要的会议，避免重复填表等工作，降低文案压力；三是建立更加完善的奖赏机制；四是适度安排专业知识培训，提升干部扶贫工作的认知水平，保持干部队伍发展的可持续性。

（二）启示与展望

基于对江西省赣州市上犹县的长期调查，本研究分析了革命老区贫困县的脱贫建设经验、特色做法及其存在的困难。尽管是对一个革命老区贫困县的个案研究，但这些总结提炼的建设经验、特色做法存在可推广的借鉴意义，尤其脱贫建设过程中存在的困难并非特殊现象，值得其他仍在脱贫过程中的地区引以为鉴。此外，在精准扶贫工作逐渐“收尾”和乡村振兴战略已拉开“序幕”的过程中，革命老区的未来农村建设将同时面临历史遗留问题和时代发展提出的新要求，需要引起重视。这些发展过程中需要积极面对的新要求，大致可以概括为以下需要重点关注的五对关系。

1. 政府主导与群众主体作用的关系

在农村脱贫建设的实践中，政府和群众是农村发展的两个重要主体，两者需各司其职，各显其能，但由于两者的作用、地位存在一定差距，往往处于“以政府为主导，以农民为主体”的关系中。因而如何发挥好政府的主导作用与群众的主体作用将成为影响甚至是决定贫困地区或农村未来发展的因素。在脱贫建设过程中，部分贫困户也存在“等、靠、要”思想，甚至出现争当贫困户的行为，将扶贫资源视为其获取利益的重要来源。因此，在接下来的脱贫建设和乡村振兴工作中，要促使农民及其自组织在微观领域充分发挥自主作用；要让各种农村组织保持并发展下去，使其成为政府主导和农村居民良性互动的重要媒介，为农村居民参与农村发展建设、发挥主体作用提供坚实平台。①

2. 乡村整治和文脉保持的关系

上犹县按照违章标准进行了“建筑‘拆到位’、基础设施‘改到位’、村庄环境‘整到位’和垃圾管理‘管到位’”的乡村整改工作，成效显著，多个乡村被评为“全国最美乡村”。与之同时，也需要重视乡村文脉的延续，使文化对人的内在涵养与环境的外在塑造形成合力。要充分意识到乡村整治与文脉传承是“一体两面”的关系。因而需要在推进农村外在环境改善的同时，注重保护本土文化的传承的载体。这便要求持续创新当地传统文化的保护机制，引入社会组织力量，形成政府、农村居民、社会组织和市场多元主体共同参与文化传递和延续的新格局。

3. 绝对贫困和相对贫困的关系

随着脱贫建设工作的推进，特别是社会兜底保障的完善，上犹县已基本实现“两不愁、三保障”的扶贫要求，即社会绝对贫困已经消除。但是，贫困本身是一个多维概念，一方面其物质标准处于持续调适状态，另一方面其会随着时代发展而增添新的要求。② 基于此，在后续农村发展过程中要严防贫困户返贫，更为重要的是要做好解决相对贫困的工作。精准识别以收入的标准线作为依据，因而会存在类似于“边缘非贫困户”群体，即收入很低、非常接近贫困线的家庭。结合扶贫实际，当前各项扶贫政策福利主要是针对建档立卡贫困户，而对部分未能建档立卡的实际贫困人口的支持力度相对不足，便可能会导致该群体陷入较高的社会风险中。

4. 资本下乡和农村发展的关系

上犹县在推动农村脱贫建设的实践中积极撬动市场力量参与扶贫，其中最为典型的是“遍布”乡村的扶贫车间和蔬菜扶贫基地等。随着脱贫建设和乡村振兴的需要，“城市资本”选择进入农村，通过利用政策优惠和农村低价的生

---

① 温锐、陈胜祥：《政府主导与农民主体的互动——以江西新农村建设调查分析为例》，《中国农村经济》2007 年第 1 期。

② 林卡：《绝对贫困、相对贫困以及社会排斥》，《中国社会保障》2006 年第 2 期。

产要素来产生新的利益增长，谓之“资本下乡”。这对当地的脱贫工作产生了重大作用，但也存在一定的不足。一是资本所有者获取了扶贫政策产生的经济效用的大部分收益。二是工商资本会“侵吞”土地产出的大部分利益。基于此，建议贫困地区在引进“资本下乡”的过程中要审慎思考，要最大限度确保农民的利益，使农村能够留住后续持续发展的资源。

5. 定期脱贫和长远发展的关系

无论是当前的精准扶贫工作，还是早期的扶贫开发工作，其目的之一在于改善农村居民生活质量，提升农村经济社会发展水平。我们需要思考，随着各项扶贫政策在2020年后的逐步退出或“弱化”，乡村发展应走向何方，即怎样做好当前农村的定期脱贫与后期发展的有效衔接，怎样为农村发展注入持续不断的发展动力。结合贫困地区具体实际，建议要坚持“同城发展”的理念，提高城乡融合程度，将扶贫资源更多用于支持农村长久发展的项目建设上。政府在逐渐退出项目管理和发展的同时，要让农村居民或组织成长为主导者，为乡村振兴“培养”一支合格的治理队伍，使其能带领农村居民依靠项目带动农村的发展。

图书在版编目(CIP)数据

当代中国田野观察. 2019 / 国务院参事室社会调查中心编. -- 北京：社会科学文献出版社，2020.12
ISBN 978-7-5201-7081-9

Ⅰ.①当… Ⅱ.①国… Ⅲ.①社会调查-中国-文集
Ⅳ.①D668-53

中国版本图书馆CIP数据核字(2020)第146482号

当代中国田野观察（2019）

编　　者 / 国务院参事室社会调查中心

出 版 人 / 王利民
责任编辑 / 谢蕊芬
文稿编辑 / 杨鑫磊

出　　版 / 社会科学文献出版社·群学出版分社（010）59366453
地址：北京市北三环中路甲29号院华龙大厦　邮编：100029
网址：www.ssap.com.cn
发　　行 / 市场营销中心（010）59367081　59367083
印　　装 / 三河市龙林印务有限公司

规　　格 / 开　本：787mm × 1092mm　1/16
印　张：27.25　字　数：455千字
版　　次 / 2020年12月第1版　2020年12月第1次印刷
书　　号 / ISBN 978-7-5201-7081-9
定　　价 / 168.00元